AF172756

Ashes to Ashes, Spaceboy?!

Frank Thomas Brinkmann

Ashes to Ashes, Spaceboy?!

Kulturwissenschaftliche Perspektiven
auf die transkonventionelle
POP-Theologie des David Bowie

 Springer VS

Frank Thomas Brinkmann
Justus-Liebig-Universität Gießen
Gießen, Deutschland

ISBN 978-3-658-42613-2   ISBN 978-3-658-42614-9   (eBook)
https://doi.org/10.1007/978-3-658-42614-9

Die Deutsche Nationalbibliothek verzeichnet diese Publikation in der Deutschen Nationalbibliografie;
detaillierte bibliografische Daten sind im Internet über http://dnb.d-nb.de abrufbar.

© Der/die Herausgeber bzw. der/die Autor(en), exklusiv lizenziert an Springer Fachmedien Wiesbaden
GmbH, ein Teil von Springer Nature 2023

Das Werk einschließlich aller seiner Teile ist urheberrechtlich geschützt. Jede Verwertung, die nicht
ausdrücklich vom Urheberrechtsgesetz zugelassen ist, bedarf der vorherigen Zustimmung des Verlags.
Das gilt insbesondere für Vervielfältigungen, Bearbeitungen, Übersetzungen, Mikroverfilmungen und
die Einspeicherung und Verarbeitung in elektronischen Systemen.
Die Wiedergabe von allgemein beschreibenden Bezeichnungen, Marken, Unternehmensnamen etc. in
diesem Werk bedeutet nicht, dass diese frei durch jedermann benutzt werden dürfen. Die Berechtigung
zur Benutzung unterliegt, auch ohne gesonderten Hinweis hierzu, den Regeln des Markenrechts. Die
Rechte des jeweiligen Zeicheninhabers sind zu beachten.
Der Verlag, die Autoren und die Herausgeber gehen davon aus, dass die Angaben und Informationen in
diesem Werk zum Zeitpunkt der Veröffentlichung vollständig und korrekt sind. Weder der Verlag noch
die Autoren oder die Herausgeber übernehmen, ausdrücklich oder implizit, Gewähr für den Inhalt des
Werkes, etwaige Fehler oder Äußerungen. Der Verlag bleibt im Hinblick auf geografische Zuordnungen
und Gebietsbezeichnungen in veröffentlichten Karten und Institutionsadressen neutral.

Einbandabbildung: LANDMARK MEDIA/Alamy Stock Photo

Planung/Lektorat: Cori Antonia Mackrodt
Springer VS ist ein Imprint der eingetragenen Gesellschaft Springer Fachmedien Wiesbaden GmbH
und ist ein Teil von Springer Nature.
Die Anschrift der Gesellschaft ist: Abraham-Lincoln-Str. 46, 65189 Wiesbaden, Germany

Das Papier dieses Produkts ist recyclebar.

Vorwort

Vor vielen Jahren gab es eine kurze Zeit – ich verbrachte damals einen übersichtlichen Teil meines Schülerlebens austauschweise in Leeds (UK) –, da nannte man mich *Major's Tom*. Das hing einfach nur zusammen mit der Kurzform meines zweiten Vornamens sowie dem Umstand, dass das Oberhaupt meiner Hostfamily ein waschechter *Major* mit richtigem Zwirbelschnurrbart gewesen ist. Ich war schlichtweg der deutsche *Tom*, den man im Häuschen des britischen Offiziers einquartiert hatte. Allerdings durchlief dieser ausagekräftige Nickname schnell eine Metamorphose mit Sinnverschiebung, vor allem durch den lokalen deutsch-englischen Freundeskreis, der seinerzeit für allerlei hitzige und witzige Diskussionen herhalten musste. So hatte ich nicht nur permanent behauptet und verteidigt, dass STANLEY KUBRICK's *Space Odyssey* unendlich viel besser ist als die just in den Kinowelten stattfindenden *Star Wars* von GEORGE LUCAS, sondern war auch dauerhaft damit beschäftigt gewesen, voller Elan gegen *Saturday Night Fever* und den Musikgeschmack der Disco-Verirrten ins Feld zu ziehen: Immerhin lagen auf und neben meinem Plattenspieler schon die ersten LPs von den STRANGLERS und THE CLASH, außerdem drei seltsame Konzeptalben, die PETER GABRIEL mitverantwortet hatte, fernerhin und geradezu selbstverständlich auch noch *Sticky Fingers* von den Rolling Stones und *Sgt. Peppers* vom den Beatles. Die Krönung meiner überschaubaren Sammlung freilich war »seine« Musik gewesen, umgangssprachlich ausgedrückt „alles von David Bowie". Ging nicht sein großer Song *Space Oddity* irgendwie auf Kubrick's Space Opera zurück, befasste er sich nicht auf ganz ähnliche Weise mit der Besonderheit des Universums, der Tiefe des Kosmos und den unendlichen Weiten des Weltalls? Und war nicht bei uns Freundinnen und Freunden längst der tiefe Eindruck entstanden, dass unsere kleinen Lebensentwürfe in so einigen Bowie-Songs spielerisch vorweggenommen und ernst verhandelt würden? Dieses *Jean Genie*, der *Rebel Rebel*, jene „*Heroes"* – hier ging es doch um uns, so spürten wir, und jede:r von uns nahm sich mindestens einen dieser Titel ganz besonders zu Herzen.

Aus mir, dem *Tom* der *Major*-Family, war wohl aus solcherlei Gründen flugs der *Major Tom* geworden; offenbar hatte ich beachtliche Sympathien für diese Kunstfigur mit ihrem Sehnsuchtsdrang zu den Sternen und ihrem Sinn und Geschmack für's Unendliche zum Ausdruck gebracht. Tatsächlich mag ich es bis heute, dass ich einmal so gerufen worden war, dereinst in Leeds, und es hat nach meinem Empfinden viel zu schnell sein Ende gefunden, damals, mit dem erfolgreichen Abschluss des Schüleraustausches. Leider wollte es mich in diese Region des Vereinigten Königreichs nicht wieder verschlagen. Wenngleich ich meiner Gastfamilie durchaus einige Briefe habe schreiben und ihnen von Herzen habe danken können.

David Bowie indes war hängen geblieben an mir. Sämtliche Tonträger, die er zu seiner Lebenszeit eingespielt hat, liegen als Kopie bei mir im Regalschrank; Konzerte mit ihm habe ich reichlich besucht, einmal stand ich ihm gegenüber. Seine unglaublichen Schaffensphasen habe ich mit Interesse verfolgt, sein Ableben mit Erschütterung zur Kenntnis genommen. Als er starb, war ich längst schon Professor; mein Hauptfach ist die Theologie. Eine Wissenschaft, die sich mit besagtem *Sinn und Geschmack fürs Unendliche* beschäftigt, dabei in Berührung kommt mit Göttern und Götzen, mit Heiligen Schriften und wichtigen Texten, mit Artefakten und Reliquien, mit Mythen und Legenden, mit Kosmen und Universen. Und immer wieder mit dem Leben: Wie leicht oder schwer es ist, wieviel es wiegt und was sich daraus machen lässt, wie man um den Sinn des Ganzen ringt und diese kurze Spanne zwischen Kommen und Gehen mit Bedeutung füllen will, wie man mit dem Ende fertig wird und welchen Reim man sich auf die Liebe macht, auf die Einsamkeit, die Traurigkeit, die Angst, die Not und die Sehnsucht.

Sollte David Bowie am Ende auch etwas mit dieser Theologieauffassung zu tun haben können? Ließe sich womöglich zeigen, dass die Art und Weise, wie Bowie sich in seinem Dasein zu positionieren und seine Einstellungen mit Musik zu artikulieren verstand, an eine religioide Spiritualität voller Leidenschaften grenzt? Würde es mir dann noch gelingen, das Werk des Künstlers Bowie mit einem (Zeit-)Geist des ausgehenden 20. Jahrhunderts in Verbindung zu bringen, vielleicht auch mit einer Mentalität und Gestimmtheit namens POP, am Ende gar mit einer speziellen kulturellen Emotionalität in den ersten zwei Jahrzehnten des neuen Jahrtausends?

Die vorliegende Studie ist Ausdruck dieser Versuche wie auch Resultat meiner entsprechenden Forschungen. Sie wurde an der Justus-Liebig-Universität Gießen als Qualifikationsschrift angenommen, und ich bin meinen Kolleginnen und Kollegen Sascha Feuchert, Greta Olson, Claudia Bullerjahn und Ansgar Kreutzer zu außerordentlichem Dank verpflichtet: Sie haben sich vor dem Hintergrund ihrer literatur-, kultur-, medien- und musikwissenschaftlichen, ihrer religionssoziologischen und fundamentaltheologischen Expertisen als hochqualifizierte Begutachter:innen erwiesen und als Mitglieder der zuständigen Promotionskommission unter Leitung von Alexander Graf für eine sehr gute Bewertung entschieden; aufgrund dessen darf diese Studie nun wirklich als erfolgreich abgeschlossene kulturwissenschaftliche Dissertation gelten. Zu meiner größten Freude bin ich damit einem meiner grundlegendsten und ehrgeizigsten Ziele ein Stück nähergekommen, nämlich: zu zeigen, dass sich Wesen und Anliegen von Theologie aus kulturwissenschaftlicher Perspektive transkonventionell reformulieren und POP-theoretisch veranschaulichen lassen.

Bereits seit über einem Jahrzehnt werde ich in diesen Such- und Argumentationsbewegungen von der PT-Sozietät der Universität Gießen unterstützt; über Jahre habe ich dort Bowieology-Miniaturen diskutieren sowie kulturphilosophische Skizzen für eine transkonventionelle POP-Theologie präsentieren dürfen. Das weiß ich sehr zu schätzen, doch ergänzend drängt es mich, explizit für die persönlichen Unterstützungsmomente von Gunna Helge Lampe, Mirjam Stahl, Anna-Lena Veit, Friederike Jaekel, Simon Sinning und Luis Möller zu danken.

Dem Verlag Springer VS, insbesondere der Cheflektorin Dr. Cori Antonia Mackrodt danke ich für zahlreiche Augenblicke congenialer Begeisterung, interessierter Anteilnahme und ermutigender Zurede, was dieses Projekt anbelangt, schließlich Kerstin Zeiger für die engagierte redaktionelle Realisierung der vorliegenden Veröffentlichung.

Mein lieber Vic, Dir danke ich überhaupt. Und für immer und für alles! We can be heroes!

Gießen/Düsseldorf   Frank Thomas Brinkmann
am 7. Juli 2023

Zitiert wird in der folgenden Studie, sofern es sich um Schriftbeiträge handelt, nach dem Autor:in-Jahr-Verfahren. [Nachname + Jahr der Veröffentlichung, Seitenzahl(en)]. Wird auf Musiktitel rekurriert, werden bei erster Nennung Interpret:in, Veröffentlichungsjahr und Titel [Nachname + Jahreszahl: Titel] genannt, bei Bedarf ergänzt um den Hinweis auf das Veröffentlichungsformat bzw. den Tonträger [v. a.: ST für Single Track als Einzeltitel eines gleichnamigen Albums; S für Single in 7"-Vinylpressung]; jede weitere Bezugnahme auf denselben Einzeltitel kann ggfls. eine verkürzte Referenz verwenden. Auch der Verweis auf Alben bzw. Sammlungen, die als mehrere Titel enthalten, wird bei Bedarf mit weiterführenden Angaben [EP für Extended Play, LP für Long Play, Vinyl für Schallplatte, CD für CompactDisc, DVD für Digital Versatile Disc] vervollständigt. Sämtliche Print-, Netz-, Bild- und Tonmedien, auf die referiert wird, sind im Apparat ausführlich verzeichnet und gelistet.

Das Terrain komplexer musiktheoretischer Analysen – etwa aus den Bereichen von Melodik, Harmonik und Rhythmik – oder musikwissenschaftlicher Erwägungen zu Ton- und Produktionstechniken bleibt von der vorliegenden Studie weitestgehend unberührt. Gleichwohl ist vorliegender Studie ganz grundsätzlich der Bedarf eingeschrieben, die hier vorgelegten Forschungsperspektiven an möglichst viele Wissenschaftsdiskurse heranzuführen und sich weiterführend zu vernetzen.

Die Wiedergabe sogenannter Lyrics erfolgt je nach Bedarf ganz oder auszugsweise in der Originalsprache; Textpassagen aus Interviews o. ä. werden ihrer Verfügbarkeit und Verständlichkeit entsprechend in englischer oder deutscher Fassung dokumentiert. Bei allen ggfls. mitgelieferten deutschen Übersetzungen durch den Verf. handelt es sich um Übertragungen, die sich um eine bestmögliche Sinnangleichung bemühen, insofern bereits mit Textsinndeutungen einhergehen. Indirekt darf damit veranschaulicht werden, wie sich Lyrics in den Mindsets der wahrnehmenden, erschließenden Rezipierenden zu modifizierten Textgebilden bzw. Sinngebinden arrangieren. Das kann sicherlich auch mit Kongenialität zu tun haben, in erster Linie aber wohl mit dem ästhetischen Umstand, dass Werke ein Eigenleben zu führen beginnen, sobald sie die prägende Aura ihrer Urheber:innen verlassen und in die Hoheitsgebiete der Rezipient:innen Einzug gehalten haben.

Sämtliche Kapitel auf allen Gliederungsebenen sind – z. T. ohne weiterführende Ergänzung oder Erläuterung – je mit einer Verszeile oder einer Sequenz aus einem Bowietitel überschrieben, um eine entscheidende Sinnpointe des Dargelegten ergänzend zu veranschaulichen. Eine Listung der Kapitelüberschriften und ihrer Quellen ist dem Apparat beigefügt.

Eigennamen von Personen sind bei ihrer ersten Nennung in Kapitälchen gesetzt.

Inhaltsverzeichnis

1

Looking for God in exciting new ways

David Bowie, nominiert für eine POP-Theologie der Gegenwartskultur?

Es schien als ob

Ich an einem anderen Tag fliegen könnte

In das Auge von

Gott in der Höhe

schien so:

ein weiterer Tag an dem ich fliegen könnte

in das Auge Gottes

hoch oben

„Seemed like another day i could fly into the eye of god on high/Seemed like another day i could fly into the eye of god on high", Bowie 1979: African Night Flight. [Übers. d. d. Verf.]. Bemerkenswert bei diesem Titel ist, dass es in den geschriebenen Lyrics keine Interpunktion, in der gesungenen Version kaum eine Pausierung gibt. Dass sich der Sinn des Textes mit jeder Intonierung geringfügig verschieben kann, scheint einkalkuliert zu sein. Bowie bedient sich des Öfteren (s. u.) dieses Stilmittels.

© Der/die Autor(en), exklusiv lizenziert an Springer Fachmedien Wiesbaden GmbH, ein Teil von Springer Nature 2023
F. T. Brinkmann, *Ashes to Ashes, Spaceboy?!*,
https://doi.org/10.1007/978-3-658-42614-9_1

Lucy, eine Figur aus DAVID BOWIES 1993 veröffentlichtem Song *Lucy can't dance*[1], kann nicht *tanzen*.[2] Jedenfalls nicht zu jenem unfassbar bösartigen Lärm, der sie von allen Seiten umgibt und beständig ihr Gefühl verstärkt, die Welt sei eine seichte Kugel, von der Realität überfallen[3], und müsse explodieren. Lucy weiß, was dieser Lärm anzurichten vermag, und sie kennt auch den Drang, sich auf alle oberflächlichen Freuden und Verheißungen einzulassen und der taumelnden Raserei hinzugeben, als könne man leben und sterben in einem einzigen Wimpernschlag. Lucy ist ein *material girl*, es begehrt, sehnt sich nach Sinn und Erfüllung. Unterstützung erhält sie dabei von ihrem weltunbestechlich[4] einfühlsamen Gegenüber, einem lyrischen Ich, das nicht nur weiß, was Lucy tun wird, sondern je auch dasselbe tut. Vereint scheinen beide in dem großen Plan, Gott auf aufregend neue Weisen zu suchen, und das lyrische Ich spricht Lucy gut zu, es unverzüglich mit Vertrauen zu wagen: auch wenn es selbst bisweilen in kritischer Betrachtung innehält und sich eingestehen muss, gelegentlich im Kreise zu drehen, während seine versponnenen Verse in die Irre gehen – und es womöglich all seine Kraft in einen unzeitgemäßen, postmodernen Song investiert hat. Wird es für beide letzten Endes genügen, sich gegenseitig Weggeleit zu geben mit einfachen Worten und Gesten voller Liebe, Nähe und Zuversicht? Die Lyrics lassen es offen:

> „Lucy I know what you're going to going to do
> Oh Lucy look what you're doing I'm doing it too
> Now you're looking for God in exciting new ways
> I say trust Him at once which is something these days
> Lucy can't dance to the noise
> but she knows what the noise can do (…)

---

[1] Bowie 1993: Lucy can't dance.

[2] Zu dem Bedeutungshorizont der von Bowie häufig in Anwendung gebrachten Metapher des Tanzens („Dance" als Ausdruck einer Lebenseinstellung der Gelassenheit) vgl. ausführlicher Abschn. 3.2.

[3] Im Original „this shallow orb mugged by reality"; Bowie 1993: Lucy can't dance.

[4] „you can't buy me off in this serial world"; Bowie 1993: Lucy can't dance.

Did the world just explode?
Don't recognize anyone (…).
Pursuing your frenzy in Ritz or Savoy
In this sexual noise, vicious chords offer joy
You live and you die
in the blink of an eye (…)
So I'll spin while my lunatic lyric goes wrong
Guess I'll put all my eggs in a postmodern Song
Lucy can't dance to the noise
but she knows what the noise can do
Or this shallow orb mugged by reality
Just a few simple words like I love you, I need You
Live and you die in the blink of an eye
Still I can't make you dance
Dance to the noise (…)"[5]

Looking for God in exciting new ways: das in der Songerzählung ver-
dichtete Lebensprojekt, in dem sich die Kunstfigur der weitestgehend
tanzunfähigen Lucy mit ihrem hilfsbereiten Seelenverwandten, einem
metaleptisch höchst aktiven lyrischen Ich, vereint, wird von Bowie
keineswegs wie ein spektakulär-amüsanter Sonderfall traktiert, der,
gefällig aufgearbeitet, das Œuvre um eine exotisch-randständige
Episode bereichern könnte. Vielmehr lässt sich umstandslos zeigen, dass
der Künstler höchstselbst in allen Schaffensphasen kompositorisch und
inszenatorisch jene *exciting new ways* beschritten und mit verschrobenen
Geistesblitzen und *lunatic lyrics* an Denkbildern gearbeitet hat, die sich
unter der Signatur *looking for god* rubrizieren lassen – und ferner, dass
das besagte metaleptisch aktive lyrische Ich auch als fiktionales Alter
Ego dieses Künstlers infrage kommt, der basale Gestimmtheiten und
Gestimmtheitsreflexionen eher als existenzielle Grundmotive denn als
artifizielle Solitäre zu artikulieren sucht.

Die Intensität und Dichte entsprechend ambitionierter Aussagen
erweist sich bereits bei einer ersten Hinwendung als beachtlich: *Gott*

---

[5] Aus Bowie 1993: Lucy can't dance.

sei Dank hat uns der Himmel auf eigene Füße gestellt[6], sinniert Bowie etwa unter Inanspruchnahme gängiger Terminologie, und Jahre später pointiert er ähnlich, dass *Gott der ist, den wir uns ausgesucht haben, damit er uns verdammt*[7]. Vergleichbar intensiv und kritisch befasst er sich auch mit den – in Frömmigkeitskulturen vollständig etablierten – Vorstellungen möglicher Kontaktaufnahmen zu einer transzendenten Machtfigur, die dabei wesentlich auf Erlösung oder Befreiung der Suchenden zielen: offenbar gestalten sie sich, obschon permanent erprobt, im Kern als äußerst schwierig, zumal sich immer wieder herauszustellen scheint, dass *Gebete eine traurige Lebensicht (ver)bergen*[8] und verraten, zudem schlichtweg *in diesen Tagen nicht sonderlich weit kommen können.*[9]

Doch damit nicht genug. Denn wer sich nun anschickt, im Gesamt-werk des Künstlers David Bowie weiter nach Miniaturen Ausschau zu halten, die einerseits offenkundig metaphorisch gelesen und als zeitdiagnostische Wirklichkeitskommentare verstanden, anderer-seits aber auch mit metaphysischem Interesse registriert und als theo-logische Aussagen würdig zitiert werden könnten, dürfte ohne größeren Mühen fündig werden.[10] Der Versuch indes, diese zweitgenannte Les-art überhaupt hoffähig zu machen, um die quasi als theologiewürdig identifizierten Dicten auch wie solche zu behandeln und angemessen zu implementieren, konfrontiert mit einem größeren, gleichwohl schlichten und nahezu kuriosen Problem: Denn würden die bislang exemplarisch gelisteten Voten vor einem explizit theologisch geadelten Hintergrund vorgefunden, könnte sich also zeigen lassen, dass sie in ein

---

[6] „Thank God heaven left us standing on our feet"; Bowie 1977: Beauty and the Beast (ST).

[7] „God's the one we pick to curse us."; Tin Machine 1989: Sacrifice yourself (ST).

[8] „But if you pray all your sins are hooked upon the sky. Pray and the heathen lie will disappear. Prayers they hide the saddest view (Believing the strangest things, loving the alien)"; Bowie 1984: Loving the Alien.

[9] „Prayer can't travel so far these days"; Bowie 1995: A Small Plot of Land.

[10] Das schlichteste Rechercheverfahren würde sich wohl darauf beschränken, online abgelegte Sammlungen von Lyrics mithilfe digitaler Suchmaschinen und einfacher Suchbegriffe (God, Heaven, Prayer etc.) zu erschließen.

theologisch geduldetes Format[11] eingebunden oder gar von einem als theologieversiert geltenden Menschen vorgetragen worden sind, dürften sich Zweifel an ihrer Theologizität – natürlich unter vorübergehender Suspendierung weiterführender Qualitätsvermessungen – erübrigen. Sollten hingegen die besagten Miniaturen diesen Kriterien nicht entsprechen, verringert sich die Wahrscheinlichkeit, dass ihre Relevanz für einen theologischen Diskurs anerkannt wird; die Frage nach der Theologiefähigkeit des Künstlers David Bowie würde vor dem Hintergrund theologisch konventioneller Settings niemals erwogen oder gestellt.

Allerdings, was ist Theologie überhaupt? Unter welchen Bedingungen wird dieser Terminus teils rechtmäßig, teils recht mäßig in Anspruch genommen? Welches Verstehensbild *von* und *für* Theologie lässt sich angesichts und trotz konventioneller Verwendungszusammenhänge zeichnen? Was für Alleinstellungsmerkmale haften theologischer Arbeit oder Umtriebigkeit eigentlich an? Wie hat man sich die besondere Tätigkeit einer Theologin oder die spezielle Leistung eines Theologen vorzustellen, und wodurch weisen sie sich ihrem Wesen, ihrem Charakter, ihrer Lebenseinstellung nach aus? Etwa durch eine eigenständige, klerikal-pastorale Performance, durch einen Habitus mit sakraler Sonderwertigkeit, durch eine auffällige Neigung zu enigmatischen Sprachspielen und Redewendungen, die mit dem Anspruch auf die Rechtmäßigkeit und Angemessenheit eines kryptischen, gleichwohl traditionell und institutionell stabilisierten Spezialwissens einhergehen?

Längst, so hat es den Anschein, sind die diesbezüglich notwendigen Recherchen erfolgreich abgeschlossen, sind alle Klärungs- und Erkundungsbitten zufriedenstellend aufgearbeitet, sind Wissensmengen, vor deren Hintergrund sich sämtliche angeforderten Antworten entwickeln ließen, nicht nur lexikalisch fixiert, sondern auch enzyklopädisch gesichert, somit als Sach- und Faktenwissen abrufbar geworden: Die typischen Fragen nach der Berufspraxis und den berufsbedingten

---

[11] Unter diesem Begriff wären z. B. im engeren Sinne Predigten, Andachten, Erbauungsschriften und theologische Abhandlungen zu subsummieren, dann aber auch sämtliche unverdächtigen Gattungen und Medien, die in den Typologien so genannter *theologischer Medienkunden* (Vgl. etwa Raffelt 2003, Ss. 17–35, 187–242) gelistet werden.

Praktiken (Was machen Theolog:innen so?), den Bildungs- und Aus-
bildungsumfängen (Was gehört alles zur Theologie?), den Zweck- und
Zielsetzungen (Was kann man mit Theologie sinnhaft erreichen?) und
epistemologischen Spezialitäten (Von welchen besonderen Erkennt-
nissen, Wahrnehmungen und Tatbeständen gehen Theolog:innen bisweilen aus? Und warum eigentlich?) werden in allen belehrenden und
ratgebenden Gattungen – auch außerhalb der theologischen Zünfte
– regelmäßig beantwortet. Doch leider zählt zu den Regelmäßigkeiten
der besagten Beantwortungsverfahren auch, dass der Kontext des
vorgetragenen Sach- und Faktenwissens nicht immer angemessen
ausgewiesen wird, sich oftmals die Trennschärfe zwischen den
definitorischen und assoziativen Anteilen der Antwort verliert[12].
Unangenehm ist der Beigeschmack solcher Verfahren vor allem dann,
wenn sie bei der Erhellung des Theologiebegriffsfeldes bzw. bei der
Ergründung des Wesens, der Bedeutung und der Funktion von *Theologie per se* die Rechenschaft über jede implizierte wissenschafts- und
kulturtheoretische Standortbestimmung vermissen lassen bzw. die
jeweiligen Vorverständnisse und Klärungsinteressen nicht erkennbar machen. Es mag sein, dass dieses Manko dazu beigetragen hat,
dass auch auf den Plateaus ambitionierter Wissenschaftsdiskurse seltsame Einstellungen und Vorurteile kursieren, was etwa den Wissen-
schaftscharakter, die Forschungsfelder und Erkundungsgegenstände
der Theologie – oder eben die kognitiven, intellektuellen, emotionalen,
künstlerischen, ästhetischen Voraussetzungen der an ihr Beteiligten –
anbelangt.

Aber Missverständnisse lassen sich korrigieren, Engführungen weiten,
erstarrte Kontextualisierungen auflösen. Womöglich wäre eine Neu-
besinnung *ab ovo* nötig, um zu ermöglichen, dass ein David Bowie,
der nicht allein lyrisch, sondern auch visuell permanent theologieaffin
inszeniert hat[13], als Theologe, wenn auch als Theologe anderer Art,

---

[12] Dies kommt vor allem dort zum Ausdruck, wo Erklärungs(an)sätze mit „Es müsste doch
eigentlich…" beginnen.

[13] Auf dem Cover seines 21. Studioalbum *hours* (Bowie 1999: Hours) wird Bowie zweigestaltig
in einer pietá arrangiert, auf dem Backcoverfoto erscheint er in dreifacher Gestalt mit einer
schwarzen Schlange. Das Cover seines 22. Studioalbums *heathen* (= heidnisch, pagan) zeigt ihn
mit blindgetrübten Augen (Bowie 2002: Heathen). Entsprechend aussagekräftig sind auch Titel

anerkannt und zitiert – und letzten Endes auf dem Olymp einer neu-justierten Theologie zugelassen wird?

Die vorliegende Studie verfolgt genau dieses Ziel und konzentriert sich dabei auf die Darlegung, Entfaltung und Begründung einer einfachen Grundidee, die drei weitestgehend unverstellte Gedankengänge aufgreift und eine Reihe zunächst ungeschliffener Überlegungsfragen zu synchronisieren versucht:

Was wäre, in einem ersten Zyklus bedacht, wenn der Begriff von Theologie gar nicht zwingend aus dem Selbstverständnis der etablierten theologischen Wissenschaften hergeleitet, insofern auch nicht exklusiv (und zirkelschließend) dieser wissenschaftlichen Theologie anvertraut bleiben müsste? Wenn nicht nur den anerkannten Religionsgemeinschaften das Recht eingeräumt würde, die Klärung, Umschreibung, Eingrenzung und Entfaltung der Gottesfrage in Auftrag zu geben, wenn also keineswegs allein die Entstehungsgeschichte(n) eines christlich-abendländischen Theologiebegriffs der Hochkulturen fokussiert und vor allem die orientalischen, hellenistischen, römischen, fränkischen (etc.) Kultur(zeit)räume von der Frühantike bis zur Spätromantik inspiziert würden, um ein Theologieverständnis zu zementieren, das sich angeblich sprach- und kulturgeschichtlich durchgesetzt hat?[14]

Was wäre, wenn die Bestimmung dessen, was Theologie sein und bedeuten könnte, auf einem multidisziplinär besetzten Diskursplateau vorgenommen werden dürfte, das z. B. auch von kulturanthropologischen Forschungsinteressen belebt wird? Wenn man indirekt an Platon anknüpfen würde, der (zumindest zahlreichen wissenschaftlichen Sagen nach) die Vokabel *Theologie* (θεολογία) erstmals implementiert, freilich auf allerlei kursierende Mythen bezogen hat, die für die von ihm beobachteten kulturellen Sphären von Bedeutung waren? Wenn dieser Logik folgend nicht die von institutionell stabilisierter Deutungsmacht getragenen einschlägigen Religionskulturen, sondern eben auch die

---

einzelner Stücke, etwa Bowie 1999: The pretty things are going to hell oder Bowie 2002: 5:15 The Angels have gone.

[14] So etwa noch energisch Ebeling 1962 f., Ss. 754–769.

Narrationen und Artefakte quasi profaner gegenwärtiger Kulturbetriebe in Betrachtungen einbezogen – und so das Wesen einer *Theologie* vor dem Hintergrund aktueller Kulturpraktiken und Sinndeutungsleistungen neu bestimmt und vermessen, vica versa: wenn die Geltung eines theologisch besetzten Theologiebegriffs zumindest aus einer kulturwissenschaftlichen Perspektive betrachtet und relativiert würde?[15]

Und was wäre, zweitens und weiter gefragt, wenn man bei dieser Rückbesinnung auf die sogenannte platonische Theologieauffassung ausgerechnet jenes Feld in Augenschein nehmen möchte, das seit Jahrzehnten mithilfe schillernder Signaturen als POP- bzw. Popkultur erfasst und wissenschaftlich erkundet wird? Wenn man sich also auf jene Kultur(zeit)räume zu beziehen beabsichtigte, die nicht nur oberflächlich als Zeitspanne markiert, sondern auch mit entsprechenden Markern und Schlüsselbegriffen vielseitig charakterisiert und qualifiziert werden konnten?[16]

Was wäre, wenn man dabei Ernst mit der These machen würde, dass sich jener besondere Kulturzeitraum, der mit den nuancierten und nuancierenden Begriffen von *Popkultur, Populärkultur, populärer Kultur* und *POP-Kultur* erfasst werden soll, keineswegs als ein vom normativen Standard abweichenden Sonderfall von Kultur bestätigen, ebenso wenig sinnvoll als Pol einer Kulturhierarchie bzw. als Gegenbild einer bildungselitär signierten Hochkultur veranschaulichen lässt? Wenn Populärkultur nicht als ein Sonderraum plebiszitärer Gelüste oder Stimmungen, sondern viel eher als ein großzügig angelegtes Feld begriffen wird, auf dem von „habituellen oder auratischen

---

[15] Vgl. Brinkmann 2022a.

[16] Theodor Adornos Vorwurf einer raffinierten spätkapitalistischen Verkitschung bzw. einer verlogenen Oberflächeninszenierung kulturindustrieller Machtansprüche (vgl. Adorno 1967) bleibt ebenso zu nennen wie Susan Sontags entschlossenes Votum, die klassische, verschlossene Hermeneutik durch eine offene Wahrnehmungslehre zu ersetzen und dem Aufkommen neuer, kulturell greifbarer Erlebnisweisen entschiedener Rechnung zu tragen (vgl. Sontag 2003a). Indes, der Kanon des sogen. poptheoretischen Schrifttums ist unendlich weit gefächert; zu den Basistexten gehören u. a. Leslie A. Fiedlers provokantes Thesenpapier *Cross the Border – Close the Gap*, Max Imdahls problemtheoretische Vermessungsversuche von *PopArt*, John Fiskes Arbeiten zu *Popular Texts* und Diedrich Diederichsens Essays, in denen er u. a. auf eine *Revision des Pop-Begriffs* drängt; vgl. Goer/Greif/Jacke 2013; Hecken/Kleiner 2017; Hecken 2010.

Abtrennungen und Exklusivstrategien"[17] kaum Gebrauch gemacht wird, zumal auch die Inszenierungen einer quasi POP-kulturellen Denkstilavantgarde permanent verräterisch zwischen der intellektuellen Raffinesse einer neuen Bildungsaristokratie und der narzisstischen Pose überkandidelter Mainstream-Famuli schillern?[18] Wenn diese Populärkultur, die „heute faktisch zur Hochkultur avanciert (ist), zumindest, was ihr strukturelles und diskursives Potential angeht"[19], als schlechthinnige „Leitkultur der Gegenwart"[20] und als konstitutive Sphäre einer nichtkonventionellen POPtheologie anzuerkennen ist?

Und was wäre, drittens und zunächst prinzipiell betrachtet, wenn man sich nun mit dem Œuvre einer historischen Gestalt befasst, die besagtem Leitkultur(zeit)raum des POP ein Gesicht bzw. viele Masken gegeben und ihn mit Kostümen, Figuren, Personae, Songs, Performances, Inszenierungen etc. bereichert hat, insofern die POPkultur *in persona et in operibus* exemplarisch und symptomatisch zu veranschaulichen, wesentlich zu verbildlichen und charakteristisch zu verkörpern vermochte?

Was wäre, zuletzt konkret und zugleich exemplarisch verstanden, wenn es sich bei dieser Gestalt um einen multitalentierten Künstler handelt, der, obschon er in einer hierarchisch sortierten Riege außergewöhnlich geadelter Musiker zwischen dem *King of Rock n Roll* Elvis Presley, dem *King of Pop* Michael Jackson, der *Queen of Disco* Gloria Gaynor und der *High Priestess of Soul* Nina Simone als ein *dürrer, weißer Herzog* bestenfalls beigeordnet positioniert bleiben muss[21], posthum als Integral einer Kultur, Inbegriff einer bestimmten Lebensweise und Sinnbild einer Ära gefeiert, als *Provokateur des Pop*[22] und als *Pate der Popmusik*[23] für nachfolgende Generationen ausgerufen worden ist?

---

[17] Ahrens 2016, S. 76.
[18] Vgl. Geer 2012.
[19] Ahrens 2016, S. 95.
[20] Ahrens 2016, S. 95.
[21] Vgl. Wikipedia. Liste von Beinamen in der populären Musik 2021.
[22] Kreye 2016.
[23] Würtemberger 2016.

Tatsächlich steht David Bowie nun im Fokus, und damit jener Ausnahmeartist, dem bis heute in huldigenden Nachrufen bestätigt wird,
als der „größte Kulturmotor der Popgeschichte" in Erscheinung getreten
zu sein und dabei „den Popstar als absolute Kunstfigur" etabliert,
„sein ganzes Leben (…) als Kunstwerk inszeniert" – und nicht bloße
„Mythen um seine Person", sondern mit all seinen Persönlichkeiten
und Inkarnationen „wahre Ikonen" geschaffen zu haben.[24] Der, wie
Autor:innen des einschlägigen Musikkultur- und Zeitgeistmagazins
SPEX ihre Sammlung von Erinnerungssplittern zusammenfassen,
als „Leitstern (…) am 8. Januar 1947 vom und am 10. Januar 2016
zurück in den Himmel gefallen" ist.[25] Der die Aura einer Kreuzung aus
„Lawrence von Arabien, Dorian Gray (und dem) Graf[en] von Monte
Christo" besaß, als „sensible, kühne und dynamische Person (…)
durch seine Kleidung darzustellen in der Lage war, wie vielschichtig
die menschliche Ausdrucksform sein kann" und „Identität als wählbare Konstante denkbar" gemacht hat.[26] Der die „Inszenierung von
Androgynie" verstand wie kein anderer, und den „selbst ein Herzinfarkt
(…) nicht daran hindern (konnte), einen Song (…) mit unglaublicher
Willenskraft und Eleganz" zu Ende zu bringen.[27] Der, etwas sachlicher gefasst, ein bestätigter Prägefaktor nicht nur in der Geschichte
der Musikkultur, sondern eben auch der POP- und Gegenwartskultur gewesen ist: David Bowie hat mit Berufskolleg:innen aus verschiedensten Musikstilrichtungen (z. B. mit MICK JAGGER, PETER
FRAMPTON, BRIAN ENO, TINA TURNER, ANNIE LENNOX, NINE INCH
NAILS, CARLOS ALOMAR, ROBERT FRIPP, STEVIE RAY VAUGHN, PAT
METHENY, BING CROSBY, PLACEBO, ARCADE FIRE und MORISSEY) auf
Showbühnen und in Aufnahmestudios gearbeitet, Lebensabschnitte und
Momente in Freundschaft (wie etwa mit MARC BOLAN, IGGY POP und
JOHN LENNON) geteilt, unzählige Bands und Solisten (wie z. B. MOTT
THE HOOPLE, LULU oder LOU REED) gefördert und (wie z. B. LADY

---

[24] Würtemberger 2016.
[25] SPEX-Redaktion 2016.
[26] SPEX 2016.
[27] Kedves 2016.

GAGA, KANYE WEST oder STEVE REICH) inspiriert, sich stets in den Austausch mit Gestalten und Persönlichkeiten aus den Kunst-, Kultur- und Modeszenen (z. B. ANDY WARHOL, ALEXANDER MCQUEEN, PAUL SMITH, MASAYOSHI SUKITA und JIMMY KING) begeben und schließlich auch als Net-Futurist und Online-Pionier[28] Anerkennung gefunden. Seine einzigartige Begabung, den Zeitgeist[29] und seine Trends nicht nur sensibel aufzuspüren, sondern intuitiv und risikofreudig vorwegzunehmen, korrespondierte dabei mit einer Neigung, die Ausdruck fand in kreativen Experimenten, verwegenen Orientierungsexzessen und bunten Selbstinszenierungsorgien; die Bereitwilligkeit und Fähigkeit, sich immer wieder neu zu kreieren, scheinbar mühelos von Rolle zu Rolle, von Stilfigur zu Stilfigur und von Persona zu Persona zu gleiten, brach sich Bahn in jenen musikalischen, habituellen und performativ inszenierten Metamorphosen, die Bowie in der Öffentlichkeit den Titel des *Pop-Chamäleon* bescherten und zu seiner letzten Endes fast fünf Jahrzehnte währenden Wirkmacht beitrugen.

Welche popkulturelle Bedeutung Bowie und seinen seriell angelegten Transformationsepisoden einmal zukommen wird, hatte sich – so DICK HEBDIGE[30] – bereits seit den frühen 1970er Jahren in dem doppelten Umstand abgezeichnet, dass erstens bereits die frühen ‚*camp*' *incarnations* auf ein jugendliches Massenpublikum anziehend wirkten, zumal sie signalhaft ein Set von Optionen bereitstellten, sich konventionellen Stereotypisierungen ihrer Gegenwartskultur zu widersetzen,[31] und dass zweitens, während populäre Mainstream-Artisten im Wesentlichen den Geschmack schwärmender und lärmender Teenies bedient haben, die eher differenzierten, esoterisch ausgelegten Künstler (wie eben Bowie) mit ihrer leicht larmoyanten Attitude, bisweilen geckenhaft anmutenden Manieren, subtilem Elitarismus, artifizieller Morbidität und

---

[28] Abbany 2016.

[29] „Ich hatte wohl so etwas wie eine Antenne. Oder nein, ich hatte auf jeden Fall eine Antenne. Ich glaube, ich habe sie immer noch, für die Ängste der Gegenwart oder den Zeitgeist. Zeitgeist trifft es am besten. Ich nehme die Atmosphäre um mich herum sehr genau wahr"; David Bowie nach Thomas 2018, S. 35.

[30] Hebdige 1979.

[31] Vgl. Hebdige 1979, S. 60.

intellektueller Koketterie vor allem selbstbewußte (junge) Menschen zu faszinieren wussten, die bereit waren, sich den Fragen des Lebens auf eine neue, intensive Weise zu stellen.[32]

Die würdigende Einschätzung, dass Bowie in allen Schaffensphasen Menschen zu ergreifen und zu bewegen vermochte, ist nachhaltig in vielen Erinnerungspools der Gegenwartskultur verankert worden; (semi-)akademische Studien und Essays[33] sowie populärwissenschaftliche Detailbetrachtungen[34], bunt illustrierte Reportagen und Lebensbeschreibungen[35], grelle Ausstellungskataloge[36] und Retrospektiven[37], Chronologien, Diskographien, Priceguides und Werkverzeichnisse[38], aber auch prachtvolle Bildbände[39], Comics[40], Interviewsammlungen[41] und filmische Dokumentationen[42] haben mit einer kaum zu vermessenden Fülle an Fakten und Fiktionen dazu beigetragen. Gleichwohl scheint der Bedarf an Lebensdaten und Legenden, Augenbezeugungen[43], Erinnerungen und Anekdoten[44], Fantasien

---

[32] Vgl. Hebdige 1979, S. 62. Allerdings ist festzuhalten, dass die starke These von Hebdige vor allem von der Grundstimmung der späten 1970er Jahre profitierte und facto von der Kulturgeschichte selbst relativiert wurde, weil sich die Subkultur spätestens in den 1980er Jahren zur POP-Kultur transformierte. Zum einen hat Bowie sich und seine Audience mit einer nächsten und jeder weiteren Metamorphose – Stichwort: Let's Dance und die Folgen. Die post-subversive POP-Phase von David Bowie – vor neue Herausforderungen und Entscheidungen gestellt, zum anderen ist die Sophistication-Pose einer selbstbewusst-avantgardistischen (Konsum-)Elite längst als Marker des POP-Mainstream identifiziert worden; vgl. dazu insgesamt Geer 2012.

[33] Z. B. Kelleter 2016; Thompson/Gutman 1993.

[34] Z. B. Jacke 2011.

[35] Etwa: Thompson 1987; Thompson 2006; Pitt 1985; Charlesworth 1988; Carr/Murray 1981; Tremlett 1976; zuletzt und auf neuartige Weise: Hesse/Ruiz 2020.

[36] Broackes/Marsh 2013.

[37] Hewitt 2016.

[38] Vgl. u. a. Darke 2016; Darke 2017; Jarman/Stöcklin 2018; Stimson 2020.

[39] Welch 2016; Sukita 2019; Rock/Bowie 2005.

[40] Allred et al. 2020.

[41] Z. B.: Künne et al. 2018; Currie 1985.

[42] Bowie 2019: Finding Fame (BBC); Bowie 2013: Five Years (BBC); Bowie 2017: The last Five Years (BBC).

[43] Bowie/Carr 1993; Cossar 2017; Hutchinson 2014; Juby 1986; Mayes 2016; Zanetta/Edwards 1986.

[44] Zuletzt Hagler 2021.

und Unterstellungen – was Bowies Geschichte und Werk, z. B. seine Rollen, Ehefrauen, Instrumente, Gefährt:innen, Freund:innen, Partner:innen, Lieblingsbücher, Kindheitskleider, Jugenderinnerungen, Drogen, Krankheiten, sexuelle Vorlieben und Ernährungsgewohnheiten anbelangt – immer noch nicht vollständig gedeckt zu sein. Obwohl die grundsätzlich seriöse Berichterstattung einschlägiger Biographien – zu nennen wären etwa exemplarisch die von NICHOLAS PEGG[45], MARC SPITZ[46], DYLAN JONES[47] WENDY LEIGH[48] und DAVID BUCKLEY[49] – hinreichend überzeugende Perspektiven auf David Bowie geltend gemacht und aussagekräftige Daten vorgelegt hat, wird an den extremen Polen dieser Reportagen weiter gearbeitet. Auf der einen Seite betrifft es die fortlaufende Implementierung eindimensionaler, auf bestimmte Klientels zugeschnittener Klischees bzw. die Produktion entsprechend trivialer Formate, sprich: von schwülstigen Porträts, Kaffeetisch-Bildbänden, selbstgetöpferten Biographien und glamourösen Lifestyle-Magazinen; auf der entgegengesetzten Seite ist es dann die Konzentration auf zukunftsweisende Konzepte und sensible Sprachhandhabungen, um Bowies Kunst angemessen und einfühlsam zu erschließen, die enorme Bedeutung der Popkultur sachgemäß, anschaulich und würdigend zu beschreiben, sich im Ergebnis von vulgär musikjournalistischen, psychologischen und sozialgeschichtlichen Zugriffen abzugrenzen und den Auswirkungen schlechter Biographien einer „blody cottage industry" entgegenzuwirken.[50] Der Philosoph SIMON CRITCHLEY, diesbezüglich selbst mit einer vorbildlichen jüngeren Bowie-Arbeit profiliert[51], bringt besagte Zielsetzung auf den Punkt, nämlich

---

[45] Pegg 2016.
[46] Spitz 2016.
[47] Jones 2018.
[48] Leigh 2016.
[49] Buckley 2004. Buckley 2010.
[50] Vgl. Dery 2017.
[51] Critchley 2014.

„to try and find concepts that do justice to Bowie's art in ways that are neither music journalism, dime store psychology, biography or crappy social history. I still don't think we have a language that gives the huge importance of pop culture its due, that describes and dignifies it in the right way. For me, and for many many millions of others, the world first opened as a set of possibilities through pop music, especially Bowie's music. Bowie is the most important artist tout court of the past six decades and someone just needs to say that and try and explain how his songs justify that claim."[52]

Und tatsächlich, das hier artikulierte Bedürfnis, Bowie als den wichtigsten Künstler der letzten sechs Jahrzehnte popkulturtheoretisch zu würdigen, hat sich in den vergangenen Jahren zunehmend in dem Theoriebegehren einer BOWIEOLOGY manifestiert und über BOWIE-STUDIES zum Ausdruck gebracht, die sich u. a. bei der kritischen Theorie, den Kulturwissenschaften, der Soziologie, der Rockkritik, der Ethnographie der Fankultur und den Schriften der Fans selbst bedienen[53], um – wie neben dem genannten Critchley etwa auch WILL BROOKER[54], SHELTON WALDREP[55] oder CHRIS O'LEARY[56] – ernsthaft rekonstruktiv und innovativ dekonstruierend Untersuchungen von Bowies Arbeiten vorlegen[57] und neue kontroverse Perspektiven auf Lebenslauf und Lebenswerk anbieten zu können.[58] Bowie selbst hatte quasi diese Studien legitimiert und das Startsignal gegeben, als er sich in einem Interview von 1995 gegenüber traditionell sinn-rekapitulierenden Auslegungsschulen in Stellung brachte und sein Auditorium autorisierte, je vor dem persönlichen, eigenen Gesellschafts-

---

[52] Vgl. Smith 2014.

[53] Vgl. Dery 2017.

[54] Brooker 2017; Brooker 2019.

[55] Waldrep 2016.

[56] Chris O'Leary hat sich vor allem mit seinem Netzblog *Pushing ahead of the Dame. David Bowie, song by song.* verdient gemacht; sämtliche seiner online veröffentlichten Einzeluntersuchungen zu Bowie-Titeln sind erweitert und in zwei Printpublikationen (O'Leary 2015; O'Leary 2019) verfügbar gemacht worden.

[57] Vgl. Penner 2016.

[58] Frith 1989; Welch 1999; Cinque et al. 2015; Griffin 2016; Ammon 2016; Devereux et al. 2016.

und Kulturhorizont Analysen, Dekonstruktionen, Sinndeutungen und Rekonstruktionen vorzunehmen und damit dem Umstand Rechnung zu tragen, dass die erste wahrzunehmende Realität nun mal die ungeordnete Wirklichkeit ohne erkennbaren Anfang und Ende sei, aber durch bestimmte Deutungsakte des Subjekts in eine sortierte Wirklichkeit überführt oder zumindest in ein kommunikables Palimpsest von Realität überführt werden könne. Mehrfach betonte Bowie, dass er glücklich sei, wenn ihm Menschen mit Ideen zu diesem oder jenem seiner Songs sagen, was er wohl samt und sonders bedeuten würde.[59]

Genau an dieser Stelle sucht sich die vorliegende Studie behutsam ins Gespräch zu bringen. Wie erwartet brilliert sie weder mit neuartigen Recherchen noch mit einem restaurierten Sach- und Faktenwissen, das unter Umständen die opulenten Materialpools der großen biographischen Werke bereichern oder erschüttern könnte. Wohl aber wartet sie mit den Skizzen eines Theoriedesigns auf, das alle Optionen einer bestimmten Perspektive mit sich führt, aber eben keineswegs nur darauf abzielt, aus einer bestimmten Perspektive eine alternative Sicht auf Bowie und sein Werk zu generieren, sondern auch, quasi autoreflektorisch *und* selbstreflexiv, die eigentlichen Voraussetzungen für dieses Theoriedesign zu inspizieren und zu stabilisieren.

Denn letztlich geht es ja keineswegs nur um David Bowie, schon gar nicht um eine Beihilfe zur Installation oder Hyperkonstruktion jener überkandidelten Figur, auf die die Redewendungen vom *wahren Bowie* oder *ganzen Bowie* hinauslaufen, sondern schlichtweg – also dem Anschein nach weitaus geringer, aber in der Durchführung und auf das angestrebte Ergebnis gesehen umso dichter – um eine Lesart von Texten, konkret: um alle von Bowie verfassten Songtexte, die befragt werden sollen nach mehrfach oder häufig wiederkehrenden Vokabeln von spezieller Qualität, nach Denkfiguren und Bildmotiven, die sich womöglich durch das gesamte Œuvre ziehen, und um den Verdacht, dass in ihnen etwas von der Gestimmtheit des Autors zum Ausdruck kommt oder ihre Verwendung etwas über dessen Einstellung zu Welt und Leben verrät. Sodann geht es um ein Experiment, dessen Pointe

---

[59] Vgl. Wells 2015, S. 256 f.

darin besteht, die in der Gesamtfülle besagter Vokabeln, Denkfiguren und Bildmotive eventuell artikulierten Sinnperspektiven in logischen Sparten zu rubrizieren und nach Themen neu zu sortieren; darin bringt sich vor allem eine klare Anerkennung des doppelten Tatbestandes zum Ausdruck, dass (erstens) die konventionelle akademische Theologie mit diesem Verfahren ihre größten Erfolge erzielt und ganze Lehrgebäude theologiearchitektonisch errichtet hat, jedoch (zweitens) auf dieses Verfahren keinen Monopolanspruch mehr geltend machen kann. Es scheint ein überschaubares, wenngleich eigensinniges Risiko zu sein, in besagtem Verfahren gerademal einen einzigen Bezugsposten auszuwechseln und im Prinzip nur die Position der Referenzgröße: *Religionsstifter* neu zu besetzen.

Aber dazu später mehr. Nach weiterführenden und näheren Begründungen wird dieses Gesamtvorgehen ohnehin an geeigneten Stellen verlangen; folgerichtig werden im Verlauf der weiteren Untersuchungen alle entsprechenden Theoriemodule nebst einschlägig notwendiger Argumente angemessen implementiert. Dies betrifft u. a. die von der Religionssoziologie vorbereiteten und angeregten Begriffe des *Religioiden* und des *Theologoiden* sowie die Denkpfeiler und die Argumentationsgerüste einer genuin *theologischen Theologiearchitektur*. Wo auf besondere Momente der Bowie-Vita, auf Ereignisse, Abläufe, Anekdoten etc. zugegriffen wird, etwa, weil es Sinn ergibt, bestimmte biographische Horizonte als Kontextualisierungsfolie einer lyrisch artikulierten Erlebnisweise zu verspannen, sollen natürlich die seriösen Archive der o. g. einschlägigen Biographien bemüht werden dürfen. Auch Gesprächs- und Forschungsbeiträge, die auf ausgewiesenen bzw. von der Bowieology und den Bowie-Studies anerkannten Netzplattformen bereitgestellt werden, dürfen als diskursrelevant aufgefasst und aufgegriffen werden. Plateaus hingegen, darauf sich z. B. dubiose *Religion*sentdeckermentalitäten ihr Stelldichein geben oder emotionalisierte Boulevardargumente als spiritualitätsinvestigative Journalismusqualitäten präsentieren, werden zwar um der Vollständigkeit Willen inspiziert, aber bestenfalls en passant zitiert; Onlineartikel und Blogeinträge, deren Schlagzeilen etwa plakativ *„Die religiöse Seite von David*

Bowie"[60] annoncieren oder – im Gegensatz dazu – den Anspruch anmelden, aufgrund von Bowies vielfältigen religiösen Provokationen sein komplexes Verhältnis zur Kirche ausleuchten zu müssen, damit sich der „bisexuelle Senior" mit seinen messianischen Zügen und seiner popkulturellen Unsterblichkeit verträglich verrechnen lässt[61], können immerhin als Indizien erachtet werden, nämlich einerseits für die in kulturellen Nischen konservierten konventionellen Assoziationsketten theologischer Provenienz (Kirche-:-Konfession-:-Christentum-:-Religion), andererseits für die sub- und popkulturell längst zum Einsturz gebrachten ideologischen Säulen theologischer Gebäude und Gebilde, aus bzw. auf deren Ruinen neue (POPtheologische) Aussichtstürme entstanden sind und ein neuartiges *Looking for God* ermöglicht wurde.

Bowies Song über Lucy (s. o.) macht den Grund und das Prinzip dieses *Looking for God* anschaulich, nicht mehr und nicht weniger. Zentralfigur ist eine Frau, deren Ringen um Sein und Sinn als ein Wesenszug im Vordergrund steht: weil sie unter den Disharmonien ihrer unvollendeten Existenz in einer ebenso unvollendeten Welt leidet und zu dieser Kakophonie, die bestenfalls unstete Rasereien erzwingt, nicht leichtfüßig schwebend zu tanzen vermag, sucht sie ihren taumelnden und strauchelnden Lebensrhythmus mit neuen Akkorden und Takten zu unterlegen. Um die passend neuen Worte und Klänge für die ringende Lucy (und sich selbst) müht sich das lyrische Ich, aber womöglich auch Bowie selbst, der ja als Autor und Komponist dieser Text-/Tondichtung seinen als postmodern empfundenen Song inszeniert und performiert, als ginge es um das eigene Leben und den eigenen Tod: es scheint, als wäre (neben Lucy) vor allem er selbst in der Tiefe seiner Seele gefordert und herausgefordert, auf aufregende Weisen neu nach etwas Ausschau zu halten, das einst und für lange Zeit von der klassischen Theologie domestiziert und mit ziemlich ernstem Unterton *Gott* genannt wurde.

Nachfolgend wird sich zeigen müssen, dass dieses besagte Etwas in dem Modus des Suchens keineswegs Gestalt annimmt und sich offen-

---

[60] Vgl. Hiestand 2016.
[61] Vgl. Konersmann 2016.

bart, jedoch in den experimentellen Momenten einer Versprachlichung des Ersehnten deutlich konturiert wird; bei Bowie – auch dafür ist ein Nachweis zu erbringen – konkretisiert es sich in neuen lyrischen und poetischen Gewändern, in melancholischen und aggressiven Klängen sowie in ironischen, zynischen, humorigen, traurigen, sarkastischen, sachlichen Sprachgebilden, die sich mitunter lesen wie ein letztinstanzlicher Kommentar zu Welt, Mensch, Wirklichkeit, Leben, Tod und Hintersinn. Inwiefern sich nun beides, also die Artikulationen des Künstlers und die hier angesprochene bedeutungsgenerierende Lesart für eine kulturtheoretische Einlassung auf Theologiebegriff und Theologieverständnis eignet, bleibt abzusehen. Provisorisch wird an dieser Stelle David Bowie für eine POP-Theologie *in exciting new ways* nominiert; alles Weitere soll sich in den nachfolgenden Gedankengängen argumentativ gestützt und näher entwickelt, am Material ergründet und veranschaulicht, in der Theorie verdichtet – und zum Ende hin bestätigt finden.

2

I'm trying hard to fit among your scheme of things

Bowies Lebensfrage nach letzten Sinnzusammenhängen in einer seltsam fremden Welt

Herr, ich knie nieder und biete dir mein Wort auf einem Flügel an

und ich bemühe mich, in deinen Plan der Dinge zu passen:

Es ist sicherer als ein fremdes Land, doch ich sorge mich weiterhin um mich selbst

und stehe nicht in meinem eigenen Licht.

Herr, Herr, mein Gebet fliegt wie ein Wort auf einem Flügel,

mein Gebet fliegt wie ein Wort auf einem Flügel:

Passt mein Gebet in deinen Plan der Dinge?

„Lord, I kneel and offer you my word on a wing / And I'm trying hard to fit among your scheme of things / It's safer than a strange land, but I still care for myself / And I don't stand in my own light / Lord, Lord, my prayer flies like a word on a wing / My prayer flies like a word on a wing / Does my prayer fit in with your scheme of things?"; Bowie 1976: Word on a Wing. [Übers. d.d. Verf.].

© Der/die Autor(en), exklusiv lizenziert an Springer Fachmedien Wiesbaden GmbH, ein Teil von Springer Nature 2023
F. T. Brinkmann, *Ashes to Ashes, Spaceboy?!*,
https://doi.org/10.1007/978-3-658-42614-9_2

2.1   Lord, I kneel and offer you

Am Ostermontag des Jahres 1992 fand im Londoner Wembley-Stadion eines der größten und wichtigsten Benefiz-Konzerte der jüngeren Rock- und Popgeschichte statt. Zum ehrenden Gedenken an den legendären Sänger FREDDIE MERCURY – der Frontmann der populären Formation *The Queen* war am 24. November 1991 an den Folgen einer Immun- schwächung nach HIV-Infektion verstorben – hatten die verbliebenen Bandmitglieder das *Freddie Mercury Tribute Concert for Aids Awareness* organisiert und in der Community musikalischer Freunde und künst- lerischer Weggefährtinnen zur Mitwirkung an ihrem Projekt auf- gefordert. Ausgewiesen wurde dafür u. a. der Leitgedanke, dass mit den vielen individuellen Zeichen erinnernder Hochschätzung zugleich Signale für mehr Sensibilität gegenüber Erkrankten und für mehr Achtsamkeit im Blick auf die Krankheit gesetzt werden könne. Der Einladung von BRIAN MAY, ROGER TAYLOR und JOHN DEACON war ein- schlägig Folge geleistet worden; unter den illustren Gästen der in Radio und Fernsehen direktübertragenen Live-Veranstaltung befanden sich Bands wie METALLICA und GUNS N'ROSES, zudem auch zahlreiche Einzelkünstler wie ROBERT PLANT (Led Zeppelin), ROGER DALTREY (The Who), TONY IOMMI (Black Sabbath), LISA STANSFIELD, GEORGE MICHAEL, LISA MINELLI, PAUL YOUNG, ZUCCHERO, BELDOF GELDOF, ELTON JOHN und eben David Bowie.

Bowies Auftritt, bereits auf den Konzertplakaten als Top-Live-Act angekündigt, war zweifellos als ein Höhepunkt kalkuliert worden. Immerhin wurde seine Professionalität in Fachkreisen als unnachahm- lich geschätzt, für seine Popularität in den 1990er Jahren – die Hoch- zeit mit dem Model IMAN ABDULMAJID stand unmittelbar bevor – hatte er mehr als genug getan, und sein spezielles, aber durchaus kollegial- freundschaftliches Verhältnis zu Mercury, May, Taylor und Deacon galt seit ihrem gemeinsamen *Under Pressure*[1] als erwiesen. Folgerichtig begann genau mit diesem Klassiker, von Bowie bis dato noch nie live auf die Bühne gebracht, seine Darbietung mit Queen-Musikern

---

[1] Queen & David Bowie 1981: Under Pressure (S|Vinyl).

und weiteren Stars: Zunächst lieferten Bowie und ANNIE LENNOX (Eurythmics) im Duett eine stark theatralische, gleichwohl innige Interpretation des Songs, gipfelnd in dem hysterischen Flehruf nach verständnisvoller Liebe („Why can't we give love give love give love give love…"), sodann brachte er Seite an Seite mit seinen einstigen Weggefährten IAN HUNTER[2] und MICK RONSON[3] eine fulminante Variation der Hymne *All the Young Dudes*[4], schließlich, als krönenden Abschluss seiner Performance mit May, Taylor, Deacon und Ronson, eine besonders intensive, weil offensichtlich auf Mercury gemünzte Version des populären *"Heroes"*.

Mit drei Titeln also – ein vergleichbar großzügiges Lineup im so genannten *Queen Set* war nur noch für GEORGE MICHAEL reserviert gewesen – hatte Bowie seinen musikalischen Tribut zollen dürfen. Den Umständen entsprechend durfte kaum eine Zugabe erwartet werden; wohl aber war gerade im Blick auf das besondere Setting mit einer konzertgenretypischen, längeren Applausphase zu rechnen, mit einigen bewegenden Erinnerungs- und Dankesworten, gewiss auch mit einer angemessen dezenten Verabschiedung von Publikum und Bühne. Es kam daher keineswegs überraschend, dass sich Bowie unmittelbar nach seiner Heroes-Performance an das Publikum wandte und mit andächtigen Worten eine eigentümliche Stille erzwang:

> „This Tribute is for our great friend Freddy Mercury. I do so like us to remember our friends, your friends, my friends who have died recently or in the distant past. And friends who are still living (…). And i'd like to offer something in a very simple fashion but it's the most direct way that i can think of doing it."[5]

---

[2] Ian Hunter war zwischen 1969 und 2013 mehrfach Sänger und Frontmann der britischen Rockformation Mott the Hoople. Bei ihrer UK-Tour 1973 und ihrer USA-Tour 1974 trat The Queen als Vorgruppe auf. David Bowie gilt als Förderer der Band; der größte Hit *All the young Dudes* stammt aus seiner Feder.

[3] Mick Ronson (1946–1993) war von 1970–1974 Gitarrist bei den *Spiders from Mars*, einer zwischenzeitlichen Band von David Bowie. Auch mit Ian Hunter hat er mehrfach zusammengearbeitet.

[4] Mott the Hoople 1972: All the young dudes (ST).

[5] Spitz 2009, S. 349.

Dann ging Bowie in die Knie. Vor 72.000 Menschen im Stadion, vor einem Millionenpublikum an den TV-Bildschirmen betete er das Vater Unser – und markierte nicht nur einen der spektakulärsten Momente jener popmusikalischen und popkulturellen Ära, sondern setzte auch einen unvergesslichen Akzent seiner eigenen Geschichte.

Der Augenblick, in dem der große Künstler zu Boden ging, um seine Gestimmtheit zu offenbaren, dem Leben und seinen letzten Geheimnissen konventionell und unkonventionell zugleich einzigartigen Respekt zu zollen – dieser Akt hat nachhaltig zu Spekulationen, Mutmaßungen und Unterstellungen geführt, aber auch zu klaren Rückfragen ermutigt. Bereits ein Jahr nach seinem Kniefall von Wembley wird Bowie mit der Erklärungsbitte („Warum hast Du das Vater Unser beim Mercury-Tribute gesprochen?") konfrontiert; seine Auskünfte sind überraschend klar, aber auch vielschichtig:

> „Ich hatte einen Freund namens Craig, der starb gerade an AIDS. Er war just an diesem Tag ins Koma gefallen. Unmittelbar bevor ich die Bühne betrat, trug mir eine innere Stimme auf, das Vater Unser zu sprechen. (…) In der Rockmusik, insbesondere auf der Showbühne ist kein Platz für Gebete, aber ich denke, dass ja so viele Songs, die geschrieben werden, Gebete sind. Eine Menge meiner eigenen Songs sind Gebete für den inneren Einklang mit mir selbst. Auf einer persönlichen Ebene habe ich einen unsterblichen Glauben an Gottes Existenz, das ist nicht hinterfragbar. (…) Wenn ich so schaue, was ich in meinem Leben getan habe, dann war rückblickend so viel von dem, was ich für Abenteuerlust hielt, Ausdruck meiner Sehnsucht nach einer zarten Verbindung mit Gott. Ich habe immer gesucht, geforscht, gefragt, warum Religionen funktionieren und was das ist, was Menschen letzten Endes darin finden. Und ich bin immer hin und her geschwommen von einer Glaubensrichtung zu der nächsten, sogar bis zu jenem sehr schwachen, tiefen Punkt in den Siebzigern, als ich diese Faszination für schwarze Magie entwickelt hatte. (…) Und obwohl ich sicher war, dass mich da etwas Teuflisches geleitet hat, war das insgesamt nicht die Suche nach dem Bösen. Es war die Hoffnung, dass die Zeichen mich irgendwo hinführen würden."[6]

---

[6] Nach Parsons 1993: „TP: Why did you say the Lord's Prayer at the Freddie Mercury tribute? DB: I decided to do it about five minutes before I went on stage. Coco [Schwab, Bowie's long-

Nun, diese offene Stellungnahme war kein Einzelfall. Mit einer nahezu entwaffnenden Ehrlichkeit hatte sich Bowie immer wieder coram publico als der sehnsüchtig Getriebene inszeniert, dabei allerlei kleinere und größere Sequenzen seiner rastlosen spirituellen Suchbewegung skizziert:

„Ich war jung, komisch frei, und der Tibetanische Buddhismus zog mich seinerzeit irgendwie an. Ich dachte, da ist Heil. Es hat nicht wirklich hingehauen. Dann stieg ich durch Nietzsche, Satanismus, Christentum. Töpferei. Und endete singend. Es ist ein langer Weg …"[7], verrät er Ellen DeGeneres in ihrer TV-Show, und in einem viel beachteten Interview mit Anthony DeCurtis schlägt er ähnliche Töne an:

„Ich glaube, ehrlich gesagt, dass sich meine grundlegenden Fragen nicht geändert haben. Es sind ein paar weniger geworden in diesen Tagen, aber sie sind mir wirklich wichtig. Mein spirituelles Leben anzufragen – das war immer relevant gewesen für mein Schreiben. Immer. Das liegt daran, dass ich nicht ganz ein Atheist bin, und das beunruhigt mich. Da gibt es dieses kleine etwas, das noch bleibt. Ja gut, ich bin fast ein Atheist. Gib mir noch ein paar Monate. (…) Erschreckend ist: alle Klischees stimmen letztlich irgendwie doch. Die Jahre gehen wahrhaftig schnell vorbei. Das Leben ist echt so kurz, wie sie es sagen. Und da gibt's wirklich einen

---

term personal assistant] and I had a friend called Craig who was dying of AIDS. He was just dropping into a coma that day. And just before I went on stage something just told me to say the Lord's Prayer. The great irony is that he died two days after the show. (…) In rock music, especially in the performance arena, there is no room for prayer, but I think that so many of the songs people write are prayers. A lot of my songs seem to be prayers for unity within myself. On a personal level, I have an undying belief in God's existence. For me it is unquestionable. (…) Looking at what I have done in my life, in retrospect so much of what I thought was adventurism was searching for my tenuous connection with God. I was always investigating, always looking into why religions worked and what it was people found in them. And I was always fluctuating from one set of beliefs to another until a very low point in the mid-Seventies where I developed a fascination with black magic. (…) And although I'm sure there was a satanic lead pulling me towards it, it was'nt a search for evil. It was in the hope that the signs might lead me somewhere." [Übers. d. d. Verf.].

[7] Nach DeGeneres 2004: "I was young, fancy free, and Tibetan Buddhism appealed to me at that time. I thought, 'There's salvation. It didn't really work. Then I went through Nietzsche, Satanism, Christianity… pottery, and ended up singing. It's been a long road." [Übers.d. d. Verf.].

Gott – kauf ich das jetzt ab? Wenn alle anderen Klischees auch zutreffen? Hölle, stell mir bloß nicht diese Frage…"[8]

2.2   I still care for myself

Mittlerweile sind sie legendär geworden, diese Interviewauftritte, in denen der professionelle Künstler charmant und eloquent Auskünfte über sein Leben, Sinnen, Denken und Sehnen zu geben verstanden – und sich dabei dezent selbstinszenatorisch aller gängigen religiösen Sprach- und Zeichenvorräte zu bedienen vermocht hat. Ähnlich wie die explizit performierte Frömmigkeitsfigur des knienden Beters, ähnlich wie der nahezu hymnische Song vom inbrünstig dargebotenen *Word on a Wing* haben Bowies esoterisch-spirituell aufgeladene Anspielungen in Interviews ihre ganz eigene Qualität.[9] Als unterbestimmt, changierend und deutungsoffen schillern sie bisweilen, und es scheint, als müsse ungeklärt bleiben, ob Bowies subtil autobiografisch konnotierte Basis-erzählung von einer permanenten Selbstreflexion, die mit einer immerwährenden spirituellen Sehnsucht einhergeht, als reine Per-formance oder als echte Confessio zu verstehen ist: Seine im Plauder-ton offenbarte Koketterie mit metaphysisch-spekulativen Gebinden, transzendenten Sinndeutungsgehalten und Gottesidee(n) oszilliert derart zwischen Showdarbietung und existenziellem Herzbekenntnis, dass sich diese Sphären kaum voneinander losgelöst betrachten lassen. Aber womöglich entspricht gerade diese Vernetzung unterschied-

---

[8] Nach DeCurtis 2005: "I honestly believe that my initial questions haven't changed at all. There are far fewer of them these days, but they're really important. Questioning my spiritual life has always been germane to what I was writing. Always. It's because I'm not quite an atheist and it worries me. There's that little bit that holds on: Well, I'm almost an atheist. Give me a couple of months… (…) That's the shock: All clichés are true. The years really do speed by. Life really is as short as they tell you it is. And there really is a God – so do I buy that one? If all the other clichés are true… Hell, don't pose me that one." [Übers. d. d. Verf.].

[9] Bowie, der dafür bekannt ist, dass er sich bei einer Reihe von Gesprächsthemen arg sprach-jonglierend auf die Auseinandersetzung mit dem Interviewpartner einlässt, bisweilen auch humoresk ausweichend verhält und mitunter erdachte Wahrheiten einspielt – überliefert ist u. a. sein Votum „Part of my entertaining factor is lying to you" (vgl. O'Leary 2019, S. 526) –, hat sich auf diesem sensiblen Sektor geradezu ungewöhnlich seriös betragen; vgl. McCarthy 2019.

licher Ebenen den Tatsachen? Zumindest wäre es unangemessen zu behaupten, dass Bowie mit seiner spirituellen Gestimmtheit einfach nur eine Pose situiert; eher dürfte es gerade die Unterbestimmtheit dieser Gestimmtheit sein, die den Künstler zu stets neuen oder wiederholten Verbildlichungs- und Versprachlichungsversuchen für das belastend Unaussprechliche drängt. In einem Stern-Interview wird Bowie folgend zitiert:

> „Eine meiner zentralen Lebensfragen, die mich bis ans Ende meiner Tage verfolgt. Gott? Ich glaube an dich, ich glaube nicht an dich, ich glaube ein bisschen an dich ... Ich habe das Problem nie gelöst. Ich versuche es jeden Tag von neuem."[10]

Ganz offensichtlich hat die Selbstbewusstmachung dieser zentralen Lebensfrage in ihrer Kontinuität etwas mit dem Bowie'schen Modus einer Autoreflexion zu tun – bzw. mit dem Umstand, dass die gesteigerte Dauerreflexivität in eine Art unablässige Sinngrübelei umzuschlagen droht. Bereits in den späten 1990er Jahren darf man erahnen, wie sehr sich Bowie diesen Vorgang klargemacht hat; er gibt preis:

> „Ich fing an, darüber nachzudenken, was diese Hits eigentlich bedeuteten, Ashes To Ashes und Heroes und Sound And Vision, und warum die Leute sie so mochten. Und ich guckte mir andere Lieder von mir an, die ich all die Jahre vielleicht lieber gespielt hätte. Ich habe mir überlegt, was an diesen relativ obskuren Liedern so viel näher an mir dran war, und ich fing an, verschiedene Fäden in meinen Texten zu finden, auch wenn ich mich scheinbar ständig verändert habe und die Stilisierungen ständig wechselten. Neuerdings sehe ich in diesen Veränderungen eine starke Kontinuität. Vielleicht habe ich tatsächlich die ganze Zeit dasselbe gesagt, seit meinen Anfängen bis heute. (...) Es ging immer um eine Art spiritueller Suche. Es geht darum, die Organisation dieser Suche nicht als vorgegeben zu akzeptieren. Formale Religion ist nicht genug, es muss einen anderen Weg geben, eine neue Interpretation von Gott. Das ist noch sehr vage, aber irgendwo da drin steckt

---

[10] Streck 2003.

das, worüber ich meine Songs schreibe. Für mich ist es schon ein bisschen beängstigend, im nachhinein festzustellen, dass ich die ganze Zeit
diese Besessenheit hatte. Die hat auch kein bisschen nachgelassen in den
letzten dreißig Jahren. Das ist mein persönliches... na ja, Kreuz-das-ich-
zu-tragen-habe will ich in diesem Zusammenhang lieber nicht sagen. Es
ist meine große Lebensfrage."[11]

Religion, Gott, Besessenheit, Kreuz, Lebensfrage: das Vokabular, das
hier in auffälliger Dichte Verwendung findet, ist recht einschlägig;
es wird bekanntlich von Glaubensgemeinschaften, Bekenntnis-
richtungen und Weltanschauungen ausgiebig genutzt und gewartet,
von Theologien, Religionswissenschaften und Philosophien erörtert
und bis an die intellektuelle Schmerzgrenze kontrovers entfaltet.
Und trotzdem lässt sich ja aus diesem doppelten Sachverhalt (a) des
Sprachgebarens einer Einzelperson und (b) der bekannteren Sinn-
zusammenhänge besagter Wortverwendungen kein wirklich verwert-
barer Rückschluss ableiten; die Inanspruchnahme besagter Vokabeln
durch Alltagssprachhandelnde ist kein zwingendes Indiz für deren
etwaige Religions- oder Konfessionszugehörigkeiten. Ein wirklich trag-
fähiges Begründungsargument für das schlichte Verfahren, David Bowie
aufgrund einer auffälligen Umgangsweise mit vorbelasteten Sprachspielen und Denkfiguren als *religiösen Menschen* bzw. wegen seiner
konzentrierten Vater Unser-Aktion als *Religionspraktikant* im Sinne
eines *öffentlich Religionspraktizierenden* zu identifizieren, womöglich gar
eindeutig einer Glaubensrichtung bzw. einer religiösen Denomination
mit exklusiven Glaubenssettings zuzurechnen, gibt es daher nicht.

Vergleichsweise behutsam zu bewerten sind diesbezüglich auch zahlreiche Versuche zu den sogenannten *Mental Maps* von David Bowie
bzw. zu einer etwaigen inneren Enzyklopädie, die, so sie sich hinsichtlich ihrer Genese, Zusammensetzung, Architektur und Entwicklung
näher bestimmen lässt, auch erhellende Aufschlüsse geben könnte
über die historischen und soziokulturellen Hintergründe eines Persönlichkeitsprofils: Grundsätzlich ist ja nicht auszuschließen, dass sich

---

[11] Rutenberg 1997.

z. B. biografische Erlebnisbegebenheiten mit illustren Personen nachhaltig auswirken, dass eine Beschäftigung mit (avantgardistischen oder trivialen) Denk- und Kunstkonzepten Eindruck hinterlässt, dass subtil wahrgenommene Artefakte und Styles zu Prägekräften werden, kurz: dass sich allerlei Spuren und Splitter schier unendlicher Kulturgeschichte(n) mit reichlichen Milieuspuren und Zeitgeistsedimenten im Bewusstseinsstrom einer Person verdichten. Und gerade für David Bowie, der aus seinem über Jahrzehnte brutal gefüllten Erfahrungsschatz die Sinnbilder einfachster Kinderlieder[12] und TV-Sendungen[13] ebenso abrufen konnte wie komplexere Vorstellungsmotive aus der jüdischen Kabbala[14] oder dem tibetanischen Buddhismus[15], der mit spielerisch lässiger Eleganz auf seine Kunst-, Seelen- und Geistesverwandtschaften mit JACK KEROUAC[16], ANDY WARHOL[17], STANLEY KUBRICK[18] oder MARCEL MARCEAU[19] zu sprechen kam, in dessen Selbstinszenierungs- und Selbstgestaltungsrepertoire ganze Film-, Kunst-, Theater- und Textilwelten enthalten waren[20], ist es ein interessantes und lohnenswertes Unterfangen. Begonnen wurde damit längst; vermehrt treten Anthologien über ihren offenkundig intendierten Unterhaltungswert hinaus mit dem Anspruch quasi Eingeweihter an und offerieren je spezielle Sammlungen musikalischer

---

[12] „Inchworm' ist meine Kindheit", erinnerte sich David Bowie (Spitz 2016, S. 41 f.): „Sie war nicht glücklich. Nicht, dass es brutal zugegangen wäre, aber ich hatte eine ganz bestimmte Art britischer Eltern: Sie waren ziemlich unterkühlt, und man nahm sich nicht oft in den Arm. Ich sehnte mich daher immer nach Zuneigung.»Inchworm« hat mich getröstet; auch der Sänger klang, als wäre er verletzt worden, und so was mag ich, Künstler, die ihren Schmerz wegsingen. (…) Kaum jemand würde glauben, wie viele meiner Songs ihren Ursprung in diesem Titel haben. (…) Ihm liegen Elemente des Kinderreims zugrunde."

[13] Sehr aussagekräftig sind diesbezüglich die Videokonserven, die während der Reality-Tournee zu Beginn des Songs „Slip Away" eingespielt wurden; vgl. Bowie 2004: A Reality Tour (DVD).

[14] „Here are we, one magical movement from Kether to Malkuth", Bowie 1976: Station to Station (ST); ausführlich White 2019.

[15] „You can tell me all about it on the next Bardo", Bowie 1971: Quicksand; ausführlich zu diesem Begriff und Konzept Evans-Wentz 2003.

[16] Vgl. Spitz aaO., S. 242 f. u. ö.

[17] Vgl. Jones aaO., Ss. 132, 222, 367, 580 u. ö.

[18] Vgl. Spitz aaO., S. 148, 213, 234 u. ö.

[19] Spitz, S. 138 f.

[20] Beachte Hewitt 2012; Sukita 2109; Rock/Bowie 2005; Vogue 2020.

oder literarischer Titel als das Material, das Bowie „inspiriert und zu dem gemacht [hat], der er war" – und insofern „einen der größten Künstler der vergangenen Jahrzehnte neu kennenzulernen" gestattet.[21] Doch trotz solcher vehementen Versprechen gilt es abzuwarten, ob sich Bowies innere Multimedia-Library vollständig rekonstruieren, ebenso, ob sich diese mentale Enzyklopädie für eine realistische Skizze seines Persönlichkeitsprofils hinreichend verwerten lässt: selbst dann bleibt weitestgehend deutungsoffen, warum, wie und unter welchen Bedingungen dieses konturierte Persönlichkeitsprofil als spezielles *Frömmigkeits*profil besondert werden kann.

Gleichwohl hat es an Bestrebungen nicht gemangelt, diesen Schritt bereits vorwegzunehmen und zu zeigen, dass sich Bowies religiöses Bewusstsein bzw. sein spirituelles (Leben-)Gefühl in Etappen und Phasen entwickeln und profilieren konnte. Freilich kommt man bislang nicht umhin, den recht eigentümlichen und vorläufigen Charakter solcher Darstellungen insbesondere dort offenzulegen, wo mit Geltungsanspruch in wenigen, voluminösen Statements überwiegend auf etablierte Legenden[22] zurückgegriffen wird. Gemeint sind damit vor allem jene Narrative, die nach ihrer Stiftung – etwa durch Bowies Initialinszenierung – im Modus von Anschlusskommunikation, Weitergabe und Redaktion an Haltbarkeit, aber auch an Eigendynamik, Selbständigkeit und diagnostischem Potential zugenommen haben.

---

[21] Zitiert nach O'Connell 2020, Klappentext Coverinnenseite; vergleichbar auch das Konzept von Various Artists 2016: david bowie's jukebox (LP).

[22] Die Mehrdeutigkeit dieses Begriffes ist nicht übersehen, sondern vielmehr einkalkuliert worden: Wenn nachfolgend von einer Legendenbildung, Bowies Vita betreffend, die Rede ist, will die Genese und Wirkmacht einer Erzählung bedacht werden, die nicht vollständig verifizierbar ist, sondern vielmehr idealisierend Wesenszüge einer bedeutsamen Gestalt und ihrer Geschichte herausarbeitet – und damit auch das Bedürfnis einer (profanen) Heiligenverehrung bedient; vgl. Rosenfeld 1982; Boelderl 2004.

2.3 I don't stand in my own light

Hinreichend bekannt und eigensinnig stabil ist bspw. die Erzählung, dass „Meditation für Bowie im bewusstseinserweiternden Sommer des Jahres 1967 (…) eine ernstzunehmende Möglichkeit [gewesen ist], sich mit der an Katastrophen reichen Welt, seiner festgefahrenen Kariere und der Serie familiärer Traumata (…) auseinanderzusetzen"[23]; noch Jahrzehnte später habe er in Krisensituationen von der Lehre des Buddhismus zehren dürfen, „dass es neben Prominenz und materiellem Gewinn noch andere erstrebenswerte Ziele gab."[24] Tatsächlich jedoch ist diese Legende nur begrenzt verwertbar; wiederholt hat sich Bowie dazu positioniert und geltend gemacht, dass es weitaus treffender sei, die ihm unterstellten Hinwendungen – eben auch die zum Buddhismus – nicht inhaltsbezogen und faktisch, sondern kontextgebunden und metaphorisch zu verstehen, nämlich als Sinnbild seines Greifens nach Licht, als Synonym für eine den Horizont konkreter Religionsofferten überschreitende, permanent grundgestimmte Sinnmeditation.[25]

Im Grunde ähnlich verhält es sich mit einer zweiten großen – und ähnlich hartnäckigen – Erzählung, die eine übersichtliche, gleichsam intensive Sequenz in den 1970er Jahren isoliert und auf ihre tiefsinnige Geltungsmacht hin fokussiert, ohne dabei in Erwägung zu ziehen, besagte Episode innerhalb eines fluiden Selbstdeutungsprozesses zu verorten. De facto setzt sie dort an, wo Bowie, der weder in seiner existenziellen Suchbewegung noch in seiner Selbstinszenierung stehenbleibt, seine öffentlichkeitswirksame Beschäftigung mit tibetanischen (Erzählungs-)Motiven[26], buddhistischen Denkfiguren und fernöstlichen Meditationstechniken allmählich zurückstellt und in eine Art Steigerung überschlägt, sich zunehmend auch für allerlei kuriose Weltanschauungsmotive[27] und (extraterrestrische) Phantasiebilder spielerisch

---

[23] Spitz 2016, S. 119 f.
[24] Spitz 2016, S. 117 ff.
[25] Vgl. Rutenberg, aaO.
[26] Vgl. O'Leary 2015, S. 117 ff.
[27] O'Leary 2015, S. 195 ff., S. 404–420.

zu interessieren beginnt und coram publico mit entsprechend neuen Gesten und Phrasen[28] kokettiert. Dass Bowie dabei – zwischen existenzieller Unruhe, rastloser Neugier und unbändiger Begeisterungsfähigkeit – nur wenige Sinndeutungsofferten ausschlägt, sich seiner Anfälligkeit für legitime und illegale Rauschmittel hingibt, ist wiederholt in plakativen Aussagen zusammengefasst worden; recht bekannt ist diesbezüglich das Erklärungsintegral, wonach er sich über längere Zeit „von Kokain, Marlboros, (…) Paprika und Vollmilch"[29] ernährt haben soll.

Gewiss darf man über den Wahrheitswert solcher Statements und den Referenzwert betreffender Quellen forthin mutmaßen, insofern auch über die Qualität weiterer Erzählungen, die als ähnlich legendarisch eingestuft werden können, aber keinerlei Rückschlüsse mehr über spirituelle Neigungen und Interessen zulassen – wie etwa die von Bowies *Berliner Jahren zwischen Travestie, Avantgarde und Bahnhof Zoo*, von Bowies *Absturz aus dem Olymp der POP-Titanen in die Mittelmäßigkeit des Mainstream-POP* oder von seiner *Ausflugsphase in die Szenen des Techno und die Dschungel der virtuellen Welten*.[30]

Ganz besondere Beachtung allerdings verdient noch eine Häufung an Daten, Fakten, legendarischen Fragmenten und Deutungen, die oftmals in Anspruch genommen worden sind, um Bowies Kindheits- und Jugendjahre zu erhellen, sodann, um sie zu hinreichend leistungsfähigen Erklärungsschablonen für weitere Begebenheiten aus sämtlichen Lebensphasen des Künstlers umzufunktionieren. So ist u. a. zusammengetragen und geltend gemacht worden,

- dass MARGARET MARY „PEGGY" BURNS und HAYWOOD STANTON „JOHN" JONES, die Eltern von David Robert Jones (später: Bowie, s. u.), „erst nach vielen Jahren der Suche eine Partnerschaft gefunden

---

[28] „I'm closer to the Golden Dawn", vgl. Bowie 1971: Quicksand. Der Hermetic Order of the Golden Dawn war eine esoterisch-okkulte Vereinigung, die sich – u. a. in Anlehnung an die Rosenkreuzer – auf eine Erkundung und Pflege westlicher Mysterien kaprizierte; vgl. Howe 1972.

[29] Spitz 2016, S. 317.

[30] Zu den gepflegten Legenden noch zu Lebzeiten Bowies vgl. die Artikel in Div. 2013; N.N. 2018; Spuren einer posthumen Aufarbeitung findet sich z. B. bei Rüther 2017.

(hatten), die ihnen langfristig Halt bot"[31], denn aus Peggys früheren Beziehungen waren bereits ein Junge und ein Mädchen hervorgegangen, und John hatte eine Tochter,

- dass allein TERENCE GUY ADAIR „TERRY" BURNS, Peggys erster Sohn, in diese neu entstandene Familie integriert werden konnte und bald mit Stiefvater und Mutter in deren erstem gemeinsamen Haus in der Stansfield Road in Brixton, einem Stadtteil Südlondons und Enklave der weißen Mittelschicht „auf einem erbärmlichen Armutsniveau"[32], leben dufte, seither aber mit Stiefvater John einen Dauerkonflikt austrug,

- dass ebendort, in der „Welt des heruntergekommenen Bürgertums"[33] auch David Robert Jones am 8. Januar 1947 unter „dem realen Industriegrau einer englischen Nachkriegstristesse"[34] geboren, als ein hübsches, zufriedenes Baby wahrgenommen und „viel geherzt und geküsst" wurde, zudem besonders auffällig Töne, Klänge, Rhythmen und musikalische Reize generell reagierte,[35]

- dass Bowie allerdings seine „gesamte Kindheit hindurch und selbst als Erwachsener (…) schüchtern" blieb, womöglich „weniger eine Form der Selbstverleugnung (…) als ein Ausdruck von übersteigertem Selbstwertgefühl"[36], später verdichtet in einem habituellen Stil zwischen dezent-höflicher Zurückhaltung und manierlich kontrollierter Exaltiertheit,

- dass 1953 der Umzug der Familie in die besser situierte ländliche Kleinstadt Bromley, einem Vorort von London, erfolgte, wo bald die innige Beziehung, die sich längst zwischen David und seinem Halbbruder Terry entwickelt hatte[37], in wilde Streifzüge durch die Londoner Café- und Clubszene ausartete; nach „allem, was erzählt

---

[31] Spitz 2016, S. 31.
[32] Jacke, aaO., S. 77.
[33] Jacke, S. 77.
[34] Kelleter, aaO. S. 4.
[35] Spitz 2016, S. 38.
[36] Spitz 2016, S. 38.
[37] Spitz 2016, S. 32; vgl. Pitt 1985, S. 11.

wird, himmelte David Terry an, und der ältere Bruder verwöhnte den jüngeren"[38].

Nichtsdestotrotz bliebe jede Skizze der Meilensteine und Prägekräfte, die für die Lebensstationen des jungen, reifenden und alternden David Bowie so ausschlaggebend waren, unvollständig, wenn nicht der Grundmenge interessanter Informationen auch spezielle Hinweise auf die besondere Verfasstheit von Terry beigefügt würde. Tatsächlich nämlich hatte Davids geliebter Halbbruder, schon seit der Pubertät ob seiner rebellischen Charakterzüge und aufgrund sozial auffälligen Verhaltens hart angegangen[39], seit der Beendigung seines Wehrdienstes ein derart verstörendes Betragen an den Tag gelegt, dass medizinische und psychiatrische Zugriffe unvermeidbar werden mussten; diagnostiziert worden war letztendlich eine paranoide Schizophrenie, zu deren Symptomatik Halluzinationen und religiöse Visionen – Terry gab u. a. an, von Jesus heimgesucht und auserwählt worden zu sein – gehörten. Mehrfach muss er eingewiesen und stationär therapiert werden; einige Jahre verbringt er in der berüchtigten Anstalt *Cane Hill*, in Großbritannien geläufig als Synonym für psychiatrische Einrichtungen.[40] Wiederholt entlässt Terry sich selbst, ein letztes Mal am 16. Januar 1985; acht Tage nach Davids Geburtstag beendet der vertraute Freund und große Bruder, „mit dem er als Kind ein Zimmer geteilt und der ihm Jazzmusik und Beat-Literatur nahegebracht hatte"[41], auf den Bahngleisen im Londoner Bezirk Littlehampton sein Leben[42] – und wechselt quasi unmittelbar hinüber in jenen Himmel der Legenden, der sich über Bowies Vita und Opus verspannt: So wurde z. B. mehrfach – häufig auch unter Inanspruchnahme recht undifferenzierter Vokabeln – darauf hingewiesen, dass es ja bereits in der Familie von Bowies Mutter „mehrere Fälle von diagnostizierten

---

[38] Spitz 2016, S. 40.
[39] Spitz 2016, S. 40.
[40] Vgl. Spitz 2016, S. 117–119.
[41] Kelleter, aaO., S. 55.
[42] Vgl. Spitz 2016, S. 432.

Geisteskrankheiten"[43] gegeben und man von einem „verrückten familiären Hintergrund"[44] ausgehen müsse, dass Terrys Suizid nicht als Affekthandlung bewertet werden dürfe, da es bereits zuvor ähnlich intendierte Unternehmungen gegeben habe, und dass es insofern wohl hinreichend Anlass für die Frage gäbe, ob nicht auch Bowie, zumal er ja in einer Reihe von Interviews und Songs verdächtige Töne anschlagen würde, eine massive Psychose zu attestieren sei.[45]

Nun muss über die Anteile, die Bowie selbst in die Entwicklung solcher Narrative eingespeist hat, nicht wirklich spekuliert werden. Durchaus wurden Motive aus dem Leben seines Bruders von ihm verarbeitet; bspw. gilt als weithin wissenssicher, dass *All the Madmen*[46] und *The Bewlay Brothers*[47] Anspielungen auf Bowies Halbbruder enthalten und dass auf dem gezeichneten US-Cover der LP *The Man Who Sold The World*[48] eine Cowboyfigur vor dem Hintergrund des Cane Hill Mental Asylum zu sehen ist. Zudem hat der Künstler gerade auch mit spektakulären Bekenntnissen („Insanity was a real possibility in my life"[49]) und der verwegenen Interview-Offenbarung, gelegentlich die Trennlinien zwischen seinen verrückten Bühnenfiguren und der eigenen Persönlichkeit verwischt zu haben[50], auf seine besondere Art und Weise zur Installation und Festigung stabiler Deutungen beigetragen. Nicht ohne Grund ist daher gefragt worden, ob „der zentrale Status von Terry Burns in Bowies Werk mit dessen häufiger hermeneutischer Aktivierung

---

[43] Jacke, aaO., S. 82.

[44] Jacke, S. 82.

[45] Vgl. insgesamt Sandford 2003, bes. S. 26, 242, 269 ff. u. ö.; ähnlich Jacke, aaO., S. 82 ff.

[46] Bowie 1970: All the Madmen.

[47] Bowie 1971: The Bewlay Brothers.

[48] Bowie 1970: The Man who sold the World.

[49] Vgl. Parsons, aaO.

[50] „Ziggy served my purpose because I found it easier to function through him, although I probably put myself on a path of pure psychological damage by doing what I did. But it felt like it was going to be easier living through an alternative self. ... Of course the major problem was that I was blurring the lines between sanity and an insane figure, and finally did break the lines down in the mid-Seventies where I really couldn't perceive the difference between the stage persona and myself. (...) It was a dangerous game because I was putting myself in an area where insanity is seen as just some kind of personality trait – a characteristic of a person that was to be applauded, almost." Zit. nach Parsons, aaO.

zusammen(hängt)"[51] – und inwieweit sich wohl die Attraktivität solcher hyperinszenierten Deutungen z. B. „in der musikalischen, visuellen und (selbst)interpretativen Gestaltung von Folgesongs wie »Jump They Say« nieder(schlägt)"[52]. Letztlich aber bleibt offen, welcher Wahrheits- und Bedeutungswert besagten Legenden zugestanden werden kann, wenn man geltend macht, dass der Künstler sich quasi in einer Art Dauermodus der Verflechtung von Selbstinszenierung und Selbstinterpretation befand, und zwar vor dem Hintergrund und unter Zuhilfenahme aller verfügbaren Legenden, die er teils selbst entworfen und eigenständig begründet, teils aufgegriffen und spielerisch verwaltet – und stets souverän in sein Repertoire aufgenommen hatte.

Eine wirklich tiefsinnige Erklärung jedoch für Bowies Bühnengebaren mit religionspraktischen Zitaten oder gar eine erhellende Herleitung von Bowies spirituellem Sinnverlangen wird nicht geliefert; auch kombinierte Theorien, in denen Narrative, Legenden und Datensätze verknüpft und auf einem augenscheinlich höheren Level verarbeitet werden, erweisen sich wider Erwarten als fragil und unterkomplex. Ein Beispiel dafür ist die gestufte These, wonach sich „Bowies Interesse an Spiritualität (…) aufgrund der mangelnden festen Glaubensüberzeugung schon sehr früh in drei feste Pfade [splittete], die, weil sie alle drei zugleich verwendet wurden, insgesamt eine starke Tendenz zur Ablösung von Glaubensinhalten erkennen ließen"[53]. Im Prinzip vertraut diese Theorie nämlich einer Staffel von Annahmen, Legenden und Unterstellungen: die erste setzt voraus, dass Bowies Primärsozialisation „in der tradierten, klassischen christlichen Religion"[54] erfolgt ist, genauer noch: in einem protestantisch kolorierten Milieu der britischen unteren Mittelschicht, das „eine Integration aufgeklärter Inhalte viel eher zuließ als eine katholische Erziehung."[55] Mit der zweiten Grundannahme wird die genannte Standardbehauptung aufgegriffen,

---

[51] So Kelleter, aaO. S. 85.
[52] Kelleter S. 85.
[53] Jacke, aaO., S. 101 f.
[54] Jacke 101 f.
[55] Jacke 101 f.

wonach Bowie, in seiner Toleranz geprägt von den Aufklärungs- und Traditionskonvoluten des britischen Protestantismus, der asiatischen Religion grundsätzlich einen adäquaten, schnell aber einen übergeordneten Stellenwert eingeräumt haben soll, um schließlich, so die dritte Annahme, beiden großen Trends in letzter Konsequenz den Rücken zu kehren und auf gefährlich exklusive Weise der „Ablehnung des Christentums auf Basis der Philosophie von Friedrich Nietzsche"[56] zu frönen, sich gar in Drogenexzessen zu verlieren und weltanschaulich auf Okkultismus, Schwarzmagie und nationalsozialistisch imprägnierte Übermensch-Mystik einzulassen.[57]

Abgesehen davon, dass dieses Thesenkonglomerat schon im Detailbereich – Bowie hatte sich mehrfach mit der Information zu Wort gemeldet, dass nur ein Elternteil evangelisch, das andere hingegen katholisch gewesen sei – demontiert werden könnte, hält es keinerlei Antwort für die Rückfrage bereit, ob Bowie nicht in einem der offenbar mitkalkulierten Seitenstränge oder auch in einer weiteren, nicht belegten Phase eine weitere Überbietung vorgenommen oder zugelassen hat. Sollte der Künstler tatsächlich die Quintessenzen jener angeblich drei festen Denkpfade derart drastisch gegeneinander ausgespielt haben, dass am Ende gar nichts mehr dem (attestierten) Glaubensüberzeugungsmangel als Sinnwahrheit entgegengestellt werden konnte –

---

[56] Jacke 101 f.

[57] Bowie hat solchen Einschätzungen, die sich vor allem an einer bestimmten Lebensphase Mitte der 1970er Jahre orientieren, wiederholt mit klärenden Kommentierungen zu korrigieren versucht. Eine ausführliche Einlassung findet sich z. B. bei Parsons, aaO.: „TP: So you think that the Seventies left you with permanent physical damage? / DB: (…) Taking trains rooted me. Having to cope with the general public. Especially in Russia. I can remember taking the Trans-Siberian express, reading about Goebbels. (…) Goebbels intrigued me more than any of the other Nazis because of the way he used the media. (…) This was 1975. I'also took along a book on the cabbala. All this stuff was going on at once. (…) And it was nobodys fault but my own. I was never turned by some satanist. It all happened in LA. There was something horrible permeating the air in LA in those days. (…) I wanted to get away from this whole magic and cabbala thing that I was into. I was just looking for some answers. Some secret. Some life force. I had this religious fervour. The search for the Holy Grail. That was my real fascination with the Nazis. The whole thing that in the Thirties they had come over to Glastonbury Tor. And naively, politically, I didnt even think about what they had done. (…) And I was interested in the symbols of the Nazis. I think they are the most powerful set of symbols that have ever been invoked in terms of political history. The swastika. They took a Buddhist symbol, the Eastern symbol of the sun, and turned it around so it became a symbol of the dark (…)."

oder war es Bowie womöglich gelungen, die Pointen der drei Pfade zu synchronisieren und auf einem höheren Niveau weiter zu entwickeln, um sich gegen den drohenden Verlust aller Religionsweisheiten zur Wehr zu setzen? Nun, das zitierte Modell lässt sich nicht auf solcherlei Anschlussfragen, geschweige denn auf die Risiken möglicher Antworten ein; sein Ziel ist es, allein die dunkle Seite des Künstlers von der Oberfläche des exaltierten Stars zu separieren und in den Vordergrund zu stellen, um „Borderline-Motive eines Popstars" zu behandeln.[58] Eine derartige Perspektive freilich, die sich überwiegend an dem Verdachtsmoment einer echten psychischen Erkrankung (s. o.) festhält, kann hier nicht weiterverfolgt werden. Im Detail scheitert sie schlicht an dem Nichtvorhandensein einer beweiskräftigen Krankenakte, prinzipiell jedoch an der Überkomplexität des von Bowie selbstgestalteten Gesamtbildes, präzise: an dem Tatbestand, dass der dauerhaft in Selbstbesichtigung und narrativ codierter Selbstdarstellung befindliche Bowie in unregelmäßigen Abständen renovierte Deutungen seiner selbst vortrug, der Öffentlichkeit restaurierte Legenden und neue Lesarten anbot, stets mehr und besser von sich zu erzählen wusste – und diesen Vorsprung des Wissens um sich selbst und des Deutens seiner selbst kokett in die Inszenierungspraxis einzeichnete.[59]

---

[58] Vgl. Jacke, aaO. 111 f., 117 f. u. ö.

[59] 2002 gab David Bowie dem Stern-Reporter Michael Streck ein Interview. Es wurde aus print- und verlagsökonomischen Gründen drastisch gekürzt, nur Auszüge davon wurden veröffentlicht. Ein Transkript der Bandaufzeichnung dieses Interviews liegt dem Verf. vor (Anlage I). In diesem Interview äußert sich Bowie so, dass seine religiöse Sozialisation, aber auch seine Spiritualität in einer alternativen Sicht erscheinen darf: „MS: Und dann schreiben Sie: Ich verlor Gott in einer New Yorker Minute... / DB: Das ist eine Lebensfrage. Das ist eine der grundsätzlichen Fragen des Lebens. Sie wird mich bis ans Ende meiner Tage verfolgen. (...) Ich muss gestehen: Wir leben in absolutem Chaos. Gott? Ich glaube an dich, ich glaube nicht an dich, ich glaube an dich, ich glaube nicht an dich, ich glaube an dich, ich glaube an dich – aber nicht viel. Durch sowas geht man. Und in Zeiten der absoluten, schlimmen Krise hoffst du ganz fest, dass es einen gibt. Ich hatte diesen Konflikt immer schon. Ein Elternteil war katholisch, der andere protestantisch. Wann immer das Thema auf die Kirche kam, war Streit. Dein Gott tut dies, und dein Gott tut das. Und ich stand in der Mitte und schaute zu wie bei einem Tennisspiel. Ich bin nie zu einer klaren Entscheidung gekommen. Aber es hat Konfusion in mir ausgelöst. Jedenfalls hat mich das natürlich beeinflusst. In meinen frühen Tagen bin ich herumgelaufen auf der Suche nach Sinn. Ich habe das Problem nie richtig für mich gelöst. Ich löse es jeden Tag neu. (...). Und die lange Sicht ist sowieso nicht meine Stärke. Ich schaue nicht gern in die Zukunft. Ich sehe nicht gerne voraus."

Und das trifft eben ganz grundsätzlich auf das Verfahren zu, kollektierte Erzählsplitter in ein Mosaik uneigentlicher Geschmackscouleur einzufügen, sprich: aus Bowies – den jeweiligen Interviewsituationen angepassten – biografischen Auskünften zu seinen existentielle(n) Lebensfrage(n) mutmaßlich spirituelle, religionsaffine oder gar psychopathologisch verwertbare Motive zu destillieren, um diese dann mithilfe religionsanalytischer Apparaturen oder psychodiagnostischer Verfahren zu etikettieren, zu katalogisieren und zu rubrizieren. Bowies selbst ist es gewesen, der das Fragmentarische aller ihn umtreibenden Sehnsuchtsimpulse sowie den heuristischen Charakter seiner sämtlichen Sinnauslegungen in den unterschiedlichsten Phasen und Nuancen unmissverständlich betont hat, dabei aber mit einer beachtlichen Konstanz und reichlichen Metaphern an der schmerzhaften Wunde, zugefügt und offen gehalten von besagt offener Lebensfrage, radikal festhalten wollte – und der sich (und sein Werk) ganz entschieden jeder eindimensionalen Deutungszuschreibung entzogen, geradezu widersetzt hat.

2.4 My prayer flies like a word on a wing

Die bisherigen Darlegungen sollten ersichtlich gemacht haben, wie übergriffig und zielverfehlend jeder Versuch erscheinen muss, David Bowie mit unbeholfen eindimensionalen Interpretationen auf jenem (spirituellen) Plateau zu implementieren, das traditionell für Gotteszeugen, Glaubenshelden, Religionsstreiter und allerlei weitere divine, sakrale bzw. illuminierte Figuren reserviert ist. Bowies Aktivitäten werden sich kaum mit den Deutungsmustern und Verhaltensschemata konventioneller Religionspraktikant:innen oder den Kultur- und Wissenschaftsspielen klassisch-ordinärer Theolog:innen vergleichen oder gar verrechnen lassen. Weder von seiner Sozialisation oder von seiner Berufsausbildung her noch aufgrund eines eigensinnigen Selbstanspruchs gehört(e) er diesen Gruppierungen jemals zu. In der Riege derjenigen Wissenschaftlerinnen und Wissenschaftler, die sich in den letzten Jahrzehnten auf dem Sektor der Gottesgelehrtheit hervorgetan haben, um die institutionalisierten religiösen Sinndeutungssysteme dogmatisch und katechetisch zu kultivieren resp. lebenspraktisch und ethisch gebrauchstüchtig zu halten, hatte er niemals einen Platz; ebenso wenig vervollständigte er die Reihen jener sonderlich Spezialisierten, die mit Akkuratesse und Akribie die grundlegenden Dokumente bzw. heiligen Schriften einer Religionsgemeinschaft analysiert, das Vermächtnis des betreffenden Religionsstifters sortiert und reflektiert, die Geschichte(n) der Religionsgemeinschaft rekonstruiert, die Architektur eines Glaubenslehrsystems stabilisiert und spezielle religiöse Praktiken kultiviert haben, um verstehend und gestaltend auf die Welt(en) der Glaubenden Einfluss zu nehmen. Kurzum, David Bowie war weder ein Religionspraktikant noch ein Gottesgelehrter, weder in gebrauchssprachlich landläufigem noch in wissenschaftlich reflektiertem Sinne. Solches anzunehmen oder gar mit einer spektakulären Deutung zu erzwingen wäre absurd.

Freilich wird damit noch nicht das Anliegen abgewiesen, in einer bestimmten Schrittfolge auf David Bowie zuzugehen, auf dessen *hybride Selbstschöpfung in Progress,* die ja aus vielen kreativ entwickelten Figuren, Charakteren, Personae, Bildern, Skizzen und Installationen bestand, um genau diese Kreationen, ihre Momentaufnahmen und ihre fluiden Gerinnungsumstände genauer zu betrachten: etwa die Person, die im Plauderton über Abgründe sprechen konnte, die Figur, die mit Paste und Pastiche auf der Haut pantomimisch ihre Haut zu Markte trug, das Geschöpf, das lachend die letzten *Five Years*[60] der Welt besang und dem *Sense of Doubt*[61] eine Melodie verleihen konnte, der Charakter, der die Verächter der Schweigeminuten mit einem Traditionsgebet zum Schweigen brachte und dessen inszenierter Kniefall eine Aura des Echten verströmte, und wieder die Person, deren Leben an ihrer Lebenswunde wund geworden war? Wäre es wohl zulässig, von einem Wesenskern des Chamäleons auszugehen, ein Integral besagter Kreationen zu suchen und anzunehmen, dass deren Urheber und Schöpfer darin die Akte autopoietischer (Selbst)erschaffung eröffnet

---

[60] Bowie 1972: Five Years.
[61] Bowie 1977: Sense of Doubt.

und den Weg dessen beschritten hat, dem keine Religion genug (und wahr genug) war?

Prinzipiell schon, vorausgesetzt eben, dass sich darin weder der Ehrgeiz einer finalen und totalen (religions)psychologischen Persönlichkeitsdiagnose noch der Anspruch auf eine absolut letztinstanzliche (religionsphänomenologische) Deutungshoheit realisiert, was das vorfindliche Material zu Bowies Lebensläufen, Lebensstationen und Lebensträumen anbelangt. In hinreichend respektvollem Abstand zu Bowies Person, Personae, Persönlichkeit, Charakter und Wesen soll eine Anfrage formuliert werden, die sich aus der bisherigen Skizze ergibt, eine gewisse Theorieperspektive voraussetzt und plausibilisiert, angemessene methodische (Halb-)Distanz hält und sich in einer Untersuchung aufarbeiten lässt. Als Arbeitsfrage lautet sie vorläufig:

»Welche Weltweisheiten und Sinndeutungsessenzen, welche Wirklichkeitskommentare hat Bowie als *der, dem keine Religion genug und wahr und wahr genug war,* auf dem genannten Weg autopoietischer Selbstdeutungs- und Selbsterschaffungsakte vorgetragen?« Grundlegendes Material der aufarbeitenden Untersuchung ist folglich derjenige Teil von Bowies künstlerischem Œuvre, der als Textkonvolut greifbar wird, einfacher: die zur Lebenszeit produzierten und hinterlegten Lyrics seiner Kompositionen. Geradezu zwingend versteht sich diese Untersuchung als ein kulturhermeneutisches Projekt, auch wenn es flüchtig noch den Eindruck erwecken mag, auf einer konservativen (religions)theoretischen und (theo)logischen Operationsbasis angesiedelt zu sein. Dieser Verdacht – er mag wesentlich dadurch erweckt werden, dass einige vorübergehend verwendete starke Begriffe wie Religion und Theologie keineswegs einer unverdächtigen Terminologie entstammen – dürfte sich mit dem Argument zerschlagen lassen, dass besagte Vokabeln gänzlich neu sinnbestimmt sind, wenn sie vor dem Hintergrund eines alternativen Theoriedesigns, einer modifizierten Denkarchitektur, eines renovierten Bedeutungshorizonts und revidierter Deutungsinstrumente ihre kulturwissenschaftliche Verwendung finden.

Glücklicherweise muss für ein solches Verfahren der kulturtheoretischen Einholung begrifflicher Komplexe wie »Theologie« oder »Religion« nicht einmal sonderliche Originalität beansprucht werden; der Ruhm der erstmaligen kulturwissenschaftlichen Fokussierung einer *nicht zu sich selbst gekommenen Religiosität* und einer *Religion, bevor sie Religion ist,* gebührt dem Soziologen GEORG SIMMEL; er erklärt:

> „Es gibt eben soziale Verhältnisse, Relationen der Menschen untereinander, die sozusagen ihrer Form nach religiöse Halbprodukte sind. Es sind dieselben Beziehungswerte, die von ihrem sozialen Interesseninhalt gelöst und in die transzendente Dimension erhoben, Religion im engeren, selbständigen Sinne bedeuten. Unter mancherlei Verhüllungen und Verschiebungen der Oberflächen sind diese Zusammenhänge spürbar. Ich erinnere an das religiöse – oder, wenn das Wortmonstrum gestattet ist: religioide – Moment, das für ein tieferes Empfinden vielleicht in allem Hingeben und Annehmen liegt. Natürlich hat es rein als soziologisches Ereignis mit der Religion als differenziertem Gebiet nichts zu tun. Dennoch liegt in seiner inneren Struktur eine schwer zu bezeichnende ideelle Verwandtschaft mit einem Zuge des religiösen Wesens, der aus diesem in den fertig ausgestalteten Religionen als das Opfermoment auskristallisiert ist."[62]

Vor diesem Denkhintergrund nun entwirft Simmel den besagt wortmonströsen Terminus – *religioid* wäre oftmals dort reflektiert einzusetzen, wo man heuristischen Begriffen wie *religionsähnlich, religionsaffin* oder *religionsanalog,* bzw. polemischen Bezeichnungen wie *kryptoreligiös* oder *pseudoreligiös* den Vorzug gibt – und summiert darunter Phänomene, die

> „religiös intentioniert, aber noch nicht vollkommen Religion sind, anders ausgedrückt: Religionen, die in der angedeuteten Weise Mischgebilde sind, in denen die Religiosität noch nicht in der Form der Gegenständlichkeit rein zu sich selbst gekommen ist."[63]

Inwiefern sich nun ein Theoriebaustein, der die Pointen kulturhermeneutischer Kommentare zu den Sinndeutungsaktivitäten spätmoderner Subjekte in dem Bild einer „Religion, bevor sie Religion

---

[62] Simmel 1995, S. 61.
[63] Simmel 1995, S. 114.

ist"[64] konzentriert, bei der Annahme bewährt, dass es religioide Empfindungsströme bei David Bowie gibt, wird soll sich über die Wirksamkeit der These von „religiösen Halbprodukten" zeigen, die als „religioid" zu bezeichnen sind, weil sie „auf eine formale Analogie mit den eigentlichen religiösen Erscheinungsformen hinweisen"[65]. Als Konsequenz der Überlegung, dass eine religiöse Grundgestimmtheit oder Sehnsucht auf den Sektoren konkreter Religion in der Regel mittels religionsinstitutionell etablierter Bekenntnissätze und Glaubenslehren versprachlicht und gepflegt, zudem eben auch theologisch reflektiert werden kann, sich jedoch außerhalb der genannten Bereiche über „religiöse Halbprodukte" auszudrücken sucht[66], müsste nun ein Ergänzungsbegriff des *Theologoiden* in Ansatz zu bringen sein, der sich auf Analogien zu jener theologischen Produktivität bezieht, die sich in der Reflexion religiöser Momente und Ideen sowie in der Präzisierung, Ausgestaltung und systematische Vernetzung der betreffenden Vorstellungsgebinde zum Ausdruck bringt. Die somit herausgearbeitete Frage nach einer *Theologie, bevor sie Theologie ist,* zieht also sehr ernsthaft in Erwägung, dass Akteure auch außerhalb theologischer Hoheitsgebiete in der Lage sind, ein Gebinde an sinnhaltigen Sätzen und Denkbildern zu entwerfen, die auf religioide Momente zurückgehen und in ihrer Summe den Anspruch erkennen lassen, die Wirklichkeit etwa mit Transzendenzverweisen, Weisheiten und sozialen Kommentaren zu erhellen. Als *theologoid* wäre insofern zu verstehen, dass dieses Mischgebilde selbst dann, wenn es ohne jegliche theologische Gegenständlichkeit und Ernsthaftigkeit im engeren Sinne auskommt, in dem von Simmel angesprochenen schwer zu bezeichnendem ideellen Verwandtschaftsverhältnis steht zu den fertig ausgestalteten und geschlossenen dogmatischen Systemen traditioneller Theologien.

Der Begriff des Theologoiden fokussiert folglich Resultate religioider Sinndeutungsaktivitäten, so sie als Texte verfestigt werden und sich darin als Wirklichkeitskommentare kristallisieren – und konzentriert

---

[64] Barth 2016, S. 147–158.

[65] Vgl. Krech 1998, S. 66.

[66] Vgl. Krech, aaO., S. 235 ff.

sich dabei nicht nur auf mögliche ideelle Verwandtschaftsverhältnisse, sondern auf erkennbare Analogien zu den formalen Arrangements, der Darstellungslogik und der Architektur einer Theologie, die ihre Pointen in Rubriken entfaltet bzw. in einer Gesamtanordnung vernetzter thematischer Abteilungen als sogenannte »Dogmatik« darlegt.

Zu beachten ist freilich, dass sich diese Auffassung von *theologoid* bewusst gegen eine alternative Lesart abgrenzt, die unter diesem Begriff die Fähigkeit der Theologie resümieren will, profane Phänomene mithilfe ihrer besonderen Semantik auf ihre Bedeutung und Bedeutsamkeit hin zu dechiffrieren.[67] Vermieden werden soll die riskante Rückfrage, ob der traditionellen Theologie nur diese Hoheit der Dechiffrierung eingeräumt – oder nicht wieder und weiterhin eine exklusive Wahrheitsmacht und Entscheidungsgewalt zugestanden werden soll; im Folgenden will also keineswegs eine jahrhundertealte theologische Semantik reaktionär in Anschlag gebracht und in übergriffigen Decodierungsaktionen rekultiviert[68], sondern ernst gemacht werden mit der Umformung religiösen Denkens in der Neuzeit[69], der nicht institutionell greifbaren Dauerreflexion spätmoderner Subjekte[70], dem heiligen Kosmos der medialen Moderne[71] und den flüchtigen, dekorativen, effektvollen Ingredienzien einer theologoiden POP-Kultur zum 21. Jahrhundert[72]: Genau diese Bausteine sind in das Theoriedesign der nachfolgenden Untersuchungen eingeflossen; sie können das Verfahren legitimieren, David Bowie und sein (Songtext-)Vermächtnis theologoid auszulesen: nicht, um ihn voreingenommen hermeneutisch

---

[67] Bspw. betont Pfleiderer 2013, S. 185: „Wo Heilsversprechen auf dem Plan sind (…) ist auch die Theologie auf dem Plan. Heilsversprechen sind sozusagen »theologoid«. Die Theologie hat mit der Lektüre und Analyse solcher Heilsversprechen viel Übung und sie hat dafür eine eigene jahrhundertealte Semantik."

[68] Sontag 2003a, S. 15: „Heute erleben wir eine solche Zeit, in der interpretatorische Unternehmungen größtenteils reaktionär, stickig sind."

[69] Vgl. Scheliha 2011.

[70] Vgl. Schelsky 1965.

[71] Vgl. Luckmann 1991.

[72] Näher Hecken 2016; Brinkmann 2016a.

besser zu verstehen, als er sich jemals selbst verstanden hat[73], sondern um eine Deutungsperspektive geltend zu machen, aus der heraus Bowie als ein Theologe anderer Ordnung betrachtet und (s)eine bestimmte Weise theologoider Wirklichkeitskommentierung als POP-Theologie auf der Schwelle des 21. Jahrhunderts ausgemacht werden kann. Dies will sich ja nachfolgend zeigen lassen, und zwar (a) im Modus der Veranschaulichung einer theologoiden Beschaffenheit einzelner Lyrics, Denkbilder und Wirklichkeitskommentare, sowie (b) im Modus der Auslegung eines religioid unterlegten Textnetzes als kohärentes, theologoides Sinndeutungsgebinde, das in einer Gegenwartskultur hervorgebracht wird, die näher als POP-Kultur klassifiziert werden kann.

Wo also Bowie im Folgenden als POP-Theologe in den Fokus gestellt bzw. sein Werk als POP-theologoid veranschaulicht wird, soll weder die Zukunft einer herkömmlichen Theologie noch die Geltung theologischer Lehrpointen abgesichert, sondern vielmehr das Aufkommen einer neuen, fluiden Sinndeutungspraxis illustriert werden, die sich eine greifbare Textgestalt in Kompositionen und Kompositionsarrangements zu geben vermag und eben darin auch zum Ausdruck bringt: Gezeigt wird, wie sich oszillierende, gleichwohl als religioid aufscheinende Sinndeutungsspuren, sofern sie sich im fluiden Geschehen mehrfach wiederholen und als stabil zeigen sollten, womöglich gar in einer komplexeren Sinnsplitterkomposition systematisch rekonstruiert werden können, als theologoides Produkt lesen lassen und den Ansatz einer kulturtheoretisch gefassten POP-*Theologie* veranschaulichen.

Das Prozedere der weiteren Untersuchungen folgt dabei der Logik, die in den bisherigen Erörterungen vorabgebildet war: In einem angrenzenden Betrachtungsschritt soll versucht werden, dem bislang schon mehrfach angesprochenen existenziellen Schmerz des David Bowie näher auf den Grund zu gehen und die Grundtendenz seiner religioiden Empfindungsströme sichtbar zu machen. Ein folgender Gedankengang dient der Diskussion und Verknüpfung von Theorie-

---

[73] Sontag 2003a, S. 13: „Der Interpret sagt: Schaut her, seht ihr nicht, dass X in Wirklichkeit A ist – oder bedeutet? Dass Y in Wirklichkeit B ist? Dass Z in Wirklichkeit C ist?"

modulen, die sich einerseits aus Bowies theologoiden Arbeiten ableiten lassen, andererseits aus einer kulturwissenschaftlichen Relecture theologischer Sortimente und Strategien ergeben – um dann in einem nächsten Kapitel die Wirklichkeitssicht des religioiden Bowie in einem System zu sortieren und dessen theologoide Dimension zu veranschaulichen. Das letzte Kapitel dieser Untersuchung wird die Schlüssigkeit eines für kulturwissenschaftliche Perspektiven geöffneten Theologiebegriffs absichern und Sinn, Recht und Grenzen einer POP-Theologie bestimmen. Sollte das bereits im Eingangskapitel angekündigte Vorhaben gelingen, David Bowie perspektivisch und exemplarisch für eine solche POP-Theologie zu sichern, wäre eben auch ein neuer Verstehenshorizont für jenen Moment vermessen, da Bowie auf der Bühne Wembleys in die Knie ging, um sein *Word on a Wing* fliegen zu lassen und als Vater-Unser-Gebet zu inszenieren.

3

I want to live!
Bowies religioide Sehnsuchtsbilder von freilebendiger Ewigkeit

Schau hoch, hier 'rauf, bin im Himmel

hab Narben, nicht zu sehen

hab eine dramatische Geschichte, kann mir niemand nehmen

Jeder kennt mich jetzt (...)

Hier entlang oder nirgendwo hin

Weißt du, ich werde frei sein

Genau wie dieser blaue Vogel

Ist das nicht irgendwie ... typisch für mich?

„Look up here, I'm in heaven / I've got scars that can't be seen / I've got drama, can't be stolen / Everybody knows me now (…) / This way or no way / You know, I'll be free / Just like that bluebird / Now, ain't that just like me?" Bowie 2016: Lazarus. [Übers. d.d. Verf.].

© Der/die Autor(en), exklusiv lizenziert an Springer Fachmedien Wiesbaden GmbH, ein Teil von Springer Nature 2023
F. T. Brinkmann, *Ashes to Ashes, Spaceboy?!*,
https://doi.org/10.1007/978-3-658-42614-9_3

3.1   Look up here. I'm in heaven

David Bowie verstarb am 10. Januar 2016. Endgültige Todesursache, so gab man der Öffentlichkeit zu verstehen, sei wohl ein Leberkrebs gewesen, der über 18 Monate aggressiv gewuchert und Metastasen gestreut habe. Der sensible Künstler, gesundheitlich schon seit Jahren den Spätfolgen seines drastischen Zigarettenkonsums ausgesetzt und aufgrund mehrerer komplizierter Herzinfarkte dauerhaft medikamentös behandelt, habe sich gegen die unheilbare Krankheit – wohl auch aufgrund der Belastungen durch chemotherapeutische Behandlungen – nicht länger behaupten können; auf den letzten Schrittfolgen, die durch das siebzigste Lebensjahr führen sollten, musste sein Körper im Kampf gegen die Beschwerlichkeiten alle Waffen strecken. Zwei Tage nach seinem 69. Geburtstag war David Bowie tot.

Zuvor freilich hatte er eine Reihe wichtiger Entscheidungen und wegweisender Vorkehrungen getroffen. Nur wenige Menschen aus seiner unmittelbaren Umgebung – seine Frau Iman Abdulmajid, sein Sohn DUNCAN JONES, seine Tochter ALEXANDRIA ZAHRA JONES, engste Vertraute – waren über seinen Zustand informiert gewesen, als er, obschon arg von der Krankheit gezeichnet, dezent optimistisch die letzten Arbeiten an dem Musical *Lazarus* verrichtet und in der vagen Hoffnung, noch über die hinreichende Zeit verfügen zu dürfen, die entscheidenden Maßnahmen für eine letzte große Überraschung eingeleitet hatte. ★(*Blackstar*)[1], am 8. Januar 2016 veröffentlicht, galt für wenige Stunden als die *vorläufig* letzte Einspielung des David Bowie; bereits zwei Tage nach der Veröffentlichung war aus seinem 25. Studioalbum ein Vermächtnis, ein vielsagend *endgültiges* Denkmal geworden. Der Künstler hatte offensichtlich mehr als nur eine schlichte Abschiedsbotschaft hinterlassen, die Lyrics des bereits vorausgekoppelten Songs *Lazarus*[2] schienen nahezu selbsterklärend:

---

[1] Bowie 2016: Blackstar.
[2] Bowie 2016: Lazarus.

„Look up here, I'm in heaven (…).
Everybody knows me now.“[3]

Auch die Bildmaterialien des dazugehörigen Videos sind von ähnlich tiefschürfender Aussagekraft wie die Lyrics. Auf einem (Toten-)Bett liegend hatte sich der Künstler inszeniert, bekleidet mit einem weißen Leinenhemd, um seinen Kopf eine Mullbinde gewickelt, darauf zwei Knöpfe an Stelle der Augen. Theatralisch besingt er seinen Abschied, pathetisch beschwört er seine neue Existenzform, zunächst noch in irdischen Erinnerungsbildern, alsdann über symbolisierte Seligkeitsmomente und spirituelle Freiheitsvisionen:

„Oh, I'll be free just like that bluebird.
Oh, I'll be free.
Ain't that just like me?“[4]

Für den US-amerikanischen Musikproduzenten und Musiker ANTHONY EDWARD „TONY“ VISCONTI, bekannt geworden vor allem. aufgrund seiner jahrzehntelangen intensiven Zusammenarbeit und Freundschaft mit David Bowie, besteht, was den tieferen Sinn und die Botschaft von *Blackstar/Lazarus* angeht, kein Zweifel; unmissverständlich erklärt er in einem Facebook-Post:

„Er tat immer, was er wollte. Und er wollte es auf seine Weise, und er wollte es auf die beste Weise. Sein Tod unterschied sich nicht von seinem Leben – es war ein Kunstwerk. Er schuf Blackstar für uns als ein Abschiedsgeschenk. Ich wusste es seit einem Jahr, dass das so kommen würde, dennoch, irgendwie, war ich nicht vorbereitet genug. Er war ein außergewöhnlicher Mann, voll mit Liebe und Leben. Er wird immer mit uns sein. Im Augenblick ist es angemessen zu weinen.“[5]

---

[3] Bowie 2016: Lazarus.

[4] Bowie 2016: Lazarus.

[5] „He always did what he wanted to do. And he wanted to do it his way and he wanted to do it the best way. His death was no different from his life – a work of Art. He made Blackstar for us, his parting gift. I knew for a year this was the way it would be. I wasn't, however, prepared for it. He was an extraordinary man, full of love and life. He will always be with us. For now, it is appropriate to cry.“; vgl. Visconti 2016.

Natürlich kann man jedweder tiefsinnigen Deutung des Offenkundigen auch widersprechen und die starke These von der bewusst kunstvollen Abschiednahme eines mit Todesahnungen und -verarbeitungen beschäftigten Bowie übergehen. Weitaus unprätentiöser ließe sich dann – wie etwa in der BBC-Dokumentation *The Last Five Years*[6] und einem bezugnehmenden Artikel in *The Guardian*[7] – behaupten, dass die symbolische Wucht der Videobilder und die Sprachspiele der Lyrics keineswegs auf das bevorstehende Ableben (oder gar die inszenierten *Himmelfahrtswünsche*) des todkranken Künstlers weisen, sondern allein die kreative Umgangsweise mit einer speziellen *Ars Moriendi*-Szene bezeugen können: allenfalls dürfe von einem zurückhaltenden, kunstvoll gebrochenen motivischen Bezug auf jenen biblischen Lazarus gesprochen werden, der an einer Krankheit stirbt und nach drei Tagen (von Jesus) wiedererweckt wird. Ein distanzierter Bowie also? Einer, der mit religiösen Figuren lediglich hantiert, mit Materialien eines Kulturerbes bloß spielerisch kokettiert, die Kunst des Sterbens bestenfalls als Bildzitat verwertet – und all dies quasi ohne persönliches Engagement und Eigenanteil, ohne selbst unweigerlich und existentiell betroffen zu sein, ohne das eigene Ringen um Optionen und Perspektiven zu artikulieren? Nun, diese Auslegung kommt, abgesehen davon, dass sie herzlich wenig von einer Bowie-kongenialen Deutungslogik erkennen lässt, mangels hinreichenden diagnostischen Potentials schnell an ihre Grenzen.[8]

Aufgrund ihrer differenzierten und tragfähigen Erklärungsreserven soll dagegen die gestaffelte Grundannahme favorisiert werden, dass der krankheitsgeschwächte Patient Bowie mit dem apokalyptischen Wetterleuchten seiner großen letzten Momente den Eindruck des Todes fokussieren musste, dies womöglich auch mit popkulturellen Zitaten

---

[6] David Bowie: The Last Five Years, aaO.

[7] Vgl. Ellis-Petersen 2017; N.N. 2017.

[8] Noch abwegiger und bestenfalls als Beispiel für die Bildung von Übertreibungslegenden tauglich ist die von der Biographin Leslie-Ann Jones aufgestellte Behauptung, dass Bowie „Sterbehilfe in Anspruch genommen" und in einem „von Medizinern begleiteten Freitod" sein Ende auf typische Weise inszeniert habe; vgl. Schmidt 2019.

wie dem Elvis-Song *Blackstar* annoncierte[9] – und gleichzeitig die verbleibenden Chancen nutzen wollte, um zu verbildlichen, was dem sehnsüchtigen Träumer in seinen Phantasien gegeben bleibt. Dieser Theoriepointe korrespondiert ein gewisses Vorstellungsbild, das den sensiblen Künstler im Dauermodus von Selbstbetrachtung, Zeitwahrnehmung und Leidensvergegenwärtigung zeigt: bisweilen innehaltend und sich die Qualität seiner Erlebnisse vergegenwärtigend, bisweilen gedanklich durch die erinnerten Trümmer vergangener Lebenszeit rasend, bisweilen kopfüber sich in bizarre Bilderfluten stürzend, die einer zukünftigen Traumwelt Ausdruck verleihen könnten – jedoch stets *sub species mortis (et aeternitatis)*. Der Pianist und Komponist MIKE GARSON, ein langjähriger Vertrauter und Weggefährte von Bowie, hebt in seinen Erinnerungsnotizen hervor, wie der Künstler sich über drei Jahrzehnte abgemüht habe, die jeweilige Tages- und Jahreszeit mit einer obskuren und belastenden Prophezeiung zu synchronisieren: Bereits Mitte der 1980er Jahre sei Bowie von einem Hellseher mit einer diffusen Vorhersage seines Sterbedatums „im Alter von neunundsechzig oder siebzig Jahren"[10] konfrontiert worden, und die darauf sich gründende unermessliche Herzensfurcht habe den großen Musiker gedrängt, sich intensiv mit den bedrückenden, düsteren Bildern der eigenen Sterbenszeit zu befassen. Auch ANGELA „ANGIE BOWIE" BARNETT, des Künstlers erste Ehefrau, kommt zu einer ähnlichen Einschätzung. Mehrfach erinnert sie sich in Interviews an Davids latente Todesfurcht in den 1970er Jahren; drastischer noch betont sie dessen geradezu innige Todesbeziehung, die schon in frühen Schaffensphasen subtil inszeniert, später auch in Drogenexzessen thematisch kultiviert und in Live-Acts performativ potenziert worden sei.[11] Tatsächlich

---

[9] Der von Bowie hochverehrte Elvis Presley, zwölf Jahre vor Bowie am gleichen Tag (8. Januar 1935) geboren, hatte 1960 den Song *Black Star* aufgenommen, der jedoch erst posthum veröffentlicht wurde. Der Text ist aussagekräftig, behandelt die Ahnung des bevorstehenden Todes: „Every man has a black star / A black star over his shoulder / And when a man sees his black star / He knows his time, his time has come / Black star don't shine on me, black star / Black star keep behind me, black star / There's a lot of livin' I gotta do / Give me time to make a few dreams come true / Black star"; vgl. Presley 1991: Black Star (ST). Näher hierzu Ratcliff 2016.

[10] Jones, aaO. S. 695; ausführlicher bei Slapper 2018.

[11] Vgl. Jones, aaO. S. 703.

finden sich im verfügbaren Materialpool aller Bowie-Songs, Videoclips, filmischer Miniaturen und exaltierter Bühnenperformances reichlich Indizien, die dem Verdacht in die Hände spielen, dass der Künstler mit allerlei visionären Bildern, skurrilen Texten und bizarren Inszenierungen intensiv an einer symbolisch-rituellen Vorwegnahme, Bewältigung und Überwindung der eigenen Lebensendgültigkeit gearbeitet hat. Lag der Moment, in dem die Schlusspointe von Vergänglichkeit offenbar wird und sich mit dem Tode verschränkt, zunächst noch weit verschwommen in Bowies Zukunft, so zeichnete sich doch unter der Oberfläche seines natürlichen Alterungsprozesses mit einer steigenden Vergegenwärtigung der krassen Endlichkeit irdischer Daseinsfristen neben jener offenbar quälenden Gewissheit, dass sich seine verfügbare Lebenszeit ihrem Ende entgegenstrecken muss, auch eine Hinwendung zu dem Verfahren ab, Tod und Wiederkehr immer wieder in artistisch angelegten, Metamorphosen durchzuspielen – und damit die Hinfälligkeit des Daseins vor dem Horizont einer letztinstanzlich wirkmächtigen Sinndeutungspragmatik in einen tragenden Sinnkontext zu stellen. Die letzte aktive Selbstverwandlung, vollzogen in der inszenierten Identifikation mit dem Lazarus, war von einer zukunftsoffenen Tragweite insofern, als sie erstens – der Sonderfall! – auf Einlösung der kulturellen Symbolik einer religiösen Figur[12], vielleicht auch eines paläontologisch notierten Effekts[13] oder eines medizinisch registrierten Phänomens[14] angelegt war, zweitens jedoch – quasi der Regelfall! – als Variation des typisch gewordenen Bowieverfahrens gelten und mit Erwartungshaltungen auf eine nächste Überwindungsstufe kokettieren konnte.

---

[12] Vgl. Joh 11,1–44.

[13] Keith/Burgman 2004.

[14] Adhiyaman et al. 2007.

3.2 I've got Drama can't be stolen!

Als David Bowie am 10. Januar 2016 verstarb, starb er nicht zum ersten Mal; in den vielfältigen Sterberegistern und Todesanzeigen der Popkultur findet sich sein Ableben mehrmals inseriert. Über all seine Schaffensphasen hinweg war man – wenngleich in sonderbar willkürlichen, unberechenbaren Abständen – gezwungen gewesen, sich mit dem Scheiden des britischen Ausnahmekünstlers zu befassen, seinen Tod zu verkünden und entsprechend zu annoncieren, auf welche Weise(n) er nun je um sein Leben gekommen war. Seinen ersten (öffentlichen) Tod war er dabei noch vor Beginn des eigentlichen Heldendaseins gestorben. Weil DAVID ROBERT JONES nicht mit dem bekannteren DAVY JONES – seinerzeit Sänger der populären Band *The Monkeys* – verwechselt werden wollte, hatte er sich von Teilen seiner bisherigen Biografie frei gemacht, kunstvoll eine erste alternative Identität entworfen und sich jenen Namen erwählt, der für seinen bevorstehenden Tanz auf des Messers scharfer Schneide zu einem Symbol werden sollte: David Jones war zu Bowie geworden, benannt nach einer legendären Waffe, benannt aber auch nach deren Patron, einem ungezügelten Temperament mit echter Kämpferseele.[15] Tatsächlich hatte sich die Liquidierung des bisherigen Künstlercharakters *Jones* und die damit verknüpfte partielle Identitätspreisgabe ausgezahlt, und der mit Figurentod und -neugeburt verbundene Rollenwechsel hatte sich geradezu als Glücksgriff für Davids Karrierebestrebungen erwiesen. Doch schon nach wenigen Jahren war eine nächste Todesannonce zu notieren gewesen; diesmal hatte Bowie seinem längst zur Ikone des Glamrock avancierten Alter Ego *Ziggy Stardust* auf breiter Bühne ein tragisches Ende bereitet.

---

[15] Soweit zumindest die gängige und verbreitete Ansicht; vgl. Brinkmann 2022b. Gleichwohl bleibt nicht zu ignorieren, wie ähnlich sich der Künstlername David Bowie zu dem Namen der zentralen Romanfigur aus Arthur C. Clarkes 2001 (vgl. Clarke 1968) verhält: immerhin spielt der Held *David Bowman* auch in der Verfilmung von Stanley Kubrick eine beachtliche Rolle, die sich maßgeblich auf Bowies ersten Hit *Space Oddity* ausgewirkt hat.

"Everybody … this has been one of the greatest tours of our lives. I would like to thank the band. I would like to thank our road crew. I would like to thank our lighting people. Of all of the shows on this tour, this particular show will remain with us the longest --- because not only is it --- not only is it the last show of the tour, but it's the last show that we'll ever do. Thank you."[16]

Nur wenige Sätze waren benötigt worden, um den abrupten Bruch mit dem Status Quo zu besiegeln und eine extrem erfolgreiche Episode zu beenden. In einem popkulturell nachhaltigen Hinrichtungsakt war mit Ziggy, dem Stardust-Charakter, abgerechnet und semisuizidal jener Persönlichkeitsanteil abserviert worden, der Bowies Weiterentwicklung zu lähmen schien, weil er bei dessen Ich- und Selbstwerdung permanent in selbstverliebter Pose stagnierte: „Making love with his ego / Ziggy sucked up into his mind / like a leper messiah"[17], hatte der titelgebende Song gegen Ende unheilvoll angedeutet, um mit der letzten Zeile alle anstehenden Ereignisse prophetisch vorwegzunehmen: „When the kids had killed the man I had to break up the band"[18], tönte es unverändert auch 1973 bei dem Londoner Liveauftritt von *Ziggy Stardust and the Spiders from Mars* im Hammersmith Odeon – obschon weder Publikum noch Musiker die leiseste Ahnung von Davids Entscheidung haben sollten, just an diesem letzten Tourneeabend wirklich mit der Kunstfigur *Ziggy* zu brechen, der Band den Laufpass zu geben und die *Spiders from Mars*-Phase brutal zu quittieren. Noch in derselben Nacht war Ziggy Geschichte geworden, Bowie hingegen wild entschlossen, schnellstmöglich in neuer Rollenidentität wie Phoenix aus der Asche zu steigen. Und schon bald hatte sich ein runderneuerter David Bowie auf neuen Alben und mit einer neuen Bühnenshow inszeniert; binnen kürzester Zeit war die Öffentlichkeit mit neuen Charakterstudien und einem neuen Selbstentwurf, mit neuer Garderobe, neuer Mimik, neuen Hymnen und neuen Wortspielen überrascht worden: Über *Aladin*

---

[16] Bowie 2003 (1973): Farewell Speech.
[17] Bowie 2003 (1973): Ziggy Stardust.
[18] Bowie 2003 (1973): Ziggy Stardust.

Sane[19] sollte sich 1973 ein neuer Bowie mit blitzgeschminkter Gesichtshälfte in wortspielerischer Gewandtheit als verrückter Bursche *(A lad Insane)* und hochbegabter Djinn *(Jean Genie)* präsentieren; es war eine weitaus elastischere Grundfigur gewesen, die einerseits noch die subtilsten Spurenelemente eines *Ziggy* konservieren, andererseits bereits den unmittelbar nachfolgenden *coolen Rebel Halloween Jack* vorbereiten konnte: ein Charakter, der sich wiederum, just nachdem er 1974 auf der Tournee zu *Diamond Dogs*[20] dramatisch inthronisiert worden war, zügig in den – einmal mehr kontrovers goutierten – *Plastic Soul Man* von *Young Americans*[21] (1975) weiterverwandeln durfte. Jedoch, auch die Lebenstage dieser letzten Überraschungsgestalt – „The (…) persona created by David Bowie (…) wears Puerto Rican-style clothing, has long, orange, slicked back hair and shaved eyebrows"[22] – waren letztlich gezählt geblieben. Nach einer überschaubaren Amtszeit von gut einem Jahr war die finale Metamorphose des androgynen Publikumslieblings von einst abgeschlossen – und einmal mehr zur vertraut gewordenen Trauerfeier freigegeben. Das Ende dieser vorerst letzten bunten Persona sollte nicht lange auf sich warten lassen, ihr Nachfolger, allem Anschein nach das Gegenteil aller bislang dagewesenen *Glitter-, Glam- and Plastic*-Charaktere, hatte sich längst dezent angekündigt: Der *Thin White Duke*, aus heutiger Perspektive sicherlich eine der bekanntesten Persönlichkeiten, war offensichtlich genug an die Filmfigur des humanoiden Alien Thomas Jerome Newton – NICHOLAS ROEG hatte die Hauptrolle seines Science Fiction „Der Mann der vom Himmel fiel"[23] (1976) mit Bowie besetzt – angelehnt, aber auch mit der subtilen Dignität eines Sinatra-Charakters[24] aufgeladen, letzten Endes schlicht zu einer opulent-präsenten Ikone distanzierter Coolness stilisiert worden. Ihre Besonderheit verdankte diese potentiell narzistische Persona mit weißem Hemd, schwarzer Hose, schwarzem Gilet sowie

---

[19] Bowie 1973: Aladdin Sane.
[20] Bowie 1974: Diamond Dogs.
[21] Bowie 1975: Young Americans.
[22] David Bowie Wiki. The Soul Man.
[23] Tevis 1986.
[24] "I want to be a Frank Sinatra figure (…) And I will succeed."; zit. nach Crowe 1976.

streng zurückgekämmten Haaren einerseits der speziell introvertierten Bühnen- und Medienpräsenz in der Ära von *Station to Station*[25], andererseits einer kühnen Reihe megaloman-faschistoider Statements und Halluzinogen-indizierter Selbstbezichtigungen in Interviews.[26]

Womöglich ist in dem Tatbestand, dass Bowie sich in nachgereicht reflektierten Gesprächsgängen zu den Wahrnehmungsstörungen, Angstneurosen und Kokainpsychosen seines *Thin White Duke* geäußert, dabei die inszenierungswütend-autodestruktiven Anteile des eigenen Wesens angesprochen und alle umstrittenen Äußerungen seines Alter Ego im Nachherein reumütig kommentiert hat[27], der entscheidende Anhaltspunkt für den Umstand zu finden, dass Bowie genau von dieser Figur aus der Ära des *Station to Station*-Albums niemals vollständig Abstand genommen hatte: „The Duke never had an official retirement (…) but was given a last apperance in Lazarus, showing us that he indeed

---

[25] Diese Jahre waren musikalisch markiert durch Bowie 1976: Station to Station und Bowie 1977: Low. Sie gingen über in die sogenannte Berliner Phase, geprägt von den Studioalben Bowie 1977: „Heroes" und Bowie 1979: Lodger. Die Livemitschnitte auf Bowie 1978: Stage vermitteln einen entsprechenden Eindruck von der bewußt reduzierten Performance des *extremely sophisticated* Künstlers.

[26] Bowie gab sich in den 1970er Jahren mitunter als „Aryan, fascist type; a would-be romantic with absolutely no emotion at all but who spouted a lot of neo-romance" (Doggett 2011); mit seiner schillernden Persönlichkeit glich er mal einem verrückten Adeligen (vgl. Carr/Murray 1981, S. 78 ff.), mal einem amoralischen Zombie (vgl. Buckley 2000, S. 58), mal dem besagt emotionslosen arischen Übermenschen (vgl. Pegg 2016, S. 297 ff.), auch, um gleichzeitig zu annoncieren, dass er ja eigentlich nur der (traurige) Clown sei, eine Pierrot-Figur. 1976 notiert Jean Rook aus einem Interview mit Bowie: „'No, no, no' – his still faintly Brixtonian voice snaps, and when he slaps a thigh, as thin as your wrist, you're scared it win be the next to go. 'I'm Pierrot. I'm Everyman. What I'm doing is theatre, and only theatre. All this business about me being able to raise 7000 of my troops at the Empire Pool by raising one hand is a load of rubbish. In the first place the audience is British, and since when will the Brits stand for that? What you see on stage isn't sinister. It's pure clown. I'm using myself as a canvas and trying to paint the truth of our time on it. The white face, the baggy pants – they're Pierrot, the eternal clown putting over the great sadness of 1976.' He asks if I remember him as Ziggy Stardust. Who could forget him in high heels, a scarlet bottle-brush hair-do, one chandelier ear-ring, and more Max Factor than Marilyn Monroe?" (Rook 1976). Erhellend auch die Einschätzung von Crowe 1976: „He is actually anything one wants him to be at any given moment – a paranoid hustler, an arrogant opportunist, a versatile actor, a gentleman, maybe even a genius. He had, after all, made a warning up front. ,Don't expect to find the real me … the David Jones [his true name] underneath all this.'".

[27] Alper 2007; Borschel-Dan 2016.

survived and was still a part of Bowie".[28] Doch würde sich aus der Vermutung, dass besagte Persona weniger eine verspielte Kunstfigur der
Imagepflege denn vielmehr ein echter und ernster Persönlichkeitsanteil
gewesen ist, eigentlich der Sonderfall oder die Möglichkeit einer Regel
ableiten lassen? Wäre es denkbar, dass auch weitere Figuren letzten
Endes in ihrem Autor überlebt haben?

Nun, dieser kleine Fragenkatalog muss eigentlich nicht abgearbeitet
werden, wenn man der Grundannahme folgen will, dass jede Figur
während ihrer überschaubaren popkulturellen Existenz nur als vorübergehender Stationenmarker auf jener variantenreich erzählen Lebens-
geschichtsstrecke funktioniert (hat), die sich über mannigfache Etappen
von Selbsthäutung und Rollenübernahme, Icherfindung und Figurentod rekonstruiert wissen will: Als der von der POP-Kultur wiederholt
als Chamäleon etikettierte Wandlungskünstler[29] inszenierte und re-
inszenierte, entwarf und verwarf sich Bowie über Jahrzehnte hin bis
in seinen letzten Tod hinein. Der Sachverhalt, dass sämtliche Rollen-
skripte seiner Figuren in ihren Schlusssequenzen die radikale Vergänglichkeit plakatieren und subtil an die Unvermeidlichkeit des echten
Todes gemahnen konnten, gehörte ebenso zu den Konstanten seines
Schaffens wie der für das Publikum erwirkte Hoffnungsumstand, dass
sich, veranschaulicht über jeweils neue Figuren, immerzu die feinen
Spuren eines gänzlich Neuen am Horizont abzeichnen wollten. Es war
eine Art kreativen Prinzips, unangreifbar für Wertungen, was Quantität und Qualität eigenständiger Charakterfiguren anbelangt, steril auch
angesichts aller Kritiken, die manche Kunstidentitäten als schlüssig
konzipiert und geschlossen, andere wieder als fragil, oszillierend,
changierend und offen justieren wollten. Und obschon sich, was die
Erstabfassung und Endliquidierung sowohl der echten und unterstellten Rollen von *Major Tom* bis *Blind Prophet*[30] als auch der personifizierten Visualisierungen kultureller Konzepte von Folk über Pop bis
zu Avantgarde betrifft, unterschiedliche Deutlichkeits- und Härte-

---

[28] David Bowie Wiki. The Thin White Duke.
[29] Kelleter, aaO., S. 9 u. ö.
[30] David Bowie Wiki. Personas.

grade bestimmen lassen, bleibt aus später Perspektive allein das besagte Prinzip von einzigartig nachhaltigem Belang.[31]

Das Spannungsschema von Vergänglichkeit, fragiler Identität und utopischer Unsterblichkeit, permanent gereizt, zugleich jedoch in seinen poppigen Figurationen und Codierungen geradezu gefällig – es gehört sicherlich zu den stärksten Signaturen des religioiden Bowie'schen Wirkens. Bemerkenswert häufig gab es sentimentale Miniaturen von Sterblichkeit und theatralische Inszenierungen letztinstanzlicher Verabschiedung, aber auch provokative Installationen, die mit drastischen Bildcollagen von Leichenteilen, Schädeln und Skeletten aufwarteten.[32] Zu augenfällig, um ignoriert werden zu können, bleibt also dieser Künstler, der über Jahre seine Konzerte mit *My Death*, einer drastisch personifizierten und pathetisch verstärkten Interpretation von JAQUES BRELS *La Mort* dramaturgisch quittiert (s. u.) oder mit *Rock'n'Roll Suicide* pathetisch beendet, der Fragilität und Mortalität verkörpert, indem er sich monatelang an besagter (s. o.) Diät aus rotem Paprika, Milch und Kokain orientiert und sein Gewicht in die gefährlichen Zonen der absoluten Unterernährung treibt, der auf einem Plattencover[33] als schrecklich zugerichtetes Unfallopfer posiert, der eine Konzertreihe im neuen Jahrtausend aufgrund eines schweren Herzinfarktes vorzeitig beenden muss, aber den letzten Song (*Ziggy Stardust*!) auf der Bühne noch zu Ende singt, und, zurück zum Ausgangsmoment: der mit seinen letzten musikalischen Arbeiten einige Videoclips veröffentlichte, in der drastisch zur Schau gestellt wurde, wie er, der Mensch, nun mal stirbt. Alt, schwach, krank. *End*gültig, was das Ende anbelangt, end*gültig*, was die Gültigkeit betrifft – und doch mit jener Sehnsucht nach Überwindung und der darin versponnenen Hoffnung auf die Möglichkeit einer letzten Transformation, in der die Todesgrenze überschritten und überwunden werden kann.

---

[31] Vgl. Appen 2011.

[32] Vor allem in den Videoarbeiten der 1990er Jahre gab es „shots of skulls, gibbets, candles and gruesome objects in pickling jars, while all the time a skeletal string-puppet drummer thrashes out the rhythm." (Pegg 2016, S. 106).

[33] Bowie 1979: Lodger (LP | Vinyl).

Bowies Lazarus-Schwanengesang, die besungene Aufforderung an die Seinen, gen Himmel zu blicken, wo der Meister der unsichtbaren Wundnarben und der unwiderstehlichen dramatischen Talente nicht zum Raub wird und verloren geht, sondern von allen leibhaftig erkannt bzw. erinnert werden wird, hat diejenigen religioiden Qualitäten, die traditionell mit den Begriffen Glaubenszeugnis und Vermächtnis, Inspiration und Trost illustriert werden: „Look up here, I'm in heaven. I've got scars that can't be seen. I've got drama, can't be stolen. Everybody knows me now" – mit der Eleganz einer spätmodern variierten Passionsarie und der dramaturgischen Pracht eines postmodern-avantgardistischen Oratoriums waren hier wahrhaftige Essentials von Sehnsucht und Gewissheit zum Vorschein gebracht worden, nämlich: mit (den Narben) der rauen Welt angemessen abschließen und abrechnen zu dürfen, sich mit den Sphären des Spirituellen, Religiösen, Transzendenten beschäftigen zu können, markante Erinnerungsspuren zu legen und die Schar der Trauernden und Hinterbliebenen mit einer sinnstiftenden Botschaft auszusegnen.[34] In ihrem Wesenskern kam diese berührende Litanei der Abschiedsrede eines Religionsstifters gleich, und ihr Climax – „I'll be free. Ain't that just like me?" – war gleichsam das Superintegral eines in Erfüllung gegangenen persönlichen Strebens, Inbegriff seines religiösen Begehrens nach zeitlos lebendiger Freiheit: „Ich werde frei sein. Ist das nicht typisch für mich?"

Ja, unbestritten typisch war sie, die intensive finale Pointe des scheidenden Künstlers, eben *just like him*, und insofern wohl auch keine rigorose Überraschung. Hinreichend häufig und in allen Schaffensphasen hatte Bowie dieses Wunschbild musikalisch und lyrisch codiert, seine existentielle Verspanntheit zwischen Endlichkeit und Lebens-

---

[34] Es bleibt allerdings dringend eine weiterführende Analyse des vollständigen Textes empfohlen, folgerichtig auch eine Inspektion all jener hier nicht berücksichtigten Zeilen der Lazarus-Lyrics, die sich u. a. den paranoiden Verwirrungszuständen, Verlustängsten und narzistischen Episoden des lyrischen Ich widmen: „Look up here, man, I'm in danger / I've got nothing left to lose / I'm so high it makes my brain whirl / Dropped my cell phone down below / Ain't that just like me? / By the time I got to New York / I was living like a king / Then I used up all my money / I was looking for your ass / This way or no way / You know, I'll be free / Just like that bluebird / Now ain't that just like me?", Bowie 2016: Lazarus.

hunger in ihrer Entwicklung *from Station to Station* inszeniert und arrangiert, Sehnsuchts- und (Un-)Gewissheitsmotive teils sporadisch-dezent in Miniaturen skizziert, teils emphatisch in theatralischen Gesten zelebriert. Einen diesbezüglich ersten großen Trendmarker setzt der Künstler schon als 22-Jähriger mit der epischen Ballade *Cygnet Commitee* – also knapp fünf Jahrzehnte vor *Lazarus*.

3.3   This way or no way

Am 1. Juni 1967 hatte Bowie der Öffentlichkeit sein Debütalbum *David Bowie*[35] vorgestellt; doch ähnlich wie die wenige Wochen zuvor präsentierte Single *The Laughing Gnome*[36] vermochte auch die eigenartige Titelmischung auf besagtem Erstwerk – melancholische Novelty-Songs, surreale Kabinettstückchen und infantil anmutende Folkballaden – den Geist der Zeit nicht nachhaltig zu berühren. In bedrückter Anerkennung des Umstands, dass seine bisherigen Arbeiten trotz experimentellen Eigensinns nur bedingt wettbewerbsfähig gewesen waren, hatte Bowie teils eigeninitiativ, teils motiviert durch Tony Visconti und Angela Barnett, intensiv an seiner Performance gearbeitet, um Ausstrahlung und Wirkmacht zu verbessern. Binnen kürzester Zeit waren kleinere Wegmarker gesetzt; mit der Veröffentlichung des spacig-ausgereizten Promotion-Films *Love You Till Tuesday*, mit gut lancierten Song-Remakes und medienwirksam platzierten Neukompositionen, vor allem jedoch mit einer überkandidelt inszenierten Personality war es Bowie gelungen, sich ein gewisses Image und eine Schar von Adepten, Elevinnen und Epigonen zuzulegen[37]; Anfang 1969 hatten Bowie, seine derzeitige Gefährtin MARY FINNIGAN und besagte Angie Barnett mit dem *Beckenham Arts Lab* ein Begegnungsforum der Sub- und Gegenkultur, eine Bühne für progressive Lyrik, psychodelischen

---

[35] Bowie 1967: David Bowie.

[36] Bowie 1967: The laughing Gnome (S).

[37] Aktuell ist auch der Ausdruck „Fanbase" gebräuchlich; ebenfalls könnte man in Erwägung ziehen, den Begriff *Jünger:innen* zu verwenden.

Folk, Improvisationstheater und Pantomimenkunst eingerichtet; in diesem weit gefassten Zirkel sollten sich Stilrichtungen multiplizieren, Kunstschaffende inspirieren und Konsumierende verlustieren, vor allem jedoch die Bowie'sche Aura potenzieren.[38]

Die Öffentlichkeit war also deutlich besser auf den Künstler vorbereitet gewesen, als Ende 1969 seine neue Arbeit –wieder unter dem Covertitel *David Bowie* – erschien.[39] Das bereits zuvor veröffentlichte *Space Oddity*, eine mit Mellotron und Stylophone außergewöhnlich instrumentalisierte popkulturelle Verbeugung vor Stanley Kubricks *2001: A Space Odyssey* von 1968, voll unverhohlener Anspielungen auf die tagesaktuellen *Apollo*–Missionen, war zweifellos das prominenteste Stück; es trug dazu bei, dass dem gesamten Album – mit der Neuauflage von 1972 präsentiert RCA Records ein angeglichenes Cover mit aktualisiertem Bowie-Konterfei und etabliert endgültig den Titel *Space Oddity*[40] – ein beachtlicher Erfolg zuteilwurde: Nach wie vor wird die kosmische Episode des Astronauten *Major Tom*, der sich zu den Sternen aufmacht, jedoch ohnmächtig in den Weiten stellarer Ferne verloren geht[41], zu den bekanntesten (Kult-)Songs sortiert; auch der Künstler selbst hat sich diesbezüglich zu *Space Oddity* geäußert, zuletzt vor allem zu dem Dilemma, dass seine seltsame Komödie von des Astronauten

---

[38] Brinkmann 2022b.

[39] Das selten unter dem ursprünglichen (Arbeits-)Titel David Bowie: *David Bowie* aufgeführte zweite Studioalbum erschien am 4. November 1969 bei Philips Records in Großbritannien; nahezu zeitgleich wurde es von Mercury Records in den USA unter dem Titel David Bowie: Man of Words/Man of Music veröffentlicht. Der Stil der Gesamteinspielung wird je nach Musikstück als Psychedelic Folkrock, Progressive Folk oder Novelty identifiziert.

[40] Bowie 1969: Space Odity.

[41] Die Songerzählung *Space Oddity* erschließt sich bereits in Textauszügen: „Ground Control to Major Tom (…) / Take your protein pills and put your helmet on (…) / Check ignition (…) and may God's love (…) be with you / This is Ground Control to Major Tom / You've really made the grade / And the papers want to know whose shirts you wear / Now it's time to leave the capsule if you dare. / This is Major Tom to Ground Control / I'm stepping through the door / And I'm floating in a most peculiar way / And the stars look very different today / For here am I sitting in my tin can / Far above the world / Planet Earth is blue / And there's nothing I can do. / Though I'm past one hundred thousand miles / I'm feeling very still / And I think my spaceship knows which way to go / Tell my wife I love her very much / She knows! / Ground Control to Major Tom / Your circuit's dead, there's something wrong / Can you hear me, Major Tom? (…) / Here am I floating 'round my tin can / Far above the moon / Planet Earth is blue / And there's nothing I can do."; vgl. Bowie 1969: Space Oddity (ST).

traurigem Weltabschied das Potential besitzt, popkulturell inflationär verschlissen zu werden.[42]

Womöglich haben genau diese Popularitäts- und Inflationsschübe, an deren Entwicklung Bowie selbst ja aktiv beteiligt gewesen war, dazu beigetragen, dass fast übersehen worden wäre, in welchem Maße die besonders buntschillernd tragische Tondichtung – repräsentativ, exemplarisch, quasi pars pro toto – für ein gesamtes Album stand, auf dem sich der Künstler nahezu lückenlos mit Verabschiedungen, Trennungserfahrungen, Auflösungserscheinungen und Ohnmachtsmomenten befasst hatte. Tatsächlich ist der Umstand, dass dieser Sachverhalt letzten Endes überhaupt registriert werden konnte, der herausragenden Qualität des einzigen Titels geschuldet, der sich nicht nur neben *Space Oddity* hatte behaupten, sondern ihn auch an Tiefgang und Ernsthaftigkeit bei Weitem hatte überragen können. „‚Space Oddity‘ is the only number to come out of that period that i still have a feeling for, and ‚The Cygnet Committee‘ is the only other one.“[43], erklärt sich Bowie auffällig bescheiden zu jenem progressiv-balladesken Opus, das mit einer Laufzeit von gut neuneinhalb Minuten zu seinen längsten, intensivsten Stücken gehört[44] und mehrfach als sein erstes Meisterwerk geadelt wurde:[45] *Cygnet Commitee*[46], ob seiner faszinierenden Eindringlichkeit und Kraft gar mit Oscar Wildes *The Ballad of Reading Goal* und dem frühmittelalterlichen Heldengedicht *Beowulf* verglichen[47], darf aufgrund seiner Komplexität und dystopisch-

---

[42] Bowie hat wohl nicht grundlos seinen Astronauten in einer späteren Schaffensperiode als machtlosen Drogenabhängigen dekonstruiert, dessen Schicksal erneut besungen, jedoch in ein alternatives Licht gestellt wird: „Do you remember a guy that's been / In such an early song? / I've heard a rumor from Ground Control / Oh no, don't say it's true. / (...) / Ashes to ashes, funk to funky / We know Major Tom's a junkie (...)“; Bowie 1980: Ashes to Ashes. Es bleibt in Erwägung zu halten, dass auch in einem dritten Song (s. u.) die Weltraumkarriere des einstigen Helden thematisiert wird – und genau über der Figur des Major Tom die finale Zeile der Vergänglichkeit fixiert sein will: „Moondust will cover you“; Bowie 1995: Hallo Spaceboy.

[43] Vgl. Welch 1999, S. 19.

[44] Eine längere Laufzeit haben nur Bowie 1976: Station to Station (ST) mit 10:14 min. und Bowie 2016: Blackstar (ST) mit 9:57.

[45] Vgl. Pegg, aaO., S. 257.

[46] Bowie 1969: Cygnet Committee (ST).

[47] Vgl. Welch, aaO., S. 18.

abstrakten Manier als Urbild vieler weiterer Bowie-Arbeiten aufgefasst werden.

Cygnet Commitee

I bless you madly, sadly as I tie my shoes
I love you badly, just in time, at times, I guess
Because of you I need to rest. Because it's you that sets the test.
So much has gone, and little is new
And as the sparrow sings, dawn chorus for someone else to hear
The Thinker sits alone growing older and so bitter:
"I gave them life, I gave them all, they drained my very soul ... dry.
I crushed my heart to ease their pains, no thought for me remains there.
Nothing can they spare. What of me? Who praised their efforts to be free?
Words of strength and care and sympathy
I opened doors that would have blocked their way
I braved their cause to guide, for little pay
I ravaged at my finance just for those
Those whose claims were steeped in peace, tranquility
Those who said a new world, new ways ever free
Those whose promises stretched in hope and grace for me"

I bless you madly, sadly as I tie my shoes
I love you badly, just in time, at times, I guess
Because of you I need to rest, oh yes, because it's you that sets the test.
So much has gone, and little is new, and as the sunrise stream flickers on me,
My friends talk of glory untold dream, where all is God and God is just a word:
"We had a friend, a talking man, who spoke of many powers that he had
Not of the best of men, but ours, we used him, we let him use his powers.
We let him fill our needs, now we are strong.
And the road is coming to its end, now the damned have no time to make amends
No purse of token fortune stands in our way, the silent guns of love will blast the sky
We broke the ruptured structure built of age,
our weapons were the tongues of crying rage

Where money stood we planted seeds of rebirth,
and stabbed the backs of fathers, sons of dirt
Infiltrated business cesspools hating through our sleeves
Yeah, and we slit the Catholic throat, stoned the poor on slogans such as
'Wish You Could Hear', 'Love Is All We Need', 'Kick Out The Jams',
'Kick Out Your Mother',
'Cut Up Your Friend' 'Screw Up Your Brother or He'll Get You In the
End'.
And we know the flag of love is from above
And we can force you to be free, and we can force you to believe"

And I close my eyes and tighten up my brain
For I once read a book in which the lovers were slain
For they knew not the words of the Free States' refrain
It said:
"I believe in the power of good. I believe in the state of love.
I will fight for the right to be right
I will kill for the good of the fight for the right to be right"

And I open my eyes to look around, and I see a child laid slain on the
ground
As a love machine lumbers through desolation rows
Plowing down man, woman, listening to its command
But not hearing anymore, not hearing anymore. Just the shrieks from the
old rich.
And I want to believe in the madness that calls 'Now'.
And I want to believe that a light's shining through somehow.
And I want to believe, and you want to believe, and we want to believe
And we want to live, oh, we want to live. We want to live
We want to live – We want to live – We want to live – We want to live
I want to live – I want to live – I want to live – I want to live
I want to live – I want to live
Live – Live – Live (…).

Cygnet Committee ist ambigue und ambivalent. Wer sich auf eindimensionale Lesarten kapriziert, um etwa die traurige Textspur als
Bewältigung eines enttäuschenden Karrierestarts zu durchschauen oder
auf die situativ geprägte Auseinandersetzung mit den *Jungschwänen* –

eben: den *Cygnets* – aus dem *Beckenham Arts Lab* zu reduzieren, macht gewiss plausible Argumente geltend[48], übersieht aber einige Pointen jener tieferen Sinnspur, die mit einer intuitiv reflektierten Sicht auf Dasein und Sosein zusammenhängen könnte. Vor dem Horizont eines erweiterten Wirklichkeits- und Sinnkonzepts nämlich dürften sich die autobiographisch-autopoietischen Momente jener Passagen identifizieren und begreifen lassen, in denen sich das lyrische Ich (Bowies!) in seiner Selbst*wahrnehmung* auch selbst *begreift* und auf dreifache Weise *erklärt*. Erstens als messianischen Anführer, charismatischen Schamanen und spirituellen Tutor, der Segen spendete, Leben gab, Türen öffnete und opferbereit seiner tiefsten Seele Grund dörren ließ. Zweitens als abgeklärten Denker und desillusionierten Weisen, der alle Mechanismen und Schematismen von Popkultur und Mainstream, von Folklore und Avantgarde, von Kunst und Vermarktung gnadenlos durchschaut und in einem bitteren Ende kollabieren sieht. Und drittens als schillernde Existenz, als Subjekt, dessen sehnsuchtsvolle und lebenshungrige Erlösungsschreie hysterisch ineinander kippen, bis sich schließlich nur noch eine einzige Wahrheit hervorbringt. Der Glaube an den allgegenwärtigen Wahnsinn, er löst sich auf in dem Wunsch, dass ein Licht durchscheinen möge, und der gestaffelte Glaubenswunsch der Personalpronomina („I …, you …, we want to believe …") kippt in das pure Begehren des Ich. Besonders das orgiastische Finale von *Cygnet Commitee* macht deutlich, dass keineswegs nur bisherige Lebenswiderfahrnisse und biografisch begründete Weltschmerzmomente ihre Verarbeitung finden wollten. Es geht um mehr, und so wird in einem rauschartigen Crescendo für Minuten (!) das eigentliche, große Sehnsuchtsflehen des Subjekts hinausgeschleudert („I want to live"), bis es schlussendlich ausreicht, redundant zu skandieren, dass alle Sehnsucht letztlich existentiell nur auf Leben („Live") abzielt.

---

[48] Nur bedingt nützlich ist i.Ü. jene Erklärung, die einige der Bowie'schen Ton- und Textdichtungen mit der Cut-Up-Technik von William S. Burroughs assoziiert und zu zeigen sucht, wie bei dessen Abfassung eines Stückes Assoziationsketten, Zufallsreime und spontane Montagen eine deutungsoffen-absurden Text haben entstehen lassen; vgl. Marshall 2019. *Cygnet Commitee* bleibt für diese These begrenzt verfügbar; sie erhellt aber im Endeffekt bestenfalls den Umstand, dass auch bei Bowie manche Textteilmengen – l'art pour l'art – weniger besagen als staffieren und komplettieren.

Mit seinem *Lazarus* hatte Bowie also keineswegs nur jenen arti-
fiziellen Solitär kreiert, der seine schillernden Lebenskapitel und die
tragischen letzten Momente mit einem angemessen fulminanten
Schlusspunkt quittieren sollte; vielmehr war mit diesen esoterisch
gewagten letzten Bogenskizzen – subtil und doch ersichtlich genug – an
jene elegischen Kurvenstriche angeknüpft worden, die sich bereits vor
Jahrzehnten hatten zeichnen lassen. Eine elliptische Kreisfigur hatte
sich geschlossen, in deren Zentrum sich die verwandten starken Motive
des „I want to live" (Cygnet Commitee) und des „I'm in heaven. I'll
be free!" (Lazarus) aufeinander zubewegen – und nun, indem sie sich
wie Verheißung(swunsch) und Erfüllung zueinander verhalten, die quasi
gegenüberliegenden Pole eines Sinndeutungsmosaiks veranschaulichen,
das man in Bowies Œuvre permanent durchgespielt und modifiziert
findet.

Kontinuierlich variiert nämlich werden in diesem Œuvre – um hier
nur anhand einiger exemplarischer Pointen vorab zu veranschaulichen,
was in den sich anschließenden Kapiteln zur näheren Ausführung
gelangt – vor allem Sinndeutungsoptionen, die sich aus der Einsicht
begrenzt verfügbarer Lebenszeit („We've got five years, that's all we've
got"[49]) bzw. als Reaktionen auf den Schrecken von Zeitverflüchtigung
und Schnelllebigkeit („Speed of Life"[50]) ergeben: quasi im redundanten
Modus penetrant-permanenter Dauerreflexion wird verarbeitet, wie sich
Wahrnehmung von Endlichkeit und Verarbeitung von Zeiterfahrung
auf die Bewusstmachung von Lebensqualität an sich („I look at my
watch it says 9:25 and I think *Oh God I'm still alive*"[51]) auswirken, auf
die geziemende Wertschätzung bestimmter Lebensabschnitte („We live
for just these twenty years, do we have to die for the fifty more?"[52])
und die angemessenen Verhaltensweisen in einzelnen Entwicklungsphasen („Because you're young – what could be nicer for you / and it
makes me sad / So I'll dance my life away. / A million dreams, a million

---

[49] Bowie 1972: Five Years.
[50] Bowie 1977: Speed of Life.
[51] Bowie 1973: Time.
[52] Bowie 1975: Young Americans (ST).

scars"[53]). Die besagte Dauerreflexion ist nötig, denn das Gespür für die Besonderheit(en) eigener Lebenserlebnisse vor dem Wahrnehmungshorizont aller existierenden Grenzen, es wird ja immer wieder vernebelt, ignoriert, von Irritationen durchbrochen („I still don't know what I was waiting for / And my time was running wild / A million dead-end streets [and] every time I thought I'd got it made / It seemed the taste was not so sweet"[54]) – und eskaliert schließlich genau auf der Kreuzung von Ewigkeitssehnsucht und Vergänglichkeitsfurcht.

Für Bowie scheinen sich kaum echte Alternativen für jenes wiederholt inszenierte Selbstverständnis anzubieten, bereits inmitten der Zeit ein Todgeweihter zu sein, dessen Existenz bestenfalls mithilfe einer schweren Heidegger'schen Signatur als Sein zum Tode[55] verstanden werden kann („And I'm gone like I'm dancing on angels / And I'm gone thru' the crack in the past / Like a dead man walking"[56]). In einer gemilderten, abgeschwächten Form ist sein über dem Leben schwebender untot-toter Zombie ein Wanderer auf Zeit, einer, der weiß, dass er eines Tages mit dem längst präsenten Todesengel gehen muss („You know who I am," he said / The speaker was an angel / He coughed and shook his crumpled wings / Closed his eyes and moved his lips / „It's time we should be going"[57]), aber erstmal nicht loslässt, sondern bestenfalls das Abschiedswinken zur Probe wagt („There's no sign of life / It's just the power to charm / I'm lying in the rain / But I never wave bye-bye / But I try"[58]). Als Raumzeitreisender auf Erden bewegt er sich fort, solange es einen Morgenhimmel gibt, bleibt am nächsten Tag interessiert („I'm just a travelling man / Maybe it's just a trick of the mind, but somewhere there's a morning sky"[59]), wenngleich er schon von Anbeginn an gegen eine gewisse Müdigkeit anzukämpfen

---

[53] Bowie 1980: Because you're young.
[54] Bowie 1971: Changes.
[55] Vgl. Capurro 1996.
[56] Bowie 1997: Dead man walking.
[57] Bowie 1979: Look back in Anger.
[58] Bowie 1983: Modern Love.
[59] Bowie 1979: Move On.

hatte („I don't know why, but I'm tired of my life / The clouds are in my eyes, overtaking"[60]). Mit einer – zumindest an dieser Stelle noch, s. u. – unfassbaren Gestimmtheit zwischen Lebensmut und Lebenswut stemmt sich die feinfühlig wahrnehmende Bowie'sche Grundperson gegen die Vergänglichkeit an, obwohl die Gabe, von aller vergänglicher Welten leeren Sinns und aller zerrinnenden Zeiten totschmerzender Endlichkeit ahnend zu wissen, durchaus ihren beachtlichen Druck erzeugt („It's the terror of knowing what this world is about, watching some good friends screaming 'Let me out'"[61]).

Am Ende ihrer gar nicht so verschiedenen Wegstrecken ereilen den *dead man walking* und den *travelling man* dasselbe Schicksal. Der in die Knie gezwungenen und radikal auf sich selbst zurückgeworfenen Person („Down on my knees in suburbia / Down on myself in every way"[62]) bleibt nur, den Kern der Sehnsucht („And I want to be free / Don't you want to be free"[63]) zu finden und die eigentliche Hoffnung, nämlich: heil und rein das Leben entgegennehmen zu können, in einer entscheidenden Erlösungsbitte zusammenzufassen („So I'll wait until we're sane / Wait until we're blessed and all the same / Full of blood, loving life and all it's got to give"[64]).

Auch Bowies vorletzte Stellungnahme in dieser Angelegenheit folgt ganz der hier angedeuteten, im Folgenden näher und dichter ausgeführten (Un-)Sinnlogik, indem sie die existenzielle Anspannung des Ich – zwischen den Optionen von Selbstbewahrung, Selbstschonung und Selbstsedierung einerseits und den Optionen von Selbstaufgabe, Selbstzerstörung und Selbsthinhabe andererseits – in einer paradoxen Perspektive zuspitzt; 2003 fasst der Künstler diese Perspektive in *Never get old* zusammen, einem Titel, dem sowohl auf der Studioeinspielung

---

[60] Bowie 1970: Tired of my life. Das Erscheinungsjahr bzw. der Zeitpunkt der Ersteinspielung ist unklar. Bowie selbst hat diesen Song immer wieder neu musikalisch interpretiert und auf Konzerttourneen präsentiert; vgl. O'Leary 2015, 164.

[61] Queen/Bowie 1981: Under Pressure.

[62] Bowie 1993: Buddha of Suburbia (ST).

[63] Bowie 1995: Hallo Spaceboy.

[64] Bowie: Buddha of Suburbia.

Reality[65] als auch während der sich anschließenden gleichnamigen Live-Tournee[66] eine zentrale Bedeutung zukommt:

> „Better take care.
> I think I better go, better get a room.
> Better take care of me.
> Again and again
> I think about this and I think about personal history.
> Better take care.
> (...)
> Forever.
> I'm screaming that I'm gonna be living on till the end of time.
> Forever.
> The sky splits open to a dull red skull.
> And my head hangs low 'cause it's all over now.
> (...)
> And I'm never ever gonna get old."[67]

Besser achtgeben, sich Zeit nehmen, über die persönliche Geschichte nachzudenken. Schreien, dass man weiterleben will bis ans Ende aller Zeit, und sich dennoch vergegenwärtigen, nie und nimmer alt zu werden: Noch während besagter Welttournee sollte sich die lyrische Selbsterklärung zu Bowies Dauerzustand von ganz besonderen Umständen in ein neues Licht gestellt sehen. Am 25. Juni 2004 wurde Bowie gezwungen, seinen Auftritt beim Hurricane-Festival im niedersächsischen Scheeßel ohne die üblichen Schlussfeierlichkeiten zu beenden; mit den letzten Klängen von *Ziggy Stardust* musste er, ohne die Ovationen entgegennehmen zu können, abrupt die Bühne verlassen und sich unverzüglich in fachärztliche Obhut begeben. Im Hamburger Krankenhaus St. Georg wurde dem Künstler, der schon während des Sets über Brustschmerzen geklagt haben soll, eine blockierte Herzarterie diagnostiziert; erst eine Notoperation konnte der Gefahr eines

---

[65] Bowie 2003: Reality (ST).
[66] Bowie 2004: A Reality Tour (DVD).
[67] Bowie 2003: Never get old.

schweren Herzinfarktes mit möglicher Todesfolge entgegenwirken. Alle verbleibenden Konzerttermine wurden abgesagt, und auch in den Folgejahren betrat Bowie die Showbühne nur noch äußerst gelegentlich für kleinere Gastauftritte. Der Song *Never get old* erschien auf keiner Playlist mehr. Ein Jahrzehnt später durfte sich die Öffentlichkeit wieder endgültig von Bowies Lebenswillen und Tatendrang überzeugen: An seinem 66. Geburtstag, dem 8. Januar 2013, gab Bowie die Veröffentlichung neuer Arbeiten bekannt; am 8. März 2013 erschien dann das 24. (und vorletzte) Studioalbum, mit dem der Ausnahmekünstler ein neues Karrierekapitel aufgeschlagen und, wie schon der Titel der Veröffentlichung anzudeuten vermocht hat, *The Next Day*[68] eingeläutet hatte.

3.4   Just like that Bluebird

Never get old? Durfte Bowie, dessen Lebenszeitspanne mit der amtlichen Schließung seiner Wirklichkeitsakte am 10. Januar 2016 endgültig vermessen worden war, im Vergleich zu einer weltweit und historisch durchschnittlichen Lebenserwartung nicht alt (genug) werden – oder ist er womöglich auf eine besondere Weise (nicht) gealtert, sondern zeitlos jung geblieben? Solcherlei Betrachtungen, die oftmals mit einer unnötig drastischen Gegenüberstellung von Lebensdauer und Lebensqualität operieren, sind nur bedingt zielführend, mitunter gar sinnlos: Natürlich könnte eine simple Auswertung aller Bowie'schen Lebensdaten durchaus zu der Einschätzung verleiten, dass es dem Künstler immerhin vergönnt war, in großen Teilen ein buntes, intensives, exaltiertes, gesättigtes, berauschtes Leben zu genießen, schließlich ohne spektakuläre Auffälligkeiten einen gewissen Alterungsabschnitt zu erreichen – und letzten Endes wohl auch in den Armen der seelenverwandten Gattin Iman bzw. im Schoße seiner liebenswerten Familie (mit zwei leiblichen Kindern) letzte Ruhe und Seelenfrieden zu finden.

---

[68] Bowie 2013: The Next Day (ST).

Jedoch: der komplexen Denk- und Wahrnehmungswelt eines Menschen, der sich offenbar dauerhaft den ambivalenten Pointen des Daseins ausgesetzt wusste – sie aber nicht sukzessiv über die Schritt-folgen des Erfahrens und Verarbeitens in sein Leben zu integrieren suchte, sondern in ihrer Gleichzeitigkeit anzunehmen und als kontrast-reiche Empfindungen zu erleben vermochte, um sich der machtvollen Fülle des Lebens zu nähern – würde eine derart eindimensionale Letzt-würdigung nicht gerecht. Bowie selbst hat mit dieser Ambivalenz der-art kokettiert, dass es nicht einmal ironisch anmuten will, wenn er im letzten Song seines letzten Albums (bilanziert und) proklamiert:

„Seeing more and feeling less
Saying no but meaning yes
This is all I ever meant
That's the message that I sent."[69]

Und diese Message ist plausibel, ergibt sie doch ihren Sinn vor dem Horizont jener permanent unter Lebenszeitmangel stehenden Sinn-deutungsarbeit, die der Künstler zu verrichten sich existenziell genötigt sah – diese Verrichtung jedoch, und darum nicht für jedermann in Gänze verständlich, bisweilen in die äußersten Gefilde von Glamour und Absurdität, von Avantgarde und POP, von Jazz und Atonalität, von Dada, Cut-Up[70], Sampling und Novelty verlegte. So wird letzten Endes auch die Krönungsmesse besagter Message von Bowie stilgerecht in einem Refrain gelesen, der letztmalig Mehrdeutiges und Tiefsinniges hervorhebt: „I can't give", heißt es zunächst mehrmals, sodann „i can't give everything", und schließlich „i can't give everything – away!"[71]

Wie eine Mischform aus Confessio und Credo wirkt sie, diese als Klimax arrangierte Litanei eines Menschen, der eigentlich niemals vollends bereit und in der Lage ist, alles fortzugeben und loszulassen: Bowies lebensbegehrender Sehnsuchtsruf aus *Cygnet Commitee* hallt

---

[69] Bowie 2016: I Can't Give Everything Away.
[70] Vgl. Fahrer 2009.
[71] Bowie: I Can't give Everything Away.

über Jahrzehnte nach, und es kommt, just bevor sich sein Sehnsuchts-motto „I want to Live!" letztgültig in die komplementäre Gewissheits-hymne des befreiten, himmlischen *Lazarus* ergießen darf, zu einer letzten Kraftanstrengung der weltloslassenden Persona. Im nahezu ultimativen Momentum bringt das scheidende Ich all seine Kräfte auf, um sich und sein Selbst im Angesicht des Finalen in ein geordnetes Ver-hältnis zu bringen, und zwar zu dem, was man geben durfte, halten konnte, mitnehmen darf – und am Ende in Hoffnung sein wird: Dann kann die Zielgerade überschritten werden. David Bowie, so scheint sich als vorläufiges Fazit alles bislang Zusammengetragenen anzubieten, hatte sich auf diesem (Er-)Lösungsweg (ein)gefunden; noch unter den Lebenden weilend ging er das Risiko ein, in Antizipation und Über-windung bevorstehender Ereignisse sein zukünftiges Sein in Freiheit zu annoncieren und sich mit gewagter Pose als Sieger in den Himmeln zu (v)erklären, *just diesem blauen Vogel gleich.*

„Just like that bluebird." Es darf vorsichtig geprüft werden, ob und inwieweit Bowie bei dieser Zeile das ornithologisch registrierte Tier-wesen *Bluebird* (Sialia) vor Augen hatte, jenen Blaukehl-Hüttensänger aus der Ordnung der Sperlinge, der in Kanada und den USA zu den bekannteren Singvögeln zählt, eine monogame Saisonehe führt und sich, obschon es zu sogenannten Außer-Paar-Kopulationen kommen kann, durchaus über Familiensinn und Partnerschaftstreue aus-zuzeichnen versteht.[72] Vergleichsmomente zwischen Sialia und Bowie lassen sich also herstellen, doch recht verständlich wird die angesprochenen Liedzeile erst nach der Zusatzinformation, dass der Blauvogel in zahlreichen Kulturen mit je zusätzlichem, symbolischen Sinn aufgeladen ist: Angenommen wird er teils als Bote der Glück-seligkeit (wie in der chinesischen Mythologie[73]), teils als Sohn der Sonne und Bild der Wiederkehr (wie in der uramerikanischen Folklore der Navajo- und Cochiti-Stämme[74]), teils als Zeichen der Hoffnung, als Vorbote wundersamer Ereignisse oder als Inbegriff der Glückselig-

---

[72] Vgl. Berger et al. 2001; Stokes 1991.
[73] Vgl. Welch 2008, S. 204.
[74] Vgl. Benedict 1931; Huenemann 1978, S. 58.

keit (wie in der europäischen Märchen- und Sagenwelt[75]); er ist insgesamt ein Äquivalent zu der Sehnsuchtsfigur der blauen Blume[76] in der deutschen Romantik, aber auch ein oft bemühtes Idiom der populären Kultur.[77] Bowie, so wird ersichtlich, greift auf dieses ungenügend abgeklärte symbolische Repertoire zu bzw. in dieses Gewebe kultureller Deutungen hinein, um sich eine Art Totem daraus zu generieren und seiner finalen Wandlung, der ultimativen Metamorphose in diesem Eidolon Gestalt zu verleihen. Der Blauvogel ist also nichts Geringeres als Bowies letzte Figur, ist sein allerletztes Alter Ego und zugleich nicht mehr von dieser Welt.

Die Lebensaufgabe[78] des David Bowie, seine Arbeit an einem ganz persönlichen spirituellen Mosaik, einer Choreografie aus künstlerischen Miniaturen, performativen Iterationsschleifen und inszenatorischen Eruptionen zwischen Innovation und Redundanz, stets oszillierend in emotionaler und kreativer Hinsicht – sie hatte ihren Abschluss in der besagten Kraftanstrengung der scheidenden Persona gefunden, erstarrt in einem finalen Vermächtnis. Bowie hinterließ ein Gebinde von Lebensträumen, Risiken, Hoffnungen, Absurditäten, Wahnvorstellungen, abschließend verdichtet eben im Bluebird-Eidolon und der Heaven-Message. Prae mortem war diese Message ausgestrahlt worden; post mortem wurde sie in ihren Auswirkungen und in ihrer Geltung bestätigt, wenngleich aus mehreren Perspektiven mit je unterschiedlichen Anschlussdeutungen: „Keine vier Jahre sind vergangen, seit David Bowies Asche auf Bali verstreut wurde. Weit über 40 Ton-

---

[75] Z. B. Buczkowski 2009; Maeterlinck 1984.

[76] Vgl. Nischik 1984.

[77] Etwa *The Blue Bird* (1940. USA) mit Shirley Temple, eher noch *The Wizard of Oz* (1939. USA) mit Judy Garland, dem einschlägigen Titel *Over the rainbow* und der legendären Zeile „Somewhere over the rainbow bluebirds fly". In diesem Zusammenhang verdient auch die frühe anekdotische Erinnerung Bowies Beachtung, dass er beinah an der Seite von Elizabeth Taylor in *The Blue Bird* (1976. USA/Sowjetunion) mitgespielt hätte, vgl. Crowe 1976.

[78] Dieser integrale Begriff bleibt in sich mehrdeutig, denn er verarbeitet die Tatbestände, (1) dass jedes Leben bestimmte Aufgaben mit sich bringt, (2) dass manche dieser Aufgaben – wie etwa die Lebenssinndeutung – auch eine ganze Lebenszeit einfordern, weil ihre vollständige Verarbeitung nicht vor dem Lebensende erledigt sein kann, und (3) dass schließlich das Leben selbst aufgegeben werden muss, weil bzw. sobald sich die Zeit verbraucht hat.

träger der Jahrhundert-Figur sind seither erschienen"[79], bilanziert z. B. STEPHAN REHM ROZANES im Winter 2019 für den *Musikexpress*, bündelt allerdings seine Recherchen in der gewagten Vermutung, dass womöglich der Künstler selbst das *Geschäft mit der Unsterblichkeit* gewollt und vorbereitet habe. Dass Bowie „nur selten etwas dem Zufall überlassen"[80] hat, sei allgemein bekannt (gewesen); bestätigen könnten dies insbesondere diejenigen, denen Einblicke in seine Nachlassverwaltung eingeräumt und die mit dem so genannten Fünf-Jahres-Plan vertraut geworden waren, den Bowie in langfristiger Vergegenwärtigung seines bevorstehenden Todes vorbereitet und entwickelt hatte.

Diese Einschätzung ist nicht völlig aus der Luft gegriffen. Tatsächlich war die Öffentlichkeit bereits wenige Tage nach der traurigen Todesannonce davon in Kenntnis gesetzt worden, dass weiterhin – wohl auch auf Wunsch und Anordnung des Künstlers – mit interessantem Material gerechnet werden dürfe; nicht nur auf unveröffentlichte oder neu aufgearbeitete Tondokumente, sondern auch auf eine Reihe von Artefakten, Reliquien, Devotionalien und Merchandise-Accessoires dürfe man sich einstellen. Und so geschah es: noch während sich off- und online Nachruf an Nachruf reihte, wurden Armreifen, Textilien und Trinkgemäße mit der Gravur „I don't know where i'm going from here but i promise it won't be boring. (David Bowie)" feil gehalten; entsprechend bedruckte Frühstückbrettchen, Notizblöcke und Skateboards ergänzten das Artikelsortiment ebenso rasch wie Kunstdrucke, Feuerzeuge und Kartenspiele mit Bowie-Konterfei.[81] Parallel zu einer Welle nachgeholter Würdigungen, festlicher Publikationen und spezieller Anthologien mit Nischenwissen erschienen limitierte Vinylpressungen klassischer Studioaufnahmen, exklusive Live-Recordings, ambitionierte Werksammlungen und neuartige Coverversionen der legendärsten Songs aus allen Schaffensperioden des Künstlers.

Dennoch darf der entsprechend verhärteten These, wonach die anhaltende Popularität des Verstorbenen vorrangig als Resultat eines

---

[79] Rehm Rozanes 2019.
[80] Rehm Rozanes 2019.
[81] Vgl.: https://store.davidbowie.com/store.

vorausschauenden Kalküls bzw. als Konsequenz präziser Merchandise- und Vermarktungsapparate verbucht werden müsse, ganz entschieden widersprochen werden. Zu aussagekräftig nämlich sind jene Einschätzungen, die auf die ungebrochene Wirkmacht der Bowie-Personae bzw. der Bowie'schen Figureninstallation Bezug nehmen, die anhaltende Leidenschaft für seiner fortwährende Aura thematisieren – und sich als Betroffene in ein Verhältnis bringen wollen zu dem „Shock, because someone who had already transcended into immortality could actually die"[82].

Unverdächtig genug etwa sind die Erinnerungen von DANNY FIELDS, zwischenzeitlich Manager u. a. von IGGY POP und den RAMONES; er erklärt:

„Als ich, einen Monat nachdem David gestorben war, nach England fuhr, war es, als läge die Nation vor Kummer am Boden. (…) All diese Leute (…), sie waren erschüttert (…). Einige sagten, er hätte sie befreit und ihnen die Augen geöffnet, wie sie wirklich wären. Vielleicht war das seine größte Errungenschaft. Es geht nicht darum, was er gemacht hat, es geht um das, was er den Leuten gezeigt hat. Jeder Einzelne erzählte, dass er ihm gezeigt hätte, sich selbst zu akzeptieren, die eigenen Talente, Gefühle oder vielleicht die eigene Sexualität. Jeder hatte ein anders Beispiel parat."[83]

Ein solches hat gewiss auch die POP-Diva LADY GAGA; unmissverständlich veranschaulicht sie ihren Standpunkt:

„Wenn ich nicht jemanden gehabt hätte, zu dem ich hätte aufschauen können und der meinen Kopf derart verrückt hätte, dann wäre ich niemals hier bzw. meine Philosophie wäre eine ganz andere. (…) So geht es mir mit David Bowie. Man begegnet einem Musiker, der irgendetwas hat, was nicht von dieser Welt ist und aus einer anderen Zeit stammt, und das verändert einen für immer. Ich glaube, dass das jeder kennt,

---

[82] So Kate Bush, zit. nach Britton 2016.
[83] Zit. nach Jones 2018, S. 751.

oder? Es gibt diesen einen Moment als Jugendlicher, wo man etwas sieht, und man denkt dann: ‚Oh, okay. Jetzt weiß ich, wer ich bin.'"[84]

Einen weiteren wichtigen Aspekt verrät Bloggerin MICHELLE JASPERSON:

„Es war weitaus mehr als nur »die Musik«, die mich an David Bowie anzog. Weitere Gründe waren auch die Werte, die er vertrat, und seine Integrität. In bewunderte seinen Intellekt ebenso wie seinen beständigen Wissensdurst. (…) David Bowie war in meinem Leben der größte Einfluss – möge er in Frieden ruhen."[85]

Weitere vergleichbare Meinungsäußerungen und Stimmungsbilder finden sich zuhauf und lassen sich jederzeit entsprechend belegen[86]; im Grundtenor stimmen sie in ihren Einschätzungen dahingehend überein, dass, wenn man nach Gründen für die fortdauernde Popularität Bowies suchen wollte, weniger die (vielleicht anteilig von ihm selbst angeregten) Marketingschachzüge der Nachlassverwaltung als vielmehr die besonders nachhaltige Be- und Verzauberung durch den (Verwandlungs-)Künstler angesprochen werde müsse, jene nahezu magische Faszination, die sich nicht durch den Tod aufhalten lässt.

Zu den diesbezüglich wohl intensivsten Stellungnahmen jedoch zweifellos die Aussagen, die Bowies Witwe IMAN ABDULMAJID in regelmäßigen Abständen höchstselbst und letztinstanzlich tätigt: 2021 etwa bekennt sie sich in einem persönlichen Interview gegenüber der *Harper's Bazaar UK* einmal mehr zu ihrer »großen Liebe« und erklärt, wieso und inwiefern David weiterhin in Herz und Andenken derart präsent sei, dass man glaube, er müsse sich in unmittelbarer Sichtweite versteckt halten. Natürlich, so Iman, könne das Gefühl einer Präsenz des Absenten verhältnismäßig sachlich über den doppelten Umstand zu erhellen sein, dass es im aktuellen Kulturbetrieb weiterhin eine aktive Fanbase gäbe, die den *Personen*kult pflegt, der *Musik* dieser Person doch auch außerhalb

---

[84] Jones 2018, S. 732–733.
[85] Jones 2018, S. 737–739.
[86] Jones 2018, S. 687–768.

dieser Szene größte Bewunderung und Wertschätzung zuteilwürde. Als weitaus prägekräftiger, weil unmittelbarer und intimer dürfe sie freilich empfinden, dass sie selbst eine Reihe besonderer spiritueller Momente habe erleben können; immer wieder seien ihr Widerfahrnisse zuteilgeworden, die sie exklusiv und intensiv mit ihrem verstorbenen Mann assoziieren müsse – wie etwa jene Szenerie, da ihr am fünften Todestag tatsächlich der besungene blaue Vogel realiter erschienen ist:

> "And on the day of his passing,
> I went on a hike
> and a bluebird flew in front of me.
> A bluebird, above all things!"[87]

Offensichtlich hatte die Lazarus-Verszeile von der Ähnlichkeit Bowies mit dem berühmten Blauvogel, womöglich des Künstlers Wunsch nach einer finalen Metamorphose, einmal mehr einschlägige Wirkung erzielt.[88] Und auch wenn sich eine Spekulation hinsichtlich der Frage, ob oder inwieweit sich dieses Wandlungsbild tatsächlich im inneren Gefühlszeugnis der höchstrangig Betroffenen Iman mit einer echten Vogelsichtung verquickt und zu einer Gewissheitsspur entfaltet haben könnte, erübrigt, gilt letzten Endes festzuhalten, in welcher Artikulationsintensität sich das Bezeugungsgebaren der emotional angesprochenen Seelengefährtin nach außen richtete – und sich zu einer weiteren plakativen Anschaulichkeit der bereits kursierenden Botschaft eskalieren ließ, dass Bowie, das unvergessene Musikgenie, auch Jahre nach seinem offiziellen Todestag schlechterdings weiter existiert. Wo auch immer, doch auf jeden Fall wohl im Einklang mit sich selbst und seiner besonderen Sicht auf die Dinge: „Ain't that just like me?" Dieser Frage bleibt weiter nachzugehen.

---

[87] Slater 2021.
[88] Vgl. Moore 2021.

4

we are | God | is | on top of it all | thats all | we are | praying | we are | God

Bowies theo^un^logische, un^theo^logische Grundeinsichten (und die Eigenarten theologischer Pointenpuzzles)

Gott

Ist oberhalb von allem

Das ist alles

Alles was wir sind

Wir sind

Betend

Wir sind

Gott

oberhalb von allem

„God / Is on top of it (all) / That's all / That's all we are / We are, we are praying / We are, we are / God / Is on top of it all."; Bowie 1993: Pallas Athena [Übers. d. d. Verf.]. Der Song existiert in mehreren Fassungen mit je unterschiedlicher Spiellänge und je unterschiedlichen Textphrasen, vgl. Bowie 2010 (1993): Pallas Athena (EP); Bowie 2021 (1999): Pallas Athena. Je nach Punktierung bzw. Phrasierung variiert der Sinn der Lyrics. Hier wurde der Text der ersten Einspielung zugrunde gelegt, die Bowie unter dem Alias „Tao Jones Index" (Jones = Bowies Geburtsname) vorgestellt hat; vgl. O'Leary 2019, S. 338 f.

© Der/die Autor(en), exklusiv lizenziert an Springer Fachmedien Wiesbaden GmbH, ein Teil von Springer Nature 2023
F. T. Brinkmann, *Ashes to Ashes, Spaceboy?!*, https://doi.org/10.1007/978-3-658-42614-9_4

4.1   The Gospel according to [...]

Am 1. Juni 1967 erschien bei *Deram Records* das Debütalbum von David Bowie. Mit 14 Titeln und einer Gesamtspiellänge von 37 min war *David Bowie* – so eben auch der Albumtitel – durchaus Mainstream; den musikgeschmacklichen Zeitgeist freilich rührte es ähnlich wenig wie die zuvor veröffentlichten Singles *Rubber Band/London Boys*[1] und *The Laughing Gnome/The Gospel According to Tony Day*[2]. Erst nach Bowies echtem künstlerischem Durchbruch in den 1970er Jahren machte sich die Tendenz bemerkbar, seine speziellen Erstlingswerke als missverstandene Kunst oder gar als Kultobjekte zu würdigen und einzelnen Titeln nicht nur eine besondere Ästhetik, sondern geradezu eine proleptische Qualität zuzugestehen. Mehrfach – so 1975, 1982 und 1987 – erschienen Nachpressungen bzw. Neuauflagen, bis 2010 mit der so genannten *Deram Anthology 1966–1968*[3] eine digital vollständig aufgearbeitete und mit Bonusstücken angereicherte Kollektion aller frühen Titel präsentiert wurde. Damit war quasi auch das Basismaterial für die Diskussion verfügbar gemacht, ob der frühe Bowie wohl zu unbegabt, zu wenig gefördert, zu unprofessionell vermarktet – oder schlichtweg zu ambitioniert und zu absurd gewesen war. Diese Debatte bleibt weiterhin geöffnet; einiges freilich spricht für die These, dass sich der seinerzeit ausbleibende kommerzielle Erfolg jener Fruchtsammlung aus Bowies erster Schaffensphase vor allem mit der gewagten Zusammenstellung weitestgehend überzogener Spezialtitel erklären lässt: Die wohl vornehmlich auf Aufmerksamkeitszugewinn abzielende, insofern bewusst aufgeblasene Abmischung von albernen Novelty-Chansons wie eben *The laughing Gnome*[4] oder *Rubber Band* mit kannibalistischen

---

[1] Bowie 1966: Rubber Band (S).

[2] Bowie 1967: The laughing Gnome (S).

[3] Bowie 2010: The Deram Anthology 1966–1968; alternativ Bowie 2010: David Bowie [Deluxe Edition] (LP). Die Deluxe Edition beinhaltet zwei Versionen des Original-Albums, Mono und Stereo, fernerhin eine Ansammlung bislang unveröffentlichter Raritäten, u. a. Aufzeichnungen von Bowies erster BBC Session.

[4] Auszug: „Ha ha ha, hee hee hee / I'm a laughing gnome and you don't catch me / Ha ha ha, hee hee hee / I'm a laughing gnome and you can't catch me. / Said the laughing gnome."; Bowie 1967: The laughing Gnome.

Weltuntergangsszenarien wie *We are hungry men*[5] oder abgründig-
heiklen Themen wie Kindesmissbrauch bzw. Kindesmord in *Please Mr.
Gravedigger*[6] und dem Walzer *Little Bombardier*[7] dürfte selbst auf der
von Psychedelic Rock, Powerpop, Merseybeat, Folk und Music Hall
gut besetzten popmusikalischen Kulturgroßfläche[8] als eine Art unnötige
Zumutung aufgefasst worden sein. Anders gesagt hatte Bowie, dessen
Hang zu spleenigen Übertreibungen noch nicht in ein angemessen aus-
gewogenes Verhältnis zu seinen inhaltlichen und künstlerischen Aus-
drucksanliegen gebracht worden war, mit seiner Hyperinszenierung von
Vielseitigkeit letzten Endes doch zu wenig gegen die echten Spezialisten
aufzubieten, sprich: gegen die gefälligen Experimente der Beatles auf
Sgt. Peppers[9], gegen die experimentellen Klangarbeiten von Pink Floyd
in ihrer Syd Barrett-Ära[10], gegen die eingängig-unterkomplexen Alltags-
themen der typisch britischen Beatclub-Songs[11], gegen die friedlichen
Botschaften der ersten Folkrockwelle[12] und gegen die rebellischen

---

[5] Auszug: „We are not your friends. / We don't give a damn for what you're saying. / We're here to
live our lives. / We are hungry men. / We don't give a damn for what you're saying. / We're here to
eat you."; Bowie 2010 (1967): We are hungry men.

[6] Auszug: „Please Mr. Gravedigger, don't feel ashamed / as you dig little holes for the dead and the
maimed. / Please Mr. Gravedigger, I couldn't care / if you found a golden locket full of some girl's
hair. / And you put it in your pocket (…) / Her mother doesn't know about your sentimental joy.
/ She thinks it's down below with the rest of her toys. / And Ma wouldn't understand, so I won't
tell. / So keep your golden locket all safely hid away in your pocket. (…)"; Bowie 2010 (1967):
Please Mr. Gravedigger.

[7] Auszug: „Then one day, in the ABC / Four bright eyes gazed longingly / At the ice-cream in
the hand of the little bombardier. / Sunshine entered our Frankie's days / Gone his worries, his
hopeless maze / His life was fun and his heart was full of joy. / Two young children had changed
his aims / He gave them toffees and played their games / He brought them presents with every
coin he made. / Then two gentlemen called on him / asked him for his name. / Why was he
friends with the children? / Were they just a game? (…)"; Bowie 2010 (1967): Little Bombardier.

[8] Vgl. Metzger 2012.

[9] The Beatles 1967: Sgt. Pepper's Lonely Hearts Club Band (LP).

[10] Etwa Pink Floyd 1967: The Piper at the Gates of Dawn (LP).

[11] Etwa Dave Dee, Dozy, Beaky, Mick & Tich 1966: Hold Tight! (S); The Kinks 1966: Sunny
Afternoon (S), Small Faces 1967: Itchycoo Park (S).

[12] Vgl. Donovan 1965: Catch the Wind (S); Donovan 1966: Sunshine Superman (LP).

Selbstbezüge[13] der Mods im Swinging London.[14] Womöglich wäre er in seiner ersten Orientierungs- und Konsolidierungsphase besser beraten gewesen, sich intensiver auf Stücke zu konzentrieren, die ihm wirklich am Herzen lagen und sein ganzes Potential erkennen ließen? Es bleibt müßig, darüber zu spekulieren; die (Erfolgs-)Geschichte des David Bowie hat längst stattgefunden, und dem Debütalbum *David Bowie* ist in dieser Geschichte sein Platz eingeräumt worden.[15]

Gleichwohl will sich – mit Blick auf die Themenstellung des vorliegenden Kapitels – noch eine kurze Einlassung auf ein besonderes Set von Songs empfehlen, die bereits in einschlägigen Fachzeitschriften[16] hervorgehoben worden waren und die der Künstler selbst mehrfach in Pläne für Neueinspielungen einbezogen hatte. Gemeint sind vor allem die Titel, die auf den B-Seiten der erwähnten Singles *Rubber Band* (Dezember 1966) und *The Laughing Gnome* (April 1967) eine Platzierung gefunden hatten, nämlich *London Boys* und *The Gospel According To Tony Day;* in direkter thematischer Verbindung zu beiden Songs steht auch der seltener erwähnte Titel *Join the Gang*.[17]Während sich *London Boys* ganz darauf kapriziert, die amphetamingesättigte Mentalität und das Lebensgefühl von Bowies Mod-Generation[18] im

---

[13] Exemplarisch The Who 1965: My Generation (LP).

[14] Es ist bezeichnend, dass David Bowie mit seinem siebten Studioalbum den Favoriten dieser Ära ein kleines Denkmal setzt. Auf dem Cover von Bowie 1973: Pin Ups (LP) posiert der Künstler mit Twiggy, der Model-Ikone jener Jahre, und auf der Coverrückseite notiert er handschriftlich: „these songs are among my favourites from the '64–67' period of London. Most of the groups were playing the Ricky-Tick (was it a 'y' or an 'I'?) – Scene club circuit. (Marquee, eel pie island la-la). Some are still with us. Pretty Things 1(1)3(2) Them 2(1) Yardbirds 3(1)4(2) Syds Pink Floyd 4(1) Mojos 5(1) Who 6(1) 5(2) Easybeats 1(2) Merseys 2(2) Kinks 6(2) love-on ya! Bowie".

[15] „(I)t does seem that pop musicologists are at last beginning to regard David Bowie not just as a quirky set of embryonic twitterings, but as an album that's actually worth considering in its own right."; Pegg 2016, S. 333.

[16] Vgl. Pegg 2016, S. 230; Carr/Murray 1981, S. 21.

[17] Bowie 2010 (1967): Join the Gang.

[18] Vgl. Rawlings 2000.

Nachtleben der britischen Szenehauptstadt üppig, fast schon ein-
ladend zu skizzieren[19], wird in *Join the Gang* jene peer group skizziert,
zu der man letzten Endes gehört, wenn man der Subkultur der London
Boys zugerechnet und in den entsprechenden Clubs beheimatet
sein will: eine bunte Miniaturgesellschaft aus existentialistischen
Musikern, oberflächlichen Models, Zaungästen und Mitläufern –
mit der erschreckenden Perspektive, nutzlos zu bleiben und in vertrauter Umgebung bzw. in geselliger Runde extrem schnell nichts zu
tun.[20] *The Gospel According To Tony Day* schließt damit ab und wartet
konzentriert desillusionierend mit einer Aufreihung lebensweisheitlicher
Destillate auf, die sich entweder am Ende eines Ernüchterungsprozesses
in der Metropole herauskristallisieren oder aber sich am Rande der
vorstädtischen Provinz aus Verzweiflung und Mangel an Alternativen
ergeben.[21] Der Text des schleppend zehntaktigen (bzw. 8 + 2 getakteten)
Blues ist wenig prätentiös und erinnert an veristische Literatur:

The Gospel According To Tony Day

|: The gospel according to Tony Day :| (3x)
If i find a girl he'll take her away. / Rotten tony!

|: The gospel according to Brendan O'Lear :| (3x)
If i buy him a scotch, he'll buy me a beer. / Tight fist! Friends!

|: The gospel according to Pat Hewitt:| (3x)

---

[19] „Bright lights, Soho, Wardour street / You hope you make friends with the guys that you
meet / Somebody shows you round / Now you've met the London boys. / Things seem good
again, someone cares about you / Oh, the first time that you tried a pill / You feel a little queasy,
decidedly ill / You're gonna be sick, but you mustn't lose faith / To let yourself down would be a
big disgrace / With the London boys, with the London boys.“; Bowie 1966: London Boys (S).

[20] „Let me introduce you to the gang / Johnny plays the sitar, he's an existentialist / Once he had
a name, now he plays our game (…) / Molly is the model in the ads / Crazy clothes and acid
full of soul and crazy hip / Someone switched her on, then her beam went wrong / Cause she
can't switch off now that she's joined the gang / Arthur is a singer with a band / Arthur drinks
two bottles just before he goes on stage (…) / This is what to do now that you're here / Sit round
doing nothing all together very fast (…)“; Bowie 2010 (1967): Join the Gang.

[21] Vgl. O'Leary 2015, S. 68 f.

If it's written on a sweater then i'd better not do it.
Ah, got to, got to… / Your mind… / blow it, blow it

|: The gospel according to Marianne Brent:| (3x)
She'll be mine if i pay the rent.
Good old Marianne, who needs friends, oh… / That's the fucking time
take a look at my life and you'll see, / take a quick butcher's,
rotten mary down the oak / wouldn't give me tuppence for him[22]

Mit Tony Day, Brendan O'Lear, Pat Hewitt und Marianne Brent
gelangen vier Charaktere zur Vorstellung, deren soziale Verhältnisse
zwar nicht explizit dargelegt und näher präzisiert, wohl aber durch die
Verwendung sprachlicher Spezifika (Slang / Soziolekt / Regiolekt) subtil
angedeutet werden[23]; es sind exemplarische Charaktere, die ihr Dasein
auf simplen Prinzipien gründen, auf einfache Sinndeutungsmuster der
Gewohnheit rekurrieren und von einer Gebrauchslogik zehren, bei der
die Plausibilität einer Aussage dadurch gewährleistet ist, dass sie sich im
Alltag irgendwie bewahrheitet bzw. bewährt: „Wenn ich ein Mädchen
finde, er wird's mir wegnehmen"; „Spendier ich ihm 'nen Whisky,
spendiert er mir 'n Bier"; „Wenn's auf einem Sweater als Motto steht,
halt' ich mich besser nicht d'ran"; „Sie wird mit mir gehen, wenn ich
die Zeche übernehme". Für die vier Figuren, offensichtlich typisiert und
repräsentativ für eine besondere (Sub-)Kultur der Suburbs von London,
braucht es keine weiterführenden Sinneinsichten, um das (auf einen
überschaubaren Sektor begrenzte und sich eben nur dort abspielende)
Leben meistern zu können; immerhin lassen sich ihre pragmatischen
Perspektiven unproblematisch mit einfachen Kommentaren („Mieser
Tony". „Fäuste zusammen! Echte Freunde!" „Muss schon … deine
Meinung … vermassel' es ruhig.") fixieren oder mit ausführlicheren
Sentenzen („Wer braucht schon Freunde … besch* Zeiten … schau
dir mein Leben an, kurzer Blick drauf, gibt dir keiner'n Penny 'für")
quittieren. Das Universum, in dem sich diese Clique zurechtzufinden
hat, ist eigentlich nur eine kleine Welt; überschaubar wird sie dadurch,

---

[22] David Bowie 2010: The Gospel according to Tony Day.

[23] Bowie greift den Slang auf, der ihm aufgrund seiner Herkunft vertraut ist, nämlich den
Londoner Regiolekt des Cockney (Rhyming); vgl. Pointner 1996.

dass ihre (vier exemplarischen) Bewohner die sich anhäufenden (faktischen) Vorkommnisse ihres Lebens mit einem Gewebe an kleinen Bedeutungen überziehen und so die Komplexität von Wirklichkeit reduzieren. Dieses Bedeutungsgewebe – es entsteht im Prozess und Progress, unter den Modi ihrer einfachen Interaktionen, die gedeutet werden und aufgrund dieser Deutung eben auch funktionieren: Tony, Brendan, Pat und Marianne handeln, leben und erleben, reichern dieses Handeln, dieses Leben und dieses Erleben mit Deutungen an, die wiederum denjenigen Sinn bestätigen, reproduzieren und garantieren, den die Akteure ihm bereits gegeben haben. Geflochten aus den minimalistischen, gleichwohl mit reichlich sprachlichen Verballhornungen verzierten[24] Lebenssinndeutungen eines drastisch reduzierten Alltags entsteht das, was man einen *en passant*-Lebenssinn oder einen Lebenssinn *under construction* nennen kann.[25] Genau nun diesem lebenssinnigen Minimal*kon*sens, versehen mit den seichten Prägestempeln eines Minimal*non*sens, setzt David Bowie mit dem angesprochenen Song ein erstes Denkmal, auch, indem er den Terminus *Gospel* mehrfach prominent zum Einsatz bringt und als Mantelbegriff für die absonderlichen Lebensprinzipien verwendet, die Tony, Brendan, Pat und Marianne quasi heilig, weil stets zu Diensten sind.

Das freilich ist durchaus als ein Kunstgriff zu werten; immerhin ist ja dieser – nunmehr in seiner kulturanthropologischen Zweckentfremdung identifizierte – Mantelbegriff *Gospel* weder in seiner Verwendung noch in seiner Tragweite identisch mit jenem Begriff, der sich zunächst aus einer altenglischen Übertragung des bibelgriechischen εὐαγγέλιον entwickelt bzw. sukzessiv von gōd spel (good news)

---

[24] Die Grundlogik des Cockney Rhyming Slang besteht darin, dass für die eigentlich in Anspruch zu nehmende Vokabel ein sich reimender Ausdruck gefunden und möglicherweise auch noch verkürzt aufgegriffen wird. Ein typisches Beispiel ist das „take a quick butcher's", das Bowie in *The Gospel according to Tony Day* aufgreift. *A butcher's hook* (ein Fleischerhaken) ist der Ausdruck, der sich auf *look* (Blick) reimt, daher wird *a quick look* in einem ersten Durchgang durch *a quick butcher's hook* ersetzt, und in einem zweiten Durchgang wird der *hook* auch noch weggekürzt, bis der *quick butcher's* zurückbleibt. Für Außenstehende ergibt es keinen Sinn, wer sich jedoch mit dem Cockney etwas auskennt, weiß, dass die Aufforderung, einen *schnellen Metzger(s) zu nehmen*, nichts weiter bedeutet als einen *raschen Blick zu riskieren*.

[25] Diese Interpretation macht u. a. Gebrauch von dem semiotischen Kulturbegriff, den Clifford Geertz vorgestellt hat. Vgl. Geertz 2003a, S. 9 f.

über go(d)spel zu Gospel verselbständigt und mit einer dreifachen Bedeutung in das Frömmigkeitsvokabular des Christentums eingespielt hat: Sieht man von der gängigen Bezeichnung einer musikalischen *Gospel*-Stilrichtung ab, tritt der englische Terminus: Gospel vor allem als konventionell dogmatisch gefasster theologischer *Wesensbegriff* und als traditionell exegetisch geklärter literaturtheoretischer *Gattungsbegriff* in Erscheinung. Als *Gospel of* oder *Gospel according to* hat er sich – wie seine Entsprechungen in den deutschsprachigen Wendungen vom Evangelium *nach* Markus (als Zeuge) oder vom Evangelium *des* Johannes (als Verfasser) – bewährt, taucht zudem in modifizierten und erweiterten Sprachspielen als *Gospel for* oder *Gospel of* auf, um dann bspw. ein Evangelium *der* Armen (z. B. als faktisches Klientel) oder das Evangelium *für* die Unterdrückten (z. B. als avisierte Zielgruppe) zu bezeichnen. Gleichwohl, die stärkste Pointe der herkömmlich unbedingt theologieaffinen Vokabel: Gospel geht aus ihrem ursprünglichsten Verwendungskontext und der dort exklusiv vorgenommenen Wesensbestimmung hervor, sprich: aus dem Umstand, dass es gemeinhin als das Evangelium *von* Jesus Christus präzisiert wird, der als dessen Stifter, Geheimniskern und Inbegriff gilt sowie als Erlöser, Tröster, Versöhner (usw.) funktioniert. Und von derartigen Festlegungen nimmt Bowies *The Gospel according to Tony Day* sicher Abstand – obschon es letzten Endes doch in zweifacher Hinsicht als eine Art Evangelium der Simplicitas, der Einfältigen und der Einfalt zu Stande kommt: einerseits, was die Autorenschaft der wenig Differenzierten anbelangt, die ihre zufriedenstellenden Weisheitspauschalen entwickelt, wechselwirksam kommuniziert und somit sich gegenseitig gestiftet haben, andererseits, was die sinngebenden Funktionen ihrer Treuherzigkeitsminiaturen betrifft, die – in Summe oder in Teilen – als tröstende Lebenshilfen und stabilisierende Frohbotschaften zur Wirkung kommen.

Doch wie verhält es sich, wenn man diese an Kunstfiguren (Tony, Brendan etc.) bzw. fiktiven Identitäten veranschaulichte Auffassung einschließlich der entsprechenden Terminologie und Verfahrenslogik auf den Autor appliziert, der mit diesen Narrativen operiert? Denn geht man mit Bowie davon aus, dass sich *das Evangelium des Menschen X* als die Essenz seiner alltagstauglichen Sinnsprüche sowie seiner funktionstüchtigen Lebenspraxis-Kommentare verstehen, insofern auch in einer

Alltagsweisheit oder einem Wirklichkeitskommentar pointieren lässt, müsste sich doch auch die Frage nach einem *Gospel according to Bowie* – gewiss unter dem Vorbehalt, dass dieses Evangelium auf einer weitaus höheren Komplexitätsstufe stehen könnte – stellen und aufarbeiten lassen. In Anlehnung an seine eigenen Deutungsgebaren und Denkmanieren dürfte Bowie demnach zweifelsfrei zugestanden werden,

- dass ihm in seinem Erlebnisstrom allerlei Widerfahrnisse zuteilwurden,
- dass er reichlich Erfahrungen zu machen und Schlüsse aus diesen Erfahrungen zu ziehen vermocht hat,
- dass sich all dies nicht nur mit gleichbleibender Beständigkeit wiederholen, sondern auch in modifizierten Gedankengängen teilerneuern konnte
- und dass dabei Lebensgestaltungsoptionen, Sehnsuchtsbilder sowie Sinnfiguren entwickelt, verglichen und reflektiert[26] worden sind, die sich bald symbolisch verdichten bzw. zu Motiven und Versen gerinnen und als solche greifbar sein sollten.

Die *Deram Anthology 1966–1968* wird sich in dieser Hinsicht gewiss nicht als Fundgrube von symbolisch verdichteten Sinnschätzen identifizieren lassen, wohl aber als Anregung für ein Verfahren, in Bowies Gesamtwerk Ausschau zu halten nach solchen alltagsweisheitlichen Miniaturen und wirklichkeitskommentierenden Sentenzen, von denen der Künstler so regelmäßig Gebrauch macht, dass sie sich nach

---

[26] Ansatzweise wird dies bereits in dem Song angedeutet, den der Künstler 1966 mit der Band The Lower Third, erstmals unter dem Namen Bowie, als Single veröffentlicht; vgl. Bowie w. The Lower Third 1966: Can't help thinking about me (S). Hier heißt es: „I can't help thinking about me / Now I leave them all in the never never land / The station seems so cold the ticket's in my hand / My girl calls my name Hi Dave / Drop in, see around, come back / If you're this way again / Oh, I'm on my own / I've got a long way to go / I hope I make it on my own / I can't help thinking about me…". Bowie hat diesen Song Jahrzehnte später noch gespielt; immer wieder erklärt er: „It's a beautiful piece of solipsism; it's called 'Can't Help Thinking About Me'"; vgl. Bowie 2009: VH1 Storytellers (Live).

einer Art Sinnmuster[27] zu einem Deutungsgewebe vernetzen – und dadurch zu einem *Gospel* werden können, geeignet, Lebensstrecken mit phantastischen Horizonten und realistischen Regelwerken zu hinterlegen. Versteckt eingewirkt in dieses Verfahren bleibt eine gestaffelte Anfrage: Kann man für das gesuchte Gewebe an Lebens- und Sinndeutungen, nunmehr signiert als *the Gospel according to Bowie,* auch ein quasi letztinstanzliches Sinnintegral ausfindig machen, wodurch das Deutungsgewebe zusammengehalten wird? Lässt sich dieser Inbegriff des letzten Sinns dann in einer finalen Pointe verdichtet und versprachlicht finden, und wie wird diese Versprachlichung beschaffen sein? Darf damit zu rechnen sein, dass bei der Etikettierung des Letztinstanzlichen jene Vokabel in Anspruch genommen wird, die traditionell zur Verfügung steht – oder bleibt mit Überraschungen zu rechnen?

4.2   When God did take my logic for a ride

„God is just a word". Bereits im Spätherbst 1969 war Bowie auf seinem zweiten Studioalbum *Space Oddity* (s. o.) von einer halbgoldenen Regel des Popsong-Mainstream abgewichen, nämlich: die Vokabel *Gott* ausschließlich auf unverdächtige Weise in Songs zu platzieren, um zu vermeiden, mit der Verletzung etwaiger religiöser Gefühle wichtige Teile des anvisierten Klientels zu verstimmen. Stattdessen hatte er nahezu unbemerkt einen sich abzeichnenden gegenläufigen Trend bedient, dabei womöglich auch in der Annahme agiert, dass sich über Inszenierungen und vorsätzliche Provokationen auch neues Klientel erschließen lässt. Kurzum, Bowie war mit dem Gros seiner Songs, in deren Lyrics das G-Wort zwar enthalten, aber doch im Wesentlichen als Ausruf („my god"[28], „God, it's pouring down"[29]), Wunschformel („may god's love

---

[27] Die Wahrscheinlichkeit, mit der ein solches Sinnmuster auch als Un-Sinnsmuster – sprich: als ein Muster von Sprachbildern und Wunschfiguren, die sich jeder Logik (absurdistisch) zu widersetzen scheinen – zu Tage treten kann, ist nicht in Abrede zu stellen. Es hat durchaus etwas von der humoraffinen Strategie der Cockney-Kultur, Realitätsmomente durch etwas Absurdes zu ersetzen, ohne mit diesem Spaß ganz widersinnig zu argumentieren oder gar der Widersinnigkeit von Leben eine Lanze zu brechen. Vgl. ergänzend Brinkmann 2019c.

[28] Bowie 2010 (1967): We are hungry men.

[29] Bowie 2010 (1967): Please Mr Gravedigger.

be with you"[30]), politisch-romantische Redewendung („it was God's land"[31]) oder Gebetszitat („God knows i'm good"[32]) eingesetzt worden war, auf gesichertem Terrain verblieben – bis er in der angesprochenen Ballade *Cygnet Commitee* eben jenes Statement platzierte, das in der gängigen akademischen Theologie längst beachtet und entfaltet worden war: Thesen von der Art, dass *Gott Wort ist,* oder unter Umständen auch *nur ein Wort* bleibt, gelten in herkömmlichen theologischen Diskursen keineswegs als sonderlich kühn, sondern werden je nach theologischer Schulrichtung eher als programmatisch verstanden.

Gleichwohl verdeutlicht die Inspektion der vollständigen Lyrics – der gesamte Songtext muss ja wohl als Kontext des Verses verstanden werden! – rasch, dass hier keinesfalls einer jener herkömmlichen Denkwege eingeschlagen werden sollte, die sich z. B. mit dem biblisch-alttestamentlichen Buch Genesis[33], dem neutestamentlichen Johannesprolog[34], der westeuropäischen Religionskritik des 19. Jahrhunderts oder der überwiegend deutschsprachigen Wort-Gottes-Theologie[35] des 20. Jahrhunderts befassen. Vielmehr schien Bowie doch in *Cygnet Commitee* das Ziel zu verfolgen, auf die Sinn- und Nutzlosigkeit klischeehafter religiöser Phrasen (im Namen Gottes) hinzuweisen und die verheerenden Folgen des Missbrauchs von Autoritäten und Gottworten im Zusammenhang der kollabierten Summer-of-Love-Vorkommnisse[36] lyrisch zu umkreisen.[37] Der Glaube an Gott im Sinne einer gegenständlich fassbaren, aber zeitlosen, einer ultimativen, jedoch weiterhin anthropomorphen Superentität – in *Cygnet Commitee* wird er von Bowie entmythologisiert und von Slogans bereinigt, letztlich entsubstanzialisiert und essentialisiert: Übrig bleibt ein Destillat, nämlich der reine Wunsch, lebendig zu sein (s. o.).

Jedoch, die provokativ-theologieaffine Akte war damit längst nicht geschlossen worden. Ungefähr ein Jahr später – im Spätherbst 1970 –

---

[30] Bowie 1969: Space Oddity (ST).

[31] Bowie 1969: Memory of a free Festival.

[32] Bowie 1969: God knows i'm good.

[33] Gen 1,3 u. ö.: „Und Gott sprach: Es werde (…). Und es wurde (…)."

[34] Joh 1, 1: Am Anfang war das Wort, und das Wort war bei Gott, und Gott war das Wort.

[35] Goering 2017.

[36] Vgl. Taylor 1987, S. 243 f.

[37] Vgl. Pkt. 3.3.

kehrte *God* in Bowies lyrische Welt zurück, als der Künstler auf seinem dritten Studioalbum *The Man who sold the world*[38] im Einklang mit weiteren überraschenden Geständnissen die frappierende Einsicht verkündet, dass Gott ihm in gewisser Weise recht ähnlich, nämlich ebenfalls ein junger Mann ist. Natürlich sperrt sich auch diese – dem 8-min-Stück *The Width of a Circle*[39] entnommene – Phrase gegen jede Art voreiligen Zugriffs; klar erübrigt sich, in theologisch gängige Deutungs- und Arbeitsmuster zu verfallen, um etwa das Bowie-Votum mit der christlichen Zwei-Naturen-Lehre[40] zu synchronisieren oder gar die altkirchliche Überzeugung von der Göttlichkeit Jesu Christi in die Lyrics einzuspielen bzw. hineinzulesen. Doch eine Einlassung auf die vollständigen Lyrics verdeutlicht weitaus mehr:

The Width of a Circle

In the corner of the morning in the past
I would sit and blame the master first and last
All the roads were straight and narrow
And the prayers were small and yellow
And the rumour spread that I was aging fast

Then I ran across a monster who was sleeping by a tree
And I looked and frowned and the monster was me

Well, I said hello and I said hello
And I asked "Why not?" and I replied "I don't know"
So we asked a simple black bird, who was happy as can be
Well he laughed insane and quipped „Khalil Gibran"

And I cried for all the others until the day was nearly through
For I realized that God's a young man too

---

[38] Im November 1970 veröffentlicht Mercury Records das Studioalbum *The Man who sold the World* in den USA, April 1971 erscheint es in Europa. 1972, im Zuge des Erfolgs des *Konzeptalbums The Rise and Fall of Ziggy Stardust and the Spiders from Mars*, wurde *The Man Who Sold the World* erneut veröffentlicht, diesmal von RCA Records, bei denen Bowie zu diesem Zeitpunkt unter Vertrag stand.

[39] Bowie 1970: The Width of a Circle.

[40] Vgl. hierzu Nüssel 2005.

So I said "So long" and I waved bye-bye
And I smashed my soul and traded my mind
Got laid by a young bordello
Who was vaguely half asleep
For which my reputation swept back home in drag

And the morals of this magic spell negotiate my hide
When God did take my logic for a ride
(Riding along)

Oh-hoh-hoh – Oh-hoh-hoh – Oh-hoh-hoh – Oh-hoh-hoh
Oh-hoh-hoh – Oh-hoh-hoh – Oh-hoh-hoh – Oh-hoh-hoh

He swallowed his pride and puckered his lips
And showed me the leather belt round his hips
My knees were shaking, my cheeks aflame
He said, you'll never go down to the Gods again
(Turn around, go back!)

He struck the ground, a cavern appeared
And I smelt the burning pit of fear
We crashed a thousand yards below
I said, do it again, do it again
(Turn around, go back!)

His nebulous body swayed above
His tongue swollen with devil's love
The snake and I, a venom high
I said, do it again, do it again
(Turn around, go back!)

Breathe, breathe, breathe deeply
And I was seething, breathing deeply
Spitting sentry, horned and tailed
Waiting for you

Oh-hoh-hoh – Oh-hoh-hoh – Oh-hoh-hoh – Oh-hoh-hoh
Oh-hoh-hoh – Oh-hoh-hoh – Oh-hoh-hoh – Oh-hoh-hoh

Undurchsichtig, verwirrend, schillernd ist er auf den ersten Blick, der Text von *The Width of a Circle,* schildert er doch die seltsame Wegstrecke seines lyrischen Ich, das, zunächst verstrickt in Selbstwahrnehmungen und Zeitbesinnungen, auf ein schlafendes Monster trifft, es erweckt und im Zwiegespräch mit diesem abgründigen Wesen realisiert, dass es im ernsten Sinne eine Konfrontation mit der eigenen Persönlichkeit ist, die nun bevorsteht; nach anspielungsreichem Smalltalk und tiefsinnigem Geplänkel wird tränenreich geweint, weil sich der Tag dem Ende neigt und eine mächtige Einsicht hervorbringt: Es – das noch junge, lyrische Ich – ist nicht nur seelenverwandt, sondern mitunter und streckenweise geradezu identisch mit dem schlummernden Monster, gewiss auch mit der herbeizitierten Amsel[41], die krankhaft schrill lacht und witzelnd KHALIL GIBRAN beschwört, schlussendlich vielleicht sogar mit der Gottheit, die sich jung und männlich gibt.

Soweit der Plot; beachtlich ist die Vielfalt an Denkbildern, von denen Bowie bereits in der Skizze dieser ersten Selbstfindungsetappe Gebrauch gemacht hat, noch beachtlicher die Fülle an Assoziationen, die sich zusätzlich noch – je nach *mental map* der Lesenden bzw. Hörenden – im Rezeptionsprozess einstellen können.[42] Kaum auszuschließen ist bspw. Bowies vorherige (Teil-)Lektüre des Vierten Hauptstückes von FRIEDRICH NIETZSCHES *Jenseits von Gut und Böse,* genauer: vom 146. Aphorismus der *Sprüche und Zwischenspiele:* „Wer mit Ungeheuern kämpft, mag zusehn, dass er nicht dabei zum Ungeheuer wird. Und wenn du lange in einen Abgrund blickst, blickt der Abgrund auch in dich hinein."[43] Das ist das eine; vergleichsweise intensiv soll sich Bowie vor und während seiner Arbeit an *The Man who sold the World* mit dem

---

[41] Bowie hat wiederholt seine Beatles-Sympathie zum Ausdruck gebracht, schließlich ja auch mit John Lennon an einigen gemeinsamen Stücken – vor allem für *Young Americans* (Bowie 1975: Young Americans [LP]) – gearbeitet. Verse und Phrasen aus Beatles-Liedern hat er des Öfteren in seinen Titeln zitiert. Es ist nicht von der Hand zu weisen, dass die Erwähnung des Blackbird eine Reminiszenz an den gleichnamigen Beatles-Titel war.

[42] Es braucht schon ein Ergänzungswissen, um bei der *narrow road* an den engen Weg, der zum Heil führt (etwa Mt 7,13–14), zu denken, bei den *small yellow prayers* an die gelben Gebetsflaggen des tibetanischen Buddhismus, bei dem *cry for all the others* tatsächlich an den über Jerusalem weinenden Jesus (etwa Lk 19,41); geläufig hingegen dürfte sein, was es mit einer Figur auf sich hat, die mithilfe der Vokabeln *Devil, Snake* und *Sentry, horned and tailed* charakterisiert wird.

[43] Vgl. Nietzsche 1980.

ja namentlich genannten Khalil Gibran beschäftigt haben, dessen *A Tear and a Smile* (1914)[44] in jenen Jahren zur Hip(pie)-Pflichtlektüre erklärt worden war, als eine treibende poetische Kraft hinter einigen Songtexten identifiziert werden wollte[45] – und der aufgrund seiner Schrift *The Madman* (1918)[46] zumindest eine terminologische Nähe zu dem Albumtitel „All the Madmen"[47] erkennen ließ. In Anbetracht des doppelten Umstandes nun, dass sich (erstens) ein Einfluss von Nietzsche auf Gibran[48], (zweitens) eine inhaltliche Überschneidung in der Vision eines machtvollen, sich transzendierenden und hypostasierenden Menschen, der sich seiner göttlichen Bestimmung bewusst wird[49], zeigen lässt, wird das von Bowie eingespielte Bild jener jungmännlichen Gottheit, die für das lyrische Ich im Vorgang dauernder Selbstbetrachtung an Gestalt gewinnt, um Einiges verständlicher: Sich als *God* zu begreifen ist quasi eine starke Option dieses Ich; vorausgesetzt, dass mit *God* die finale Hypostase jenes jungmännlichen Superwesens gemeint ist, das sich nicht allein als berechtigtes Alter Ego des abgründigkeitsbehafteten Protagonisten anbietet, sondern zusätzlich als eine Art Überlegenheitsfigur jenseits bürgerlicher Moralia zu behaupten vermag. Doch der in dieser Option – Stichwort: bevorstehender Gottmodus – in Gang gesetzte Prozess forthin permanenter Selbstüberbietungen ist kaum schmerzfrei zu bewältigen. Nur pro forma lässt sich der Abschied von der bisherigen Existenzweise mit einfachen Grüßen wie „bye bye" oder „so long" vollziehen; tatsächlich wird er erkauft um den Preis zwischenzeitlicher Bewusstseinspein, denn er geht mit seelischen (Selbst-)Verletzungen und geistigen Austauschhandlungen einher. Und so gipfelt die Fantasie von der jungen *bordello*-Bordsteinschwalbe, die im Halbschlaf ihre erotisch verbrämten

[44] Gibran 2005.

[45] Vgl. O'Leary 2015, S. 143 f.

[46] Gibran 2014.

[47] Bowie 1970: All the Madmen.

[48] al-Rawashidah/al-Jamzawi 2019; Kharrat 2005.

[49] „Sind es für Nietzsche Wille, Tat und Macht, die den Übermenschen ausmachen, so meint Gibran damit den transzendierenden Menschen, der zu seiner göttlichen Bestimmung findet, (…) der vollkommen wird"; aus: Nachwort zu Gibran 2012.

Neujustierungen am lyrischen Ich vornimmt, bis dessen bisheriger Ruf sich in Fetzen löst und die Abreise antritt, in jenem Moment letzter Einsicht, da der Protagonist vollends versteht, warum sich seine Haut von (anti-)moralischen Verzauberungen zu Markte (und Grabe) tragen lassen musste, als das Göttliche seinen Verstand auf eine schrägharte Reise schickte, ihn narrte[50] und zugleich befreite.[51]

Mit dieser Erleuchtung war die Strecke aller absonderlichen Begegnungen des lyrischen Ich – seine Auseinandersetzungen mit Alterung und Vergänglichkeit, mit Abgründigkeit, Wahn und Traurigkeit, vor allem aber mit sich selbst, mit allen radikalen Persönlichkeitsanteilen und den Optionen, symbolisch veranschaulicht in den Superfiguren des Monsters und der jungmännlichen Gottheit – vollständig vermessen; des Protagonisten Erkenntnis, von Gott auf eine sonderbare Schelmenreise entsandt worden zu sein, schließt die eigentliche und wesentliche Erzählung ab. Und de facto war das auch die Absicht des Künstlers gewesen: Sämtliche Berichte und Legenden, die sich auf die besonderen Entstehungsumstände von *The Width of A Circle* beziehen, laufen sinngemäß in einer Narration zusammen, der folgend Bowie diesen Song an der genannten Stelle als abgeschlossen erachtet hat[52], bis zwei Personen aus dem näheren Umfeld, nämlich sein derzeitiger Gitarrist Mick Ronson und der Freund und Produzent Tony Visconti, einfach über mehrere Minuten weiter mit den Instrumenten improvisiert, dem Song somit einen zweiten Teil gegeben und Bowie gleichsam genötigt haben, seine Songerzählung quasi aus dem Stegreif

---

[50] Der Vers „when god did take my logic for a ride" lässt eine ganze Reihe deutscher Übertragungen zu; alternativ würde sich auch anbieten „als Gott meine Logik auf einen Ausflug mitnahm", „als Gott mein Denkvermögen auf einen Ausritt einlud" oder „als Gott meine Weltsicht auf die Schippe nahm".

[51] 2002 hat Bowie der New York Daily News in einem Interview mit Jim Farber (erstveröffentlicht am 9. Juni 2002) recht verständlich erklärt, wie die für den Glam-Rock so typisch gewordene seelische Häutung und Selbstneuerfindung das einzig probate Mittel gegen die philosophischen und moralischen Tagesreste der Hippie-Ära war und deren Kreativität letztlich als folkloristische Biederkeit zu entlarven verstand: „God, I hated the hippie period. They talked about being so creative, but there was so little creativity to it. Glam really did plant seeds for a new identity. I think a lot of kids needed that that sense of reinvention. Kids learned that however crazy you may think it is, there is a place for what you want to do and who you want to be."; Farber 2002.

[52] Vgl. O'Leary 2015, S. 139–144.

mit weiteren Episoden aufzustocken. Es ist beinahe unnötig zu erwähnen, weil hinlänglich bekannt, dass Bowie dieser Aufforderung zügig nachkam, mit Ronson eine entsprechend schlüpfrige Choreografie entwickelte und beide den nunmehr drastisch erweiterten Song stets in einer sehr bühnentauglichen, aber recht freizügigen Art und Weise dargeboten haben: die Show zehrte von der Theatralik, mit der Bowie und Ronson vor allem die Szenen der letzten vier Strophen zu veranschaulichen suchten. Der Song selbst jedoch war gezeichnet von einer gewissen Schieflage, zumal die in Zeitnot entstandene Fortsetzung der Lyrics kaum an die starken Denkbilder vom monströs Abgründigen, vom jungen Übermenschlichen und der möglichen Zukunft in den amoralischen Sphären des Supergöttlichen anzuknüpfen vermochte. Dafür jedoch war der zweite Textteil auf gewisse Weise drastischer, opulenter und verwegener; er kam zustande als Potpourri aus gebildeten Assoziationen, Sprachspielen – das hektisch eingeworfene *You never go down to the gods again* entpuppt sich z. B. als cockneyeske Verballhornung eines Kinderliedes[53] – und beachtlichen (homo)erotischen Fantasien, so dass er sich mitunter lesen lässt wie eine Reminiszenz an DANTE ALIGHIERI und sein *Inferno*[54]:

„Er schluckte seinen Stolz hinunter und spitzte seine Lippen, zeigte mir den Ledergürtel um seine Hüften. Meine Knie zitterten, meine Wangen flammten (…). Er schlug auf den Boden, eine Höhle erschien, und ich roch die brennende Grube der Angst. Wir stürzten tausend Meter unter uns ab (…) Sein nebulöser Körper schwankte über, seine Zunge war geschwollen von Teufelsliebe. Die Schlange und ich, im Rausch des Giftes. (…) Und ich schäumte, atmete tief. Spuckende Wache, gehörnt und geschwänzt, wartete auf dich."[55]

---

[53] Henry Hall & his Orchestra 1932: The Teddy Bears Picnic (LP).

[54] Die Nähe zu Dante und seinen Schilderungen vor allem des zweiten Kreises der Hölle ist unbestätigt, aber offensichtlich, vgl. Dante 2010, Canto V.

[55] Vgl. Bowie: The Width of a Circle [Übers. d. d. Verf.]. Tatsächlich hat Bowie später einen Anfall seines Bruders Terry mit Worten beschrieben, die der Textzeile „He struck the ground, a cavern appeared / And I smelt the burning pit of fear" sehr ähnlich waren: „We got out into the street and he collapsed on the ground and he said the ground was opening up and there was fire and stuff pouring out the pavement, and I could almost see it for him, because he was explaining it so articulately."; Sutherland 1993b, S. 12.

Bowie, Ronson und die *Spiders from Mars* hatten die Ambivalenz, das besondere Gefälle zwischen den beiden großen Parts von *The Width Of A Circle* registriert und in zahllosen Live-Performances – der Titel gehörte über Jahre zum Standardrepertoire auf der Bühne – abzugleichen versucht, sei es durch mehrminütige opulente Gitarrensoli von Ronson, sei es durch das seltsame Textspiel von Bowie, der immer wieder Zeilen und Strophen beider Teile miteinander vermischte oder gegeneinander wechselte, sei es durch hysterische Schauspieleinlagen aller Beteiligten unter kurzzeitiger Suspendierung oder Zweckentfremdung ihrer Instrumente. Dennoch, trotz intensivster Bühneninterpretationen darf weiterhin als die besondere Tragik dieses Songs bezeichnet werden, dass die anfänglich hochambitionierten Bemühungen um eine neuartige Verwertung der Begriffe eines Göttlichen, einer Gottheit (oder eben auch: Gott) letzten Endes von konventionellen Bildwerten, traditionellen Bildwelten und dualistischen Denkwelten vereinnahmt und zu Gunsten der trivialen Gleichsetzungen von Sexualität und Sünde, Begehren und Vergehen, Abgrund und Hölle, Eros und Teufel etc. preisgegeben wurden, um vor dem verführerischen Hintergrund lasziver Performances die geschlechtliche und moralische Identität von Gott und Teufel provokativ zu inszenieren.

Ob Bowie mit dieser Engführung letztlich zufrieden war, muss vage bleiben; für eine weiterführende Auswertung kann bestenfalls auf wenige, gleichwohl oftmals (und unterschiedlich) kolportierte Selbstäußerungen zugegriffen werden. Besonders nachhaltig wird der Künstler mit einer Aussage – zuletzt überliefert in einem 2021 veröffentlichen Nachlass von Text- und Tondokumenten zu „The Width of A Circle" – in Verbindung gebracht, wonach er mit dieser Arbeit sehr intensiv in seine Abgründe gestiegen sei und eine ganze Lebensphase zu analysieren und analogisieren versucht hat, indes jedoch große Zweifel hegt, dass irgendjemand diese innigen Daseinsmeditationen angemessen nachzuempfinden, insofern auch diesen Song gebührend zu verstehen und congenial, also auf *Bowie-Level* zu dekodieren vermag.[56] Diese Ein-

---

[56] „The Width Of A Circle' was definitely where I went to the depths of myself. I tried to analogise my period of life (…) I very much doubt anyone could decipher that song correctly on my level but a lot of people half deciphered on their own levels." Zit. nach dem unpaginierten

schätzung, sie mag mit seiner künstlerischen Sensibilität zu tun haben, vielleicht mit einer inszenierten Überlegenheitsattitude, aber auch, ganz entgegengesetzt, mit einer gewissen Scheu und Unsicherheit, was einerseits die eigene (Selbst-)Wahrnehmung und -deutung, andererseits die eigenen Artikulations- und Vermittlungsfähigkeiten in diesen Angelegenheiten betrifft. Denn immerhin, Bowie selbst bezeichnet als signifikant für diesen Lebensabschnitt, dessen Tiefen er wiederholt auszuloten versucht hat, sein abgründiges, mitunter schmerzhaftes Bedürfnis, sich permanent unter größter seelischer Kraftaufwendung selbst zu häuten und zu überbieten, um jenes neue, andere Wesen zu werden, das einerseits mit dem gesteigerten Begriff des übermenschlichen Super(hu) man[57] bedacht, andererseits auch mit der Gottesvokabel assoziiert werden kann:

> "Who knows? Maybe I'm insane too, it runs in my family, but I always had a repulsive sort of need to be something more than human. I felt very very puny as a human. I thought. 'Fuck that. I want to be a Superman.' I guess I realized very early that man isn't a very clever mechanism. I wanted to make myself better. I always thought that I should change all the time ... I know for a fact that my personality now is totally different to what it was then. I took a look at my thoughts, my appearance, my expressions, my mannerisms and idiosyncrasies and didn't like them. So I stripped myself down, chucked things out and replaced them with a completely new personality."[58]

Booklet von: Bowie 2021: The Width Of A Circle (LP). In einer anderen, weitaus älteren Wiedergabe dieses Kommentars wird Bowie abweichend zitiert: „I used to have periods, weeks on end, when I just couldn't cope anymore. I'd slump into myself ... I felt so depressed, and I really felt so aimless, and this torrential feeling of 'what's it all for anyway?' A lot of it (the album) went through that period"; vgl. Cromelin 1972.

[57] Es ist beinahe müßig zu betonen, dass der Begriff des *Superman* im angloamerikanischen Sprach- und Kulturraum anders konnotiert ist als der deutsche *Übermensch*; immerhin ist der eine seit 1939 eine populäre Comicfigur, der andere spätestens seit 1933 eine ideologisch überfrachtete figura non grata.

[58] Zit. nach Crowe 1976.

Bowies jungmännlicher Gott, schillernd zwischen God und Superman, jedoch ersehnt als Inbegriff einer letzten Selbsttransformation: zehrt dieser Denkentwurf wirklich so sehr von Nietzsches Übermensch-Konzeption, von Gibrans Idee der Vollkommenheitsfindung, von Dantes *transumanar*-Wortschöpfung[59]? Oder verknüpfen sich hier die gebräuchlichsten Motive der von Bowie erschlossenen Text- und Kulturwelten als Zitate – auf der Tonspur endet „The Width Of A Circle" übrigens in einem Zitat auf dem Schlagzeug, nämlich den anfänglichen Paukenschlägen von RICHARD STRAUSS' Tondichtung *Also sprach Zarathustra* (op. 30 TrV 176; 1896)[60] – mit seinen eigenen Lebensmeditationen zu einem Vorstellungsgebinde, das den Gottesbegriff zentrieren kann?

Nun, zumindest wird die Gottesvokabel von Bowie weiterhin extrem strapaziert; noch auf *The Man Who Sold The World* zelebriert er in dem Song *Supermen* bombastisch-pathetisch das stillweiche Weinen und den sanftleisen Tod des allerhöchsten Wesens *Supergod*, feiert es geradezu wie einen prähistorisch-magischen Urmythos im JOSEPH CAMPBELL'schen Sinne[61]. Allerdings, diese seltsame Übergottheit schreit und stirbt keineswegs aufgrund des Umstandes, dass etwa ein Übermensch im Sinne Nietzsches an die Macht gelangt ist und flugs als Schöpfer neuer menschlicher Werte die geltende Religion mitsamt all ihrer Figuren, Instanzen und Gottesideen (hin)gerichtet und zu Grabe getragen hat. Bowies flehende Variante des *Supergod* leidet an und aufgrund ihrer zunehmenden Vereinsamung; sie verkümmert und vergeht in dem Maße, wie die an das Leben geketteten unsterblichen Supermenschen jenem Wahn anheimfallen, der sich – ganz im Gegensatz zu jener Schwere des Gemüts, die sich auf Enttäuschungen und Endlichkeitserfahrungen legen kann – als letzte verrückte Konsequenz der verheerenden Unendlichkeitserfahrungen einstellen muss. Sollten die Übermenschen in strenger Bewusstmachung ihrer habhaft gewordenen Ewigkeit bzw. in ernster Vergegenwärtigung der bereits verfügbar

---

[59] Erwähnt in Dante 2012, Canto I (Z. 70).
[60] Eberle 1989.
[61] Vgl. Campbell 2011; Brinkmann 2016b.

gewordenen letzten Dinge jenen Zustand erreicht haben, in dem sie bar jeder Sehnsucht und aller tiefen Lebenslust überdrüssig vegetieren, infolgedessen also irre geworden sind, dann ist auch der einsame Supergod in der Ferne der Abyss näher gekommen.[62]

Die Quintessenz freilich – etwa: im Abgrund der Unendlichkeiten werden der wahnsinnige Supermensch und der weinende Supergott in gemeinsamer Einigkeit zugleich ewig vergehen und ewig sein – ist, der Vollständigkeit halber explizit erwähnt, natürlich längst nicht (mehr) Nietzsche, sondern eben ein belesener und fantasiebegabter, kreativer und provokativer Bowie zwischen Logos, Mythos und Pathos; ein Bowie, der bilderreich, wortmächtig, klanggewaltig, bisweilen auch surrealistisch-ätherisch einzuholen und auszudrücken versucht, was seine Sicht auf das Leben mit der Vokabel *Gott* zu tun haben könnte.

Ein Jahr (und zwei Alben) später begegnet man diesen Bemühungen erneut, wenngleich nun Bowie – der gerade im Begriff ist, mit *The Rise and Fall of Ziggy Stardust and the Spiders from Mars*[63] sein nächstes Projekt seelischer Selbsthäutung drastisch zu realisieren, seine erste wahrhaft große Transformation zu inszenieren und autoperformativ wie auch musikalisch ungewohnt neue Wege einzuschlagen – eben auch in Sachen *Gott* den Tonfall beachtlich ändert. Zumindest dem ersten Anschein nach.

God on high is all love heißt es nämlich jetzt in dem Titel *Soul Love*, und zwar mit bewusster Anspielung auf verkündigungssprachliche Allgemeinplätze, auf kirchlichen Jargon und stereotypische Phrasen von Geistlichen, wenngleich mit dem Ziel, genau diesen Horizont zu überschreiten. Randständig muss er zu Wort kommen, der *priest that tastes the word and told of love*, freilich nur zu Gunsten eines starken lyrischen Ich, das sich als Kontrast positioniert und

---

[62] „When all the world was very young / And mountain magic heavy hung / The supermen would walk in file / Guardians of a loveless isle (…) / Their tragic endless lives could heave nor sigh / In solemn, perverse serenity / Wondrous beings chained to life (…) / No death for the perfect men (…) Nightmare dreams no mortal mind could hold / A man would tear his brother's flesh / A chance to die, to turn to mold / Far out in the red-sky / Far out from the sad eyes (…) / So softly a supergod cries (…) / So softly a supergod dies."; Bowie 1970: The Supermen (ST).

[63] Bowie 1972: The Rise and Fall of Ziggy Stardust and the Spiders from Mars.

alle Klischees von der Liebe mit den Mitteln der Überbietung und Persiflage zu pulverisieren beabsichtigt. Den billig anmutenden, aber aus religionskulturgeschichtlicher Perspektive durchaus als hartnäckig zu bezeichnenden Versuchen, die Liebe als transzendente Himmelmacht zu stilisieren und plump mit der Gottesidee zu synchronisieren, widersteht Bowies singende Figur mit der Einschränkung, dass sich doch wohl eine starke „Einsamkeit nach oben hin entwickelt durch die Blindheit, die ihn [Gott, Anm. d. Übers.] umgibt"[64]. Dem impliziten Denkbild, dass sich die Isolierung und Selbstkonservierung Gottes mit zunehmender Distanz – je transzendenter die Transzendenz, desto absenter die Gottheit – potenziert, korrespondiert die Erfahrung, dass sich auch die (Macht der) Liebe bisweilen beachtlich unsensibel menschlichen Gefühlswallungen gegenüber aufstellt. So geht es auch auf dieser neuen Spur, bei der Bowie die Vokabel *God* zum Einsatz bringt, um mehr und anderes, als man zunächst meinen möchte: Kurze, tragische Geschichten werden erzählt in den Strophen von *Soul Love*[65], Miniaturen wie die der Mutter, die vor dem Grab ihres Sohnes kniet, der sein Leben für leere Parolen – ähnlich schon in *Cygnet Committee*, s. o. – gab[66], oder die des jungen Paares, das sich ihrer wechselseitigen Liebe Nacht für Nacht in neuen Worten versichern muss, um eine schreckliche Trauer verarbeiten und einschlafen zu können[67]. Doch erst der Refrain pointiert die Abgründigkeit der Episoden und verwirft die angerissene Frage nach Sinn, zumal *die Liebe sorgfaltslos und willkürlich*

---

[64] „Soul love / the priest that tastes the word and / told of love, and how my God on high is / all love, though reaching up my loneliness evolves / by the blindness that surrounds him (…)"; Bowie 1972: Soul Love.

[65] Bowie 1972: Soul Love.

[66] „Stone love, / she kneels before the grave / A brave son, who gave his life to save the slogans"; Bowie 1972: Soul Love.

[67] „New love, a boy and girl are talking new words / that only they can share in new words / a love so strong it tears their hearts to sleep / through the fleeting hours of mourning (…)"; Bowie 1972: Soul Love. Zu beachten wäre hier u. U. die Sinnverschiebung, die sich ergibt, wenn die *hours of morning* (Morgenstunden) zu den exakt gleichklingenden *hours of mourning* (Klagezeiten, Trauerstunden) werden. Oder eben umgekehrt.

ist, über Kreuz und Baby hinwegfegt, sich auf die Wehrlosen stürzt, idiotisch Verwirrung stiftet und keine Lösungsvorschläge mit sich bringt.[68] Es ist ein geradehin absurdistisches, fast schon nihilistischen Terrain, auf dem die mit Brechungen gestörte Formel *God on high is all love* ausgebreitet wird, um das Experiment einer Gleichsetzung von *God* und *Love* aufzuarbeiten; für Bowie läuft es auf die Einsicht hinaus, dass es sich angesichts der vielen Divergenzen und Kontingenzen in der Weltwirklichkeit kaum bewerkstelligen lässt, jeder Sequenz des Lebens und jedem Kasus verbindlich und pauschal eine letztgültige Sinninstanz (Gott) bzw. ein letztinstanzliches Monument (Liebe) zuzuordnen – bzw. die besagten Superintegrale *Gott* und *Liebesmacht* zu deklinieren und den Situationen anzupassen. Von nahezu psychotherapeutischer Qualität ist hingegen der Bowie'sche Gegenvorschlag, die Verletzungen, die im Leben entstehen, alle Wunden und Narben[69] auf der Seele als Gabe und Aufgabe zu akzeptieren: Es gilt nicht, Verletzungsmale mit schlichten (Glaubens-)Parolen zu bandagieren oder zu kaschieren, sondern sich der Verletzlichkeit an sich bewusst zu machen, um aus der Fragilität eine Stärke und aus dem Leiden eine Kraft zu ziehen, ein Potenzial zu generieren und intensiver durch die Zeit gehen zu können. Das ist jener besondere Sinn des Unsinns, eine Sinnhaftigkeit der Sinnlosigkeit, ein widerständiger Widersinn, der nach Höchstem strebt und darin Hoffnung freizusetzen vermag: „All I have is my love of love – and love is not loving"[70], erklärt Bowie, und obschon er realisiert, dass die Liebe an sich nicht grenzenlos liebevoll und liebenswert bleiben kann, traut und mutet er sich selbst den Glauben an eine ehrliche Liebe auf Zeit und den Lebenstrotz um einer solchen Liebesmacht Willen zu: Dieses Selbstzutrauen – als Glaube an die Möglichkeit des Zustandekommens eines liebenden, von echter Liebe getragenen neuen Ich – ist im Grunde genommen eine Variation jener

---

[68] „Love is careless in its choosing / Sweeping over cross and baby / Love descends on those defenseless / Idiot love will spark the fusion / Inspirations have I none (…)"; Bowie 1972: Soul Love.

[69] Vgl. die „million scars" in Bowie 1980: Because you're young, auch oder die „scars that can't be seen" in Bowie 2016: Lazarus.

[70] Bowie 1972: Soul Love.

(bereits mehrfach angesprochenen) Zuversicht, die sich auf die bevorstehende(n) Selbsthäutung(en) konzentriert und von der Idee einer Vollkommenheitsfindung zehrt, die gleichwohl durch das Konzept einer radikal andersartigen Transzendenz und über den Denkbegriff eines ambivalenten Ultimativs konterkariert bleibt.

Es zeichnet sich ab: die poietische Art und Weise, wie Bowie die Gottesvokabel offen und mehrdeutig in Anwendung bringt und metaphorisch in unterschiedliche Seins- und Sinnanalogien einspeist, ist derart eigen, dass sie weder als logische oder spekulative Operation missverstanden noch mit einer linearen Gleichung verwechselt werden darf. Auch lässt sich – gerade in Anbetracht eines aufgrund der Sprach- und Zeichenflut in Bowies Kunstwelt gelegentlich überlasteten Spektrums an Bedeutungen von Worten und Bildern – nicht auf eine einfache Definition reduzieren, was der Künstler (jeweils oder grundsätzlich) mit Gott meinen wollte. Und doch lassen sich bei aller Offenheit und Mehrdeutigkeit ebene jene zwei bereits angesprochenen Grundsorten der Bedeutung ausmachen, die in nahezu kategorialem Gegensatz stehen, nämlich (erstens) *Gott* als *Modus* bzw. als *Option des Humanum* und (zweitens) Gott *per se* als *ens totaliter aliter*.

Bowies semantisches Feld, die Vokabel *Gott* betreffend, ist also durchaus beachtenswert. Man mag es sich bildhaft vorstellen als Ellipse mit naturgemäß zwei (Bedeutungs-)Brennpunkten (deren je ausgängige Lichtstrahlen, an der Ellipsentangente reflektiert, den je anderen Brennpunkt treffen). In dem ersten Brennpunkt konzentriert sich die Bedeutung von *Gott* in einer Abmischung von Transzendenz und Superlativ, klassischerweise versprachlicht als das höchste, größte, mächtigste, aber absolut fremde Wesen, als anbetungswürdige Majestät von gleichwohl anderer, gedanklich kaum einzuholender Qualität. Göttlichkeit ist seine Essenz und seine Geschichte, es artikuliert und offenbart sich, indes nur bis zu einer gewissen Grenze, denn dem Wesenskern nach bleibt es Geheimnis, residiert in Unverfügbarkeit und verbleibt als letztinstanzlich Ewiges. Im zweiten Brennpunkt hingegen konzentriert sich die Bedeutung von Gott in einer Abmischung von Vervollkommnungsoptionen des Humanum, von Bowie in Szene gesetzt als jene fluide, auf die oszillierende Identität des Hybriden abzielende Hyperstasierung des Ich, die in Verschmelzungen und Überwindungen aller möglichen

Personae zustande kommt, bis hin zu jener Optimierung, die erreicht ist, wenn die finale Metamorphose abgeschlossen bzw. die letzte Haut abgestreift werden kann. Die darin erreichte Göttlichkeit ist die optimale Signatur des besonderen bzw. besonderten Menschen, aber eben auch eine Möglichkeitsform des Sonderbaren an der Grenze zum Wahnsinn.

Aufs Ganze gesehen sind Bowies Arbeiten in den ersten Jahren seines Schaffens von der Bemühung geprägt, beide Kategorien permanent kunstvoll zu verknüpfen und zugleich existenziell gegeneinander auszuspielen; zumindest drängt sich der Eindruck auf, als habe er ernst nehmen und sehnsuchtsbildhaft verkraften wollen, dass Gott, den es nicht gibt, als Wunde des Vermissens der Seele nah bleibt[71] – weswegen ihm offensichtlich auch einiges daran lag, sich selbst mitsamt all seiner Narben vor dem Hintergrund der ambivalenten Dauerfehde von Gottesbedeutungen zu reflektieren, um die klaffende Gotteswunde in einer ständigen und permanent lebenserhaltenden Notoperation offen zu halten und vor trivialen Bagatellisierungsversuchen zu beschützen. Zugegeben, dieses ernsthafte Projekt wurde nicht durchgängig mit seriösen, drastischen Mitteln verfolgt; mitunter hatte es den Anschein, als wolle Bowie als labiler, gleichwohl eitler Musiker sein Achtungsbild von der Majestät des gänzlich andersartigen Gottes performativ mit der eigenen Persona verschmelzen: ein Verdacht, der sich vorübergehend für eine Phase reklamieren ließe, als sich der zunehmend bühnen- und öffentlichkeitserprobte Artist eben nicht nur permanent in den Kostümen des besungenen Ziggy Stardust, sondern auch als die Inkorporation dieser komplexen Figur zeigen wollte. Freilich ist diese mutmaßende Unterstellung nur begrenzt haltbar; es spricht letzten Endes einiges mehr für die Annahme, dass Bowie als ein reflektiert experimenteller Künstler von beachtlicher seelischer Tiefe und intellektueller Schärfe eine sowohl dem Zeitgeist als auch der eigenen Befindlichkeit geschuldeten Pop-Variante des höchsten Wesens entwickelt hatte, die nicht vollständig geerdet, wohl aber aus der Unver-

---

[71] Veranschaulichend Lehnert 2015, S. 49: „Der Gott, den es nicht gibt, in mir ein dunkler Riß [sic!] / ist meiner Seele nah, sooft ich ihn vermiß [sic!]".

fügbarkeit der jenseitigen Transzendenz in den semitranszendenten Weltraum verlagert und damit den Menschen zumindest anteilig näher gebracht werden konnte: Sein Problem – wenn für *God* (kategorialer Ellipsenbrennpunkt I) die vollständige Alterität behauptet bleiben will, darf dieser Figur natürlich kein brutales Momentum von Immanenz eingepflegt werden – löst Bowie geradezu charmant, indem er den direkten (Um-)Weg einer absurden Bagatellisierung wählt und eine Bild- und Sinnfigur höherer Macht aus den unverfügbaren Himmeln der Religionen substrahiert, jedoch weiterhin zwischen den Sternen platziert. Jetzt ist er der *Starman* und zeigt sich der Menschheit, zwar weiterhin in einer glamourös-majestätischen Verhüllung, wohl aber mit freundlicher Message:

Starman

Didn't know what time it was the lights were low (oh-oh)
I leaned back on my radio (oh-oh)
Some cat was layin' down some rock 'n' roll lotta soul, he said
Then the loud sound did seem to fade (ay-ay)
Came back like a slow voice on a wave of phase (ay-ay)
That weren't no D.J. that was hazy cosmic jive

There's a starman waiting in the sky
He'd like to come and meet us but he thinks he'd blow our minds
There's a starman waiting in the sky
He's told us not to blow it 'cause he knows it's all worthwhile
He told me: Let the children lose it, let the children use it
Let all the children boogie

I had to phone someone so I picked on you (ooh-ooh)
Hey, that's far out so you heard him too (ooh-ooh)
Switch on the TV we may pick him up on Channel Two
Look out your window I can see his light (ay-ay)
If we can sparkle he may land tonight (ay-ay)
Don't tell your pappa or he'll get us locked up in fright

There's a
|: Starman waiting in the sky

He'd like to come and meet us but he thinks he'd blow our minds
There's a starman waiting in the sky
He's told us not to blow it 'cause he knows it's all worthwhile
He told me: Let the children lose it, let the children use it
Let all the children boogie :|

|: La, la la la la (…) :|[72]

Bowies Starman trägt eindeutig die Züge einer unvorstellbaren Gottheit. Er ist ein kosmisches Wesen, das sich den Menschen offensichtlich über Signale, Impulse und sanfte Botschaften mitzuteilen vermag, obschon sein grenzenloser Wunsch, ihnen zu begegnen, von Angesicht zu Angesicht gegenüberzutreten, kontrastiert bleibt von der Einsicht in den Umstand, dass dieses Aufeinandertreffen zu verheerenden Konsequenzen für die Erdenbewohner führen muss, die darüber ihren Verstand verlieren würden. Insofern beschränkt sich der menschenfreundliche Starman darauf, in einer nicht völlig jenseitigen, wohl aber unerreichbaren raumzeitlichen Zwischensphäre „oberhalb" (wohlbemerkt: *Sky*, nicht *Heaven*) wartend zu verharren, gelegentlich zu funken und zu funkeln, die Hoffnung auf jenes mögliche und baldige Eintreffen, das auch von den Fernseh- und Rundfunkanstalten bekannt gegeben würde, zu kultivieren – und über Mittler jene zarten Botschaften zu streuen, die das menschliche Dasein trotz Ermangelung einer finalen Gottessichtung oder -begegnung lebenswert machen: *Schmeißt es nicht weg, Euer Leben, vermasselt es nicht, es ist unbegreiflich wertvoll; lasst los, genießt es – und tanzt!*

Es ist unschwer zu erkennen, dass Bowie sich niemals ganz mit dieser Figur des *Starman* – also seiner Pop-Variante des höchsten Wesens (kategoriales Bedeutungsfeld I) – identifizieren, selbigen aber als einen der sensitiven Mittlergestalten inszenieren wollte, die über vorzügliche Wahrnehmungs- und optimierte Ausdrucksbegabungen (kategoriales Bedeutungsfeld II) verfügen. In seiner Interpretation und Performance der Starman-Huldigung tritt dies vor allem in der zweiten Songhälfte zutage, die sich doch wesentlich darin erschöpft, dass der Sänger seiner Euphorie nachgibt, den Refrain wiederholt, darüber in eine Artikulations-

---

[72] Bowie 1972: Starman.

lust verfällt und redundant ein „La la la (…)" zum Besten gibt, als sei in diesem monolalischen Mantra bzw. in einer trällernden, beschwingten Lebensmelodie zumindest eine Teilantwort auf das Geheimnis des Daseins gefunden. Und das ist kein Einzelfall; bezeichnenderweise wiederholt sich in Bowies späterem Karriereverlauf dieses thematische Grundmotiv, wenngleich mit unterschiedlichen Akzentsetzungen:

1980 etwa deutet eine Refrainzeile von *Because you're young* an, wie in jungen, jugendlichen Tanzschritten können Erfahrungen verarbeitet und in Angriff genommen, Träume realisiert und verworfen, Narben hingenommen und verkraftet werden können[73], 1983 fordert Bowie in seinem – leider oft zu Unrecht als oberflächliches POP-Stückchen disqualifizierten – Song *Let's Dance* dazu auf, trotzig zu tanzen angesichts der Furcht, dass die Anmut abfällt und die (heutige)Nacht alles ist, was bleibt.[74] 1989 wird diese Option modifiziert aufgegriffen; der Künstler resümiert mit seiner derzeitigen Band *Tin Machine* in dem kryptischen Song *Heaven's in here,* dass, wenngleich wir (Menschen) permanent stolpern und fallen, letztlich doch eine Option bestehen bleibt, denn „wir werden auf der Sonne tanzen / wir sind die Dämmerung und die Sterne / Es ist der Himmel hier drinnen."[75]

Jedoch, die Stimmung wird ernster und drückender. 1997 zieht das lyrische Ich von *Dead Man Walking* die Bilanz seines geradezu desillusionierten Lebens; immer noch bleibt die *Dance*-Metapher im Fokus, doch sie dient längst nicht mehr allein einer Verbildlichung des wilden, unbekümmerten Daseins, sondern wird zu einer Figur des Loslassens umfunktioniert:

> „And I'm gone, gone, gone (…) Now I'm older than movies (…)
> Let me dance away (…) Now I'm wiser than dreams (…)
> Let me fly, fly, fly (…) / While I'm touching tomorrow (…)

---

[73] „I'll dance my life away / A million dreams, a million scars"; Bowie 1980: Because you're young.

[74] „(Let's dance) for fear your grace should fall / (Let's dance) for fear tonight is all"; Bowie 1983: Let's Dance (ST). Einen gewagteren Zugriff bietet die alternative Übersetzung, die sich auf das Bild des des *Fall from Grace* kapriziert und den Tanz als lebenspraktische Stellungnahme zu Sündenfall und Gnadenverlust favorisiert.

[75] „We stumble and fall we stumble and fall / (…) / we'll dance on the sun / we're the twilight and stars. / There's heaven in here."; Tin Machine 1989: Heaven's in here.

And I know who's there (...) When silhouettes fall
And I'm gone – like I'm dancing on angels
And I'm gone through the crack in the past
Like a dead man walking (...)"[76]

Einen vergleichbaren Grundstimmungswandel bzw. eine zunehmende Ambivalenz und Ambiguität des Sinnbildes vom tanzenden Menschen lässt auch der zwar in den 1990er Jahren komponierte und mehrmals für eine Veröffentlichung vorgesehene, jedoch letztendlich erst 2003 endgültig vorgestellte Titel *Bring me the Disco King* erahnen: „We could dance, dance, dance through the fire"[77], erklärt Bowie einmal mehr – und scheint in gewohnt enigmatischer Attitude den besagt trotzigen Optimismus zu pflegen, gleichwohl sich seine Schlusspointe drastisch verlagert. Denn angesichts von Endlichkeit, Sterblichkeit[78] und der offenbar niemals vollständig ausgeheilten Gotteswunde brechen alte existentielle Anfragen wieder auf: Die Frage nach dem Wert und dem Sinn des Lebens gipfelt schließlich auch für den, der glaubte, durch jedes Feuer tanzen zu können, in der Angst vor der eigenen Bedeutungslosigkeit, dem Schrei nach Wahrheit und der Sehnsuchtsforderung, jener letzthin unbekannten Größe, dem eigentlichen Betreiber der lebenslangen Tanzveranstaltung zu begegnen und ihn (be-)greifen zu können:

„Life wasn't worth the balance or the crumpled paper it was written on (...)
Don't let me know we're invisible (...)
Feed me no lies (...)
I don't know about you, I don't know about you
Bring me the Disco King (...)."[79]

---

[76] Bowie 1997: Dead Man Walking.

[77] Bowie 2003: Bring me the Disco King.

[78] „You promised me the ending would be clear / You'd let me know when the time was now / Don't let me know when you're opening the door."; Bowie 2003: Bring me the Disco King.

[79] Vgl. Bowie 2003: Bring me the Disco King.

Vom Starman, dessen Mittler alle Kinder dazu auffordert, sich das Leben mit Boogie-Woogie zu erleichtern, bis hin zum Feuertänzer, der den Disco King zur Verantwortung ziehen will – Bowies Bilder für das zwischen- und letztinstanzliche Etwas, das am Ende zu groß und zu unvorstellbar bleibt, sprechen zwar eine hinreichend deutliche Sprache, aber zeigen doch auch an, wie ungelöst und ungeklärt seine Suchbewegung schlussendlich bleiben sollte, besser wohl: wie entschieden der Künstler dem Umstand Rechnung getragen hat, dass solcherlei Fragen eben nicht logisch-definitorisch, sondern allein allegorisch-symbolisch zu begegnen ist. 2013 wird in dieser Hinsicht mit *Dancing out in Space* ein letztes lyrisches Votum abgegeben. *Tanzend im Weltraum, die Wasser zertrennend. Die Hände auf den Geist gelegt. Zur Stadt aus massivem Eisen, quer durch das Reich der Boote. Schick deinen Freund jetzt fort, lass ihn heute Nacht nach Hause segeln. Etwas wie Religion* – so veranschaulicht Bowie ein Szenario, das nicht mehr ganz zu dieser Welt gehört: In einer Sphäre, die an den Kosmos des Starman und das Reich des Disco King grenzt, darf versinken, wer loslassen kann; hier gibt es keinerlei Schmerz und Leid, nur den Tanz *face to face:*

> „Dancing Out in Space / Cutting through the water
> Hands upon the ghost.
> To the city of solid iron / Through the kingdom of the boats.
> Send your friend away now / let him sail back home tonight.
> Something like religion (…)
> Something like a drowning (…)
> No-one here can beat you (…)
> Dancing out in space / Dancing face to face (…).“[80]

Von Angesicht zu Angesicht also findet eine letztinstanzliche Begegnung statt. Einerseits ganz sicher von Mensch und Mensch, jedoch der subtilen Logik der Bowie'schen Lyrics entsprechend ebenso gewiss, womöglich gar zuallererst und zuallerletzt zwischen dem sich sehnenden Subjekt und derjenigen Figur allumfassender Sinndeutung, die Bowie

---

[80] Bowie 2013: Dancing out in Space.

über Jahrzehnte (un-)logisch-poietische Ausflüge und einen langen, existenziell-harten Ritt durch das unbegreifliche Ganze abgefordert hat.

Der angesprochene, nunmehr veranschaulichte Sachverhalt, dass Bowie in einigen experimentellen Gratwanderungen an einer POP-Variante des höchsten Wesens gearbeitet hatte, die sich zu den eigenen Sinnerfahrungen und Wirklichkeitsauffassungen kompatibel verhält, aber in Teilen bereits auf die explizite Vokabel »Gott« verzichtet, steht in keinem Widerspruch zu dem Tatbestand, dass er von dieser Vokabel ganz intensiv Gebrauch machen kann, wenn es in seinen vielseitigen, mehrdeutigen Sprach- und Reflexionsgeschäften um eine Auseinandersetzung mit traditionellen bzw. konventionellen Verwendungsweisen geht: 1989 thematisiert er in *Under the God* die problematische religiöse Konnotation des weißen Rassismus[81] und in *Bus Stop* die Leichtgläubigkeit eines evangelikalen Protestantismus[82], 1993 schlägt er sich mit *Jump they say* auf die Seite derer, die ihr Leben in einem suizidalen Akt loslassen, von der Öffentlichkeit indes nur mit Durchhalteparolen, Sarkasmus und religiösen Phrasen abgespeist werden.[83] Im gleichen Jahr verarbeitet sein Song *Pallas Athena* Teile einer alten Denkfigur, wonach Gott auf nahezu scholastische Weise „on top of it all"[84] zu positionieren ist, und in *No Control* wird zwei Jahre später angesichts der Zerrüttetheit allen Seins die klare Warnung ausgesprochen, sich von der Zukunft fernzuhalten, das Licht zu vermeiden und Gott die eigenen Pläne zu verschweigen[85]. 1997 konfrontiert Bowie mit dem Gedankenexperi-

---

[81] „White trash picking up Nazi flags (...) / This ist he West, get used to it. / They put a swastika over the door / Under the God / Under the God / One step over the red line (...) / Love and peace and harmony / Love you could cut with a life / Under the God (...)"; Tin Machine 1989: Under the god.

[82] „I'm a young man at oods with the Bible / But I don't pretend faith never works / When we're down on our knees / Prayin' at the bus stop / Now Jesus he came in a vision / And offered you redemption from sin / I'm not sayin' that I don't believe you / But are you sure that it really was him."; Tin Machine 1989: Bus stop.

[83] „They say / He has no brain / They say / He has no mood / They say / He was born again (...) / They say / He has two gods / They say / He has no fear (...) / They say jump / Got to believe somebody (...) / Got to believe (...)."; David Bowie 1993: Jump they say.

[84] Vgl. Bowie 1993: Pallas Athena.

[85] „Stay away from the future / Back away from the light (...) / Don't tell God your plans / It's all deranged / No control"; Bowie 1995: No Control.

ment, dass Gott einer dieser Amerikaner – bzw. eine Erfindung jener supermaskulinen, homophoben[86] Amerikaner – sein könne, vor denen man sich bekanntlich in Acht nehmen müsse[87]; 1999 rät er, da von den Göttern vergessen worden sei, dass man ihr Geschöpf ist, sie ebenfalls zu vergessen und auf ihren Gräbern mit neuer Naivität tänzerisch zu spielen[88]. 2003 reagiert Bowie auf 9/11 und bekennt mit *Looking for water*, Gott in einer einzigen Minute verloren zu haben[89], und 2013 resümiert er in *The Next day* – also zeitgleich mit *Dancing out in Space*, s. o. – seine Auseinandersetzungen mit traditionellen Gottesbegriffen und -definitionen in der Quintessenz, dass jede eindimensionale begriffliche Fixierung von Gottes Existenz nur ein Beweis dafür sein könnte, dass der Teufel existiert und als Inspirator für solcherlei assertorisch-dogmatische Aussagen verantwortlich ist[90].

Die zunächst naheliegende Frage, ob Bowie damit auch einen Schlussstrich im Sinne einer Aussage gezogen hat, die sich angesichts eines binärlogischen Entscheidungszwanges – entweder es gilt: „Gott ist" / oder es gilt: „Gott ist nicht" – eindeutig positioniert, darf freilich klar zurückgewiesen werden; vielmehr ist daran festzuhalten, wie er seinem dialektisch angelegten Prinzip einen kreativen, gleichwohl niemals zum Abschluss zu bringenden Suche treu geblieben ist, dessen

---

[86] Eine interessante These von Simon Critchley, zum Ausdruck gebracht in einem Gespräch mit Mark Dery, vgl. Dery 2017, dort im Wortlaut: „One of the things that has really perplexed me in my 11 years in New York is trying to understand American masculinity. Here, it's all pussies and dicks – a genital fixation – and a real *terror* of homosexuality. You can have movies like *The Interview*, where there'll be this endless joke about the word "gay," and that will get people cracking up. There's this *terror* around male homosexuality – gayness – which then means that taking a stand *against* [homophobia] becomes this big political alternative. So there's a kind of elasticity but also a kind of lovely reactionary quality to masculinity in England that I miss a little bit over here."

[87] „I'm afraid of Americans / I'm afraid of the world (…) / God is an American (…)."; Bowie 1997: I'm afraid of Americans.

[88] „The gods forgot they made me / So I forgot them too / I listen to the shadows / I play among their graves."; Bowie 1999: Seven.

[89] „I lost God in a New York minute."; Bowie 2003: Looking for water.

[90] „They know god exists for the devil told them so."; Bowie 2013: The Next Day (ST). Inwiefern sich Bowie mit diesem rhetorischen Kabinettstückchen in guter Gesellschaft – bzw. in der Gesellschaft guter Theologen – befindet, soll hier nicht eigens entfaltet, wohl aber mit dem Hinweis etikettiert werden, dass es eine ganze Reihe von Studien gibt, die sich mit dem Problemsatz befasst haben: „Einen Gott, den es gibt, gibt es nicht."

Wetterleuchten sich ja bereits über *Cygnet Committee* abgezeichnet und das in *Width of a Circle* mit einem programmatischen Motto *(God did take my logic for a ride)* seinen Ausdruck gefunden hatte: *Das Gerede der Freunde von der größten Herrlichkeit und dem unsagbaren Traum, wo alles Gott ist* auf der einen Seite, auf der anderen Seite die schmerzende Wähnung, sich nur mit *der entleerten Worthülse Gott* abfinden zu können[91], diese qualvolle Spannung zwischen Alles und Nichts gilt es für Bowie existenziell auszuhalten auf dem besagt theo(-un-)logischen Ritt durch das Leben. Denn immerhin ist diese Pein ja auch ein Reiz für jenes im Meer der Zeit treibende Subjekt, das, nach Lebensharmonien gierend und nach Selbst- und Weltverstehen strebend, Versionen und Variationen des eigenen Daseins durchspielt und sich zu gegebenen Anlässen häutet[92], bis es schließlich versteht, den existenziellen Hunger nach Sinnerschließung in die Idee jenes letztinstanzlichen Sinnhorizonts zu überführen, der von einer *Sehnsuchtsfigur der Unverfügbarkeit* verkörpert wird, die eben nur phantasievoll umschrieben werden kann. »Gott«, daran ist nichts zu machen, bleibt das besagte „just a word", aber für das Wagnis einer phantasievollen Umschreibung der letztinstanzlichen Sehnsuchtsfigur braucht es eben genau solche und weitere Nur-Worte und Nicht-Begriffe, die sich in ein heuristisch-approximatives Verfahren einspeisen und mit dem Mut der Entschlossenheit experimentell und künstlerisch aufarbeiten lassen. Diesen Weg hat Bowie offensichtlich nicht nur spielerisch eingeschlagen, sondern mit bitterem Ernst bis zu seinem Ende verfolgt. Ob dieser Weg nun auch POP-theologisch beschildert werden kann, wird sich zeigen lassen, sobald die Schilder- und Regelwerke bzw. die Basisarchitektur und Grundsystematik jener Sinnarrangements, die alltags- und wissenschaftssprachlich als *Theologie* ausgewiesen werden, hinreichend veranschaulicht und als Bezugsgröße installiert werden konnten.

---

[91] „My friends talk / of glory, untold dream, where all is God / and God is just a word."; Bowie 1969: Cygnet Committee.

[92] Das betrifft u. a. auch die auch die hybriden Zwischenphasen des „god's a young man just like me" (Bowie 1970: The Width of a Circle), die es zu überwinden gilt.

4.3   We broke the ruptured structure built of age

4.3.1   I shake and stare at the sun 'til my eyes burn

„God is | on top | of it all." Das Potential jener bedeutungsschweren Wortfolge[93], die in Bowies Club-Hit *Pallas Athena* monoton rezitiert, zugleich aber mittels experimentell versetzter Phrasierungen dekonstruktiv aufgebrochen wird, ist beachtlich. Eine isolierte Betrachtung dieser Sentenz, in der »Gott« quasi als Amalgam aus mono-typischem Gattungsbegriff und metaphysischer Spekulationspointe implementiert und seinshierarchisch akzentuiert wird[94], würde es umstandslos ermöglichen, Bowie in guter philosophischer Gesellschaft zu platzieren und für ein respektables Theoriekonzept von Theologie in Anspruch zu nehmen, dessen Anfänge im vierten vorchristlichen Jahrhundert liegen: Auf ARISTOTELES nämlich lässt sich die Denk-position zurückführen, dass eine so genannte *Theologie* prinzipiell als eine *abstrakte Wissenschaft* angenommen werden könne, die auf einen *ungegenständlichen Gegenstand* Bezug nimmt, der sich binnensystemisch als Superlativ alles Denkbaren und Seienden denken sowie zu Sprache und Vorschein bringen lässt. Ganz anders als noch PLATON, der unter dem Oberbegriff *Theologia* wesentlich die erzählten Mythen seiner Zeit zu sammeln suchte, denen z. B. erbauliche Orientierungs- und lebens-förderliche Unterhaltungsfunktionen zugestanden werden konnten, positionierte Aristoteles die Theologie unter den sogenannten *reinen Theorien,* die von dem Vorhandensein erstursprünglicher und letzt-instanzlicher Wahrheiten ausgehen und darauf zielen wollten, das notwendige, unbewegte, stoffunabhängige und ewige Sein dieser Wahr-heiten denkend einzuholen als das, „was nicht anders sein kann, als

---

[93] Vgl. Anm. 211.

[94] Im Anschluss an Hierarchisierungen sowohl biologischer als auch philosophischer Systematiken (etwa des Porphyrios von Tyros) kann in diesem Denkarrangement aufgegriffen werden, dass es Gattungen gibt, die nur eine einzige Art enthalten; im genannten Fall wäre es die gedachte Super-gattung der allerhöchsten Wesen, von denen es eben mit Gott nur einen exklusiven *Einzeltypus über allen* gibt; vgl. Brinkmann 2019a, S. 42 f.; Brinkmann 2022a, S. 291 f.

es ist"[95]. Den Status einer solch reinen Theorie hatte Aristoteles der Mathematik und der Physik eingeräumt, aber eben auch einer ganz speziellen Wissenschaft der *ersten Philosophie,* die sich – in den Arrangements einer prinzipiellen Epistemologie (mit der Leitfrage nach den Zusammenhängen von Denken, Erkennen, Wissen und Verstehen einerseits, Existenz und Wahrheit andererseits), einer Ontologie (mit der Leitfrage nach dem Seienden und seiner Hierarchie) und eben einer Theologie (mit der Leitfrage nach einem erstursächlichen Wesen, dem unbewegten Beweger) – als eine Metaphysik ohne jedwede praktische Attitüde oder sinndienliche Zweckbestimmung aufstellt[96]: Was letztinstanzlich, ultimativ und höchstseiend ist, kann innerhalb eines so undurchlässigen philosophischen Denksystems spekulativ konstruiert und gegebenenfalls auch nachhaltig substanzontologisch abgesichert werden; doch weil die mit dem superlativen Gottesbegriff gekrönte abstrakte Hierarchie des Seienden niemals wirklich als Sinnhorizont des Konkreten formatiert werden kann, bleibt Gott als Inbegriff einer metaphysisch-spekulativen Operation ohne maßgebliche Relevanz für die Wirklichkeitssicht und die Lebensführung des Humanum – und läuft letzten Endes Gefahr, als leere Vokabel zu veröden.

Genau diese Aporie nun, quasi eine Achillesferse des metaphysischen Gottesbegriffes, wie sich im Laufe der nacharistotelischen Philosophiegeschichte zunehmend bestätigt hat, dürfte Bowie feinsinnig erspürt und aufgearbeitet haben; nicht von ungefähr findet sich in seinem Werk eine ganze Reihe erfahrungsgesättigter Wortgemälde, die die Gottesvokabel gebrauchslyrisch in der Welt-, Sinn- und Lebenserfahrung platzieren, semantisch mit *Existenzauslegungen eines fragilen Humanum* absättigen und hymnisch als *krisengeänderten Gottesabgrund,* als *sehnsuchtsschmerzlich erfühlte Gottesabwesenheit,* als *verlustängstlich belastetes Gottesvakuum* thematisieren (s. o.). Einer entsprechenden Absicht dürfte auch der Kunstgriff zuzuordnen sein, die repetitiven Chants zu der Abstraktion von *des höchsten Gottes wahrhaftigem und allumfassendem Sein* (God is on top of it all) mit dem zunächst unpassend scheinenden

---

[95] Zeller 1862, S. 124.
[96] Vgl. Aristoteles 1998; hier: NE VI 2, 1139a–b.

Songtitel *Pallas Athena* zu vervollständigen; näher betrachtet kommt diese Titulierung allerdings zu ihrem Sinn: Pallas Athena gilt in der altgriechischen Mythologie nicht nur konkret als die kriegerische Schutzgöttin Athens, sondern weitaus grundsätzlicher noch als Göttin und Verkörperung der Weisheit, eigens ausgewiesen durch ihren kühlen Verstand, ihre unabhängige Parteinahme für Freiheit und Emanzipation (z. B. von den ranghöchsten Mitgliedern der Götterfamilie) und ihren unbestechlichen, bisweilen auch vernichtenden Blick.[97] Von besonderer Bedeutung sind schließlich auch die im Mythos abgelegten speziellen Umstände und Maßnahmen, die mit ihrer Zeugung, Entwicklung und Geburt einhergehen, denn Athena generierte sich quasi als unabhängige Entität im Haupte des Zeus – und trat als dessen Kopfgeburt ins Licht der Welt.

Nach der ältesten Mythosversion[98] hatte Gottvater Zeus kurz nach dem Akt mit der Meeresgöttin Metis die geschwängerte Sexualpartnerin verschlungen, um einen prophezeiten späteren Thronsturz durch Teile der eigenen Nachkommenschaft zu verhindern; seine nie natürlich geborene, vielmehr indirekt verschluckte Tochter war aber – so der Mythos – dem Vater binnenleiblich zu Kopf gestiegen (!) und hatte ihm derartige Schmerzen bereitet, dass Schmiedegott und Götterschmied Hephaistos mit einer Axt den Schädel des (all)mächtigen Blitzeschleuderers Zeus spalten mußte, um die intellektuellen Wehen zu verkürzen und dem bereits voll entwickelten Nachwuchs den Austritt zu ermöglichen.

Der energische Kampf der Athena, gipfelnd in besagter Kopfgeburt nicht nur einer einfachen Göttertochter, sondern einer autarken Göttin, einer starken und gerüsteten Frau, Inbegriff unbestechlicher Intellektualität: Bowie hat also das lebhafte Actionmotiv dieser bildstarken Sage dem unanschaulichen Spekulationsmotiv vom *ewigen, unbewegt-reglosen Höchsten* gegenübergestellt, gleichzeitig die *abstrakt als Superlativ entwickelte Figur Gott* mit der versteckten Erzählung von

---

[97] Vgl. Graf/Ley 1997.
[98] Vgl. Hesiod 2014. Hesiods Theogonie wird in der Regel auf das siebte vorchristliche Jahrhundert datiert.

der *Emanzipation des humanum* subtil kontrastiert – und indirekt auf eine Synchronisierung zweier Portfolios zugearbeitet, nämlich das der abstrakt gedachten, philosophisch-metaphysischen Theorieentwürfe und das der konkret erlebnisbetonten, mythologisch-sagenhaften Narrationsgebinde. Einen wissenschaftlichen Anlass dazu gab es gewiss nicht, und so erübrigt sich insbesondere die plakative Frage, ob sich Bowie tatsächlich und bewusst zwischen Aristoteles und Platon positioniert hat. Indes, es darf grundsätzlich weiterhin daran festgehalten werden, dass sich der Künstler, indem er offenbar einer ganzen Reihe von Denkspuren instinktiv und reflexiv nachgegangen ist, zumindest *intuitiv* darum bemüht hat, die Kondensate philosophischer Denkkapriolen und spekulativer Theoriekonstrukte mit den Quintessenzen der hymnisch und narrativ formatierten Sinnbildungsmythen eines allgemeinen Kulturgeschehens abzugleichen; letzten Endes stand doch, wie bislang gezeigt werden konnte, für ihn nichts geringeres auf dem Spiel als das eigene komplexe Lebensprojekt: es galt, den Horizont der eigenen Sinndeutungs- und Lichtsichtungsarbeit mit phantasievoll dekonstruierten Denk- und Erklärungsfiguren und kreativ aufbereiteten Erlebnis- und Erzählungsbildern kunstvoll zu dekorieren und dabei die höchsteigene Sinnsehnsucht mit approximativen Statements aus beiden Sphären zu bedienen, bis – um es behelfsweise mit der passförmigen frömmigkeitssprachlichen Spezialsemantik auszudrücken – die rastlose Seele allmählich ihren Rhythmus findet und alsbald zur Ruhe kommen kann.

Bowies *Pallas Athena* ist daher in gewisser Weise repräsentativ für die Bowie'schen Auseinandersetzungen und Umgangsweisen mit historisch geronnenen, kulturell vermittelten, sozial konservierten und institutionell strukturierten Deutungsofferten, die unter seinem Zugriff kunstvoll aufgebrochen und dekonstruiert, zugleich aber experimentell und anschaulich neu arrangiert werden konnten. *Pallas Athena* kommt zweifellos als exemplarisches Integral einer ganzen Reihe von unmittelbaren wie auch reflexiven, intellektuellen wie auch artistischen Aktivitäten zu stehen, die sich in einer ganz besonderen Hinsicht auszeichnen, nämlich: dass der Künstler auf bestimmten Sorten von (religionsaffinen sowie theologieverdächtigen) Begriffen und Bildern, Motiven und

Sentenzen, Miniaturen und Mosaiken, Narrationen und Spekulationen rekurriert, jedoch nahezu unbefangen mit ihnen hantiert hat.

Dieser Umstand will nun weiterführend hermeneutisch und interpretativ erschlossen werden, und zwar bemessen an der Erschließungskraft eines offenen Theologiekonzepts: dieses sucht sich an mehreren gleichberechtigten Parametern zu orientieren und veranschaulicht sich Theologie als Mantelbegriff für vielschichtige (und teils zusammenhängende) Betriebsamkeiten, die sich separat rubrizieren lassen als

a) aarchivierende, sachkundige Umgangsweisen mit Erzählungen, in denen Götter bzw. Gottheiten – schlechthinnige Superentitäten also – in Erscheinung treten,

b) bspekulierende Denkoperationen an realen und möglichen Seins- und Sinnordnungen mit dem Ziel, neue Superlative zu generieren und/oder kulturell vermittelte Superlative zu modifizieren,

c) cexistenzielle Deutungsveranstaltungen von Subjekten, die einerseits anstreben, die erfahrbare Wirklichkeit aus einer Perspektive zu kommentieren, andererseits, die erlebte Wirklichkeit mit einer zusätzlichen Idee zu komplettieren, deren Sinnkern die erfasste Wirklichkeit allerdings übersteigt,

d) drationale Anstrengungen, die sowohl auf die verfügbare Kulturpraxis und die gelebte Religionspraxis als auch auf den Religions- und Sinnbedarf des Humanum reflexiv Bezug nehmen,

e) edeskriptive und analytische Darlegungen von religiösen (Glaubens-) Lehrsystemen, einschließlich ihrer Architektur und Ordnung bzw. der binnensystemischen Beziehungen ihrer Teile und Variablen.

Einige dieser Betriebsamkeiten konnten sich bereits in den künstlerischen Unternehmungen des David Bowie aufzeigen lassen – so etwa bei seiner Auseinandersetzung mit Gottesbegriffen- und -bildern, bei der offenbar hinreichend kenntnisgesättigten Umgangsweise mit religionsinstitutionellen Vokabeln und Phrasen oder bei den Artikulationen seiner persönlichen Lebens- und Sinnsehnsucht. Der Frage hingegen, ob sich im Œuvre des Künstlers quasi ein Gefüge von Stellungnahmen zur Wirklichkeit ausmachen und sich dieses womöglich gar wie ein (neues) System an Glaubensanschauungen und -überzeugungen veranschaulichen lässt, was den Künstler dann auch in dieser Hinsicht als Theologen – wenngleich anderer Ordnung – identifizierbar macht, ist noch weiter nachzugehen.

Daher gilt es zunächst, das angesprochen offene Theologiekonzept näher zu beleuchten bzw. die Denkstruktur(en) und Grundsystematik(en), die Basisarchitektur und die Bauelemente sowie die Schilder- und Regelwerke der alltags- und wissenschaftssprachlich als Theologie ausgewiesenen Sinnarrangements detailliert darzulegen. In diesem Vorgang der Sichtbarmachung, so wird vermutet, sollten sich auch hinreichend Orientierungs- und Vergleichswerte für den anstehenden Weg ergeben, nicht allein das religioide Potential hinter einzelnen lyrischen Wirklichkeitskommentaren und Sinndeutungsstatements von David Bowie aufzuzeigen, sondern deren Verwobenheit in einem geradezu kompletten, nunmehr theologoiden Deutungssystem zu veranschaulichen.

4.3.2 It's all very puzzling

Tatsächlich: jeder Versuch, Wesen, Sinn und Ziel von Theologie zu erkunden und zu bestimmen, zudem noch die Bedeutungs- und Geltungsumfänge des Begriffs Theologie (und des vollständigen darin verkapselten Vokabulars) zu vermessen, ist sowohl mit der Abarbeitung beachtlicher Fragen-, Themen- und Aufgabenkataloge als auch mit basalen Entscheidungen, was die Zugriffsweisen und Verarbeitungsoptionen anbelangt, verbunden. Eine der diesbezüglich fundamentalsten Entscheidungen betrifft die Art der Positionierung zwischen zwei kategorialen Modellen, die je für sich sehr grundsätzlich und schlüssig mit den Vokabeln *theos* und *logos* operieren und deren Bedeutung zu sichern suchen, in Gegenüberstellung jedoch eine prinzipielle Differenz zu erkennen geben:

So dient in der auf Platon zurückgeführten Basiskonzeption A die Vokabel *Gott (theos)* der hinreichenden, umfassend verallgemeinerten Bezeichnung einer Grundfigur, die in einer ganz bestimmten Sorte von Erzählungen, je nach Szenario singularisch oder pluralisch gefasst, eine zentrale Stellung einnimmt – wobei diese Erzählungen in gesprochener oder gesungener Form existieren und meist an konkrete kultische Vollzüge, Kulturpraktiken und Sozialszenarien gekoppelt sind.[99] In großen Götterepen und -hymnen[100], aber auch in eher randständigen Sagenkränzen und übersichtlichen Miniaturen, die doch letzten Endes in ihren Vermischungen und Verdichtungen den Stoff belletristisch-poetisch angelegter Universen[101] ausmachen, agieren Versionen dieser Grundfigur als wundersame Gottheiten aller Hierarchiestufen, und in den variantenreich veranschaulichten Beziehungen, die diese Götterwesen mit menschlichen, tierischen und pflanzlichen Wesen eingehen, erschließt sich das Kernmotiv des Mythos, nämlich eine phantasievolle Verschränkung von irdischer und götterhimmlischer Wirklichkeit. Die dafür zuständigen Dichter und Denker, besser noch: Poeten und Philosophen, die sich eben einerseits auf die Produktion und „dichterische Kommunikation der Göttergeschichten"[102] kaprizieren, andererseits auf die Reflexion des poetisch Artikulierten und mythisch Versinnbildlichten verstehen, lassen sich nun, Platon im weiteren Sinne folgend, zusammenfassend der *Theologia* zuordnen. Dabei kann dieser Begriff mitunter auch als abwertend aufgefasst werden, vornehmlich dort, wo registriert wird, dass der Mythos für einen Abgleich mit dem Logos nur eingeschränkt verfügbar ist, zumal auf Plausibilitätsargumente, rationale Strukturen, klare Definitionen und zusammenhängend eindeutige Begriffe – womöglich ja zugunsten einer Dramaturgie, die auf die Pflege der Binnenkohärenz dieser phantastisch-mythischen Erzählungen zielt – verzichtet wird. Für Platon, der insbesondere aus pädagogischen, politischen und ethischen Gründen für eine Kritik der hauptsächlich anstößigen und brutalen Mythen plädierte, musste sich zur Ergänzung

---

[99] Bonhoeffer 1991 erinnert nachhaltig an Platon, der im zweiten Buch seiner Politeia Sokrates und Adeimantos diskutieren lässt, inwiefern Hesiod und Homer nützliche bzw. didaktisch-staatstragende Göttersagen und -märchen erdichtet haben.

[100] Vgl. etwa: Gönna/Simon 2010; Calame 2012.

[101] Was für das mythische Universum eines griechisch-römischen Kulturraumes festgehalten werden kann, lässt sich auch – mutatis mutandis – auf andere Kulturräume übertragen; für reichhaltige Belege vgl. Haussig 1965; Haussig 1973; Daum 1985.

[102] Schwöbel 2005, S. 256.

und Kontrastierung des Mythos eine staats- und erziehungstaugliche Rede von Gott aus einer gründlichen Auseinandersetzung mit der Wahrheit und der Idee des höchsten Guten ergeben. Auf die Philosophie sollte daher die doppelte Aufgabe zukommen, Kriterien für die Gottesrede zu entwerfen und den Mythenbestand verantwortlich – d. h. und um der Religionsbildung des Volkes Willen – zu kultivieren und zu frisieren.[103]

Im Gegensatz dazu wird in der auf Aristoteles zurückgeführten Basiskonzeption B nicht länger auf den Mythos rekurriert; auch die Auseinandersetzung mit den lebenspraktischen Funktionen einer (Gottes-)Idee des höchsten Guten rückt in den Hintergrund. Jetzt nämlich kommt *Gott / theos* als Resultat einer ordnungssystematischen Operation auf höchster Abstraktionsstufe zu Stande – und wird in einem Denkspagat zwischen *ens a se* und *ens perfectissimum,* zwischen Seins*inbegriff* und höchster Seins*besonderheit,* zwischen einer finalen Supersignatur und einem Supersignateur bzw. Superkreateur des Finalen definiert.[104] Allerdings bleibt das reine Sein an der Spitze nicht nur der Seins-, sondern auch der Substanzhierarchie – originalgetreuer gedacht: das *exklusive Sein* eben der Gottheit auf der nur *durch* die Gottheit *für* die Gottheit reservierten Seinsstufe *einer* Gottheit an sich – in nahezu jeder Hinsicht eine einsame Veranstaltung, denn leider steht diese Gottheit auch in keinerlei lebendiger Beziehung bzw. in keinerlei lebensweltlich-praktischem Verhältnis zu den Wesen anderer Hierarchiestufen: Der von Aristoteles experimentell gedachte und metaphysisch aufgefasste Gott war auf seiner eigenen Höchststufe hervorragend isoliert und als ungegenständlicher Gegenstand fixiert worden, ein Entgegenkommen, was die Wirklichkeitserfahrung des humanum anbelangt, war in diesem Konzept nicht vorgesehen; zu den sinnlichen Wahrnehmungs- und Betrachtungsgaben nichtgöttlicher Wesen, zu den Phantasiebildern der Dichter (und den Phantasiefiguren des Kultgeschäfts) verhielt dieser »Gott« sich nicht kompatibel.[105]

---

[103] Vgl. Axt-Piscalar 2013, 33–45.

[104] Brinkmann 2019a, 40 ff.

[105] Aristoteles 2019, 983 ff. erinnert sich gewiss an „die Alten, welche lange vor unserer Generation und zuerst über die göttlichen Dinge geforscht haben" (983b), aber er gemahnt

Ein Kardinalproblem, das allen auf Eindeutigkeit versessenen Klärungsanliegen zu *Theos* und *Theologie* entgegensteht, ist damit endgültig angezeigt; es ist in der Unvereinbarkeit zweier Gotteskonzepte begründet: Da ist zum einen das zeitlos-ungegenständliche, nur ansatzweise über riskante metaphysische Spekulationskapriolen fassbare Superseiende »Gott«, zu dessen Basiseigenschaften vor allem existenzielle Unberechenbarkeit, metaphysische Unverfügbarkeit und sprachliche Unfassbarkeit gehören; zum anderen ist da die überschaubare Menge an anthropomorph konzipierten, daher grundsätzlich (be-)greifbaren Superwesen, die in hymnisch-episch formatierten Fiktionen als Figuren handeln – und deren Agenda Willkür erkennen lässt, aber auch Vorhersehbarkeiten einräumt (eben weil Götter in Gott-Narrationen immer nach der Gottlogik dieser Gattung handeln). Während letztgenannte Figuren in konkreten Kulturszenarien eine Rolle spielen – sofern ihnen gehuldigt werden kann, sie zelebriert werden können, aber sich auch bedarfsgerecht modifizieren lassen, weil sie grundsätzlich transformationsanfällig sind – und sie über ihre tragenden Narrationen verhältnismäßig einfach zu lebenspraktischen Anwendungsmöglichkeiten finden, braucht es für eine soziale oder ethische Inanspruchnahme des metaphysisch begriffenen Gottes eine wissenschaftstheoretische Zusatzleistung, nämlich exakt jene praktische Philosophie, die Aristoteles vorgenommen, aber definitiv nicht der ersten Philosophie, der Metaphysik oder der Theologie zugerechnet hat.[106]

Kurzum, ein Grundzug theologischen Denkens und Arbeitens besteht in der Überwindung der veranschaulichten Diskrepanz – bzw. in einer Vermittlung zwischen (a) den figurierten Pointen mythischer Narrationen, (b) den realitätstauglichen Ideen des höchsten Guten und

---

ebenso, dass „Dichter nun wie Hesiodos und alle übrigen Theologen (…) nur daran gedacht (haben), was ihnen selbst glaublich schien" (1000a).

[106] Angespielt wird hier natürlich auf die aristotelische Einteilung der Wissenschaften mithilfe der kategorialen Begriffe *Theorie*, *Praxis* und *Poiesis* bzw. auf die Erörterung des besagten Problems in: Aristoteles 1998, hier etwa: NE VI 2, 1139a–b und NE VI 4, 1140b. Vereinfachend Brinkmann 2019a, S. 35–37; weiterführend Höffe 2008.

(c) den Spekulationsresultaten, die sich als Superlative ohne Realitäts-bezug festigen. Und tatsächlich hat es – historisch betrachtet – immer wieder Versuche gegeben, das *infinit-ultimative Wesen* als *Spitze allen Seins,* als *Inbegriff einer höchstinstanzlichen Moral* und als *finalen, all-umfassenden Sinn* zu definieren und mit möglichst vielen anthropo-morph gestalteten Wesenszügen und Charaktereigenschaften (einer standardisierten Gottfigur) zu synchronisieren. Es gehört zu den Kuriosa dieses Geschäfts, dass seine Komplexität einerseits durch simple autoritäre Eingriffe – etwa dort, wo Autoritätspersonen und -einrichtungen ex cathedra anordnen konnten, was verbindliche „theologische Wahrheit" ist – pragmatisch und interessensgeleitet überwunden wurde, sich andererseits zunehmend durch die Einsicht relativieren ließ, dass Spekulation und Fiktion letzten Endes als zwei Facetten derselben humanen bzw. kulturellen Grundleistungen zu erachten bleiben.

Der Sachverhalt ändert sich freilich ein weiteres Mal – und macht eine neue (theologische) Synchronisierungsaktivität nötig, wenn das Figurenensemble des Mythos um ein Personenkonvolut der Geschichte ergänzt – und beide miteinander vermengt werden. Solches ist bspw. dort der Fall, wo eine historische Person seiner religiösen Gestimmt-heit Ausdruck verleiht, indem sie Verkündigungsaussagen über Gott formuliert und coram publico artikuliert, aber, sobald *über* diese Person berichtet und erzählt wird, sie in einen Sog der Narrationen gerät und selbst zwischen historischer Gestalt und (Erzähl-)Figur zu schillern beginnt.

Zur Veranschaulichung darf eine kritische Kerneinsicht der christlichen Theologie herangezogen werden. Sie beruht auf dem Zugeständnis, dass das Leben Jesu weitestgehend im Dunklen bleibt, insofern über seine Herkunft, seine Kindheit, seine ersten Lebensjahrzehnte usw. keine Aussage getroffen werden kann, ohne legendarisches Material heran-zuziehen. Eine lückenlose Biographie Jesu ist also nur möglich, wenn unzu(ver)lässige Stoffe bewusst eingearbeitet werden; es gilt als erwiesen, das alle verfügbaren Lebensberichte über ihn Jahrzehnte nach seinem geschichtlichen Ableben verfasst worden sind und – mit apologetischer und nutritiver Zielsetzung – auch auf Motive und Plots fremder Sagenkränze und Stories zurückgegriffen haben. Die Beantwortung der Frage, ob man Jesus gottähnliche Züge zugestehen oder gar ihn selbst als Gottheit identifizieren darf, hängt also von der Art und Weise ab, wie eine theologisch interessierte Quellenforschung auf Anregungen der Erzählforschung eingeht.

Auf einer nächsten (bzw. alternativen) Vermittlungsebene, die für jedes Verständnis von Theologie als relevant, nahezu als konstitutiv gelten muss, begegnet man also einem erweiterten Synchronisationsbemühen; hier geschieht sozusagen, dass die in Mythen, Narrationen, Figuren, Postulaten und Ideen generierten und dem theologischen Denken zur Verquickung anempfohlenen Vorstellungen mit historischen Begebenheiten und Personen kollidieren, die in einem bestimmten Kultursegment mit besonderer Bedeutung aufgeladen sind und denen mitunter gar die Qualität eines Offenbarungsträgers oder die Eigenschaft eines Stifters zugestanden wird: Der Theos – also das, was *Gott ist* und was *über Gott zu sagen ist* – wird nunmehr an seinen möglichen historischen Verkörperungen (Inkarnationen), an Verkündigungs- und Stiftungsmomenten, an Legenden, Erzählungen und deren vollständiger Eskalation in sogen. heiligen Texten vermessen, vor allem jedoch über (zeitgeschichtlich tagesaktuelle) Deutungen rekonstruiert, die sich an einem nunmehr wahrhaft überfrachteten Konvolut mit mehreren Komplexitätsschikanen abzuarbeiten haben.

Einen verhältnismäßig einfachen Weg, sich dem zu entziehen, bietet jene pragmatische Alternative, bei der die besagte theologische Grundfrage nach der Wesensheit und Wahrheit eines »Gottes« schlicht suspendiert wird, wohingegen man sich zu Gunsten einer wissenschaftlich betriebenen Religionssachkunde der Aufgabe verpflichtet, die sogen. Gottes*bilder* (etc.) einer konkreten Religionsgemeinschaft zu veranschaulichen, dabei deren kulturelle Hintergründe als Kontexte zu berücksichtigen und sorgfältig deskriptiv-kompilatorisch, ansatzweise auch hermeneutisch bestimmte Rubriken zu füllen: Hier gilt es u. a., Aussagen zu platzieren über die historisch gesicherte Stiftungsperson dieser Religion, über die fiktiven, realitätsnahen, mitunter auch dem kulturellen Umfeld entliehenen Identitäts- und Kunstfiguren dieser Religion, über ihr (womöglich auch *heiliges*) Schrifttum, über

Lehren, Verhaltensnormen, Praktiken, Organisationsformen, Geltungs-
ansprüche, Verbreitung, historische Entwicklungen und Auffälligkeiten,
über die Praxis und Lebensgestaltung ihrer Angehörigen sowie über ihr
Potential, eine kulturprägende, geschichtsmächtige Kraft zu sein.[107]

Die traditionelle bzw. konventionelle Theologie entfernt sich in
ihrer Arbeitsweise – trotz aller fideistischen Interessensanteile – nicht
allzuweit von diesem Ansatz, zumindest dort nicht, wo sie sich von
einer Beantwortung der Kernfragen nach dem Wesen, den Eigenschaften, den Handlungsoptionen (etc.) »Gottes« zurückhält, um stattdessen geschichtliche und kulturelle Kontexte der Entstehung und
Entwicklung ihrer eigenen religiösen Überzeugungen zu fokussieren
und ihr Selbstverständnis zu präzisieren als die *denkende Rechenschaft
einer Glaubensgemeinschaft, die sich über ihre maßgeblichen Glaubenslehr-
systeme definiert.*

> Dies steht in engem Zusammenhang mit dem seit Jahrzehnten halt-
> baren, jedoch ambivalenten Trend, Abstand zu nehmen von einer
> topologischen Reflexion der topischen Frage (Wo ist Gott?), einer onto-
> logischen Reflexion der ontischen Frage (Gibt es Gott?) und einer
> semantologischen Reflexion der semantischen Frage (Wer ist Gott? Was
> bedeutet dieser Titel?), wohingegen die anthropologische Version der-
> selben topischen, semantischen und ontischen Fragen – nämlich: wo wir
> (als) Menschen überhaupt ortsansässig sind, wer wir eigentlich sind und
> ob wir wirklich existieren – an Fahrt aufnimmt, allerdings im Finale dann
> auf eine gescheite theologische Perspektive (Wer / wo / was bin ich und
> was habe ich zu tun, angenommen, dass es Gott oder einen letzten Sinn
> gibt?) abzielt bzw. abhebt.[108]

Diese in theologischen Abhandlungen und konfessionellen Referaten
oftmals bemühte, bisweilen aber auch umgangssprachlich platzierte
Phrase von einer *denkenden Rechenschaft* – mitunter variiert als *denkende
Rechenschaft des Glaubens*, als *denkende Rechenschaft eines Glaubenden
über seinen Glauben* oder als *denkende Rechenschaft einer Glaubens-*

---

[107] Exemplarisch Hutter 2016.
[108] Vgl. Brinkmann 2019b, bes. 75–79.

gemeinschaft über ihren Glauben bzw. ihre Glaubenslehren – lässt vor allem mit Blick auf die jeweiligen Verwendungszusammenhänge in besagten Texten[109] einige Rückschlüsse auf vorausgesetzte und abgeleitete Grundannahmen zu. Dazu gehört

- erstens, dass man besagten *Glauben* offensichtlich für ungewöhnlich und sonderbar hält, weshalb gegenüber Welt, Öffentlichkeit und Wissenschaft unbedingt und bestmöglich Rechenschaft abgeben werden sollte,
- zweitens, dass auf ein entsprechend ungewöhnliches, daher exklusives Referenzfeld mit besonderen Merkmalen und Markern Bezug genommen wird, das sich auszeichnet durch das gesteigerte Aufkommen spezieller Sprachspiele und Denkfiguren, eigensinniger Praktiken und Kulthandlungen, andersartiger Sinndeutungen und Lebensweisen (etc.),
- drittens, dass die in solchem Kontext platzierte wissenschaftliche Theologie, sofern sie besagter Rechenschaftsaufgabe nachkommt, offen im Dienst einer Religionsgemeinschaft steht bzw. im Auftrag der betreffenden Religionsinstitution handelt und eine fideistische Binnenperspektive einzunehmen bereit ist,
- viertens, dass freilich gar nicht der zentrale Glaubensgegenstand „Gott" als Objekt verifiziert, sondern vielmehr der Umstand ergründet und begründet werden soll, dass sich die auf besagtem Referenzfeld Tätigen in der Verwendung der Vokabel und der Verehrung des damit Bezeichneten, aber auch hinsichtlich der Existenz des Verehrten einig sind, und schließlich
- fünftens, dass sich, sofern die religiöse Kommunikation innerhalb des Referenzrahmens auf Übereinkünften bezüglich eines Sinnganzen basiert und auf gemeinsamen sprachlichen Codes beruht, die

---

[109] Prominent z. B. Ebeling 2012, S. 4. Die eigentümliche Karriere des Rechenschaftsbegriffs erstreckt sich von seiner höchst anspruchsvollen Installation vor allem durch Emanuel Hirsch (Scheliha 1991, S. 300–366) bis hin zu jenem inflationär und unreflektierten Verbrauch, der letzten Endes zu der Selbstisolierung wissenschaftlicher Theologie (vgl. exemplarisch Kriewitz 1992, S. 36: „Indem die Theologie ihren Raum in der Kirche hat und denkende Rechenschaft über den Glauben ablegt, ist sie Dienst an der Kirche und innerhalb der Kirche") geführt hat.

kommunizierten und interaktiv im Gebrauch ventilierten Glaubensannahmen als bindende Glaubensüberzeugungen und kohärente
sowie binnensystemisch widerspruchsfreie Glaubenslehren realisieren
und plausibilisieren lassen.

Von besonderer Bedeutung sind, so sich diese Rückschlusskette gedanklich nachverfolgen und quintessenziell verwerten lässt, neben den eher
offensichtlichen Pointen insbesondere jene grundsätzlichen Denk- und
Argumentationsstrukturen, die eben den konventionellen Theologie-
betrieben zugrunde liegen und dementsprechend auch in ihren wissenschaftstheoretischen Legitimationsgeschäften reflektiert werden; auf
diese Grundstrukturen bezogen lässt sich nämlich die doppelte Einsicht
geltend machen, dass

- einerseits das angesprochene Theologiekonzept mitsamt seiner Ver-
  fahrensweisen mutatis mutandis auch auf Sektoren übertragbar ist,
  wo die Gottesvokabel nicht explizit verwendet und religionssprach-
  lich nicht exklusiv vom »Glauben« geredet, wohl aber geradezu
  analog mit phantastischen Denkfiguren, transzendenten Bildern
  und letztinstanzlichen Sinnspuren operiert wird, denen existenziell-
  lebenswirksame Bedeutsamkeit zukommt,
- während sich andererseits und umgekehrt die *institutionell ver-
  pflichtete bzw. an einer konfessionellen bzw. religiösen Binnenperspektive
  behaftete Rechenschaftstheologie* auch weniger umständlich bzw.
  ganz generell als eine *kulturanthropologisch-ethnologisch und sozialkonstruktivistisch aufgeklärte Kulturtheologie innerhalb der Grenzen
  und Verbindlichkeiten sozial- und ideengeschichtlich umschreibbarer
  Kulturzeiträume* entfalten ließe.

Einer solchen Position käme z. B. das Theoriedesign von LIFFORD GEERTZ
gelegen, der immerhin ein Ziel darin sah, „nicht unsere tiefsten Fragen zu
beantworten, sondern uns mit anderen Antworten vertraut zu machen,
die andere Menschen […] gefunden haben, und diese Antworten in
das jedermann zugängliche Archiv menschlicher Äußerungen aufzu-

nehmen"[110]. Gut flankiert von der modifizierten Max-Weber-These, besagend, „dass der Mensch ein Wesen ist, das in selbstgesponnene Bedeutungsgewebe verstrickt ist, wobei (...) Kultur als dieses Gewebe"[111] gilt, hatte Geertz erklärt: „Religion ist (1) ein Symbolsystem, das darauf zielt, (2) starke, umfassende und dauerhafte Stimmungen und Motivationen in den Menschen zu schaffen, (3) indem es Vorstellungen einer allgemeinen Seinsordnung formuliert und (4) diese Vorstellungen mit einer solchen Aura von Faktizität umgibt, dass (5) die Stimmungen und Motivationen völlig der Wirklichkeit zu entsprechen scheinen."[112] Dass dieser sehr offene Religionsbegriff sich durchaus kompatibel verhält zu dem o. a. produktiven Spannungsverhältnis von semifideistischer Wissenschaft, referenzraumbezogener Binnenüberzeugung und institutionell beauftragter Glaubenslehre, liegt m.E. auf der Hand, auch wenn diese Kompatibilität bislang noch nicht entdeckt worden ist.

Die Frage nach der zukünftigen Notwendigkeit einer kulturanthropologisch-ethnologisch und sozialkonstruktivistisch aufgeklärten Kulturtheologie, die die Besonderheiten sozial-, geistes- und religionsgeschichtlichen Kraftfelder alternativ zu bewerten und Kulturzeiträume neu auf ihre Prägekräfte und Geltungsmächte hin zu befragen sucht, ist in Teilbereichen der wissenschaftlichen Theologie schon realisiert worden, vornehmlich jedoch dort, wo man sich mit der „Umformung des christlichen Denkens in der Neuzeit"[113], mit den „mental maps" konfessionell besetzter Geschichtsräume und deren „impliziter Theologie(n)"[114] sowie schließlich mit der Absorption religiösen Sonderdeutungs- und -handlungswissens in das sittliche Allgemeinwissen und den spirituellen Habitus einer Kultur bzw. Gesellschaft befasst hat[115], um den mittlerweile anerkannten Prozess der Entkirchlichung von Religion reflektiert in ein Theoriedesign für (eben

---

[110] Geertz 2003a, S. 43.

[111] Geertz 2003a, 9.

[112] Geertz 2003b, S. 48.

[113] Hirsch 1985; Müller 1993; Moxter 1994; Lehmann 2007; Scheliha 2011.

[114] Vgl. Graf 2004, S. 236, 265, 266 u. ö.; Graf 2005.

[115] Vgl. Rendtorff 1969; Rendtorff 1991; Laube 2006; Atze 2008.

auch entkirchlichte) Kulturtheologie einzuholen.[116] Und obschon sich solche Projekte gegenwärtig noch in reservierter Distanz zum auftragstheologischen Mainstream positionieren (müssen), dürfte sich die Zukunftsfähigkeit ihrer Bemühungen bestätigen lassen: Im Ergebnis nämlich laufen sie darauf hinaus, die wissenssoziologische Einsicht in jede „gesellschaftliche Konstruktion der Wirklichkeit"[117] auch theologisch relevant zu reformulieren und bei jeder weiterführenden Frage nach Theologie zu berücksichtigen, dass die besonderen kulturellen Aktivitäten des Humanum, die auf Errichtung eines letztinstanzlichen heiligen Kosmos zielen, mit der Annahme weltextern-nichtimmanenter Entitäten hantieren und sich in sozialkommunikativen Verständigungsakten ihrer Sinnhaftigkeit vergewissern, gar nicht zwingend von (konventionellen) Autoritäten, Machtinstanzen, Systemen und Austragungsorten abhängig sind.[118]

In letzter Konsequenz aller kleineren Plädoyers für eine Aufstockung der kulturtheoretischen Gesprächsanteile bei theologischen Wissenschaftstheoriediskursen hat sich insbesondere die Empfehlung als sinnvoll erwiesen, das Theologieverständnis für ein umfassendes Integral vorzubereiten, das allen bisherig veranschaulichten Begriffen gerecht werden kann, also

a) idem ursprünglichen Umschreibungsbegriff für mythische Narrationen (über »Gott«, »Götter« und »Gottheiten«) mit welterklärenden, sinnerhellenden und unterhaltenden Funktionen, desgleichen

b) idem religionswissenschaftlich unverdächtigen Begriff für Wissensmengen, die sich aus einer Sammlung und Auswertung von Daten-

---

[116] Die entsprechenden Anregungen und Überlegungen sind auf bestmögliche Weise zusammengetragen und in ein komplexes Theoriedesign eingestellt worden von Jaekel 2022.

[117] Berger/Luckmann 1987.

[118] Insbesondere auf Luckmann 1991 geht die Generalisierung der Frage zurück, unter welchen Bedingungen eigentlich „transzendente, übergeordnete und integrierende Sinnstrukturen gesellschaftlich objektiviert" (61) werden – und wieso in theologischen Diskursen weithin an einem Zuständigkeitsmonopol spezialisierter Wissensagenturen festgehalten wird, die trotz begrenzter Kompetenzen und Kapazitäten von religiösen Institutionen autorisiert bleiben.

sätzen zu einer Religions- oder Kultusgemeinschaft ergeben und
kompilatorisch verwerten lassen, alsdann
c) idem philosophisch inspirierten Bezeichnungsbegriff für theoretisch
   abstrakte Spekulationsverfahren, die sich auf metaphysische
   Operationen an ultimativen Denkfiguren bzw. superlativen Ideen
   kaprizieren, weiterführend
d) idem konventionellen Begriff für alle institutionell legitimierten
   Prozeduren von Rechtfertigung und Rechenschaftsgabe, die sich an
   einer kontrollierten Reflexion und Systematisierung konfessionell-
   religiöser Überzeugungsgebinde versuchen sowie letztlich
e) veinem wissenssoziologisch bereinigten und anthropologisch-ethno-
   logisch inspirierten Begriff, der die kulturelle Produktivität des
   Humanum als Sinnproduktivität interpretiert und die letztinstanzlichen Sinnerzeugnisse dieser Produktion mit der Gottesvokabel
   assoziiert.

Tatsächlich hat sich in jüngster Zeit – gerade auch unter Berücksichtigung dieses breiten Begriffsspektrums – eine Definition als durch-
setzungsfähig erwiesen, die Theologie integrativ zurückführt auf

- *narrativ-kreative und/oder dogmatisch-lehrhaft formatierte Stellungnahmen zur Wirklichkeit,*
- *die auf Deutungen von Wirklichkeitserfahrungen und Erlebnis-
  stimmungen beruhen und*
- *in diesen Deutungen bzw. Stellungnahmen Gebrauch machen von kunstvollen Ideen sowie künstlerisch gestalteten Denk- und Sinnbildern,
  deren proaktive Pointen auf eine Wirklichkeit neben oder außerhalb der
  erfahrbaren Wirklichkeit verweisen, jedoch der gedeuteten Wirklichkeit
  als unbedingtes Interpretament hinzugefügt werden,*
- *sich dabei anlehnen können an vorhandene und etablierte, z. B.
  religionsinstitutionell geprägte oder kulturgeschichtlich-traditionell vermittelte Sinnbilder und -figuren, an Fiktionen und Konstruktionen, aber
  auch an realgeschichtliche Gestalten und Personae,*

• *und mit diesen Stellungnahmen, da sie die Wirklichkeit zu erhellen, zu unterhalten und zu gestalten vermögen, einen hermeneutischen, einen nutritiven und einen normativen Anspruch erkennen lassen.*[119]

Zweifellos kann die Stärke einer derartigen Formel mit ihrer Leistungsfähigkeit begründet werden, genauer: mit dem Tatbestand, dass sie nicht nur als eine Art Manteldefinition für alle bisherigen Bestimmungen funktioniert, sondern auch in ihrer Transkonventionalität eine Tauglichkeit für kulturelle Szenarien und Aktivitäten unter Beweis stellen kann. Zudem ermöglicht sie, den Theologiebegriff nun sowohl auf die individuellen Deutungsgeschäfte des kulturproduktiven Subjekts als auch auf den streng wissenschaftlichen Reflexionsbetrieb anzuwenden, der sich mit diesen subjektiven Deutungsgeschäften befasst – was schlussendlich auch der längst ausgesprochenen Empfehlung gerecht wird, unbedingt verbindlich zwischen einer Theologie der Kategorie I und einer Theologie der Kategorie II zu differenzieren, aber beide Alternativen gleichwertig bei einer Bestimmung von Theologie zu berücksichtigen.[120]

Sowohl der Mantelbegriff einer transkonventionellen Theologie als auch der einbegriffene Differenzierungsvorbehalt (Theologie I / Theologie II) können nun für das angestrebte Projekt   bzw. in der hier exemplarisch verhandelten Causa zum Tragen kommen, insofern David Bowie aufgrund seiner Sinndeutungsaktivitäten und narrativ-kreativen Stellungnahmen zur Wirklichkeit, obschon sich diese bestenfalls marginal an der „ruptured structure build of age" der konventionellen Theologien zu orientieren scheinen, von einer transkonventionellen Theologie der Kategorie II als ein transkonventioneller Theologe der Kategorie I anerkannt und bestätigt werden würde.

Das Verfahren, das sich für diese Zielsetzung geradezu anbietet, ist von konventionellen Theologien hinreichend eingeübt worden:

---

[119] Um eine angemessene Begründung und Konturierung dieser Definition hat sich vor allem die Praktisch-Theologische Sozietät des Evangelischen Instituts an der Universität Gießen bemüht; ihre finale Profilierung und eine erste vollständig überzeugende, zumal störungsunanfällige Inbetriebnahme ist insbesondere Jaekel, aaO. zu verdanken.

[120] Vgl. Bayer 2005.

Gewöhnlich gehen sie doch so vor, dass sie (a) einer (besonders qualifizierten und daher) zentralen Figur so etwas wie theologische Kompetenz, Gottesnähe sowie religiösen Sinn und Geschmack unterstellen und sich folgerichtig (b) besonders intensiv um eine möglichst vollständige Rekonstruktion, Zusammenstellung und Deutung sämtlicher Lebensweisheiten und Sinnsentenzen dieser Figur einschließlich all ihrer Lebensdaten bemühen, um (c) dieses Konglomerat in ein ambitioniertes System von Lehren zu überführen, das sukzessiv mit philosophischen Einsichten, kulturkontextuellen Momenten und fortlaufenden historischen Phänomenen zu synchronisieren und permanent auf einem beachtlichen Diskursplateau im Rahmen aller (machtpolitischen) Möglichkeiten zu konservieren oder zu ventilieren bleibt.[121]

Diese Vorgehensweise scheint praktikabel und legitim, insofern sie ermöglicht, auf das Bedürfnis religiös interessierter Menschen zu reagieren, die etwas oder etwas mehr über »Gott«, die letzten Sinngeheimnisse und das eigene Heil zu erfahren suchen; immerhin kann dieses Bedürfnis nach angemessener theologischer Vorarbeit mit gut portionierten Datenmengen bzw. mit möglichst vielen plausiblen Klärungseinheiten aus dem besagten Lehrsystem beliefert werden. Insbesondere in der christlich-abendländischen Tradition, die sich darauf verstanden hat, aus den Gottesbeschreibungen religiöser Menschen Gotteslehren zu destillieren und die Früchte ihrer Gottesgelehrsamkeit in Glaubenslehren zu überführen, hat man diesbezüglich eine gewisse Akribie an den Tag gelegt und es zu beachtlicher Perfektion gebracht. Anders als bei anderen Glaubensgemeinschaften, wo religiöse Schätze eher in die vertrauenswürdigen Hände von weisheitlich geprägten Schriftgelehrten gelegt und die Beschäftigungen mit höchsten Wahrheiten und letzten Geheimnissen vornehmlich als meditative und diskursive Angelegenheiten gepflegt werden, findet die sogenannte abendländische Gottesgelehrtheit ihren Ort in einer akademischen Spitzenveranstaltung, wo man die autorisierten und verbindlich

---

[121] Ergänzend könnte vermerkt werden, dass sich ein theologisch reflektiertes religiöses Lehrsystem auch darin auszeichnet, dass es mit zumeist sinnkonformen Brauchtumskulturen, Ritualapparaten und lebenspraktischen Regelwerken und Praxiskatalogen kombinierbar ist.

gemachten Lehrbestände letztlich in einem einzigen kohärenten Denk-
und Lehrsystem erfasst und über das Format einer *Dogmatik*[122] veranschaulicht.

Gemeint ist damit also nicht die wissenschaftliche Disziplin, die zu
dem traditionellen Fächerkanon der konfessionellen Theologien gehört
und in der Regel – neben Ethik und der Religionsphilosophie – der
Systematischen Theologie zugeordnet wird, innerhalb derer sie spezielle
Ziele verfolgen will[123], sondern die besondere Gattung, für die –
historisch grundlegend – etwa die (katholische) *Summa theologiae*[124]
des Thomas von Aquin (1225–1274) oder das (lutherische) *Examen
theologicum acroamaticum universam theologiam thetico-polemicam
complectens*[125] des David Hollaz (1648–1713), zeitgeschichtlich näher
dann etwa *Die christliche Wahrheit. Lehrbuch der Dogmatik*[126] von Paul
Althaus (1888–1966), die *Dogmatik*[127] von Wilfried Joest (1914–1995)
oder die *Dogmatik*[128] von Wilfried Härle (* 1941) als Musterexemplare
angeführt werden können.

Trotz einer Reihe berechtigter kritischer Einwände an jeglichen
Systemen einer Glaubenslehre in ihrer realpraktischen Anwendung
können die Vorzüge des betreffenden Formats durchaus geltend
gemacht und benannt werden, zielt eine *Dogmatik* doch grundsätzlich darauf ab, alle Artikulationen weisheitlicher Lebenseinsichten und
religiöser Deutungen, so sie sich aus einer bestimmten Gestimmtheit und Perspektive ergeben und erklären lassen, zu sammeln und
in eine vernünftige Gesamtdarstellung zu übertragen, aus der die

---

[122] Dass diese Dogmatik auch als Katechetik formatiert werden kann, ändert nichts an der eigentlichen Pointe; im Prinzip stellt auch ein Katechismus, obschon er an den Bildungsumständen
seiner Laienklientel ausgerichtet und vereinfacht dargestellt sein will, in seiner Summe diejenigen
Glaubenswahrheiten dar, die eben zu glauben und für wahr zu halten sind.

[123] Vgl. Korsch 2003; Ringleben 2009; Barth 2012; Polke 2007; Oberdorfer 2012.

[124] Vgl. Berger 2004.

[125] Vgl. Hollaz 1971.

[126] Althaus 1972.

[127] Joest 1996.

[128] Härle 2012.

Plausibilität der einzelnen Teile wie auch deren wechselwirksame Kohärenz einerseits binnensystemisch erhellt, andererseits auch über diese binnensystemische Logik hinaus hinsichtlich ihrer Bedeutsamkeit, Geltung und Funktion ersichtlich und kommunikabel werden können. In der Regel, also quasi den eingepflegten Standards der Gattung: *Dogmatik* entsprechend, wird dabei so verfahren, dass deren erster Teil, die sogenannte *Prinzipielle Dogmatik,* alle zentralen Denk- und Überzeugungsvoraussetzungen bzw. sämtliche fundamentalen Grundeinsichten sowohl aus erkenntnis-, religions- subjektivitäts- und wissenschaftstheoretischen Perspektiven reflektiert als auch vor dem Hintergrund topologischer, semantischer und ontologischer Erörterungen klärt und fixiert[129], wohingegen ihr zweiter Teil, die sogenannte *Materiale Dogmatik,* alle konkreten (Glaubens-)Gegenstände als Ableitungen besagter Grundeinsichten und Überzeugungen bzw. als Quintessenzen entsprechend weisheitlicher, religiöser Bekenntnisbehauptungen separat und zusammenhängend dargelegt, veranschaulicht und dezidiert entfaltet. In der Ausübung ihrer Prozedur folgt sie hierzu einem Ordnungsschema, das dem Katalogwesen ähnlich ist und quasi nach lexikalen Grundregeln die relevanten Wissensmengen in Rubriken sortiert, um eben in Summe und in Teilen möglichst lückenlos all das abzubilden, was sich innerhalb der Grenzen einer Religion von ebendieser Religion verfügbar machen, materialiter aufstellen und wissenschaftskonform ausformulieren lässt.

In der Geschichte der *Materialen Dogmatik* lassen sich im Wesentlichen zwei größere Rubrizierungstendenzen bzw. zwei alternative Rubrizierungsarten ausmachen: Quantitativ durchgesetzt hat sich vor allem die Zuhilfenahme von Rubriken, die konservativ-traditionalistisch aus den überlieferten klassischen Lehrstücken einer Glaubensgemeinschaft – etwa der Christologie, der Trinitätslehre, der Sündenlehre oder der Schöpfungslehre (etc.) – hergeleitet worden sind; sie kommen insbesondere zum Einsatz, wenn es gilt, ein *notwendiges und heilsames Glaubenswissen als normatives Glaubenslehrsystem* in seiner Verbindlichkeit zu installieren.

---

[129] Wichtig hierzu Jeffner 1977.

Als qualitativ durchaus adäquat allerdings lassen sich jene material-
dogmatischen Gliederungsgeschäfte würdigen, die eher einem
enzyklopädischen Muster folgen und ein *deskriptiv* erfasstes Über-
zeugungskonvolut nach reflektiert kategorialen Themenfeldern und
Kapiteln komplett durchsortieren – um es dann (mitunter wohl
auch dezent apologetisch) als ein umfassend *integrales und vollständig strukturiertes Deutungswissen* sichern zu können, das letzten
Endes sämtliche Sinn- und Existenzfragen zu bedienen vermag. In
den thematischen Grundartikeln, die in diesem Modell Verwendung
finden, klingt nur bei näherer Inspektion noch die Erinnerungen an
konventionelle theologische Lehrbrocken nach; vielmehr betonen sie
den Charakter eines Nachschlagewerkes, das seinen Rezipierenden
einen Zugriff nach situativem persönlichen Bedarf und je aktueller
Interessenslage ermöglicht, indem es in separaten Artikeln und Kapiteln
perspektivisch ausgeleuchtete Deutungswissensmengen bereitstellt
– bspw. bezogen auf den *Anfang des Universums*[130], den *Grund der
Weltentstehung*[131], die *Vielfalt der Geschöpfe*[132], den *Menschen* als Einzel-
wesen wie auch in seinem Verhältnis zu anderen Wesen und höheren
Mächten[133], das *Übel in der Welt*[134] einschließlich existenzieller
Zustands- und Beziehungsmotive wie *Schuld, Heil* oder *Liebe*[135] nebst
grenzbeschreibender Phänomenbegriffe wie *Zeitlichkeit, Endlichkeit,
Vernichtung* oder *Tod*[136].

Es sind die Konsequenzen einer wohlüberlegten „Begriffarchitektur"[137],
mittels derer aus einer institutionell machtgestützten „Hypothesen-
Maschinerie"[138] konfessionell-frommer Bekenntnisvorgaben und
Glaubenslehrveranstaltungen jene modifizierte Konstruktion neuer

---

[130] Exemplarisch Härle, aaO. 415 f.

[131] Härle, S. 418 f.

[132] Härle, S. 425 f.

[133] Härle, S. 429 f., 437 f.

[134] Härle, S. 444 f.

[135] Härle, S. 456 f., 495 f., 517 f.

[136] Härle, S. 600 f., 620 f., 629 f. u. ö.

[137] Dieser Terminus findet u. a. Verwendung bei Hirsch 1951, S. 389 u. ö.

[138] Ritschl/Hailer 2010, S. 15.

Gedankenarrangements erwachsen konnte, die sich als eine Art „philosophische Theologie"[139] im Sinne einer theologoid-lebenspraktischen Alltagsphilosophie für Anfragen, Anfechtungen und Ausdeutungen erlebten wie auch gelebten Daseins öffnet.

Das Verfahren, das dabei weitgehend veranschlagt wird, folgt einer klaren Logik; in der Regel setzt es, vereinfacht gesagt, in der Anerkennung eines konkreten Textkorpus an,

- der sich kultur-, geistes-, sozial- und religionsgeschichtlich verorten, insofern auch entsprechend kontextualisieren lässt,
- der wesentliche, zentrale wie auch randständige Informationen enthält, die auf religioide Aktivitäten zurückgehen und sich als theologoid bestimmen lassen
- und der insgesamt nicht allein als aussagekräftig, sondern auch als bedeutungsträchtig und prägemächtig zu würdigen ist.

Mit jeder Anerkennung eines solchen Textkorpus ist dabei auch der Sachverhalt registriert, dass er keineswegs einheitliche Texte zusammenstellt, sondern vielmehr unterschiedlichste Formate und Sorten enthält, die je eigene Dekodierungsschemata und texthermeneutische Operationen erforderlich machen. Unter Berücksichtigung, möglichst auch nach Anwendung entsprechender Maßnahmen kann es jetzt zu einem zweiten Verfahrensschritt der Revision kommen; nun nämlich wird zu einer Neuformatierung angesetzt, die zunächst Destillate und Extrakte aus diesem Textcorpus zu gewinnen sucht, um dann diese Extrakte – von relevanten Vokabeln über Schlüsselbegriffe, zentrale Sinnbilder und Denkfiguren bis hin zu weitläufigen Ideen und generellen Deutungsmustern – in Artikeln zu präzisieren und kategorialen Kapiteln zuzuweisen. In einem dritten Verfahrensschritt schließlich wird das System konfiguriert, innerhalb dessen sich Artikel und Kapitel kohärent arrangieren und abbilden lassen. Erfolgreich abgeschlossen ist das Gesamtverfahren, sobald sich das konfigurierte System (a) als repräsentativ für den zugrunde gelegten Textkorpus und

---

[139]Vgl. Plantinga/Thompson 2010, bes. S. 17.

seine bisherige Auslegungsgeschichte, (b) als vollständig im Blick auf das enzyklopädische Ziel, (c) als schlüssig hinsichtlich seiner impliziten Gebrauchsoptionen und (d) als wirksam in der gegenwärtigen und zukünftigen (Lebens-)Geschichte zu erweisen vermag.

Die hintergründige Frage, wer darüber entscheiden kann und darf, wird sicherlich nicht eindeutig beantwortet werden können; einerseits hat sich bewährt, solcherlei Systeme einer entsprechenden Wissenschaftscommunity zu Begutachtung und Diskurs vorzulegen, andererseits gibt es auch reichlich gute Gründe, zumindest die Stellungnahme zur Bewährung und Bewährtheit eines theologoiden Systems von dessen Verhältnis zu bestimmten kulturellen Aktivitäten und Produktivitäten abhängig zu machen.

Der Umstand, dass sich die Gewichtung dieser vier Abschlusskriterien sowohl auf die Gliederung des Gesamtarrangements als auch auf die Nomenklatur der Kapitel auswirkt, macht sich durchaus in dem endgültigen Erscheinungsbild jeder *Dogmatik* bemerkbar. Hier werden wahrlich Trendschübe ersichtlich, was die je zugrunde gelegte spezifische Darstellungslogik anbelangt, sei es, dass stark enzyklopädisch – im Sinne großer scholastischer Entwürfe (Theologie, Anthropologie, Kosmologie) oder postaristotelisch-wissenschaftstheoretischer Denkanstrengungen (Physik, Metaphysik, Pataphysik) – gegliedert wird, sei es, dass eher ein lehrpragmatischer Zugriff auf das lateinische Rubrizierungsvokabular altorthodoxer Heilsordnungs- und Kathedertraditionen (de deo, de mundo, de homine, de ordine salutis etc.) oder auf katechetisch modifizierte, eingedeutschte Themenpakete (etwa zu *des Menschen Elend, Erlösung* und *Heiligung*)[140] erfolgt.

Freilich schließen diese historisch dominierenden Trends nicht aus, dass ein konkreter Textkorpus – für den alle o. g. Voraussetzungen insofern gelten, als er auf religioide Aktivitäten zurückgeführt werden kann, ein Konvolut an theologoiden Sinndeutungsbildern enthält und sich kulturgeschichtlich verorten lässt – eben auch nach einer

---

[140] Vgl. Latzel 2004; Strohm/Stievermann 2015.

modernisierten Anordnungslogik rearrangiert wird, die sich an den aktuellen Bedürfnissen des humanum, also quasi an den einfachen und komplexeren gegenwartskulturellen Fragen nach Wirklichkeit, Existenz, Sinn und Bedeutung orientiert.

Diese Überlegung ist vor allem im Umfeld jener Forschungsansätze und -diskurse aufgeworfen und reflektiert worden, die ein Theoriekonzept so genannter „Alltagsdogmatik"[141] zu entwickeln und zu implementieren suchen. Das Theoriedesign freilich schillert weiterhin beachtlich: Während unter der Signatur einer *Alltagsdogmatik* einerseits an einer Wiederbelebung und Modernisierung der katechetischen Tradition gearbeitet wird, um bei Bedarf kirchen- und christentumsbrauchbare religiöse Bildungsinstrumente zur Hand zu haben[142], wird andererseits eine kultur- und religionshermeneutische Herangehensweise an Alltagsphänomene favorisiert, um die klassischen Thesen von der *Umformung christlichen Denkens in der Neuzeit* und der *unsichtbaren Religion der Spätmoderne* (s. o.) in die modernisierte These von einer *Umformung (bislang institutionalisierter) Religion in soziale Kulturpraktiken und individuelle Sinndeutungsgeschäfte* zu überführen.

Damit ist nun endgültig der Bogen geschlagen zu dem angestrebten Unterfangen, mit einem transkonventionellen Theologieverständnis einschließlich der angezeigt einbegriffenen Differenzierungsvorbehalte (s. o.) an dem *Textkorpus Bowie* zu arbeiten, für dessen Verfasser ja bereits gezeigt werden konnte, dass er durchaus *prinzipiell* mit dem Superintegral letztinstanzlicher Sinndeutungsbilder – eben: »Gott« – experimentiert bzw. mit *theologoiden* Vorstellungsgebinden operiert hat, um einer gewissen Grundgestimmtheit, die als *religioid* qualifizierbar wird, einen reflektierten, künstlerischen Ausdruck zu verleihen.

---

[141] Vgl. Weyel 2008; Steck 2005.
[142] Etwa Korsch 2016.

4.3.3 You've got to have a scheme. You've got to have a plan

Der Textkorpus Bowie liegt vor; er umfasst alle Titel, die der Künstler von 1967 bis 2016 komponiert und interpretiert hat. Dieser Korpus ist in einem Zeitraum von vier Jahren konsumiert und rezipiert, dabei einer Reihe von Sichtungs-, Analyse- und Deutungsprozessen unterzogen worden:

Leitend war für den ersten kritischen Sichtungsdurchgang die kombinierte Fragestellung, ob sich – zunächst grundsätzlich – bestimmte Begriffe, Redewendungen, Denkfiguren, Sinnaspekte, Motive (etc.) auffällig wiederholen und womöglich als konstitutiv und repräsentativ für bestimmte Grundstimmungen und -einsichten ein- holen lassen können, zudem, ob sich – nunmehr konkret – ein Durch- halten einzelner starker Denkspiele und Sinndeutungsexperimente usw. auch in der Showpraxis bzw. den Konzertplaylists des Künstlers zum Ausdruck bringt: etwa, indem Bowie konstant und konsistent gewisse Songs und Songsets, ohne dass eine Publikumsresonanz dafür Indiz dafür sein könnte, favorisiert, weil sie ein Teil von ihm ("... there was a part of myself..."[143]) sind bzw. einer Art Grundgemütslage entsprechen.

Der nächste, in diesen ersten Sichtungsprozess zwar teils noch unver- meidlich eingewobene, freilich um kritische Reflexionen ergänzte Ana- lyseschritt hat sich einer Sortierungsaufgabe angenommen und zu eruieren gesucht, ob und inwieweit sich die besagt wiederkehrenden Figuren und Miniaturen nach Leit- bzw. Basismotiven zusammen- stellen – und ob sich womöglich gar einige der favorisierten Titel als repräsentative Referenz für ein ganzes Anschauungsbündel ver- werten lassen könnten: gerade auch unter Berücksichtigung des sich als komplex darstellenden Sachverhalts, dass sich einige starke Motive konsequent und statisch durchziehen, andere wiederum prinzipiell flexibel gehalten, situativ angepasst oder subtil modifiziert werden, weitere zudem fluide schillern oder sukzessiv sich zu lösen beginnen, manche auch auf Schaffensperioden begrenzt bleiben, mitunter auch erst spät in ihrer Bedeutsamkeit zu erkennen geben.

---

[143] "I guess I wrote it because there was a part of myself that I was looking for"; zit. nach Wallace 1997.

In einem dritten kritischen Aufbereitungsprozess wurden die vor-
sortierten Motive – nun in der Annahme, dass sie sich quasi als
Resultate konkreter (Er-)Lebens- und Denkwege verständlich machen
und als Quintessenzen von Deutungsperspektive und Wirklichkeitssicht auf die existenzielle Offenheit humaner Subjekte beziehen lassen
– in Rubriken zusammengestellt, mittels derer das kreative Bowie'sche
Projekt: *looking for God in exciting new ways* als ein System religioider
Sehnsuchtsmomente und theologoider Wirklichkeitskommentare (aus
dem Leitkulturzeitraum des POP) veranschaulicht werden soll.
Dazu war es nötig, das ordnungskriteriologisch neusortierte Material mit
dem gegenwartskulturell greifbaren humanen Begehren nach Deutungswissen zu assoziieren bzw. das Konvolut an Sinnminiaturen über solche
kategorialen Topoi neu zu fassen, deren Relation zu *einfachen und
komplexeren gegenwartskulturellen Fragen nach Weltwirklichkeit, Existenz-
horizont und Lebenssinn* erkennbar bleibt. Entstanden ist dabei – eben
mit Hilfe eines modernisierten, von der Logik konventioneller Theo-
Dogmatiken abweichenden Themenfächers und einer überarbeiteten
Kapitelstaffel – eine Art materialer Dogmatik, die die *wesentlich
theologoiden Wirklichkeitskommentare desjenigen Künstlers* zusammenstellt,
der zeitlebens *einem grundständig religioiden Sehnsuchtsstreben* gefolgt ist
und insofern ein *Theologe der Kategorie I* genannt werden darf. Dass sich
sämtliche der diesbezüglichen Arbeitsschritte, Demonstrationen und
Interpretationen aus der Perspektive einer transkonventionellen (POP-
und Kultur-)Theologie der Kategorie II ergeben, darf nach den bisherigen Darlegungen als selbstverständlich gelten. Eine Kohärenz beider
Theologien indes ist gegeben, denn auch die transkonventionelle Theologie II favorisiert ja im Endeffekt das Kunstprojekt des *looking for god in
exciting new ways,* und auch der transkonventionelle Theologe II weiß um
den *Wunsch der humanen Grundfigur, ewig frei und lebendig zu sein* – und
vermag sich justament wie Bowie auf das Momentum zu berufen, *when
god did take my logic for a ride.*

5

I think about a world to come

Bowies heiliger Kosmos und die Architektur (s)eines kunstvollen theologoiden Systems

Was bleibt zu tun? Was ist noch zu sagen?

Was soll man an einem sonnigen Tag anziehen?

Wem gönnt man ‚nen Anruf? / Mit wem soll man streiten?

Mit wem soll man am Sonntagabend tanzen?

(…)

Was ist ewig? Was ist verdammt?

Was ist Lehm und was ist Sand?

Wen soll man schmähen? Wem darf man trauen?

Auf wen muss man zuhören? Wen kann man durchschauen?

(…)

Du atmest noch, aber du weißt nicht warum

Du atmest immer noch, aber du kannst es einfach nicht erklären…

„What to do? / What to say? / What to wear on a sunny day? / Who the phone? / Who to fight? / Who to dance with on a sunday night? (…) / What is eternal? What is damned? / What is clay and what is sand? / Who to diss? Who to trust? / Who to listen to? Who to suss (…) / You're still breathing but you don't know why / You're still breathing but you just can't tell (…)"; Bowie 1999: The pretty Things are going to hell.

© Der/die Autor(en), exklusiv lizenziert an Springer Fachmedien Wiesbaden GmbH, ein Teil von Springer Nature 2023
F. T. Brinkmann, *Ashes to Ashes, Spaceboy?!*,
https://doi.org/10.1007/978-3-658-42614-9_5

5.1   In the Quicksand of my thoughts

Auguste Rodin (1840–1917) gehört zu den bedeutendsten Bildhauern der Neuzeit. Fest eingeprägt in das kulturelle Gedächtnis der Moderne[1] hat sich sein unvollendetes Haupt- und Lebenswerk *La porte de l'enfer*[2], eine in Auseinandersetzung mit Dante Alighieris *Inferno* entwickelte und als Bronzeportal für das neue Musée des Arts Décoratifs in Paris konzipierte Plastik mit über 180 Figuren; zu größter Berühmtheit fanden insbesondere die ausgegliederten, vom Bildhauer mehrfach zu größeren Solitären aufgearbeiteten Skulpturen *Le Baiser* (Der Kuss) und *Le Penseur* (Der Denker).[3]

Ob David Bowie einen Zugriff auf diese Momumentalteilchen pop- und hochkultureller Gedächtnisenzyklopädien besaß, und inwieweit er Rodins Denkerstatue, womöglich gar deren prominente Positionierung im oberen Rahmenbereich der besagten Höllentor-Plastik vor Augen gehabt haben kann, als er in den Kopfzeilen seiner Ballade *Cygnet Committee* (s. o.) eine ganz ähnliche Figur quasi lyrisch implementierte, bleibt deutungsoffen, aber verdächtig genug: *The Thinker sits alone growing older (and so bitter)* – schon früh in seiner ersten auffälligen Schaffensperiode[4] hat Bowie mit der schillernden Figur eines in die Jahre gekommenen Weisheitsdenkers operiert, konstruiert als Amalgam aus asketischem Einzelgänger, rätselhaftem Schamanen und spirituellem Leader, wegweisend und erleuchtend, befreiend und erlösend, jedoch zugleich eben auch einsam und verbittert, isoliert und melancholisch, unverstanden, verraten und verlassen. Im Refrain der Stille und des Tages Dämmerung, durchbrochen allein von dem Gesang eines Sper-

---

[1] Brabant, Dominik. 2017. Rodin-Lektüren. Deutungen und Debatten von der Moderne zur Postmoderne. Köln: MAP.

[2] Le Normand-Romain, Antoinette. 2002. Rodin. La Porte de l'Enfer, Paris: éditions du musée Rodin.

[3] Le Normand-Romain, Antoinette. 2013. Rodin. Paris: Citadelles & Mazenod.

[4] Im Gegensatz zu den von der Unterhaltungsindustrie und der Popkultur weitestgehend unbemerkten Arbeiten seiner frühesten Wirkphase zwischen 1964 und 1968 wird Bowies Schaffen rund um *Space Oddity* durchaus wohlwollend registriert, vereinzelt gar euphorisch gewürdigt; vgl. O'Leary 2015, S. 8 ff.; S. 99 f.

lings, den irgendwer wohl noch hören könnte[5], hat er seinen Ort, dieser Bowie'sche Grundcharakter; hier, gewissermaßen am Rande des Ereignisfirmaments, ventiliert der Weise seine abschließenden Einsichten, das Leben, die Welt und die Wirklichkeit betreffend: „I gave them life, I gave them all (…), I crushed my heart to ease their pains (…), I opened doors that would have blocked their way", resümmiert er und zieht, was des Menschen Dankbarkeit und Vergesslichkeit betrifft, ein scheinbar trostloses Fazit: „they drained my very soul … dry (…), no thought for me remains there."[6] Indes, zu resignieren ist für diese Figur niemals Option, auch nicht im Angesicht eines absurd scheinenden, geradezu trostlosen Daseins; in drastisch-dramatischen Flehgebärden erklärt sie ihre Absicht, weiterhin an einen Sinn im jetzigen Wahn-Sinn zu glauben, sich danach zu strecken, dass sich ein erleuchtender Lichtstrahl den Weg durch das Dunkle bahnen kann – und schlichtweg der Gier nach Leben zu frönen.[7]

Bowie hat offensichtlich an diesem Bild nachhaltig Gefallen gefunden, präziser noch: er hat das Porträt des weitsichtig-sensiblen Denkers, der sich lebenssehnsüchtig aller Vergänglichkeit und Abgründigkeit entgegenstemmt und sich anschickt, seiner erfahrenen Wirklichkeit mit neuen, waghalsigen Perspektiven und Gegenverrücktheiten zu trotzen, weiter ausgemalt und mit beachtlicher Firnis versehen. Mehrfach, geradezu regelmäßig findet diese Figur in Bowies Arbeiten Verwendung, wird im Modus einer sukzessiven Fortschreibung zu einer dauernden, gleichwohl fluiden Instanz gemacht. Und so ist es eben auch eine Variante dieser Denkerfigur, die in *The Width of a Circle* allerlei schmalgerade Lebenspfade Revue passieren lässt, Irrungen meditiert, Wirrungen kultiviert, Alterungen reflektiert – und in einer Vergegenwärtigung von faktischer Endlichkeit und subjektivem Endlichkeitsbewusstsein nach Optionen sucht, um dem Scheitern von Ich

---

[5] Bowie 1969: Cygnet Committee: „And as the sparrow sings / Dawn chorus for someone else to hear / The Thinker sits alone growing older / And so bitter."

[6] Bowie 1969: Cygnet Committee.

[7] „And I want to believe in the madness that calls 'Now'. And I want to believe that a light's shining through somehow. And I want to believe (…). I want to live."; Bowie 1969: Cygnet Committee.

und Selbst Einhalt zu gebieten: „In the corner of the morning in the past / I would sit and blame the master first and last / All the roads were straight and narrow / And the prayers were small and yellow / And the rumour spread that I was aging fast."[8] Es ist ein abgründiger Held, dessen verunsichernde Confessio in der breiten *Weite des Kreises* ihren Anfang nimmt, und die flackernde Brüchigkeit zwischen den Zeilen macht ihre ganz eigenen Andeutungen, was die emotionale Unruhe, den unbestechlich klaren Geist und die zwiegesichtige Fragilität dieser Kunstfigur betrifft. Bowie schärft mit jedem weiteren Vers, mit jedem weiteren Song zunehmend die Konturen seiner lyrisch skulpturierten Plastik des *Denkers,* der sich wohl sinnend, doch eher energisch als bedächtig, unbarmherzig analytisch und sensibel zugleich, hungrig und wild aller Weltwirklichkeit entgegenwirft, sie mit feinfühligen Verstande völlig zu erschließen sucht und gleichzeitig bereit sich zeigt, es auch mit widersinnigen Etappen und Wendungen dieser Wirklichkeit – bis hin zu den schicksalshaft letzten Begegnungen in den tosenden Wogen des endzeitlichen Inferno – aufzunehmen.

Dass dieses Verfahren, dieser Umgang mit der Wirklichkeit unter einer Dauerspannung steht und sich der Denker in seiner permanenten Umtriebigkeit immer mutig-verwegen und gelassen-unbekümmert zugleich verhält, wird von Bowie mit dem ambiguitätsverdächtigen „Riding along"[9] veranschaulicht. Weil die Horizonte der denkend erschlossenen Welt und der wagnisartig erdeuteten Wirklichkeit gesäumt bleiben von der Eventualität, dass die Wirklichkeit doch eine andere (und *Ich ein Anderer*[10]) ist, und weil eben niemals garantiert werden kann, dass die Ideen, Konzepte und Perspektiven der Philosophie(n), der esoterischen Weltanschauung(en) und der Religion(en) mitsamt aller einverkapselten Handlungsoptionen und Regelwerke den ersehnten Halt im Dasein gewährleisten (sondern stattdessen

---

[8] Bowie 1970: The Width of a Circle.

[9] Bowie 1970: The Width of a Circle.

[10] In diesem Zusammenhang wäre an Jacques Lacans „Le je n'est pas le moi", an Arthur Rimbauds „Ich ist ein Anderer" und an die existenzielle Unverträglichkeit von Konjunktiv (Wäre-Ich), Optativ (Möchte-Ich), Indikativ (Bin-Ich) und Imperativ (Sei-Ich) zu erinnern; vgl. Brinkmann 2019c, 302–305.

womöglich das befürchtete existentielle Scheitern begünstigen), bleibt es nur bei einer einzigen realistischen Option auf den fundamentalen Eckpfeilern *Trotz* und *Phantasie*. Bowies Denker, er muss sich waghalsig nach vorn werfen und leben mit der Perspektive, dass die allumfassende Einsicht, die Konfrontation mit dem letztinstanzlichen Sinnintegral (a) keine Veranstaltung im Diesseits sein kann und sich weder verträgt (b) mit einer maßlosen Selbstüberschätzung und Selbstaufwertung des Super-Subjekts noch (c) mit der schlichten Selbsttäuschung durch vereinfachte Glaubensannahmen: „Don't believe in yourself, don't deceive with belief; knowledge comes with death's release", so lautet das Mantra, das Bowie 1971 auf seinem vierten Studioalbum *Hunky Dory*[11] erstmals vorträgt – und offensichtlich mit seiner Figur des suchenden Denkers assoziiert hatte. Eingebunden ist es in den Song *Quicksand*, der wie eine Mischung aus einsichtiger präsentischer Selbstdokumentation und verspäteter Lebensbeichte scheint und einen Charakter zentriert, der kritisch autorevisionär die Vielfalt seiner Denk- und Deutungsansätze Revue passieren lässt, um dann eingestehend zu offenbaren, dass er längst dabei ist, im Treibsand seiner Gedanken unterzugehen:

Quicksand

I'm closer to the Golden Dawn
Immersed in Crowley's uniform
Of imagery
I'm living in a silent film
Portraying Himmler's sacred realm
Of dream reality
I'm frightened by the total goal
Drawing to the ragged hole
And I ain't got the power anymore
No I ain't got the power anymore

I'm the twisted name on Garbo's eyes

---

[11] Bowie 1971: Hunky Dory.

Living proof of Churchill's lies
I'm destiny
I'm torn between the light and dark
Where others see their targets
Divine symmetry
Should I kiss the viper's fang
Or herald loud the death of Man
I'm sinking in the quicksand of my thought
And I ain't got the power anymore
Don't believe in yourself
Don't deceive with belief
Knowledge comes with death's release (Ah! / Ah!)

I'm not a prophet or a stone age man
Just a mortal with potential of a superman
I'm living on
I'm tethered to the logic of Homo Sapien
Can't take my eyes from the great salvation
Of bullshit faith
If I don't explain what you ought to know
You can tell me all about it on the next Bardo
I'm sinking in the quicksand of my thought
And I ain't got the power anymore
Don't believe in yourself
Don't deceive with belief
Knowledge comes with death's release (Ah! / Ah!)
Don't believe in yourself
Don't deceive with belief
Knowledge comes with death's release (Ah! / Ah!)

Satanist Crowley, Nazi Himmler: es waren vor allem diese symbol-mächtigen, ziemlich geschickt in der ersten *Quicksand*-Strophe positionierten Schlüsselbegriffe gewesen, die dazu beigetragen hatten, dass man Bowie anfeinden und mit Unterstellungen und Vorhaltungen konfrontieren konnte; mehrfach hat man dem Künstler in den 1970er Jahren – auch aufgrund vereinzelter öffentlicher Auftritte, die bisweilen mit recht überkandidelten Provokationen einhergingen – zur Last legen wollen, mit faschistischer Ideologie und schwarzmagischer Esoterik plakativ zu kokettieren.[12] Doch den entscheidenden Punkt traf diese detailfixierte Rüge nicht; die empörungsübersättigte Kritik ging sowohl an entscheidenden, wenngleich teils versteckten Pointen wie auch an dem eigentlichen Theorieclou vorbei. Immerhin wurde doch in *Quicksand* die Verzweiflung des Denkers thematisiert, sein Durchschreiten und Hinter-Sich-Lassen von Positionen, seine Erkenntnis von der schlechthinnigen Sinn- und Nutzlosigkeit aller großen Anschauungen und Narrative, zumal sie vorläufig sind und auf erschreckende Weise vorläufig bleiben müssen: sowohl die explizit benannten als auch die mit subtilen Andeutungen eingespielten Ideengebinde kamen exemplarisch für alles zu stehen, was nicht funktioniert, nicht tröstet, nicht hält: Ganz offensichtlich hatte sich Bowie vor und während der Abfassung von *Quicksand* nicht nur mit den derzeit trendigen Lehren – etwa den Weisheiten der magischen Gesellschaft *Order of the Golden Dawn in the Outer*[13], den Licht-Dunkel-Dualismen gnostischer Traditionen[14] oder den buddhistischen Erlösungsbildern aus dem (tibetanischen bzw.) Tibetischen Totenbuch *Bardo Thödol*[15] – befasst, sondern auch mit allerlei kuriosen Fundstücken wissenschaftlicher und populärer Erzählkulturen. Hierunter zählen nun.

- die Überlieferung von Joan Pujol „Garbo" García[16], einem Doppelagenten, der im Zweiten Weltkrieg als Winston Churchills strategischer Hexenmeister[17] eine tragende Rolle einnahm, mit Fehlinformationen und Spionagelügen maßgeblich an der Täuschungs-

---

[12] Vgl. Alper 2007; Borschel-Dan 2016.
[13] Vgl. Howe 1972, S. 18.
[14] Vgl. Markschies 2006.
[15] Vgl. Evans-Wentz 2003.
[16] Vgl. Molfenter 2014.
[17] Vgl. Rankin 2008.

aktion *Operation Fortitude*[18] beteiligt war und so den Erfolg der *Operation Overlord*, besser bekannt als die Invasion der Alliierten in der Normandie, ermöglicht hatte,

- die illusorischen Legenden von mittelalterlichen Herrschaftsmysterien, mittels derer Himmler seine von Spießigkeit, intellektueller „Dürftigkeit und gedanklicher Armut" geprägte romantische Verstiegenheit offenbarte, einer „von Indianern und Operngermanen geprägten" infantilen Phantasie Ausdruck gab[19] und eine verhängnisvoll-fürchterliche Traumwelt schuf,
- vielleicht auch eine Tragödie aus dem frühen 19. Jahrhundert, in der die Metapher vom *Reißzahn der Viper* eine gewisse Rolle bei der Einschätzung verbotener Liebe spielt[20],
- aber ganz gewiss MICHEL FOUCAULTs komplizierte Ausführungen in der Schrift *Ordnung der Dinge*,[21] die vor allem in der Philosophie zu einer intensiven Auseinandersetzung mit der diagnostischen Stellungnahme zum Ende des Menschen („Death of Man"[22]) geführt hat.

Auch kleinere Wortspielereien und Anspielungen sind keineswegs auszuschließen; auffällig ist z. B. der verwirrende Gleichklang von (Brigitte) *Bardot* und dem Erlösungs- bzw. Bewusstseinszustand *Bardo*, die gleiche Schreibweise von (Greta) *Garbo* und *Garbo* (García), die Klangähnlichkeit des geschriebenen *ragged hole* und dem live oft

---

[18] Vgl. Levine 2011.

[19] Fest 1974, S. 21.

[20] Vgl. Milman 1818, bes. S. 23.

[21] Foucault 1971, S. 460: „Heutzutage (…) ist es nicht so sehr das Fehlen oder der Tod Gottes, der bestätigt wird, sondern das Ende des Menschen (…). Hier macht man die Entdeckung, dass der Tod Gottes und der letzte Mensch miteinander zu tun haben: kündigt nicht der letzte Mensch an, dass er Gott getötet hat, und stellt so seine Sprache, sein Denken und sein Lachen in den Raum des bereits toten Gottes, gibt sich aber auch als derjenige, der Gott getötet hat und dessen Existenz die Freiheit und die Entscheidung dieser Tötung einschließt. So ist der letzte Mensch gleichzeitig jünger und älter als der Tod Gottes; da er Gott getötet hat, ist er selbst für seine eigene Endlichkeit verantwortlich. Da er aber im Tod Gottes spricht, denkt und existiert, ist seine Tötung selbst dem Tode geweiht. Neue Götter, die gleichen, wühlen bereits den künftigen Ozean auf. Der Mensch wird verschwinden."

[22] Vgl. Durfee 2003.

gesungenen *rabbit hole*[23] als klassischem Idiom für eine verworren-ver-
drehte, beinah ausweglose Situation – und einmal mehr wieder die
Inanspruchnahme von Termini, die schnell an die religionskritische
Gedankenwelt Nietzsches und seinen Denkweg zum Übermenschen
erinnern lassen.

Doch Bowie schlägt diesen Weg nicht ein. Mühsam hat sein lyrisches
Ich aus *Quicksand* den Hochsitz des Denkers erklommen – und
von dort aus auf die Plateaus einer unerlösten Welt geblickt, deren
Teil es selbst ja ist; nicht ohne Resignation hat es all die verrückten
Erzählungen, all die unvollständigen Systeme, all die absurden Sinn-
angebote, all die abgründigen Denkspielereien nachdenkend und
nachdenklich registriert, an denen es als Teil der Spezies homo sapiens
beteiligt war und bleibt. Und genau diesen Zustand macht es sich vollends bewusst, realisiert sich selbst in letzter Bedürftigkeit, Offenheit,
Haltlosigkeit, löst seine Augen nicht von dem Sehnsuchtsziel, das freilich nur von einem *bullshit faith* repräsentiert und bedient wird – und
riskiert dann alles: Denn jetzt, da es zwar immer noch nicht alles weiß,
aber die Grenzen des wissenden Ich hin- und anzunehmen vermag,
zumal ihm bewusst ist, wie es im Strudel des Denkens herabgezogen
wird in die Untiefen des Seelenschmerzes, der unbewältigt bleibt, jetzt
also geht es nur noch um jene besondere Weisheit, die mit dem Tod
kommt bzw. im Tod freigesetzt wird. „I don't want knowledge. I want
certainty"[24], stellt Jahrzehnte später eines der vielen weiteren lyrischen
Ichs von Bowie vehement klar und betont, dass konventionelle Wissens-
aneignung und intellektuelle Durchdringung von beobachteten
Phänomenen keineswegs zwingend zu jener entspannten Daseins-
haltung führen, die sich als innere Gewissheit und Sicherheit selbst
bestätigt. Jedoch, das Grunddilemma besteht darin, dass diese Gewissheit eben als existenzielle Gemütshaltung keinen Erkenntnisgegen-
stand benötigt, aber eben schlichtweg auch keinen bekommt – was ja
indirekt versprachlicht wird als *Knowledge comes with death's release*,
jener bildlichen Auffassung nämlich, dass die Spannung zwischen

---

[23] Nach Caroll 1865.
[24] Bowie 1997: Law [Earthling on Fire].

sachstandsbezogenem Wissen und gegenstandslosem Sicherheits-
bewusstsein erst durch einen Tod vollends ent-spannt wird, der (theo-
logiesprachlich arg vereinfacht) die *letzten Dinge* offenbart.

Obschon besagte Ent-Spannung, prinzipiell wohl auch als Auf-
Lösung (oder gar Erlösung) denkbar, eine ziemlich endgültige, weil
gleichsam jenseitige Veranstaltung bleibt, kann ihr in einem Modus
tiefernsten Vertrauens und kämpferischen Sehnens – dabei mit
allegorischen Veranschaulichungen des Letztinstanzlichen und Undenk-
baren – entgegengekommen werden, und außerdem ist man ja (fast)
schon tot, zumindest doch wirklichkeitsblind-verblendet und bisweilen
lebensübersättigt-lebensmüde: „We're fighting with the eyes of the
blind. (…) Because of all we've seen, because of all we've said. We are
the dead"[25], formuliert Bowie nur wenige Jahre nach *Quickand* passend
und fordert zur neuen Art der Besinnung auf das Letztinstanzliche auf:
„So you scream out of line »I want you! I need you! Anyone out there?
Any time?« (…) Well, I guess we must be looking for a different kind.
But we can't stop trying 'til we break up our minds"[26].

5.2   I put my faith in tomorrow

Das selbstzermarternde Kopfzerbrechen angesichts alles Geschauten,
das alleszermalmende Weitergrübeln als Transzendierung eines scheinbar gut Durchdachten: Bewegungen eines geschundenen Geistes, der
doch immer wieder jenen besonderen Engpass fokussiert, den Weg
der Risiken, der Wagnisse – und des Vertrauens. Denn groß ist sie, die
Not des im Ozean der Weltanschauungen treibenden Denkers, doch
es wächst in ihm die Ahnung von der Notwendigkeit, einen Halt zu
finden, obgleich nur der ferne Horizont in verschwommener Sichtweite
ist. „Got to believe", resümiert Bowie in dem komplexen Song *Jump
they say*,[27] der – so die wohl bekannteste Lesart, bei der die filmische

---

[25] Bowie 1974: We are the dead.
[26] Bowie 1974: Candidate.
[27] Bowie 1993: Jump they say.

Erzählung des entsprechenden Videoclips in die Bewertung einbezogen, die Grundambiguität der Bowie'schen Textarbeiten hingegen weitestgehend ausgeblendet wird – zunächst demonstrativ auf den Suizid seines Bruders Terry rekurriert, im Schlussteil jedoch eine *metabasis eis allo genos* vornimmt und den Imperativ „Jump" aus dem Bereich der suizidalen Szenerie in die Sphäre der existenziellen Optionen überführt.[28] Die finale, über 100 s lang skandierte Versfolge „They say jump / Got to believe somebody. / Jump / Got to believe" mag anschaulich machen, dass und wie die Metapher des Springens bzw. des Sprungs nun für einen radikal proleptischen Perspektiven- und Kategorienwechsel aufgebracht wird: er geht über das Denkvermögen, den Verstand und die angeeigneten Wissensmengen hinaus, dieser vor allem durch den dänischen Existenzphilosophen SØREN AABYE KIERKEGAARD als *Sprung in den Glauben*[29] prominent gewordene Akt einer intellektuellen Selbsthinübergabe bei gleichzeitig einhergehender fideistisch-spirituellen Selbsteinlassung auf Seins- und Sinnordnungen jenseits des Fassbaren; vorwegnehmend übersprungen werden auch die Grenzen aller subjektiven Entwürfe einer eigenen Existenz, zudem sämtliche Horizonte aller persönlich-eigenen Lebenssinndeutungen. Bewusst und entschlossen wird Abschied genommen von den vermeintlichen Eindeutigkeiten und Verlässlichkeiten des Denkens, wird die Selbstbindung an klare Bezeichnungsweisen, Etikettierungsverfahren und Begriffsbildungen aufgekündigt, wenn sich Bowies Kunstfigur des Denkers – wie auch ihr Schöpfer, der Künstler selbst – gehen und fallen lässt „into the unknown", ohne nähere sachdienliche Hinweise zu Grund, Wesen und Gegenstand des besonderen emotionalen „support" liefern zu können.[30] Aber genau dieser Dauermangel an

---

[28] Vgl. die Selbstauskunft von David Bowie: „»Jump They Say« is semi-based on my impression of my step-brother and probably, for the first time, trying to write about how I felt about him committing suicide. It's also (…) connected to my feeling that sometimes I've jumped metaphysically into the unknown and wondering whether I really believed there was something out there to support me, whatever you wanna call it; a God or a life-force? It's an impressionist piece – it doesn't have an obvious, cohesive narrative storyline to it, apart from the fact that the protagonist in the song scales a spire and leaps off."; Sutherland 1993b, S. 12.

[29] Vgl. Kühnhold 1975.

[30] Alle zitierten Wendungen bei: Sutherland 1993b, S. 12.

Objektivierungs- und Präzisierungsvermögen ist ja auch ein wesentliches Signiermoment all dessen, was für gewöhnlich recht unterkomplex unter der Rubrizierungsvokabel »Glaube(n)« subsummiert wird; Bowie hat diesen Umstand mit der Freiheit des kreativen Artisten festgehalten und in seinem Œuvre ein entsprechend schillerndes Mosaik hinterlassen, das mit der oszillierenden *believe*–Vokabel kokettiert und die Ambiguität des *believe*-Begriffes mit vielseitigen Inanspruchnahmen bestätigt. Und so kommt diese *believe*–Vokabel zum Einsatz, wenn es gilt,

a) eine von autoritären Apparaten geradezu erzwungene (Glaubens) Einstellung zu fokussieren, die auf die Akzeptanz geschlossener Systeme hinausläuft[31] (und z. T. mit der Existenz mehr oder weniger phantasievoll gestalteter Aliens[32] operiert),

b) eine vereinfachte Art des Fürwahrhaltens anzusprechen[33],

c) eine wohlwollende Grundhaltung des Ver- und Zutrauens zu artikulieren, vor allem bezogen auf nahestehende[34] und faszinierende[35] Personen sowie auf möglichst glückliche Wendungen von Umständen,

d) die entschlossene Attitude eines emanzipierten Subjekts zu behandeln[36], das sich bewusst in ein bestimmtes Verhältnis zu Sinnfiguren und Werten bringt und die Konsequenzen für die Lebensführung akzeptiert, sowie

---

[31] Z. B. Bowie 1969: Cygnet Commitee: „We Can Force You to Believe."

[32] Bowie 1984: Loving the Alien: „And your prayers, they break the sky in two / (Believing the strangest things, loving the alien) / You pray til the break of dawn / (Believing the strangest things, loving the alien) / And you'll believe you're loving the alien / (Believing the strangest things, loving the alien)."

[33] Bowie 1983: Cat People [Putting out Fire]: „You wouldn't believe what I've been through."; Bowie 1993: The Wedding Song: „I've believed I belonged to you for a long time".

[34] Bowie 1971: Kooks: „Will you stay in our lovers' story? / If you stay you won't be sorry / 'Cause we believe in you / Soon you'll grow, so take a chance / With a couple of kooks hung up on romancing."

[35] Bowie 1979: DJ: „I am a D.J., I am what I play / I've got believers / Believing in me."

[36] Bowie 1977: Beauty and the Beast: „I wanted to believe me / I wanted to be good / I wanted no distractions / Like every good boy should, my-my / Nothing will corrupt us / Nothing will compete / Thank God heaven left us / Standing on our feet."

e) eine grundlose bzw. nicht mit Wissenswerten arbeitende, daher nahezu waghalsige Gemütsöffnung zu versprachlichen, die das Absurde[37] mit Hoffnung (credo quia absurdum[38]) konterkariert, sich trotzig und sehnsüchtig auf Zuversicht stützt[39], mitunter aber auch in Anfechtung und Verzweiflung umschlagen kann.[40]

Kurzum, Bowie macht von der Vielfalt an Verwendungs- und Deutungsoptionen Gebrauch und findet beachtliche Einsatzmöglichkeiten für den *believe*-Begriff, dessen je konkrete und intendierte Bedeutungsnuance aus dem Kontext der jeweiligen Songerzählung – womöglich aus den darin verwobenen Charakterbildern und Figurenskizzen, womöglich aus den Stellungnahmen zur Wirklichkeit, die ein lyrisches Ich als Äußerung vorträgt – erschlossen werden kann. Eine Erklärung für die jeweilig implementierte Bedeutungsnuancenpräferenz, sprich: für den Tatbestand, dass in einem Song X das konkrete *believe*-Verständnis Y bevorzugt wird, dürfte mitunter in den jeweiligen Lebensumständen des Künstlers zu finden sein.

Wenn Bowie anlässlich der Geburt seines Sohnes Duncan Zowie Haywood Jones den Song Kooks komponiert, um darin zwischen allerlei bunten Versprechungen (Wenn Dich die Schulaufgaben eines Tages niederdrücken, schmeißen wir sie ins Feuer und fahren mit dem Auto in die Stadt!) die Zuneigungswidmung „We believe in you" zu verkapseln, wird natürlich eine andere Geschichte erzählt als in dem enigmatischen Text von „Station to Station", der sich u. a. auf mögliche Nebenwirkungen von Kokain und Liebe (bei Bowie selbst?) einlässt und in einer rätselhaften Besinnung zu Gnade, Dankbarkeit und Hass die *believe*-Frage nach dem Nieder- und Angeschlagensein offenhält: „It's not the side-effects of the cocaine / I'm thinking that it must be love. / It's too

---

[37] Vgl. Kierkegaard 2016.

[38] Vgl. Bühler 2008.

[39] Z. B. Bowie 1976: Golden Years: „I believe, oh Lord, I believe all the way / (Come get up, my baby) / Run for the shadows, run for the shadows / Run for the shadows in these golden years").

[40] Bowie 1995: No Control: „You've got to have a scheme / You've got to have a plan / In the world of today, for tomorrow's man / I should live my life on bended knee / If I can't control my destiny / No control / I can't believe / I've no control / It's all deranged."

late to be grateful / It's too late to be late again / It's too late to be hateful / (...) / I must be only one in a million / I won't let the day pass without her / (...) / Should I believe that I've been stricken? / Does my face show some kind of glow? (...)"[41]

Doch längst nicht alle *believe*-Thematisierungen Bowies lassen sich eindeutig und eindimensional auf Ereignisse, Situationen und Momente zurückführen. Als widerständig erweisen sich vor allem die – hier bislang auch zentrierten – Artikulationen des Künstlers, die nicht mit einer Situation verknüpft sind, infolgedessen auch nicht zwingend als Ausdruck einer situativ begründeten Verfasstheit und Gestimmtheit verstanden werden können. Nimmt man nun grundsätzlich an, dass Arbeiten, in denen ein *believe*-Konzept prominent ausgestellt wird, als Ausdruck einer konkreten mentalen, emotionalen Befindlichkeit gelesen und inspiziert werden dürfen, die mit den jeweilig aktuellen Lebens- und Denkumständen konnotiert bleibt, so wäre in Betracht zu ziehen, dass insbesondere die nicht lebenskontextualisierbaren, jedoch beständig aktualisiert wiederkehrenden believe-Meditationen des David Bowie mit eine Art melancholisch imprägnierter Dauerreflexivität zu tun haben und als ein Grundmomentum seines Schaffens verstehbar werden dürfen: Der Denker, so die Basiserzählung, unternimmt – im Modus seiner Weltbetrachtung bei zunehmender Einsicht in das Abgründige und im Modus seines Denkens auf den Klippen des Wahnhaften – trotzige Versuche des existenziell Riskanten sowie waghalsige Einlassungen auf totalitär-transzendente Sinn(ab)gründe und strebt danach, letztinstanzlich sein im Denken errichtetes Weltbild und seine im Vertrauen riskierte Bildwelt mit dem schlechthinnigen Geheimnisgrund von Welt, Wirklichkeit, Existenz und Sinn zu synchronisieren. „Just because I believe don't mean I don't think as well / Don't have to question everything in Heaven or Hell"[42]: zumindest ansatzweise muss sich die Pointe seiner angestrebten existenziellen Gewissheit kompatibel verhalten zu jenen Gedanken, die der im Treibsand des Denkens

---

[41] Bowie 1976: Station to Station.
[42] Bowie 1976: Word on a Wing.

Sinkende zwar für vorläufig, aber nicht für sinnlos erachten konnte. Ist also die eigene Sinndeutungsarbeit anpassungsfähig an den wahren Plan der Welt? Angedeutet hat Bowie dieses Problem, das ihn offensichtlich umtrieb, immer wieder; explizit entfaltet wird die Spannung, die sich zwischen gestaltender, verstehender (emanzipierter) Vernunft, sehnender Bedürftigkeit bis hin zu existentieller Not und dem religioiden radikalen Wagnis verdichtet, in einer Art dreiteiliger Fragestellung: „I'm ready to shape the scheme of things / (…) / I'm trying hard to fit among your scheme of things / (…) / Does my prayer fit in with your scheme of things?"[43] Bowie hat diese Frage nach dem wahren Plan der Welt über Jahrzehnte generiert, reflektiert und artikuliert; letzten Endes hat er ihrer Unlösbarkeit angemessen dialektisch[44] Paroli geboten, indem er sein Konzept von *believe* überhöht hat zu einem vielschichtigen Netz von Wissen, Zweifel, Furcht, Irrtum, Begehren, Hoffnung, Angst und Dankbarkeit, in dessen Fadenkreuz eine grund-, aber auch furchtlose Gewissheit als *faith* visiert wird. Zu einem Momument trefflichster Veranschaulichung wird Bowies Song *Afraid:*

I wish I was smarter
I got so lost on the shore
I wish I was taller
Things really matter to me

But I put my faith in tomorrow
I believe we're not alone
I believe in Beatles[45]
I believe my little soul has grown

---

[43] Bowie 1976: Word on a Wing.

[44] „Don't want to know the past, I want to know the real deal / I really don't want to know that / The less we know, the better we feel" (Bowie 1999: The pretty things are going to hell).

[45] Zu den Besonderheiten dieses Songs gehört, dass er eine versteckte Einlassung auf Bowies Freund John Lennon beinhaltet. Lennon hatte auf seinem ersten Studio-Soloalbum nach der Trennung von den Beatles den Song *God* untergebracht – und dort mit einer ganzen Reihe religiöser Konzepte, Idole, Themen und Stifter abgerechnet; vgl. Lennon 1970: God. Von Gewicht waren u. a. die Verszeilen „I don't believe in Beatles / I just believe in me / Yoko and me / And that's reality / The dream is over / What can I say?", denen Bowie vehement, wenngleich arg verpätet widersprechen wollte. Anders als Lennon glaubte er an die Beatles – und an noch weitaus mehr.

And I'm still so afraid
Yeah, I'm still so afraid
Yeah, I'm still so afraid
On my own
On my own

What made my life so wonderful?
What made me feel so bad?
I used to wake up the ocean
I used to walk on clouds

If I put faith in medication
If I can smile a crooked smile
If I can talk on television
If I can walk an empty mile

And I won't feel afraid
No I won't feel afraid
I won't be,
be afraid anymore
Anymore
(And then I just won't be afraid)
Anymore
(And then I just won't be afraid)[46].

---

[46] Bowie 2002: Afraid (ST). Eine deutschsprachige Wiedergabe [d.d. Verf.] mag verdeutlichen, wie gehört und welcher Sinn wahrgenommen werden kann: „Ich wünschte, ich wäre klüger, habe mich am Ufer so verloren und verirrt. Ich wünschte, ich wäre reifer, erhabener, Dinge machen mir echt etwas aus. Doch ich richte meinen Blick auf den morgigen Tag. Und ich glaube, wir sind nicht allein. Ich glaube an die Beatles, glaube, meine kleine Seele ist gewachsen. Doch immer noch habe ich Angst, solche Angst, ja, immer noch. Weiterhin, weithin. Immer noch. Ich bin allein. Ganz allein. Was hat mein Leben so wunderbar gemacht? Warum hat dazu geführt, dass mich so schlecht gefühlt habe, bisweilen? Es gab eine Zeit, da konnte ich den Ozean wecken, auf Wolken gehen. Sofern ich mein Vertrauen in Medikamente setze, sofern ich ein schiefgrinsend lächeln kann, so ich im Fernsehen spreche, eine leere, sinnlose Meile gehe, voranschreite. Und ich will keine Angst mehr haben. Nein, ich werde keine Angst haben. Ich werde keine Angst jemals mehr haben. Nie mehr (Und dann werde ich einfach keine Angst mehr haben) / Nie mehr (Und dann werde ich einfach keine Angst mehr haben)."

Das lyrische Ich, das Bowie in *Afraid* sprechen lässt und dessen Singstimme er wohl selber ist – es hat die Grenzen des Lebens wie auch
die Begrenztheit des intellektuell Erschließbaren und Erschlossenen
akzeptiert, sich seiner Grundfurcht in melancholisch eingefärbter Dankbarkeit für das lebendige, lebhafte Dasein gestellt und den tosenden
Angstgefühlen eine Art nihilistischer Gewissheit entgegengestellt: Wer
nicht mehr *ist* und im Sein existiert („I won't be"), kann sich auch nicht
mehr begreifen als der im ängstlichen Sein seiende Mensch („be afraid
anymore"), lautet am Ende die existenzphilosophische Pointe[47], die im
Schulterschluss mit dem ganz ähnlich gemeinten Clou von *Quicksand*
(„Knowledge comes with deaths release") zu jenem Sprung ermutigt,
der in der Wirklichkeit stattfindet, in der verständlich gemachten und
erdeuteten Wirklichkeit verbleibt – und doch aus dieser Wirklichkeit herausführt, weil er sie erlebnisriskierend überschreitet, gleichsam
spirituell transzendiert.

Aber was war das nun für eine Welt, die da von Bowie und seiner
Armada lyrischer Ich-Figuren erlebt wurde? Welche Konturen, Profile
und Eigenarten hatte eine „Wirklichkeit", die nur in den Modi des
intensiven Erlebens, des auf gründlichste Beobachtungen fußenden
Durchdenkens, des waghalsigen Experiments und des lebenskünst-
lerischen Probespringens als wirkliche Wirklichkeit erschlossen und
bewältigt werden konnte? Mit welchen Denkbildern war sie verständlich und gegenständlich zu machen, und mit welchen Sinn-
konstruktionen sollten sich Brücken schlagen lassen über die garstigen
Gräben, die der kalte Verstand geschaffen, und über die Schneisen,
die eine erbarmungslose Vernunft geschlagen hatte? Mit welchen
Kommentaren, anders gefragt, hat Bowie die allgemeine „Welt" zu
seiner besonderen Welt erklärt, den abstrakten „Menschen" zum
existenten, echten und wahren Menschen gemacht und insgesamt jenes
Netz an letzten sinnerhellenden Bedeutungen gewoben, das sich wie
ein Heiliger Kosmos über jenes Chaos wölben darf, das sich dem reinen
Denker *(Penseur, Thinker)* eben weithin nur als Chaos zeigen will?

---

[47] Eine Denkfigur, die sich durchaus mit Martin Heideggers Analysen in Sein und Zeit
(Heidegger 2006) assoziieren ließe, vgl. Rentsch 1989.

5.3   It's not the end of the world

The Rise and Fall of Ziggy Stardust and the Spiders from Mars, jenes Konzeptalbum, mit dem Bowie Anfang der 1070er Jahre endgültig den POP-Olymp – nunmehr durch die Pforten des Glam Rock – erklimmen konnte[48], begann mit einer Provokation: Was wäre, wenn die verfügbare Lebenszeit nicht nur bemessen, sondern deren Längenmaß auch offenkundig wäre? Was, wenn dies nicht nur die eigene Existenz, sondern gleich die vollständige Menschheit, die ganze Weltwirklichkeit beträfe, wenn also auch eine schreckliche Gewissheit bestünde, was die Gesamtheit des Daseins aller Dinge betrifft? Bowies musikalische Erzählung *Five Years*[49] macht experimentell Ernst mit dieser Vorstellung und rankt sich – womöglich inspiriert von einem Traum des Künstlers, in dem ihm der Vater mitteilt, dass er nur noch fünf Jahre zu leben habe[50] – hochintensiv um die Katastrophenfiktion, dass der Erde bis zu ihrer völligen Vernichtung nur noch fünf Jahre zur Verfügung stehen:

Pushing through the market square
So many mothers sighing (sighing)
News had just come over
We had five years left to cry in (cry in)
News guy wept and told us
Earth was really dying (dying)
Cried so much his face was wet
Then I knew he was not lying (lying)

---

[48] Vgl. Spitz, S. 254 f.; ausführlich Wurm 2010.

[49] Bowie 1972: Five Years.

[50] Clerc 2021, S. 144. Auch ein Bezug zu dem Gedicht *At lunchtime: A story of love* von Roger McGough, einem der sogennanten Liverpool Poets (Henri et al. 1967) kann durchaus hergestellt werden: In besagtem Poem, das von Bowie vor allem in seinen frühen Jahren mehrfach rezitiert wurde, heißt es u. a.: „(…) But when word got around / that the world was going to / end at lunchtime, / they put their pride in their pockets / with their bustickets / and made love one with the other. (…)"; vgl. O'Leary 2015, 227.

I heard telephones, opera house, favorite melodies
I saw boys, toys, electric irons and TV's
My brain hurt like a warehouse, it had no room to spare
I had to cram so many things to store everything in there
And all the fat, skinny people
And all the tall, short people
And all the nobody people
And all the somebody people
I never thought I'd need so many people

A girl my age went off her head
Hit some tiny children
If the Black hadn't have pulled her off
I think she would have killed them
A soldier with a broken arm
Fixed his stare to the wheels of a Cadillac
A cop knelt and kissed the feet of a priest
And a queer threw up at the sight of that

I think I saw you in an ice-cream parlor
Drinking milk shakes cold and long
Smiling and waving and looking so fine
Don't think you knew you were in this song
And it was cold and it rained, so I felt like an actor
And I thought of Ma and I wanted to get back there
Your face, your race, the way that you talk
I kiss you, you're beautiful, I want you to walk

|: We've got five years, stuck on my eyes
Five years, what a surprise
We've got five years, my brain hurts a lot
Five years, that's all we've got

We've got five years, what a surprise
Five years, stuck on my eyes
We've got five years, my brain hurts a lot
Five years, that's all we've got :| (2x)

|: Five years :| (4x)

Alles, was wir haben, ist alles, was uns bleibt. Fünf Jahre. Was für eine Überraschung! – Völlig aus den gewohnten Alltäglichkeiten gerissen wird ein im Marktplatzgedränge befindliches lyrisches Ich, als es den tränenüberströmten Zeitungsboten die schockierende Schlagzeile des Tages ausrufen hört und inmitten einer Schar seufzender Mütter realisieren muss, dass ihm – wie allen anderen Menschen auch – nur noch fünf Jahre bis zum sicheren Untergang der Welt geblieben sind. Nicht mehr verhandelbar ist das Geschick, das in dieser einsilbigen Prognose verkapselt ist, an ihrer End- und Letztgültigkeit besteht kein Zweifel; sämtliche Optionen einer intellektuellen Einholung und Relativierung, einer Erforschung von Gründen, Ursachen, Kausalitäten und Alternativen sind obsolet und hinfällig. Die Situation erzwingt vielmehr strategische Überlegungen, was die angemessene emotionale Verarbeitung anbelangt; die Krise wird zu einer existenziellen Herausforderung: Wie ist das verfügbare Restleben im Angesicht von Endlichkeit und Vergänglichkeit zu meistern, und mit welchen Perspektiven wäre das Projekt anzugehen, einen nicht länger abstrakt, sondern konkret begrenzten Zeitraum bestmöglich zu füllen?

Bowie macht für seine Songfigur eine erste Perspektive dahingehend geltend, dass er sie nun ganz bewusst hören, sehen und fühlen lässt, und zwar all das, was ihren sinnlichen Wahrnehmungsapparaten eigentlich schon immer verfügbar war. Telefone, Opernhäuser, Lieblingsmelodien, Spielzeuge, Bügeleisen und Fernseher – diese Objekte erscheinen in einem neuen Licht und erhalten eine andere Qualität, werden notgedrungen schonungslos vor den Gerichtshof der reflexiven Urteilskraft gestellt und analysiert, bis es um ihre Wertigkeit und Würde ganz anders bestellt ist. Die Last, die mit einer Neujustierung der Dinge und einer Umsortierung der Werte einhergeht, wird zu einem Dauerschmerz für den Denker, in dessen Kopf kein Platz mehr sein kann für jene Fülle an Unwichtigkeiten und Nebensächlichkeiten, mit denen sich das Subjekt bis dato – im Flow einer zwar endlichen, aber eben nicht als endlich bewusst gemachten Zeit – befasst und beschäftigt hat. Denn sollte wirklich alles, also auch alles Oberflächliche in der inneren Lagerhalle untergebracht, sprich: im Bewusstsein getragen und im gedenkenden Nachsinnen gegenwärtig gehalten, insofern auch bis zur Unkenntlichkeit komprimiert und aneinander gequetscht werden?

Und wie verhält es sich, wenn es um die Erinnerung an Menschen, an Augenblicke, an Beziehungen geht? Wird hier ein ähnliches Auswahlverfahren vonnöten sein, um sich nicht mit Bildern zu belasten, die bestenfalls nostalgisch aufgeladen sind?

Der perspektivische Schwenk, den Bowie seine Figur nun riskieren lässt, um sie abermals zu einer Einschätzung des Geschauten, im Wesentlichen jedoch zu einer Bewertung der gesichteten *people* – und zwar unter besonderer Berücksichtigung des bevorstehenden Finales – zu verleiten, bringt ein Urteil zutage, das einer Gratwanderung auf den hauchdünnen Grenzen zwischen Realismus und Tragik, zwischen Ekel und Güte gleichkommt: Die undefinierte Menschenmenge, durch die sich das lyrische Ich quasi vor der Zeitenwende noch unaufmerksam und undifferenziert hindurchgeschlängelt und -gedrängelt hat, gerät bei einer kritischen Revision zu einer Schar seltsamer Lebewesen, die sich bestürzend eindimensional gebären, folglich auf diese Momente reduzieren und vereinfachten kategorialen Begriffen zusortieren lassen: Das beachtliche Gewimmel von *all the people* differenziert sich aus in *all die* dicken dünnen, *all die* großen kleinen Leute[51], in *all die* nichtssagend Substanzlosen und *all die* raumgreifend Substanziellen; zugleich freilich kommt es ansatzweise, wohl auch unter Zeitnot und Zeitdruck, zu einer Neubestimmung und Feinjustierung des lyrischen Ich, das sich allmählich die persönliche Verstricktheit in die beobachteten kulturellen, geschichtlichen und sozialen Dynamiken vergegenwärtigt, sich dabei seiner eigenen existenziellen Angewiesenheit bewusst werden und frei gestehen muss, bis dato noch nie daran gedacht zu haben, so viele Menschen zu benötigen. Aber wen braucht man ganz genau, wenn die letzte Zeit angebrochen ist? (Und auf wen lässt sich verzichten?).

---

[51] Es bleibt tatsächlich deutungsoffen, ob diese Reihung im additiven oder dialektischen Sinne verstanden werden will. Für ersteres spricht der Umstand, dass es durchaus üblich ist, anthropologischen Fragestellungen (Was ist der Mensch?) vordergründig mit anatomischen und physiognomischen Differenzierungsinstrumenten zu begegnen. Freilich lässt sich damit noch nicht die Annahme bestreiten, dass gerade in der Summe der Widersprüche und Gegensätze etwas von der Ambivalenz des *Menschlichen an sich* veranschaulicht sein kann – zumal Bowie ja immer wieder genau diese Ambivalenzen herausstellt, um die conditio humana als fragiles und permanent existenziell angefochtenes Gebilde auszulegen.

Das lyrische Ich wechselt in einem nächsten Verfahrensschritt die Brennweite, nimmt Details in den Blick und sieht sich konfrontiert mit Vorkommnissen und Phänomenen, die letzten Endes anschaulich machen, wozu die Spezies Mensch fähig und imstande ist. Drastisch und plastisch sind sie, die Miniaturen von der jungen Frau, die Kopf und Halt verliert, auf Kinder einprügelt und im letzten Augenblick durch einen *Black* (denkt Bowie an schwarzkostümiertes Sicherheitspersonal oder an People of Colour?) zurückgerissen wird, von dem verletzten Soldaten, der auf die Chromfelge eines Cadillac starrt, von dem Polizisten, der vor einem Geistlichen niederfällt und dessen Füße küsst, sowie von der *queer person,* die sich von dieser Szene angewidert abdreht, um sich zu übergeben. Indes, diese Momentaufnahmen wollen keineswegs Einzelschicksale plakatieren, über die es arrogant den Stab zu brechen gilt; vielmehr werden diese Sequenzen herangezogen, um exemplarisch bzw. symptomatisch zu versinnbildlichen, wie es um das Humanum sowohl in seiner gesellschaftlich-kulturellen als auch in seiner grundsätzlichen Verfasstheit bestellt ist. Ganz offensichtlich scheinen Menschen per se imstande zu sein, seltsame Dinge zu tun und schreckliche Taten zu verüben; was sich in *Five Years* der feinnervigen Wahrnehmung und den geschärften Sinnen eines krisenbedingt sensibilisierten Beobachters darbietet bzw. von ihm gesehen wird, hat ihren Urgrund weder in der Krise noch in der Kompetenz des Sehenden, sondern in der *conditio humana* selbst.

Jedoch, Ausnahmen bestätigen die Regel, und so darf auch die Bowie'sche Figur in *Five Years* ein weiteres Mal die Perspektive wechseln, bis der Blick, eher en passent und im Modus des desperaten Schweifens, in einem Eiscafé zur Ruhe kommt. Dort bleibt er unvermittelt haften auf einem Wesen, das sich einfach nur dem Genuss hingibt, unbekümmert Milkshakes trinkt und derart lächelnd winkt, dass das lyrische Ich nicht umhinkann, sie– denn der narrativen und performativen Inszenierung folgend ist dieser Mensch weiblichen Geschlechts – direkt zu adressieren.

Bowie und das lyrische Ich der *Five Years* nutzen hier quasi im Schulterschluss die osmotischen Eigenschaften der ohnehin instabilen Grenzen zwischen einer fiktionsinternen Binnenwelt und einer fiktiven Rahmenwelt des Erzählers bzw. einer performativ geschaffenen Kunstwelt des Musikers, um geradezu prophetisch die maßgebliche Pointe zu betonieren. Es war weitaus mehr eine engagierte Verkündigung als bloß effektheischende *l'art pour l'art*, was in diesem Zusammenhang geschah: Bei nahezu jeder Bühnendarbietung von *Five Years* wurde die narrative Metalepse auch inszenatorisch auf einen Höhepunkt getrieben, indem David Bowie, der sich bei der ersten Songhälfte mit einer eher introvertrierten Darbietung zurückgehalten und dem schwermütig schleppenden Drumbeat der Rhythmussektion den Vortritt gelassen hatte, mit der Zeile „Dont think you knew you were in this Song" direkt an ein (konstruiertes) Gegenüber im Publikum wandte, um mit seiner Five Years-Figur zu verschmelzen und den Song quasi von Angesicht zu Angesicht zu vollenden.

Die zufällige, gleichwohl schicksalhafte Begegnung mit dem Wesen im Eiscafé sollte sich, so die Songerzählung, nachhaltig auf Restleben, Grundgestimmtheit und Wirklichkeitssicht des lyrischen Ich auswirken. Noch immer ist die Welt, die weiterhin, wenngleich für die prophetisch begrenzte Lebenszeit, die einzige Heimat des Menschen sein wird, eine regnerische, kalte Behausung, und noch immer ist sich der Held des Liedes nicht ganz darüber im Klaren, ob er echt ist und authentisch, ob er eine oder mehrere Rolle spielt – oder ob nicht sein Existenzgefühl mit der Ambiguität der *Actor*-Vokabel bestmöglich beschrieben wird, nämlich: als ein Sein, das sich in der Überschneidung von (Schau-)Spielen, Handeln und Tätigwerden realisiert. Gleichwie, eine ausschließlich progressive Existenz kann es niemals sein, bleibt sie doch, den Witterungen und Gezeitenströmen ausgesetzt, in einem Zustand offener Schwebe, vagabundierend auf einem Atoll konkurrierender Mentalitätsriffs, im riskanten Fadenkreuz aus Ungewissheit und Unsicherheit, geringfügig angstbesetzt, latent mit einer regressiven Tendenz: Doch die blinde Sehnsucht, dass alles wird wie früher – wie bei Mutter, wie im Paradies („I thought of Ma and I wanted to get back there") –, und dass Urzustände also wieder hergestellt werden, währt nur für den Moment; das lyrische Ich riskiert, beflügelt von dem einen gesichteten Menschen, der ihm noch etwas bedeuten könnte, das letzte Großprojekt im Angesicht von Endlichkeit, Vergänglichkeit und Tod.

Nach dem Reboot der Sinne, der Gefühle und des Denkvermögens unter den Konditionen einer neuen Realität wagt es den existenziellen Neuanfang vor den dämmernden Horizonten. Fasziniert von der einzigartigen Aura des entdeckten Gegenübers, gebannt von der Art und Weise ihres Ausdrucks und ihrer Bewegungen öffnet sich das lyrische Ich emotional voll und ganz, stürzt sich in die Beziehung mit diesem kurz vor Zeiten(w)ende und Toresschluss endlich gefundenen Wesen, einem Amalgam aus *Significant Other* und *Soulmate* – und bittet um ein ganz besonderes Finale, nämlich den gemeinsam angetretenen, zweckfrei gewordenen Spaziergang, und damit um jenen gewagten *Walk,* der sich als einzig schlüssige Variation des existenziellen *Jump* (s. o.) entpuppt.

Die letzte, fünfte Strophe von Five Years, in sich selbst ebenfalls fünfgliedrig konzipiert[52], dürfte angemessen veranschaulichen können, dass sich dieses verwegene Projekt des lyrischen Ich, nämlich: Seite an Seite mit dem wahren Gegenstück durch den Rest der Zeit zu schlendern, keineswegs aus dem schlichten Bedürfnis nach bestmöglichem Zeitvertreib ergibt. Als Realisierung einer großen Idee vielmehr kommt es zustande, als riskierte Verwirklichung der Sehnsucht, dem gewohnten Drängeln *(pushing)* in einer geradezu anonymen Menschenmenge ein Ende zu setzen und stattdessen mit dem Lieblingsmenschen ein Wegstück gemeinsam zu gehen, mehr sogar noch: sich mit dieser Allegorie des ziellos und zweckfrei, jedoch vereinten Bummels in eine Sphäre der vorläufig absoluten Glückseligkeit – quasi als Anspielung einer letztinstanzlich versöhnten Existenz – begeben zu haben. Aus guten Gründen wohl ist es ein hysterisches, ekstatisches, fast schon euphorisches und emotional berauschtes Finale, das im letzten Drittel von *Five Years* narrativ wie auch performativ – der Künstler steigert in seinem Gesang nicht nur die Intensität und Lautstärke des Vortrags, sondern nutzt für den kehlenbrecherischen Refrain

---

[52] Besagte fünfte Strophe besteht aus fünf Reihen von je vier Versen, die auf die Harmoniefolge G – Em – A – C gelegt werden, also: „We've got [G] five years, stuck on my eyes / [Em] Five years, what a surprise / We've got [A] five years, my brain hurts a lot / [C] Five years, that's all we've got" als erster Durchgang, analog die Durchgänge zwei bis vier, schließlich Durchgang fünf mit den letzten Lyrics: „[G] Five years / [Em] Five years / [A] Five years / [C] Five years."

auch das ganze verfügbare Repertoire an Stimmfärbungen – zur Darbietung kommt.[53] Es scheint, als habe der Protagonist des Songs am Ende seiner Heldenreise durch den streng limitierten Zeit-Raum alle vorübergehend eingenommenen pessimistischen, defätistischen, argwöhnischen, überheblichen und abgeklärten Perspektiven des Denkers (s. o.) zwar nicht ganz abgelegt, wohl aber mit einem optimistischen Erklärungsstil relativiert; gleichzeitig jedoch bleibt ersichtlich, dass ihn seine experimentellen Betrachtungs- und Erlebenswege nur aufgrund einer einzigartigen inspirierenden Begegnung mit einem unfassbar inspirativen Wesen zu dem besonderen Punkt geführt haben, an dem er sich mit dem prophezeiten Lebensrest bis zum Untergang der Welt zu arrangieren vermochte: Die annoncierten fünf Jahre, sie hatten sich unvermeidlich eingebrannt in seine Sicht der Dinge (stuck on my eyes), und in seinem Inneren loderte es immer wieder zwischen Kopf, Hirn und Herz[54] – doch das war zu ertragen, denn er war nicht allein.

„You're not alone". David Bowie hat, obwohl sich für seine Arbeiten grundsätzlich festhalten lässt, dass sie auf eine gewisse Ambiguitätstoleranz bei der Rezeption und Interpretation angewiesen sind, durchaus Anhaltspunkte für eine deutende Lesart geliefert, die an einer Priorisierung dieser speziellen Botschaft interessiert ist: Gewiss hatte *Five Years* als erstes Stück und Opener von *The Rise and Fall of Ziggy Stardust and the Spiders from Mars* mit der eigensinnigen Erzählung, die bei einer apokalyptischen Vision ihren Ausgangspunkt nahm, eine Art alltagsphilosophischer Imagination präsentiert, vor allem jedoch jene *Science-Fiction*-Thematik vorbereitet, die in den folgenden Songs mit absurden Motiven derart überdreht wurde, dass das gesamte Material des Albums – eben inclusive *Five Years* – recht unkompliziert in der vereinfachten Unterhaltungskategorie *Space Opera* hätte abgelegt werden

---

[53] Die Inszenierung der finalen Strophe lässt sich problemlos mit jener Definition von Ekstase in Verbindung bringen, die im weiteren Sinne verstanden werden kann als ein „Erregungszustand mit gemindertem Bewusstsein" bzw. ein „Heraustreten der Seele aus dem Körper bei gleichzeitiger Suspendierung der Sinneswahrnehmungen"; vgl. Dinzelbacher 2005.

[54] Bowie hat in seinen Livedarbietungen mehrfach die Textzeile „my brain hurts a lot" variiert; gesungen wurde dann etwa „my heart hurts a lot" oder „my head hurts a lot". Besondern eindringlich ist die Version von *Five Years* auf: Bowie 2017: Live Nassau Coliseum 2017: Live Nassau Coliseum '76 (LP).

können. Jedoch, das letzte Stück auf *The Rise and Fall of Ziggy Stardust and the Spiders from Mars* sollte sich diesem Zugriff widersetzen; *Rock'n'Roll Suicide* nämlich griff, wenngleich dezent genug, in seiner letzten Strophe exakt die Kernidee aus dem Finale von *Five Years* auf, um mit einer kleinen Variation für Präzision und Gegenständlichkeit zu sorgen: Wieder war ein Szenario entwickelt worden, das imprägniert war mit allerlei Stimmungen von Vergänglichkeit, Verzweiflung und Lebenshunger[55], wieder gipfelte die Selbstbesinnung eines zwischen Lebensmüdigkeit und Lebensgier hin und her geworfenen Protagonisten in der Einsicht, dass da ein wundervolles, achtsames Gegenüber ist, bereit, Dasein und Sosein in Schmerz und Freude zu teilen, Lebenszeit gemeinsam sorgfältig und intensiv zu erleben, und wieder wurde diese große Einsicht mit den letzten gesungenen Versen des *Ziggy Stardust*-Albums geradezu orgiastisch-ekstatisch herausgeschrien[56]:

„(...) Oh no, love! You're not alone
You're watching yourself but you're too unfair
You got your head all tangled up
But if I could only make you care

---

[55] „Time takes a cigarette, puts it in your mouth / You pull on your finger, then another finger, then your cigarette / The wall-to-wall is calling, it lingers, then you forget / Oh oh, oh, oh, you're a rock 'n' roll suicide. / You're too old to lose it, too young to choose it / And the clock waits so patiently on your song. / You walk past a cafe but you don't eat when you've lived too long / Oh, no, no, no, you're a rock 'n' roll suicide. / Chev brakes are snarling as you stumble across the road / But the day breaks instead so you hurry home / Don't let the sun blast your shadow / Don't let the milk float ride your mind. / You're so natural – religiously unkind (...)"; Bowie 1972: Rock n Roll Suicide.

[56] Dies war vor allem bei den Live-Konzerten der 1970er Jahre kaum zu übersehen. Bowie hatte es sich zur Angewohnheit gemacht, seine Konzertabende mit *Rock'n'Roll Suicide* zu beenden, und er gefiel sich offenbar darin, nicht nur die elementare Zusage „Your not alone" derart schrill und eindringlich zu inszenieren, als sei jeder Einzelne in seinem Publikum persönlich adressiert, sondern auch, quasi als Überhöhung, auch noch den finalen Zuspruch „You're wonderful" möglichst oft und exzessiv zu wiederholen. Es lässt sich durchaus die These vertreten, dass hier ein Akt zur Anwendung kam, der an eine Segnung des Auditoriums bzw. an eine Seligpreisung jedes anwesenden Subjekts erinnerte. Vgl. besonders die Liverecordings Bowie 1974: David Live (LP); Bowie 1983: Ziggy Stardust (LP); Bowie 2008: Live Santa Monica '72 (LP).

Oh no, love! You're not alone
No matter what or who you've been
No matter when or where you've seen
All the knives seem to lacerate your brain
I've had my share, I'll help you with the pain
You're not alone!

Just turn on with me and you're not alone
Let's turn on and be not alone (wonderful)
Gimme your hands 'cause you're wonderful (wonderful)
Gimme your hands 'cause you're wonderful (wonderful)
Oh, gimme your hands."[57]

In der begrenzten, gleichwohl geschenkt und zugewiesenen Lebenszeit nicht allein zu sein, die Schönheit und das Wunderbare im Gegenüber wahrnehmen zu dürfen, in seiner/ihrer Gegenwart die Welt und das Dasein mit anderen Augen zu erleben, den existenziellen Schmerz zu fühlen, aber sich an der Seite des/der Anderen mit dieser Pein geborgen zu wissen, schließlich das Begehren, gemeinsam durch die verbleibende Raumzeit zu bummeln und sich Hand in Hand fortzubewegen: Bowie hatte in den Songs, mit denen das *Ziggy Stardust*-Album gerahmt worden war, komplementäre Sinnsentenzen untergebracht, die in Ihrer dialektischen Spannung und in ihrer versöhnlichen Summe – insbesondere auch abseits aller simplen Space-Opera-Unterhaltungslesarten – einen größeren Sinn ergaben. Es spricht einiges für die Vermutung, dass dieser Sinndiskurs intendiert war; der Künstler selbst annonciert es so: „The whole thing was to try and get a mocking angle at the future. If i can mock something and deride it, one isn't so scared of it. People are so incredibly serious and scared of the future that i would wish to turn the feeling the other way, into a wave of optimism. If one can take the micky out of the future (…)."[58]

Und so ist *Five Years* (mitsamt aller versteckten Appendices) ganz gewiss mehr als nur ein Song. Es ist eine Reihung subtiler, aber auch

---

[57] Bowie 1972: Rock n Roll Suicide.
[58] Murray 2015, S. 18.

wuchtiger Aphorismen, mithin auch eine Sammlung prägnanter Kommentare: zu Welt-, Raum- und Lebenszeit, zu Endlichkeit, Vergänglichkeit und Tod, zu absonderlichen Handlungsweisen, Charaktereigenschaften und Wesenszügen vereinzelter Menschen, zu Menschheit und Menschlichkeit generell; zu moralischen Werten und oberflächlichen Präferenzen, zu regressiven Tendenzen, Infantilismen, Angstschüben, Fluchtmechanismen, zu Beziehungen und Beziehungsweisen jeglicher Art, schließlich zu Beziehungskonzepten wie dem *Significant Other* als *Soulmate* und zu der Wagnishandlung des Kunstsprungs in ein riskant letztinstanzliches Sinngebinde.

Indirekt hat mit dieser Feststellung bereits die Bearbeitung des Aufgabenkatalogs begonnen, der sich aus dem vorletzten Betrachtungsgang zum Ende hin ergeben hat. Die dort aufgeworfenen Fragen nach den intellektuellen, emotionalen und existenziellen Kommentaren, mit deren Hilfe Bowie (sich) die Welt und den Menschen verständlich macht sowie (sich) das Chaos des Daseins als Kosmos des Soseins erklärt, sind zwar längst nicht en détail beantwortet, haben aber ihren ersten maßgeblichen Anhaltspunkt gefunden, sofern sich *Five Years* auffassen lässt (a) als ein narrativ codiertes Integral aller wesentlichen Bowie'schen Wirklichkeitskommentare und Sinnminiaturen, oder anders: (b) als eine mit Metaphern aufgeladene, aber funktionsgetreue Modellskizze des Bowie-Universums, und zwar insofern, als hier bereits alle entscheidenden Denk- und Deutungssplitter in ihrer Kohärenz verdeutlicht und zu einem anschaulichen Mosaik zusammengefügt sind.

Ob dieses Mosaik kohärenter Splitter bereits den Anforderungen genügt, die – s. o. – mit Blick auf ein transkonventionell-(un)(theo) logisches System ausformuliert worden sind, wird sich in der nachfolgenden detaillierten Veranschaulichung jener separaten Sinngebinde zeigen, die, quasi in der Integralerzählung von *Five Years* zusammenfassend angekündigt, als künstlerisch-kunstvoll codierte Einzelkommentare zu den Wirklichkeitsmodulen: Mensch, Zeit, Welt, Liebe, Tod, Vergänglichkeit, Beziehung (etc.) inszeniert und platziert werden, jedoch im Kern, in der Summe und im Ergebnis auf eine deutende Ganzheitserschließung von komplexer Wirklichkeit abzielen.

5.4   It's a moving world

5.4.1 It's the freakiest show

He's a real Nowhere Man. Es waren recht skurill-humorige Bildverse[59] gewesen, mit denen die Beatles 1965 einen Sonderling skizziert hatten, der keinen Standpunkt entwickelt, ziellos absurde Pläne entwirft, verunsichert im Dasein vegetiert und, obwohl ihm die Welt zur Verfügung stehen könnte, nahezu jede Gelegenheit versäumt, die Perspektive zu wechseln und sich auf hilfsbereite Menschen(hände) einzulassen. *Isn't he a bit like you and me?*, die im Songtext über den *Nowhere Man* gleich zweimal aufgeworfene rhetorische Anfrage war – ohne sich dabei näher auf eine Betrachtung einzulassen, ob die gelisteten Merkwürdigkeiten mit einer psychisch-mentalen Grundmentalität, einem singulären Charakterzug oder situativ begründeten Gestimmtheiten bestmöglich zu erklären wären[60] – als zentrale Message positioniert worden und hatte etwas von einer Kerndiagnose mit kulturanthropologischen Ausmaßen: Offenbar waren sich die Beatles nicht uneinig in der Annahme gewesen, dass es zum besonderen Menschsein gehört, gelegentlich ein bisschen verrückt und orientierungslos zu sein und im Extremfall gar wie ein *Fool on the Hill* zu verweilen, um das Kreisen der Welt aus gesicherter Entfernung mit grinsendem Schweigen zu betrachten.[61]

---

[59] „He's a real nowhere man / Sitting in his nowhere land / Making all his nowhere plans for nobody. / Doesn't have a point of view / Knows not where he's going to / Isn't he a bit like you and me? / Nowhere man please listen / You don't know what you're missing / Nowhere man, the world is at your command. / He's as blind as he can be / Just sees what he wants to see / (…) Nowhere man don't worry / Take your time, don't hurry / Leave it all 'til somebody else / Lends you a hand (…)"; Beatles 1965: Nowhere Man.

[60] Tatsächlich geht dieser Song wesentlich auf John Lennon zurück, der ihn aus einem bestimmten Selbst- und Lebensgefühl heraus komponiert hatte; vgl. Miles 1999, S. 312.

[61] „Day after day, alone on a hill / The man with the foolish grin is keeping perfectly still / But nobody wants to know him. / They can see that he's just a fool. / And he never gives an answer. / But the fool on the hill / sees the sun going down. / And the eyes in his head / see the world spinning round (…)"; The Beatles 1967: The Fool on the Hill (ST). Der von Paul McCartney entworfene Song vom *Fool on the Hill* war, ganz abgesehen von seiner direkten Bezugnahme auf Maharishi Mahesh Yogi, eine Art Komplementär zu Lennons *Nowhere Man*; vgl. McCartney 2021, S. 174–177.

Bowies Figur des illusionslosen Beobachters und närrisch gewordenen Denkers (s. o.) scheint sich also, was ihre als bevorstehendes Kippphänomen inszenierte Grenzexistenz zwischen Weisheit und Wahn anbelangt, durchaus in der Trendsphäre von Lennons *Nowhere Man* und McCartneys *Fool on the Hill* arrangieren zu können. Jedoch, ihr Schöpfer war längst einen beachtlichen Schritt darüber hinausgegangen und hatte als vorläufige Krönung seiner Anthropologie, noch Jahre bevor er in *Five Years* metaphernreich zu listen suchte, wozu der gemeine *fat-skinny-tall-short-nobody-somebody-madman* imstande ist, in drastischen Strichen ein Kunstwesen skizziert, das ungewaschen und leicht benommen dahinlebt, aus leeren Augenhöhlen allein Schmerz erblickt und im Geiste überflutet wird von brutalen, absurden Bildern:

Unwashed and Somewhat Slightly Dazed

Spy, spy, pretty girl
I see you see me through your window
Don't turn your nose up
Well, you can if you need to, you won't be the first or last
It must strain you to look down so far from your father's house
And I know what a louse like me in his house could do for you
I'm the cream
Of the great Utopia dream
And you're the gleam
In the depths of your banker's spleen

I'm a Phallus in pigtails
And there's blood on my nose
And my tissue is rotting
Where the rats chew my bones
And my eye socket's empty
See nothing but pain
I keep havin' this brainstorm
About twelve times a day
So now, you could spend the morning walking with me quite amazed
As I am unwashed and somewhat slightly dazed

I've got eyes in my backside
That see electric tomatoes
On credit card rye bread
There are children in washrooms
Holding hands with a Queen
And my heads full of murders
Where only killers scream
So now you could spend your morning talking with me quite amazed
Look out, I'm raving mad and somewhat slightly dazed

Now you run from your window
To the porcelain bowl
And you're sick from your ears
To the red parquet floor
And the Braque on the wall
Slides down your front
And eats through your belly
It's very catching
So now, you should spend the morning lying to your father quite amazed
About the strange unwashed and happily slightly dazed.

I'm not following
|: Yeah, yeah, baby, yeah :|
Yeah
|: Don't sit down :|[62]

Überbordende Phantasien, absurde bzw. absurdistische Assoziations-
splitter in bester Burrough'scher Manier, fragmentierte emotionale
Statements – der expressionistische Song von 1969 bietet eine ganze
Reihe von Anhaltspunkten, um für entsprechende Deutungen
reklamiert zu werden. Weithin unumstritten gilt z. B. die Mutmaßung,
dass in *Unwashed and somewhat slightly dazed* einerseits die surrealen
Befindlichkeiten eines trauernden Künstlergenies – der Tod von Bowies
Vater liegt in unmittelbarer zeitlicher Nähe – zum Ausdruck gebracht,
andererseits jedoch auch Erinnerungsbilder aufgegriffen und plakatiert

---

[62] Bowie 1969: Unwashed and somewhat slightly dazed.

werden, die im Kontext der Trennung von Bowies „erster großer Liebe"[63], der Muse und Herzensfreundin HERMIONE FARTHINGALE entstanden sind; gut belegt und gesichert ist zudem die Auskunft Bowies, wonach er mit dieser Arbeit eine Stellungnahme besonderer Art abgeben wollte: zu den penetranten Blicken jener merkwürdigen Zeitgenossen nämlich, die er als bedrohlich, weil unangenehm, übergriffig und starr wahrnahm, denen er sich selbst als geradezu hilflos ausgesetzt empfand.[64]

De facto bietet sich an, diese plausiblen Deutungsperspektiven in einem komplexeren Klärungsgefüge zu verdichten, beginnend (a) mit der Ansicht, dass sich bei der Komposition und Dichtung des besagten Songs – Bowie hat ihn recht zügig entwickelt und produziert[65] – sowohl spontane Spracheinfälle mit wohlgespeicherten Sinnbildern als auch intuitive Empfindungen mit basalen Befindlichkeiten und unwillkürliche Selbstwahrnehmungen mit gereiften Einschätzungen vermischt haben. Damit indes lässt sich (b) der naheliegende Verdacht verknüpfen, dass die überkandidelte Autoinszenierung des lyrischen Ich nicht bloß als gelegenheitliches Selbstwahrnehmungszeugnis oder befristetes Befindlichkeitsbekenntnis seines Autors, quasi als artifizielle Artikulation eines zeitweilig hochsensiblen Künstlers verständlich werden kann, sondern sich auch als dessen Ausdruck eines weiter greifenden existenziellen Grundverständnisses, nämlich als anthropologische Basisdiagnose lesen lässt: Ist es nicht legitim, wenn sich Menschen – zumindest bisweilen – so seltsam fühlen wie dieses lyrische ich in seiner kreativen Selbstbestimmung als *ungewaschen und glücklicherweise leicht benebelt*? Trifft es nicht andererseits auf größere

---

[63] O-Ton Bowie: „Her name was Hermione Farthingale and I absolutely adored her. I mean, she was the real first love in my life. She was a ballet dancer and a very good little singer. And she played a little bit of bed sitting room guitar. You know, that kind of folk guitar that every girl could look beautiful playing. I don't know why, but, all the beautiful girls could play a little bit of acoustic guitar. She was doing a film called »Song of Norway« and she fell in love with one of the actors on it and she left me for him. Gone! I didn't get over that for such a long time. It really broke me up."; zit. nach Bowie 2017: The last Five Years.

[64] O'Leary 2015, 122 f.; anders i.Ü. noch O'Leary in dem Original-Blogbeitrag auf Pushing ahead of the Dame: Unwashed and somewhat slightly dazed.

[65] Vgl. O'Leary 2015, 122 f.

Menschenscharen und auf ganze Kulturen zu, dass sie voller Hochnäsigkeit[66] auf den gesicherten Plateaus der Tradition ihrer Arroganz Ausdruck verleihen und abschätzenden Blickes verharren? Und was ist so
unwahrscheinlich an dem Bild, dass sich ein spionierendes Subjekt an
seinem eigenen Wesen verschluckt oder an Gesehenem, Gehörtem und
Erlebten so irrewird, dass es den Beobachtungsplatz verlassen und die
Porzellanschüssel aufsuchen muss, um sich speiend zu befreien?

Bowie legt mit *Unwashed and Somewhat Slightly Dazed* klare
Akzente auf diese Dialektik; sein dort implementiertes lyrisches Ich
ist konzipiert als eine ambivalente, schräge Figur, die sich in seltsamen
Lebensszenarien zu orientieren hat, darinnen aber mit einer Kohorte
ähnlich schräger Figuren konfrontiert wird – die ihrerseits wieder als
Verursachende oder Beteiligte infrage kommen, sodass letzten Endes
wohl nur noch von einer Art Schicksalsgemeinschaft die Rede sein
kann. Und so ist der *irgendwie umnebelte Mensch* wider Erwarten gar
kein Solitär außerhalb sozialer Gefüge, ebenso wenig ein rein pathologisch zu bewertender Spezialfall, sondern schlichtweg und grundsätzlich ein typisches, in und trotz seiner Überspitztheit schlechthin
repräsentatives Exemplar jener Spezies, die in konventionellen
anthropologischen Konzepten als *homo sapiens* oder *zoon politikon* qualifiziert und in der Regel über Merkmale wie Sprach- und Bindungsfähigkeit, Selbstreflexivität, moralisches Urteilsvermögen, Kreativität u. v. m.
definiert wird.[67] Bowie allerdings greift, wenn er seiner Perspektive auf
die Verhaltensspielräume des humanum mit schlussfolgernden Skizzen
von womöglich repräsentativen Basisfiguren angemessenen Ausdruck
zu verleihen sucht, über die unverdächtigen Signaturenrepertoires
hinaus und erweitert geradezu kafkaesk die Indizes des Grundmenschlichen: sein Mustermensch nämlich vagabundiert schillernd zwischen
irrwitziger Spontanität, überraschender Lebensgier, exaltierter Seligkeit und tragischer Verrücktheit, er kommt zwischen Traurigkeit und
Glück zu stehen, zwischen Wahnsinn und Genie. Konsequent platziert
der Künstler diese Musterfigur vor einem Bedeutungshorizont, der

---

[66] Das Motiv der „turned up nose" wird erneut aufgegriffen in: Bowie 1984: Blue Jean.
[67] Vgl. Wulf 2004.

zunächst mit den starken Koordinaten *Madness* und *Sadness* vermessen werden kann[68]; ebenso konsequent freilich wird besagte Grundfigur des (Be-)Sonderlings in künstlerischen Reinszenierungen verfeinert und – mit Zusatzinformationen über weitere Charaktereigenschaften, subtilere Wesenszüge, spezielle Sprachgebaren und seltsam anmutende Befindlichkeiten – narrativ so ausschraffiert, dass (a) die dominanten Vokabeln *sad* und *mad* in ihrer Sinn- und Bedeutungsnähe zu Phänomenen wie mentaler Entrückung, melancholischem Abgerücktsein, spatialer Veränderung oder emotionaler Flexibilität anerkannt werden, dadurch (b) eine zusätzliche existentielle Beschreibungsqualität erhalten und sich letztlich (c) als Konstitutiva des Bowie'schen Menschenbildes, gewissermaßen als fixe und gleichwohl elastische Pointen seiner Anthropologie identifizieren lassen.

Eine Einsichtnahme in des Künstlers Lebenslauf bzw. ein Blick auf realweltliche Kontexte seiner Biografie liefert hierzu neben einigen erhellenden Anhaltspunkten auch weiterführende korrelierende sowie korrigierende Momente. Hingewiesen wurde bereits auf den Tatbestand, dass es im Leben des David Jones, genannt Bowie, einen zehn Jahre älteren (Halb-)Bruder gegeben hat, der schon früh durch rebellisches Verhalten aufgefallen war, aber unter einer schweren psychischen Erkrankung gelitten und letzten Endes seinem Leben selbst ein Ende gesetzt hat: Terence Guy Adair „Terry" Burns war von Peggy Burns aus einer vorherigen Beziehung in die Ehe mit John Jones eingebracht worden; zwischen beiden Jungen bestand trotz des Altersunterschieds von Kindheit an eine extrem innige Beziehung. David verehrte und bewunderte seinen älteren Bruder, dieser wiederum förderte und „verwöhnte den jüngeren"[69] in allen Belangen, war ihm Freund, Vorbild und Idol, vermittelte ihm den Sinn und Geschmack für Kunst und Musik, und brachte ihn mit der Londoner Café- und Club-

---

[68] Vgl. schon früh etwa Bowie 1969: Cygnet Comittee („I bless you madly, sadly as i tie my shoes"; „I want to believe in a madness that calls now"), Bowie 1969: An occasional Dream („In our madness / We burnt one hundred days […] In my madness / I see your face in mine"), Bowie 1969: Wild eyed boy from Freecloud („Oh, »It's the madness in his eyes«, As he breaks the night to cry: It's really me / Really you and really me / It's so hard for us to really be") u. ö.

[69] Spitz, aaO., S. 40.

szene zusammen – was mitunter in ausufernden nächtlichen Streifzügen eskalierte.[70] Die bedauerliche Tatsache, dass es keineswegs allein bei heiteren Unternehmungen blieb, galt wesentlich dem besagten Umstand geschuldet, dass Terry an einer paranoiden Schizophrenie erkrankt war: mehrfach wurde David Zeuge der lang anhaltenden Anfälle, mehrfach nahm er für unbestimmte Zeit Abschied, weil eine Einweisung zur stationären Therapie alleiniges Mittel der Wahl geblieben war. 1985 entlässt sich Terry selbst aus einer klinischen Behandlung und begeht Suizid. Längst gilt als gesichert, dass Bowie sich nicht bloß mit diesen konkreten Begebenheiten, sondern auch verdächtigenden Unterstellungen, selbst unter einer massiven Psychose erkrankt zu sein[71], intensiv beschäftigt und beides auf dem (Um-)Weg künstlerischer Aufarbeitung zu fassen gesucht hat.[72] Hier kommt es – gerade auch im Hinblick auf die Frage nach dem eigenen Gesundheitszustand bzw. einem möglichen Krankheitsbild – zu einer überraschend klaren, wenngleich dicht in den Zusammenhang des geschwisterlichen Beziehungsverhältnisses gestellten Auskunft; artistisch verfremdet, poetisch codiert und emotional überhöht inszeniert Bowie seine Antwort in der Songerzählung *The Bewlay Brothers*[73], wo deren Geschichte[74] expressionistisch pointiert wird:

Jauchzend und seufzend wirbelten sie durch die Straßen, die Bewlay-Brüder, wie die Kruste der Sonne, mit bellenden Flügeln und blinkenden Zähnen aus Messing, aufrecht in der Dunkelheit stehend, vertraut im Umgang mit zwergenhaften Menschen, erregt vom dem Mangel Eurer Schlussfolgerungen. Ja, es war Zeit für die (versponnenen) Mondjungs, auf die Pirsch zu gehen. Die Bewlay-Brüder, der Teufel mochte da(bei) sein,

---

[70] O-Ton Bowie: „Terry probably gave me the greatest education I could have ever had. I mean he just introduced me to the outside things. And I guess Terry had shown me that there's always been a history of the outside, of the rebel, or not being in the center, not being drawn to the tyranny of the mainstream."; vgl. David Bowie: Finding Fame. 2019. UK: BBC.

[71] Vgl. insgesamt Sandford 2003, bes. S. 26, 242, 269 ff. u. ö.; ähnlich Jacke, aaO., S. 82 ff.

[72] O-Ton Bowie: „Insanity was something that I was terribly fearful of. But, I felt that I was the lucky one; because, as long as I could put those psychological excesses into my music, then I could always be throwing it off."; vgl. David Bowie: Finding Fame. 2019. UK: BBC.

[73] Bowie 1971: The Bewlay Brothers.

[74] Der Songtext setzt an mit der Zeile: „And so the story goes…".

aber auf ihr Treiben vermochte er sich keinen Reim zu machen, verstand davon kein Lied zu singen. Denn wir waren fort und abgehoben, völlig auf- und abgedreht, man wollte meinen, wir wären nicht ganz echt. Traum- gebilde haben wir in die Luft geschossen und zerschossen, die Bewlays, Brüder im Zarten, Schwachen und Schlechten, in der gesegneten und kalten Dunkelheit haben wir Spuren hinterlassen, wir waren Könige des Ver- gessens, aufgewühlt im Pavillon der Bewusstseinswirbel.[75]

Kein Zweifel dürfte bestehen: mit seiner poietischen Arbeit über die Gebrüder Bewlay – das fantasievolle Pseudonym mit gleichem Anfangs- buchstaben wie Bowie / Burns geht womöglich zurück auf die derzeit populären *Bewlay Pipes* des Londoner Tabakspfeifenherstellers *Bewlay Tobacconist Ltd.* – hat Bowie der innigen Zuneigung zu seinem älteren Bruder, der starken Bindung zwischen den Halbgeschwistern David und Terry, ihrer unvergesslichen gemeinsamen Unternehmungen in einer Zeit, die wie im Rausch und viel zu schnell verging, ein beacht- liches Denkmal setzen können, ohne dabei den wohl nachhaltigsten Umstand zu verschweigen (und die aufgeworfene Frage nach dem eigenen Geisteszustand zu beantworten): „I was stone and he was wax"[76], heißt es zentral und veranschaulicht metaphorisch, wie die Gegensätzlichkeit von Menschen mit unterschiedlichen, eben einerseits labilen, andererseits stabilen Grundwesenszügen in ihrer anspannenden Komplementarität zu einer wechselwirksamen Anziehungskraft geraten und aufgrund der Besonderung des Anderen in einer bewundernden Wertschätzung des Gegenübers eskalieren kann: „he could scream and still relax. Unbelievable."[77] Es scheint, als habe Bowie in *The Bewlay*

---

[75] Versuch einer weitestgehend sinngetreuen Übertragung durch den Verf., im Original: „Sighing they swirl through the streets like the crust of the sun / The Bewlay Brothers / In our wings that bark / Flashing teeth of brass / Standing tall in the dark / Oh, and we were gone / Hanging out with your dwarf men / We were so turned on / By your lack of conclusions (…) / And it was stalking time for the moonboys / The Bewlay Brothers (…) / And the Devil may be here / But he can't sing about that / Oh, and we were gone / Real cool traders / We were so turned on / You thought we were fakers (…) / Shooting up pie-in-the-sky / The Bewlay Brothers / In the feeble and the bad / The Bewlay Brothers / In the blessed and cold / In the crutch-hungry dark / Was where we flayed our mark / Oh, and we were gone / Kings of oblivion / We were so turned on / In the mind-warp pavilion." Vgl. Bowie 1970: The Bewlay Brothers.

[76] Bowie 1970: The Bewlay Brothers.

[77] Bowie 1970: The Bewlay Brother.

Brothers bewusst mit der besagten Komplementarität seiner Charaktere experimentiert – und mit der Konstruktion zweier Figuren, die in ihrer Lebenspraxis aus der gegensätzlichen Widersprüchlichkeit eine ergänzte Vollkommenheit schaffen, auch sämtliche Grenzen von Gesundungs-bild und Erkrankungsdiagnose verwischt: „And my brother lays upon the rocks / He could be dead, he could be not, he could be you / He's chameleon, comedian, Corinthian and caricature."[78] Wieder ist es eine Variante des Bowie'sche Mustermenschen (s. o.), der hier als ver(-)rückt inszeniert wird, ambivalent und oszillierend, eine multidimensionale Symbolfigur par excellence, ein Spiegelbild von humaner Personalität inmitten chaotischer Lebensvollzüge, von Selbst-bestimmung auf schmalen Graten, von Existenz zwischen berauschter Lebensfreude und deprimierenden Weltschmerzattacken: Der wachs-weich-labile Bruder, liegend auf dem Felsgestein – das war also einer-seits ein starkes Erinnerungsbild an den echten, erlebten Terry, und in dieser Eigenschaft wohl ein emotionales Bekenntnis des Künstlers zu einer konkreten Person; andererseits freilich wurde dieses Bild einer konkreten Person auch wieder zu einer exemplarischen Figur, deren »Irgendwer-Jederman«-Potentialität Bowie explizit hervorheben und in den Kontext einer anthropologischen Generalidee von des Menschen sozialer und seelischer Verfasstheit zu stellen vermochte. Letzten Endes erscheint diese Figur des *brother on the rocks* – i.Ü. ähnlich wie die bereits skizzierte *slightly dazed* Persona – als Alter Ego bzw. Variante oder Steigerungsform der ungehemmten »Somebody-Nobody«-Charaktere aus dem Alltag der *Five Years*-Utopie, und schließlich verwundert es keineswegs, wenn auch das lyrische Ich, das sich ja prinzipiell in seiner Selbstwahrnehmung als Stein beschreibt, folg-lich als den stabilen Bewlay-Brother begreift, am Ende des besagten Songs andere Töne anschlägt, die Optionen einer Selbstverabschiedung aus der Realität (der Anderen) gedanklich durchspielt und bowieesk redundant die persönliche Tendenz zur Selbstverflüchtigung annonciert: „I might just slip away"[79].

---

[78] Bowie 1970: The Bewlay Brothers.
[79] Bowie 1970: The Bewlay Brothers.

Von allzu vereinfachten Schlüssen gilt es jedoch weiterhin Abstand zu nehmen. Zwar dürfte sich eine dichte, intensive Inspektion der Beziehungsgeschichte von Terry Burns und David Jones/Bowie – unter Berücksichtigung aller vielschichtigen Beziehungsgeflechte innerhalb der komplexen familiären Gebinde einschließlich ihrer jeweiligen (Vor-)Geschichten – auch auf die Qualität und Quantität von Daten auswirken, die bei einer Untersuchung der Entstehungs- und Transformationsgeschichte(n) der Bowie'schen Denkbilder und Handlungsweisen herangezogen werden könnten; verfahrenstechnisch unzulässig und keineswegs beweislastig wäre hingegen die Erstellung eines klaren psychischen Profils oder gar einer valenten klinischen Diagnose.

Es ergibt also keinerlei berechtigten Sinn, die wohl in bestimmten Artikulationen verkapselten Befindlichkeitsschwankungen von David Bowie („I might just slip away") oder dessen emotional gesättigte Perspektiven auf bunte Lebensläufe, traurige Lebensepisoden, vielfältige Persönlichkeiten und eigensinnige Charaktere mit dem klar diagnostizierten Krankheitsbild des Bruders unmittelbar, also quasi genetisch, in Verbindung zu bringen. Stattdessen wird hier die Überzeugung vertreten, dass (a) der Künstler von der Geschichte seines Bruders ebenso gezehrt hat wie von der Fülle ihrer gemeinsamer Erlebnisse, jedoch (b) seine anthropologische Basisannahme von einer subtilen Ver(-)rücktheit, die in allen menschlichen Belangen schlummert, durchaus davon losgelöst in Geltung hat halten und (c) niemals zur Relativierung oder gar Geringschätzung der besagt realen familiären Hintergründe hat aufbringen wollen. Denn Terry Burns war – und dies nun wirklich im Unterschied zu David und seinem Konzept des alltäglich schleichenden Wahnsinns mitsamt allen verrücktgedachten Figuren – ein wahrhaft kranker Mensch gewesen. An der psychiatrischen Fachkompetenz hinter den Gutachten, die auf sämtliche Verhaltensauffälligkeiten von Terry Bezug nehmen und ihre Einschätzung in der Diagnose einer paranoiden Schizophrenie zusammenfassen mussten, bestand ja kein Zweifel, und die Wirklichkeitsmacht aller Begleitumstände dieser Paranoia, die letzten Endes in dem Suizid seines Bruders kollabierte, konnte kaum hinterfragt werden. Nach und nach waren alle Mitglieder der Familie Jones hinreichend mit den psychischen Gesundheitsbeschwerden in Terry Burns' alltäglichen Lebensvollzügen – es gab u. a.

religiöse (Erwählungs-)Visionen, Aggressionsschübe, Verwahrlosungs-
episoden, autodestruktive Szenen, orientierungslose Phasen, und
manische Einzelaktionen – konfrontiert worden; schließlich hatten sich
die starken Symptombündel, nämlich: Verfolgungs- und Beziehungs-
wahn, Halluzinationen sowie Veränderungen des emotionalen Ausdrucks bestätigt und als klinisch belastbar erwiesen. Die Notwendigkeit
einschlägiger Maßnahmen bis hin zu Behandlungsaufenthalten in der
berüchtigten geschlossenen Anstaltseinrichtung des Cane Hill Mental
Asylum war legitimiert; wie alle in der Familie Jones hatte auch Terrys
jüngerer Bruder David zu akzeptieren, was als unvermeidbar galt. Aber
waren alle ergriffenen Maßnahmen tatsächlich alternativlos gewesen,
gerade auch im Blick auf das vollumfängliche Patientenwohl? Gab es
keine therapeutischen Gegenvorschläge, keinerlei Wahlmöglichkeit
oder Entscheidungsfreiheit, nicht den Ansatz einer zweiten Meinung
oder gar eines Perspektivenwechsels? Für Bowie offenbar schon. Bereits
ein gutes Jahr vor seiner Arbeit an den *Bewlay Brothers* hatte er seiner
Skepsis Ausdruck verliehen und auf *The Man Who Sold The World* –
jenem Album von 1970, auf dessen US-Cover unverkennbar das Cane
Hill Mental Asylum zu sehen ist! – in einem Song mit dem prägnanten
Titel *All the Madmen*[80] recht eindeutig Stellung bezogen:

Day after day
They send my friends away
To mansions cold and grey
To the far side of town
Where the thin men stalk the streets
While the sane stay underground

Day after day
They tell me I can go
They tell me I can blow
To the far side of town
Where it's pointless to be high
Because it's such a long way down

---

[80] Bowie 1970: All the Madmen.

So I tell them that
I can fly, I will scream, I will break my arm
I will do me harm
Here I stand, foot in hand, talking to my wall
I'm not quite right at all (am I?)
Don't set me free, I'm as heavy as can be
Just my librium and me
And my E.S.T. makes three
'Cause I'd rather stay here
With all the madmen
Than perish with the sad men roaming free
And I'd rather play here
With all the madmen
For I'm quite content they're all as sane as me

Where can the horizon lie
When a nation hides
it's organic minds
in a cellar, dark and grim?
They must be very dim.

Day after day
They take some brain away
Then turn my face around
To the far side of town
And tell me that it's real
Then ask me how I feel

Here I stand, foot in hand, talking to my wall
I'm not quite right at all
Don't set me free, I'm as helpless as can be
My libido's split on me
Gimme some good 'ole lobotomy
Because I'd rather stay here
With all the madmen
Than perish with the sadmen roaming free
And I'd rather play here
With all the madmen

For I'm quite content they're all as sane as me
|: Zane, Zane, Zane, Ouvre le Chien :|[81]

Wieder einmal ist es eine starke Figur, ein lyrisches Ich, das für Bowies Tondichtung als entschlossen agierendes Subjekt konstruiert und in seiner Songerzählung als eine aus überlegener Perspektive kommentierende Autorität implementiert wurde, und wieder einmal macht es den Eindruck, als würde bei einer mit bowietypischen Sprachexperimenten angereicherten Narration weitaus mehr auf dem Spiel stehen als allein der Unterhaltungswert eines phantasievollen Arrangements origineller Verse und Einsichten: Verhaltene, geradezu kryptische Andeutungen sind es, die in der ersten Strophe gemacht werden, und in düsterer Vieldeutigkeit heißt es zunächst, dass anonym bleibende Akteure („they") *Tag für Tag meine Freunde fortschicken in kalte und graue Villen auf die andere Seite der Stadt, wo die dünnen Männer durch die Straßen schleichen, während die Gesunden im Untergrund bleiben.* Und auch die Anschlussinformationen der zweiten Strophe halten die Sachlage noch in bedrohlicher Spannungsschwebe; ungeklärt bleibt, wer dem lyrischen Ich Tag für Tag sagt, *es könne gehen und sich verflüchtigen auf die andere Seite der Stadt, wo es sinnlos ist, high zu sein,*

---

[81] Es ist beachtenswert, welche Deutungen dem rätselhaften Zane Zane Zane Ouvre le Chien zuteil wurden, das am Ende des Stückes skandiert und in *Buddha of Suburbia* (Bowie 1993: Buddha of Suburbia) rezitiert wird: So konnte mit Verweis auf das Französische, wo mit „ouvre le chien" das Spannen eines Revolverhahns bezeichnet werden kann, eine Anspielung auf den Suizid des Bruders erkannt werden, während sich mit Blick auf den Umstand, dass Bowie bei der Station to Station – Tour als visuelle Eröffnung den Kurzfilm „Un Chien Andalou" von Luis Buñuel und Salvador Dalí gezeigt hat, auch ein bewusstes Spiel mit surrealistischen Figuren unterstellen ließe. Nicht auszuschließen ist ferner, dass Bowie auf seine zoroastrischen Resterinnerungen zugreift („*In die freie Höhe willst du, nach Sternen dürstet deine Seele. Aber auch deine schlimmen Triebe dürsten nach Freiheit. Deine wilden Hunde wollen in die Freiheit. Sie bellen vor Lust in ihrem Keller, wenn dein Geist alle Gefängnisse zu lösen trachtet.*"; vgl. Nietzsche 1883, 57), wohingegen die Exklusivthese von Tanja Stark, die surrealistische Beschwörung 'Zane Zane Zane' als kabbalistische Referenz, genauer noch: als Huldigung des Schwertes von Zain lesen will, ähnlich abwegig bleibt wie der Hinweis auf das boshafte Gerücht, dass Terry Burns in einer Wahnhandlung einen Hund getötet, gehäutet und hingebungsvoll rituell ausgeweidet habe. Die wahrscheinlichste Erklärung ist die einfachste: Das dadaistisch anmutende „Zane Zane Zane …" ist das Lallen, was noch als Rest verbleibt, wenn die Lobotomie das Gehirn mit seinem Sprachzentrum brutal zerlegt hat. Vgl. zu dieser Debatte Stark 2015a; noch weiterführender, freilich auch abwegiger Mazzorin / Minitti 2006.

weil so ein weiter Weg nach unten führt. An dieser Offenheit ändert auch der Umstand nichts, dass der Künstler längst die Sinnspuren seiner Erzählung ausgelegt und bereits mit dem Titel seiner Lieddichtung bzw. über den dort platzierten Schlüsselbegriff der *Madmen* einen ersten Lese- und Deutungsvorschlag subtil unterbreitet hat; prinzipiell kann erahnt werden, auf welchen Großumstand sich der Song insgesamt konzentriert, zumal dessen dritte Strophe hinreichend sarkastisch zusammenfasst, dass jene Akteure („they") *Tag für Tag etwas Gehirn wegnehmen, mir mein Gesicht herumdrehen auf die ferne Seite der Stadt hin, mir sagen, dass es (alles) echt ist und mich fragen, wie es mir geht.* Allerdings – wer sind all diese Madmen? Wem gilt dieser Titel?

Hatte sich das lyrische Ich von *All the Madmen* hinreichend bildhaft artikuliert, was die klinische und soziale Sachlage und ihre korrespondierende Grundstimmung anbelangt, so war doch im eigentlichen Sinne noch recht deutungsoffen gehalten, (a) wie das Verhältnis von den deportierten Freunden zu der erzählenden Figur, die sich an den Stadtrand verflüchtigen soll, zustande kommt, (b) was es mit jenen dünnen Männern, den auf der Tagesoberfläche schleichenden Phantomen im Gegensatz zu den wahrhaftig Gesunden des subkulturellen Underground auf sich hat und (c) wie sich die Rolle des Beobachters mit der des (hirnamputierten) Betroffenen verträgt, gegebenenfalls ausbalancieren lässt. Sollte sich der kritische Clou der Erzählung etwa in der Skizze jenes schleichenden Prozesses erschöpfen, bei dem der externe Beobachter am Modus des Betrachtens und an der Realität des Betrachteten zugrunde geht, insofern in die Welten von Wahn, Sinnlosigkeit und Unsinn abdriftet – und letzten Endes als pathologischer Fall in jener Anstalt endet, die für ihre eindimensionale Wahnsinnsdiagnostik bekannt ist?

Nun, kurz hat es den Anschein, als gäbe sich das erzählende Ich diesem Schicksal gerne hin, als würde es sich für besagte Diagnostik mitsamt aller entsetzlichen Therapiemaßnahmen verfügbar halten wollen; immerhin im Refrain steigert es sich deutlich genug. Doch diese Steigerung kippt, und es kommt ein letztes Mal bei vollem Bewusstsein zu einer nahezu abgerundeten Befindlichkeitsbeichte, die mit einem

Selbstgeständnis und einem letztinstanzlichen Perspektivenwechsel einhergeht: *Ich erzähle Ihnen, dass ich fliegen kann, ich werde kreischen, mir*
meinen Arm brechen, mich verletzen, mit verrenkten Gliedern die Wände
anreden. Ich bin nicht ganz richtig im Kopf, oder? Aber lasst mich nicht
'raus, hilflos wie ich nun mal bin komm ich ganz gut zurecht hier, mein
Librium und ich, dazu die Elektroschocktherapie, kombiniert mit der guten
alten Lobotomie, und außerdem: Ich bleibe lieber drinnen bei den ganzen
Madmen, als mich draußen mit den Sadmen herumzutreiben, und ich
spiele lieber hier (mit) den Verrückten, denn ich bin gewiss: die sind hier
alle so gesund wie ich.

Die Entscheidung also ist gefallen, in jeder Hinsicht: Das lyrische
Ich, zweifellos fähig, verschiedene Perspektiven einzunehmen und in
unumwunden schizophrener Manier aus verschiedenen Stimm- und
geistigen Höhenlagen zu sprechen, bevorzugt das spielerische Dasein
im Kreise der Hintergründigen aus dem Untergrund, es bewahrt
seinen Blick auf eine von traurigen Wesen in Besitz genommene Welt
und setzt dagegen das Wagnis einer fröhlichen Existenz, die gleichwohl permanent auf der Kippe steht. Bowie, der das lyrische Ich mitsamt seiner Erzählung als schlechthinnigen Ausdruck seiner eigenen
existentiellen Positionalität vergegenwärtigt, geht freilich noch einen
Schritt weiter, riskiert in einem Songbreak eine Zwischenbemerkung
in eigener Sache und artikuliert in einer Art von metaleptischer
Grenzüberscheitung jene Kritik, die sich zwangsläufig aus den eigenen
Lebenserfahrungen – u. a. mit pathologischen Exklusivindizierungen,
sozialen Ächtungsschematismen, räumlichen Absonderungsverfahren
und umstrittenen therapeutischen bzw. pharmazeutischen Inter-
ventionen – ergeben musste: Als wirklich ver-rückt und in Schieflage befindlich erkannte er nämlich nur den Horizont, der sich über
einem Volk verspannte, das bereit und gewillt war, *Geist, Verstand und*
Bewusstsein in düsteren Kellern einzukerkern: In einer Gesellschafts-
kultur, die sich leistet und erdreistet, ihre seelisch Leidenden und
psychisch Erkrankten in isolierten Räumlichkeiten unterzubringen
und dort bedenklichen Sonderbehandlungen – eben von Elektro-

schocktherapien[82] über neurochirurgische Eingriffe wie der frontalen Lobotomie[83] bis hin zu umstrittenen Wirkstoffeinsätzen wie etwa mit Chlordiazepoxid-HCl – zu unterziehen[84], gelten nach Bowies Auffassung nicht die untergebrachten Anstaltsinsassen als *Madmen* höchster Ordnung, sondern diejenigen Akteure, die solche Einrichtungen in der Theorie ermöglichen und in der Praxis erhalten. Auf diese vielen und unsichtbaren Systemkollaborateure, die charakterlich vollends jenen Figuren entsprechen, welche in der Utopie der letzten *Five Years* (s. o.) ihr Gesicht verlieren, um ihr wahres Antlitz zu zeigen, bleibt der wachsame Blick zu richten; für weitaus gefährlicher als die gequälten Seelen in geschlossenen Einrichtungen hält Bowie besagte *Nobodypeople-Somebodypeople,* die in ihrer Oberflächlichkeit zu allem bereit, insofern die ultimativen *Madmen* sind: bar jeglicher Emotionalität, bar jeglichen Einfühlungsvermögens, bat jeglichen sensiblen Intellekts, bar jeglicher sensitiver Moralität. Letzten Endes identifiziert Bowie genau sie als die unheilvollen Exemplare der Spezies Mensch, als bösbedrohliche Variationen all derjenigen Vielen, die in den schrägen Spielräumen menschlichen Daseins vegetieren, vagabundieren – und in den verschiedensten Gemengelagen von Irrwitz, Exaltiertheit, Lebenshunger, Tragödie, Komik, Glück, Spontanität, Genialität und Normalität, Geist und Begeisterung, Alltagsdesaster und Ekstase, Wahnsinn und Genie das riskieren, was man Leben nennt.

Dieses drastische, nachhaltige Bild, von Bowie mit starken Vokabeln und mächtigen Strichen entwickelt (und übrigens in zahlreichen Arbeiten der folgenden Schaffensjahrzehnte sauber konturiert, schraffiert und sensibel verfeinert), geht, was seine Bedeutsamkeit und Bedeutung anbelangt, weit über die Grenzen einer bloßen Unterhaltungswertigkeit hinaus; in seiner Besonderheit präsentiert es sich vielmehr als eine Art Basisintegral, genauer noch: als poetisch formatierte Essenz einer anthropologischen Grundeinschätzung, von

---

[82] Vgl. Shorter/Healy 2007.

[83] Vgl. Jasper 1995.

[84] Bowie 1970: All the Madmen benennt ausdrücklich die E.S.T. (= electroshock therapy), das Medikament Librium mit dem zentralen Wirkstoff Chlordiazepoxid und die Lobotomy.

der sich der Künstler in keiner Episode seines Gesamtwirkens sonderlich distanziert hat. Ganz offensichtlich steht die plakative Pointe dieser Grundeinschätzung – nämlich, dass der Mensch als *homo ambivalens*[85] ein schillerndes Dasein zwischen normalitätsübersättigter Nichtigkeit, exaltierter Haltlosigkeit und realitätsverdrossener Verrücktheit führt – für ein Menschenbild, das sich mit den vielfältigen Ambivalenz- und Ambiguitätserfahrungen des Künstlers synchronisieren ließ: Bowie, der sich in seinen intensiven Wirklichkeitsaneignungen zwischen Welterfahren, Menscherleben und Selbstwahrnehmen mehrfach mit inneren und äußeren Konflikten hat befassen und auf widersprüchliche bzw. widerständige Momente des Nachdenkens, Einfühlens und Begehrens (usw.) hat einlassen müssen, vermochte stets neu, die Eckdaten seiner erlebten Welt mit seinem starken anthropologischen Sinndeutungsintegral zu assoziieren und mithilfe verschiedener Settings aktualisiert zu entfalten:

1974 etwa entwirft er mit seinem Konzeptalbum Diamond Dogs eine Dystopie, in der *zehntausende dieser Menschlinge, allesamt in kleine Stämme zerfallen, die höchsten der sterilen Wolkenkratzer begehren*[86] und sich in einer Zeit der Genozide, *im Jahr des Aasfressers und der Saison der Hündin (Bitch), tänzelnd über die Promenade bewegen oder schleichend durch die Straßengräben wälzen, während eines dieser einsam-kitschigen Zukunftslieder erklingt*[87]. Und wieder implementiert Bowie in dieses wahngeprägte Szenario eine ähnlich wahnhafte, aber eben mutig-kreative, lebensbejahende Figur, die auf dem schmalen Grat von Besessenheit und Begeisterung tanzt, jedoch zugleich mit ihrem ganzen Ernst um ein besseres Dasein mit plausiblen Weisheiten ringt, an der Antwort auf das Sosein ihres Lebens zu arbeiten scheint

---

[85] Vgl. Lüscher 2012.

[86] „Fleas the size of rats sucked on rats the size of cats / And ten thousand peoploids split into small tribes / Coveting the highest of the sterile skyscrapers / Like packs of dogs assaulting the glass fronts of Love-Me Avenue."; Bowie 1974: Future Legends.

[87] „...this is genocide (...) In the year of the scavenger, the season of the bitch / Sashay on the boardwalk, / scurry to the ditch / Just another future song, lonely little kitsch..."; Bowie 1974: Future Legens / Diamond Dogs.

und den Sprung in eine bessere Seinsweise wagt.[88] Bowie verschweigt dabei nicht, dass es eine gewisse Begabung braucht, eine Sensitivität, ein Einfühlungsvermögen, aber auch eine sichere Nüchternheit; schließlich hängt das Leben und Überleben seiner Figur ja an ihrer Fähigkeit, sich weder einer falschen Hoffnung noch einer defätistischen Lethargie hinzugeben, selbst wenn sich die Fülle aller Wahrnehmungssplitter bisweilen nur noch mit Sprachbildern des Grauens veranschaulichen lässt: Bowies Figurvariationen, sie erleben sich *als eingesperrt in ein Double Feature von morgen; ihr Himmel liegt auf dem Kopfkissen, und seine Stille konkurriert mit der Hölle. Was sie sahen, was sie sagten: sie sind tot,* heißt es, sinngemäß übertragen, in dem vielsagend-doppeldeutigen Text des Titels „We are the dead"[89]. Und einmal mehr sind es die *verwirrten Kreaturen von heute,* die im Modus ihrer Selbstrealisierung angesichts von Endlichkeit umso intensiver gegen die Schwere eines Daseins ohne Sinn aufbegehren (müssen). Es ist keineswegs nur schlichte Antizipation des Todes in der Vergegenwärtigung von Sterblichkeit und Vergänglichkeit, die hier thematisiert wird; vielmehr läuft es hinaus auf eine hochintensive Auseinandersetzung mit der Gefahr, trotz leibhaftiger Lebendigkeit in der der Welt unnütz zu werden, stumpf und unlebendig einen möglichen Sinn des Lebens zu verfehlen. Mehr oder weniger oszillierend bleibt freilich eine Antwort auf die Frage, wie der

---

[88] „I'm having so much fun with the poisonous people / Spreading rumours and lies and stories they made up / Some make you sing and some make you scream / One makes you wish that you'd never been seen. Well, on the street where you live I could not hold up my head / For I gave all I have: / in another bed, on another floor, in the back of a car, in the cellar of a church with the door ajar / Well, I guess we must be looking for a different kind / But we can't stop trying 'til we break up our minds. / 'Til the sun drips blood on the seedy young knights / Who press you on the ground while shaking in fright / I guess we could cruise down one more time / With you by my side, it should be fine / We'll buy some drugs and watch a band / Then jump in the river holding hands."; Bowie 1974: Candidate.

[89] „We're today's scrambled creatures / Locked in tomorrow's double feature / Heaven's on the pillow, its silence competes with hell / It's a twenty-four hour service, guaranteed to make you tell / And the streets are full of pressmen / Bent on getting hung and buried / And the legendary curtains are drawn 'round Baby Bankrupt / Who sucks you while you're sleeping / It's the theatre of financiers / Count them, fifteen 'round a table / White and dressed to kill / Oh, caress yourself, my juicy / For my hands have all but withered / Oh, dress yourself my urchin one, for I hear them on the stairs / Because of all we've seen, because of all we've said / We are the dead."; Bowie 1974: We are the dead.

empfundenen Ambivalenz[90] begegnet werden will und kann; Bowie scheint die verfügbaren Optionen nicht mithilfe idealtypischer Begriffe wie Hoffnung, Trostlosigkeit, Verzweiflung oder Selbstaufgabe ein-dimensional veranschaulichen zu wollen, sondern in einer Art Wort-spielreihe hinreichend offen zu halten: Sein System operiert auffällig mit den Grundfiguren der lebensbejahend-experimentierfreudigen *Madmen,* der in Nichtigkeiten sich ergebenden, weil von Weltschmerz hart berührten *Sadmen,* der ohne Idee von Lebenssinn und Daseins-zweck vegetierenden *Deadmen* – wobei sich sowohl die *Somebodypeople-Sadmen* als auch die *Nobodypeople-Deadmen* zu systemkollaborierenden, emotionslosen *Madmen anderer Art* (und somit zu *Badmen*) entwickeln können. Gleichwohl, Bowie lässt es nicht mit dieser anthropologischen Graduierungsdiagnose bewenden, sondern macht seine Perspektive mit eindeutigen Sinnbildern und Voten zu einem Plädoyer; es zielt ab

- auf einen sensiblen Umgang mit mental Entrückten,
- auf eine wohlwollende Verschiebung der Toleranzgrenzen,
- auf eine veränderte Weise der Wahr(-)nehmung ver(-)rückter Hand-lungen und Situationen,
- auf eine neue Einschätzung und Wertschätzung aller unterschied-lichsten Erlebnisweisen und Lebensformen von Menschen

und letzten Endes auf eine vollständig überarbeitete Gesamtperspektive auf das Leben selbst.

Insofern ist es plausibel und stringent, dass Bowie sein Künstlerherz für Spezialtypen aller Art geöffnet und sich in allen Schaffensphasen daran versucht hat, nicht allein Sonderlinge künstlerisch zu inszenieren, sondern die gezeichneten Charaktere eben über das Sonderbare hinaus

---

[90] „We're taking it hard all the time / Why don't we pass it by? / Just reply, you've changed your mind / We're fighting with the eyes of the blind / Taking it hard (…) / We feel that we are paper (…) / One thing kind of touched me today / I looked at you and counted all the times we had laid / Pressing our love through the night / Knowing it's right, knowing it's right / Now I'm hoping some one will care / Living on the breath of a hope to be shared / Trusting on the sons of our love / That someone will care, someone will care / But now / We're today's scrambled creatures…"; Bowie 1974: We are the dead.

auch als ungefährliche Be-Sonderlinge zu inthronisieren. Das Panorama dieser Charaktere erstreckt sich über

- ein bezauberndes (*Jean*/Dschinn) *Genie,* das über Monroe plaudert, sich als Kosmetikfachkraft ausgibt, aus Haaren Unterwäsche macht und nur geliebt werden will[91],
- einen geistig verwirrten Kumpel (*Aladdin Sane* = A lad insane), der seltsam göttlich mit einem Strauß welker Blumen daherspaziert und den Tag mit Schlachtruf und Champagner begrüßt[92],
- eine rebellische Gestalt ohne präzise Geschlechteridentität, die mit zerrissener Kleidung und spezieller Frisur auf sich aufmerksam macht, Eltern schockiert, ein besorgniserregendes Antlitz hat, nicht genug vom Leben und harter Musik bekommt und dabei voller Jugend ist[93],
- ein junges amerikanisches Pärchen, das sich schon früh um seine Illusionen und Visionen beraubt sieht[94],
- einen Sonderling, der sich wesentlich über die abgeflachte Zwei-dimensionalität der Fernsehbildschirmröhre seines heißgeliebten TVC15 auf Welt und Leben einlässt[95],
- eine Person, die als lyrisches Ich ihre Rede auf einen merkwürdigen Text beschränkt („Baby, ich habe schon wieder Glas in deinem

---

[91] „A small Jean Genie snuck off to the city (…) / Talking 'bout Monroe and walking on Snow White / He says he's a beautician and sells you nutrition / And keeps all your dead hair for making up underwear (…) / He's so simple minded, he can't drive his module / He bites on the neon and sleeps in the capsule / Loves to be loved."; Bowie 1973: The Jean Genie.

[92] „Watching him dash away / swinging an old bouquet (dead roses) / Sake and strange divine (…) / Battle cries and champagne / just in time for sunrise / Who'll love Aladdin Sane?"; Bowie 1973: Aladdin Sane (1913–1938–197?).

[93] „You've got your mother in a whirl / She's not sure if you're a boy or a girl / Hey, babe, your hair's alright (…) / We like dancing and we look divine / You love bands when they're playing hard (…) / Rebel Rebel, you've torn your dress / Rebel Rebel, your face is a mess / Rebel Rebel, how could they know? / Hot tramp, I love you so."; Bowie 1974: Rebel Rebel.

[94] Vgl. Bowie 1975: Young Americans.

[95] „I give my complete attention to a very good friend of mine / He's quadraphonic, he's a, he's got more channels, a / So hologramic, oh, my TVC 15 / I brought my baby home, she, she sat around forlorn / She saw my TVC 15, baby's gone, she / She crawled right in, my, my, she crawled right in my / So hologramic, oh, my TVC 15 / Oh, so demonic, oh, my TVC 15."; Bowie 1976: TVC 15.

Zimmer zerbrochen. Hör zu, guck dir nicht den Teppich an, ich habe da etwas Schreckliches darauf gemalt. Schau, du bist so ein wunderbarer Mensch. Aber du hast Probleme. Ich werde dich nie berühren."[96]) und dadurch entsprechende Rätsel aufgibt,

- eine seltsame Figur, die ihre eigene bipolare Gestörtheit thematisiert und auf eine besondere Gefahrenlage in bevorstehenden Situationen aufmerksam macht[97] und
- eine visionäre Gestalt, der offenbar ein Engel begegnet[98]

bis hin zu

- einer Frau mit blauglasig-leeren Augen, die unter Klaustrophobie und einer entsetzlichen Angst vor schrecklichen Monstern und Gruselwesen leidet (und aufgrund trauriger Umstände und der Mitschuld des lyrischen Ich jegliche soziale Bodenhaftung verlieren musste)[99].

Kurzum, die Vielzahl und Vielfalt an kuriosen Personae in teils arg derangierten Zuständen, die Bowie schon in seinen ersten zwei Schaffensjahrzehnten quasi als exemplarische Variationen und Musterexemplare seiner Grundfigur des *homo ambivalens* vorstellt, ist beachtlich. Abgeschlossen freilich ist seine Auseinandersetzung mit den Nobody- und Somebodypeople seiner Welt bzw. mit den Madmen und Sadmen aus seinem Kosmos noch nicht; sukzessiv nimmt er neue Formen und Techniken der Darstellung und Visualisierung in

---

[96] „Baby, I've been / Breaking glass in your room again / Listen / Don't look at the carpet / I drew something awful on it / See / You're such a wonderful person / But you got problems / I'll never touch you."; Bowie 1977: Breaking Glass.

[97] „Something in the night / Something in the day / Nothing is wrong but darling / Something's in the way / There's slaughter in the air / Protest on the wind / Someone else inside me / Someone could get skinned, how?"; Bowie 1977: Beauty and the Beast.

[98] Vgl. Bowie 1979: Look back in Anger.

[99] „She had an horror of rooms, she was tired, you can't hide beat / When I looked in her eyes, they were blue but nobody home / Well, she could've been a killer if she didn't walk the way she do (…) / Scary monsters, super creeps / Keep me running, running scared (…) / She asked me to stay and I stole her room / She asked for my love and I gave her a dangerous mind / Now she's stupid in the street and she can't socialise / Well, I love the little girl and I'll love her till the day she dies (…)."; Bowie 1980: Scary Monsters (And Super Creeps) ST.

Anspruch, um die Ikonik seiner Sinnbildproduktion zu verfeinern, Basismotive plastischer zu entwickeln und An- bzw. Einsichten detaillierter zu veranschaulichen: Zu Beginn der 1980er Jahre – der Sendestart des Musikvideokanals MTV war im August 1981 erfolgt[100] – macht Bowie als einer der ersten Musikkünstler der Geschichte Gebrauch von dem jungen Medium und präsentiert in Zusammenarbeit mit dem experimentierfreudigen, fachlich versierten Regisseur David Mallet den Videoclip zu „Ashes to Ashes"[101]. Im Kern dieser als Meilenstein der Musikvideo-Kunst gewürdigten Arbeit, die mit Hilfe komplizierter Belichtungs- und Ausstattungstechniken in der avantgardistisch kühlen Ästhetik der Londoner New Romantics-Bewegung[102] gehalten war, inszeniert Bowie sich – bzw. seine in narrativ-poetisch codierten Sinnbildern und artistischen Textperformances vorbereitete Kunstfigur – endlich auch in bewegten, plakativen Sequenzen, gleichwohl in unterschiedlichsten Figurationen. Visualisiert bzw. visuell arrangiert wird sein Held in erzähltechnisch rabiat zerschnittenen, filmtechnisch jedoch eher fließend in- und übereinandergleitenden Szenen und Bildfolgen, die zentrale Persona tritt ohne nähere Erklärung mal als Gestalt im Pierrotkostüm, mal als vereinsamte Gestalt an steinigem Gestade auf, mal erscheint sie als Patient in einer sogen. Weichzelle, mal in der Phantasieuniform eines Tauchers oder Astronauten. Und so ist es einmal mehr der Bowie'sche Basischarakter in seiner schillernden Existenz, der hier in den Mittelpunkt gestellt wird, changierend eben als tragischer Narr und trauriger Clown, als gestrandete Existenz, als Schiffbrüchiger und Randsasse der Raumzeit, als debiler und derangierter Leidensmensch, vor allem jedoch als eine Variante und Neuinterpretation der *Major Tom*-Figur aus *Space Oddity* – von dem man nun erfährt, dass er letzten Endes wohl nie im All unterwegs gewesen ist, sondern vielmehr in seiner eigenen rauschmitteldurchwirkten Wahnwelt als Psychonaut verloren ging. Genau diese Pointe nämlich offeriert der Text von *Ashes zu Ashes,* und sie erhellt damit einmal mehr den

---

[100] Marks/Tannenbaum 2011, S. 33.
[101] Bowie 1980: Ashes to Ashes.
[102] Rimmer 2003, S. 17 f.

Horizont aller bowietypischen – nun auch im Video aufgezeigten – Figurenbilder:

> Do you remember a guy that's been
> In such an early song?
> I've heard a rumour from Ground Control
> Oh no, don't say it's true
> They got a message from the Action Man
> "I'm happy, hope you're happy too
> I've loved all I've needed to love
> Sordid details following"
> The shrieking of nothing is killing
> Just pictures of Jap girls in synthesis
> And I ain't got no money and I ain't got no hair
> But I'm hoping to kick but the planet is glowing
>
> Ashes to ashes, funk to funky
> We know Major Tom's a junkie
> Strung out in heaven's high
> Hitting an all-time low
>
> Time and again I tell myself
> I'll stay clean tonight
> But the little green wheels are following me
> Oh no, not again
> I'm stuck with a valuable friend
> "I'm happy, hope you're happy too"
> One flash of light, but no smoking pistol
> I've never done good things
> I've never done bad things
> I never did anything out of the blue, whoa whoa
> Want an axe to break the ice
> Wanna come down right now
>
> Ashes to ashes, funk to funky
> We know Major Tom's a junkie
> Strung out in heaven's high
> Hitting an all-time low

My mama said to get things done
You'd better not mess with Major Tom
My mama said to get things done
You'd better not mess with Major Tom
My mama said to get things done
You'd better not mess with Major Tom
My mama said to get things done
You'd better not mess with Major Tom

Bowie hatte für seine zweiten Ode auf Major Tom eine vollständig neue Perspektive eingenommen: War *Space Oddity* noch im Einklang mit Stanley Kubricks *2001: Odyssee im Weltall* als phantasievoll-originelles Space-Drama entwickelt worden[103], und konnte deren Held, obschon sich sein Vertrauen in Technik, Fortschritt und Maschinerie („I think my spaceship knows which way to go!") in der Uferlosigkeit eines übermächtig unbegrenzten Weltenalls nicht zu bewähren vermochte, noch mit einer gewissen Gelassenheit („There's nothing i can do") in der Nichtigkeit stranden, weil er im Modus der erinnerten Vergegen-wärtigung seinen letzten Anker auf der Erde wusste („Tell my wife i love her very much – She knows!"), so wurde nun mit *Ashes to Ashes* aufgezeigt, wie tödlich aufreibend das Kreischen des Nichts letzten Endes doch wird. „The shrieking of nothing is killing", realisiert der singende Erzähler und entlarvt die Gerüchte, die von/in der Ground Control konserviert worden waren, als Fragmente einer idyllischen Happiness-Legende, die es nun zu dekonstruieren gilt, denn: Dieser (neue bzw. nach seiner Transformation neu zu bewertende) Major Tom ist kein wagemutiger Glücksritter und Abenteurer, der den sicheren Hafen der (ehelichen) Liebe verlässt, um sich auf eine utopische Kreuz-fahrt in einen bunten Kosmos einzulassen, sondern eine absurd in der Welt vagabundierende Gestalt, die weder Gutes noch Böses im Schilde führt, kein sonderlich spezielles Dasein führt, jedoch mit bewusstseins-erweiternden und wahrnehmungsverändernden Wirkstoffen die dys-topischen Dimensionen der Realität zu meistern sucht. Aus dem der

---

[103] Vgl. Anm. 177 und 178.

Welt räumlich entgleitenden Astronauten macht Bowie somit kurzer-
hand einen der Welt verhafteten Junkie, der sich in seiner geradezu
krankhaften Sucht nach Leben auf die oberflächlichen Phänomene
kapriziert, dabei freilich auch suchtabhängig wird von Stoffen, die die
Wahrnehmung verändern, die Wirklichkeit mit Visionen und Bildern
überladen – und das Dasein zu einer funky Veranstaltung machen
können, bis der Absturz aus den Himmeln beginnt. Mit (jemandem
wie) *Major Tom,* so wird als apodiktisch-mütterliche Weisheit der vorherigen Generation resümiert, legt man sich besser nicht an, und wer
es im Leben zu etwas bringen will, pflegt mit seinesgleichen keinen
Umgang. Dies suggeriert zumindest augenscheinlich das plakative
Votum, das am Ende des Songs skandiert wird. Doch zugleich ist dieser
Appell etwas zu offensichtlich, und es spricht einiges für eine gewisse
Ironie, die sich in einer subtil sarkastischen Anfrage an die veraltete
Sichtweise einer vergangenen Ära entlädt: Denn immerhin steht der
allzu oberflächlichen Kritik an Major Toms Lebenssicht und Lebensführung genau die Art und Weise entgegen, wie Bowie (nicht nur) in
Ashes to Ashes für die Berechtigung einer derartigen Lebenskunst wirbt
und seiner grundsätzlichen Sympathie für solcherlei Figuren einmal
mehr Nachdruck verleiht: ganz offensichtlich geschieht dies im Lichte
der Denkprämisse und Grundempfehlung, dass Madness – being mad,
being outside[104], being crazy, acting crazy etc. – schlichtweg jener
gescheite Normalzustand ist, den es sich unter den Bedingungen der
Realität einzunehmen empfiehlt.

Daran lässt der Künstler auch in den weiteren Dekaden seines Schaffens
keinen Zweifel: So skizziert er z. B. 1984 den *Neighborhood Threat*[105],
auf den man trotz aller Faszination allein aufgrund seiner verrückten

---

[104] „The crazed in the hot-zone / The mental and diva's hands / The fisting of life / To the music
outside / To the music outside. / It happens outside (…) / Now / Not tomorrow / Yesterday / Not
tomorrow (…) / Outside / Outside."; Bowie 1995: Outside.

[105] „Down where your paint is cracking / Look down you backstair buddy / Somebody's living
there and / He don't really feel the weather / And he don't share your pleasures (…) / Did you
see his crazy eyes (…) / Ah you can't help him / Nobody can (…) / Will you still place your bet
/ On the neighborhood threat. / Somewhere a baby's bleeding / Somewhere a mother's needing
/ Outside a boy is lying / But mostly he is crying / And he just shouts in anger / You'll find him

Augen schon keine Wette abgeben sollte, und 1993 thematisiert er in *Buddha of Suburbia,* wie man die Befürchtung von einer ganz und gar verrückt-sinnlosen Welt in die absurde Hoffnung überführt, trotz allem doch gesegnet, gesund und lebensfroh-lebensfreudig zu sein[106]. 2003 lässt Bowie das lyrische Ich in *Days* davon erzählen, dass es den Verstand verliert, aber gehalten und getragen werden will[107], 2013 erklärt *Love is Lost,* wie sich bei dem denkenden Gegenüber das beachtliche Wissen allmählich in einen Zustand von Trauer, Traurigkeit und Wahn transformiert[108], und 2016 wird – z. B. in *Girl Loves me* – letztmalig eine jener Figuren präsentiert, deren ver(-)rückte Wesenszüge auch in einer Art von Spezialsprache oder Sondersemantik zum Ausdruck gelangen: „Cheena so sound, so titi up this malchick, say / Party up moodge, nanti vellocet round on Tuesday / Real bad dizzy snatch making all the omies mad – Thursday / Popo blind to the polly in the hole by Friday."[109]

15 Jahre nach *Ashes to Ashes* scheint Bowie seine finalen Einsichten in einem letzten Teil der Trilogie über den *Madman in Space* intensiv künstlerisch versprachlicht zu haben. *Hallo Spaceboy* erscheint in einer Erstversion auf dem Album *Outside* und präsentiert, wenngleich noch ohne eine direkte namentliche Erwähnung, das Endstadium der Entwicklung von *Major Tom;* weitaus ersichtlicher als in der Urfassung wird dieser Zusammenhang in einer späteren Remix-Variante mit den

---

interesting / Look at his eyes / Did you see his crazy eyes (…).“; Bowie 1984: Neighborhood Threat.

[106] „Sometimes I fear that the whole world is queer / Sometimes but always in vain / So I'll wait until we're sane / Wait until we're blessed and all the same / Full of blood, loving life and all it's got to give (…).“; Bowie 1993: Buddha of Suburbia.

[107] „Hold me tight / Keep me cool / Going mad / Don't know what to do / Do I need a friend? (…) / Well, I need one now / In red-eyed pain I'm knocking on your door again / My crazy brain in tangles / Pleading for your gentle voice / Those storms keep pounding through my head and heart.“; Bowie 2003: Days.

[108] „You know so much, it's making you cry / You refuse to talk but you think like mad / You've cut out your soul and the face of thought / Oh, what have you done?“; Bowie 2013: Love is lost.

[109] Bowie 2016: Girl Loves me. Die konstruierte Sprache – ein Kunstjargon, der Elemente des Cockney-Rhyming Slang aufgreift und mit russischen Vokabeln vermengt – ist eine Reminiszenz an den dystopischen Roman *A Clockwork Orange* von Anthony Burgess bzw. an dessen Verfilmung durch Stanley Kubrick; vgl. Burgess 1962.

Pet Shop Boys[110], die mit geringfügig verfremdeten Textbausteinen aus *Space Oddity* arbeitet und einen Kreis schließt.[111]

> If I fall, moondust will cover me, moondust will cover me...
> If I fall, moondust will cover me
> If I fall, moondust will cover me
>
> Spaceboy, you're sleepy now
> Your silhouette is so stationary
> You're released, but your custody calls
> And I wanna be free
> Don't you wanna be free?
> Do you like girls or boys?
> It's confusing these days
> But moondust will cover you
> Cover you
>
> So bye bye love
> Yeah, bye bye love
> Hallo spaceboy
> This chaos is killing me

---

[110] Vgl. hierzu Neil Tennant (zit. nach Beaumont 2017): "When David Bowie asked us to do a reworking of 'Hallo Spaceboy', that was a career high point. But the song only had one verse and Chris in the studio suggested we cut up 'Space Oddity' to make a second verse – 'Ground to Major bye-bye Tom / Dead the circuit countdown's wrong'. David Bowie phoned up to ask how it was going and we said, 'We've cut up the lyrics of 'Space Oddity'.' Silence. 'Sounds like I'd better come in.' We completed the Major Tom trilogy: 'Space Oddity', 'Ashes To Ashes' and suddenly 'Hallo Spaceboy'. I said to David Bowie, 'It's like Major Tom is in one of those Russian spaceships they can't afford to bring down' and he said, 'Oh wow, is that where he is?'".

[111] Eine andere Lesart hingegen favorisiert O'Leary 2018, 400–402; er betont, dass der Eingriff von Neil Tennant nicht mit der ursprünglichen Intention von David Bowie kompatibel war, denn dieser habe sich eigentlich eher bemüht, dem Künstler Brion Gysin (1916–1986) gezielt ein Denkmal zu setzen. Einerseits sei dessen Cut-Up-Methode intensiv zum Einsatz gekommen, andererseits habe Bowie eine ganze Reihe versteckter Hinweise auf Arbeiten von Gysin platziert: „Moondust" etwa habe eine gewisse Bedeutung in Gysons Novelle „The Process" von 1969. Freilich schließen sich diese Beobachtungen nicht zwingend gegenseitig aus; ihre Pointen laufen zusammen in dem doppelten Clou, dass Neil Tennant mit der Einarbeitung verfremdeter Space-Oddity-Zeilen in Hallo Spaceboy einen gewissen Gysin-Stil gepflegt hat, Bowie wiederum dem überkandidelten Referenzenspiel der Pet Shop Boys letztlich nicht abgeneigt war und die Remix-Variante als konsequentestes Finale der Major-Tom-Trilogie akzeptiert hat.

Hallo spaceboy (Spaceboy, spaceboy, spaceboy, hallo)
Moondust will cover me (Ground to Major, bye bye Tom)
This chaos is killing me (Dead the circuit, countdown's wrong)
This chaos is killing me (Planet Earth, is control on?)
So sleepy now
Do you wanna be free?
Don't you wanna be free?
Do you like girls or boys?
It's confusing these days
But moondust will cover you
Cover you

So bye bye love
Yeah, bye bye love
Hallo spaceboy (Spaceboy, spaceboy, spaceboy, hallo)
Hallo spaceboy
You're sleepy now
This chaos is killing me
This chaos is killing me
So, Bye bye love
Yeah, bye bye love
Do you wanna be free?
Yes, I wanna be free

Hallo spaceboy
You're sleepy now
Do you like girls or boys?
It's confusing these days
But moondust will cover you
Cover you
So bye bye love
Yeah, bye bye love
Hallo spaceboy (Spaceboy, spaceboy, spaceboy, hallo)

Hallo spaceboy
You're sleepy now
Hallo spaceboy (Spaceboy, spaceboy, spaceboy, hallo)

Hallo, hallo
(If I fall, moondust will cover me)[112]

Hallo Spaceboy ist quintessentiell; es ist jene Art von Finale, in dem sich sämtliche bisherig gesponnenen Deutungsfäden zu einem Strang verdrehen und deutlich Position bezogen wird: Die Zeiten sind verwirrend, mehr denn je, resümiert die Stimme des Sängers, und wissend verkündet sie, wie Chaos um sich greift und in den Tod führt. Einreduziert haben sie sich längst, die großen existenziellen Fragen nach der Wirklichkeit und dem Sinn des Daseins und Soseins; übrig geblieben sind allein die trägen Erkundungsgänge eines schläfrig und unflexibel gewordenen, ermüdeten Subjekts, das zwar die Unsicherheiten seiner geschlechtlichen Identität und seiner sexuellen Präferenz zu klären sucht, aber der ganz großen Sehnsucht nach Freiheit weder vollends Ausdruck zu geben noch hinreichend nachzukommen vermag. Am Ende wird einfach nur alles vom Mondstaub bedeckt und (schützend?) umhüllt sein, ein letztes Mal ist es an der Zeit, sich endgültig von der Liebe zu verabschieden. Tom, ehemals zukunftsoptimistischer Astronaut und fortschrittsgläubiger Sternenflieger, zwischenzeitlich dissoziativer Psychonaut und rauschstimulierter Seelensegler, hat seine letzte Metamorphose abgeschlossen und auf der schillernden Oberfläche eines Amalgams aus phlegmatischem Fatalismus, defätistischem Realismus und trotziger Phantasterei seinen Frieden mit der Welt, der persönlichen Geschichte, den Menschen und dem eigenen Ich gefunden und gemacht. Mit seinem „Hallo Spaceboy" begrüßt er nicht nur (s) eine alternative Seinsform, sondern (er)findet sich selbst, und zwar als bejahend und bejaht.[113]

Tom, dessen Konturen aufgrund multipler Transmutations- und Transformationsepisoden bis zum Ende hin kaum vermessbar scheinen,

---

[112] Bowie 2014 (1996): Hallo Spaceboy (Pet Shop Boys Remix).

[113] Darin folgt Bowie durchaus der Logik bzw. der Narration, die Arthur C. Clarke in *2001. Odyssee im Weltall* vorträgt. Dort ist es der Astronaut Dave Bowman, der am Ende seiner Irrfahrten in der „absolute(n) Banalität" einer bieder eingerichteten Wohnung strandet, sich jedoch mit seinen letzten Metamorphosen befassen darf, um schließlich in einer nächsten Inkarnation zu enden; vgl. Clarke: 2001, S. 191 ff.

ist in Bowies erzählter Welt ein Prototyp, eine artifiziell inthronisierte Basisfigur – und ein ganz spezieller Inbegriff des o. g. Bowie'schen *Madman;* am Ende nämlich verliert er sich nicht, sondern wird sich seiner Besonderheit vor dem Horizont aller Eigentümlichkeit *(Oddity)* bewusst: obwohl stets seltsam und fremd bleibend unter vielen anderen seltsamen Fremden[114] in „a strange land"[115], obschon in ungebrochener Befürchtung, „that the whole world is queer"[116] und man selbst bloß eine der spielenden, beobachtenden und denkenden Figuren in „the freakiest show "[117], vergewissert er sich seiner Stellung im Universum und seiner Besonderheit „in Space"[118]. Als ein Madman mit dem Mut und der Begabung, im Weltall den richtigen (Lebens-)Rhythmus zu finden und den kosmischen Tanz von Angesicht zu Angesicht zu riskieren, bekennt er in einer Mischung aus infantilem und ironischem Geträller, wie er auf Weltgesundung und Menschheitssegen warten will:

So I'll wait until we're sane
Wait until we're blessed and all the same (…)
Day after, day after day, day after
Zane, Zane, Zane, Ouvre le chien
Day after day, day after
Zane, Zane, Zane, Ouvre le chien
Day after

Auch ein knappes Vierteljahrhundert nach *All the Madmen* gehört es immer noch in das Portfolio der Bowie'schen Sinndeutungsfragmente,

---

[114] Vgl. Bowie 1995: Strangers when we meet.

[115] Bowie 1976: Word on a Wing.

[116] Bowie 1993: Buddha of Suburbia.

[117] Bowie 1971: Life on Mars?

[118] Bowie 2013: Dancing out in Space; auch: Bowie 2002: I took a trip on a Gemini Spaceship. Gerade mit Blick auf letztgenannten Titel könnte wahrscheinlich gemacht werden, dass Bowie sich weiterhin autoreferentiell an seiner Spaceboy-Tom-Figur versucht hat: „I took a trip In a gemini spacecraft / And I thought about you / I shot my spacegun / And I thought about you / I took / I took a walk in space / Boy, I really felt blue / Well, I peeked through the crack / And I looked way back / The stardust trail / Leading back to you / What did I do / What could I do / Yes what did I do / Well / I thought about you / I thought about you / Took a trip / On a gemini spacecraft / Thought about you".

jenes absurdistische Rezitativ, das an die verspielten *Nursery Rhymes* der Kindheit ebenso erinnert wie an die geheimnisvollen *Mantren fernöstlicher Tradition* oder an die *heiligen Gesänge französischer Mönche* – und doch weiterhin alle naheliegenden Fragen nach der Intention und einer vielleicht innewohnenden Ausgewogenheit von Blödsinn und Tiefsinn, Unsinn und Hintersinn offenlässt. Erwarteterweise hält Bowie sich diesbezüglich (bis zum Ende) zurück. Weil sich der Gehalt seiner Arbeiten nur selten über binärlogische Klärungen von (Wort- und Satz-)Bedeutungen oder über regelkonforme Dekodierungen seiner klangformsprachlichen Elemente erschließt, kann einmal mehr die einzig plausible Antwort nur lauten, dass es das einfache Singen und Trällern selbst ist, das hier im Vordergrund steht: Um des Aktes selber willen ereignet es sich, vollzogen als Echolalie und Tonmalerei, und es gehört quasi unbedingt (zu) den Madmen als deren vorreflexive, basale Artikulation ihres flexiblen *state of mind*. Stets ist und bleibt es der gewöhnlich-unmittelbare Ausdruck der ungewöhnlich-besonderen Weise, im Zenit eines ungeklärten Lebens voll zwanghafter, unverständlicher Lebensvollzüge ganz spontane Momente von Freiheit im Modus des Genießens auszuleben und Akzente einer urvertraulichen Grundzuversicht zu setzen.

Als Künstler mit intellektuellem Anspruch freilich lässt Bowie es nicht allein bei den Performances einer naiv-zuversichtlichen Gelassenheit bewenden, sondern sucht den entscheidenden Schritt darüber hinauszugehen und seine Inszenierungen vorreflexiver Momente mit religioiden Psychophänomenen in Verbindung zu bringen: Es kommt offenbar wirklich zu „something like religion"[119] (s. o.), und zwar, sobald und sofern sich bei einer Person ein existentielles Grundverständnis und Grundselbstverhältnis realisiert und über exklusive, mitunter auch nur rudimentäre Lebenssinndeutungen sowie über exzessive bzw. intensive Lebenspraktiken artikuliert. Diese Deutungen und Praktiken sind es dann ja auch, die sich in einer Kehrbewegung für das denkende und fühlende Subjekt als *something like religion* erweisen, weil

---

[119] Bowie 2013: Dancing out in Space.

und indem sie sich unter fast allen gegebenen (Lebens-)Umständen bewähren[120]; in ihren Funktions- und Wirkweisen erinnern sie mitunter an sedierende oder euphorisierende Pharmaka, die auf die Brutalität der widerständigen Welterlebnisse in ihrer welträumlich-raumzeitlicher Begrenztheit abgestimmt sind, die Wahrnehmung der komplexen Natur aller Gegebenheiten neu justieren – und letzten Endes den Sinn einer verrückten Abschlussdeutung zur Geltung bringen können. Besonders ersichtlich wird all dies bei David Bowie in der besonderen Art und Weise des Umgangs

- mit seinen persönlichen Wahrnehmungen von Zeit und Endlichkeit,
- mit seinem starken Angstgespür für Vergänglichkeit und Sterblichkeit,
- mit seiner riskanten Perspektive auf kosmische Weite und Grenzenlosigkeit sowie
- mit seinen Erlebnissen, Tod und Trennung betreffend.

Und dazu nun mehr.

5.4.2 There's never ever Time

„Still don't know what I was waiting for. And my time was running wild: a million dead-end streets. And every time I thought I'd got it made it seemed the taste was not so sweet. So I turned myself to face me."[121] 1971 bringt Bowie mit *Changes*[122] – dem ersten Titel auf *Hunky Dory*[123]und damit ebenjenem Album, das deutlich vor seiner

---

[120]Vgl. Geertz 2003b, S. 48. Hier wird Religion vorgestellt als ein kulturell generiertes und entwickeltes Symbolsystem, das Deutungen und Vorstellungen einer Seins- und Sinnordnung artikuliert, formuliert, kommuniziert und performiert, bis diese Vorstellungen an Geltung und Bedeutung derart zugewonnen haben, dass nicht nur die artikulierten Stimmungen der Wirklichkeit zu entsprechen scheinen, sondern auch die aufgestellten Deutungsbehauptungen in der Lebenswirklichkeit ihrer User funktionieren.

[121] Bowie 1971: Changes.

[122] Bowie 1971: Changes.

[123] Bowie 1971: Hunky Dory.

Glamrock/Pop-Phase und dem endgültigen-Durchbruch mit *Ziggy Stardust*[124] veröffentlicht, aber längst als erstes Meisterwerk[125] gefeiert wird – unmissverständlich auf den Punkt, was es mit der (hier schon mehrfach angesprochenen, s. o.) *Brutalität der widerständigen Welterlebnisse in ihrer welträumlich-raumzeitlicher Begrenztheit* auf sich hat: Für die Figur, die als Urheber der besungenen Gedanken in Frage kommt, m.a.W. für das lyrische Ich von Bowies *Changes* rast die eigene Zeit wie verrückt, rennt wildgeworden davon und hastet ziellos durch des Lebens unbegreifliche Straßenführungen. Selbst in den seltenen Möglichkeitsarealen gelungenen Lebens, also immer in den Augenblicken, da es scheint, als habe man es geschafft und den Sinn verstanden, stellt sich eine gewisse Unbekömmlichkeit ein.[126] Nicht so süß wie erwartet ist der Geschmack auf der Zunge, wenn man glaubt, sich auf den Zielgeraden des Daseins zu befinden, und der einzige Ausweg besteht darin, sich mit dem Selbst und dem eigenen Ich, mit der Identität von Idealvorstellung und Wirklichkeitserfahrung, von entworfenem und gesichtetem Lebensbild zu beschäftigen. Womöglich, so scheint es, hat man sich immer wieder neu zu finden und zu erfinden, um zwischen den Besonderheiten des (Er-)Lebens und den Eigentlichkeiten des Selbst einen angemessen sortierten Platz einnehmen zu können. Problemlos freilich ist das nicht: „Time may change me – but I can't trace time"[127], resümiert Bowie – und quittiert den Umstand, dass sich im Laufe der Zeit ein Mensch wohl ändern, auch, dass die Zeit selbst den Menschen (ver-)wandeln mag, er jedoch niemals den Lauf der Zeit umzukehren, ihren Strom nicht bis zu den Anfängen rückzuverfolgen imstande sein wird. Wie nun die Welt und die Anderen letzten Endes diese Metamorphosen des Subjekts zu bewerten und zu würdigen wissen, bleibt offen; es wird geradezu bedeutungslos für das wandlungsfähige Ich, das sich, was das Tempo seiner Transformationen und Existenzoptionen anbelangt, jenseits von Mainstream und Standard

---

[124] Bowie 1972: Ziggy Stardust.

[125] N.N. 2017(b).

[126] Ähnlich hatte es Bowie ja bereits zuvor schon zum Ausdruck gebracht; vgl. Bowie 1970: The width of a Circle (ST).

[127] Bowie 1971: Changes.

bewegt: „I've never caught a glimpse of how the others must see the faker. I'm much too fast to take that test."[128]

»Time« also. Schon in den frühsten Arbeiten aus Bowies Œuvre lässt sich ein intensiver Gebrauch dieser Vokabel aufzeigen; insgesamt wird die *Zeit* weit über zweihundertsiebzigmal mindestens en passant touchiert, weitaus häufiger freilich aufgearbeitet oder gar explizit intensiv thematisiert. Es ist nicht übertrieben, »Time« als einen Schlüsselbegriff zu bezeichnen bzw. der Zeit eine Schlüsselstellung von philosophischer Wertigkeit innerhalb des Gesamtwerkes einzuräumen:

Bereits 1967 befasst sich Bowie in einer geradezu pädagogischen Phantasie mit Kindern, deren besonderes Glück damit zusammenhängt, dass sie sich nicht die Zeit nehmen (müssen), Lebensweisheiten der Erwachsenen zu erlernen[129], 1969 ringt er mit der Traumfrage, ob (und wie) sich nach einer beendeten Beziehung die Empfindung der Trennung in der Metapher einer verbrannten Zeit auflösen und der fortbestehende Schmerz im Sinnbild eines herzbewahrten Restes von Zeitasche[130] fassen lässt. 1970 trägt der Künstler das eigentliche Leben und Sterben an die Grenzen der Vernunft und verlegt es in eine heilige Dimension der Zeit[131], und 1971 verdichtet sich seine Empfehlung, auf das Spiel (mit) der Zeit zu verzichten, das zeitverarbeitende Bewusstsein schlichtweg ganz außer Kraft zu setzen und einfach das Herz mit Liebe zu füllen.[132] Aus der Bowie'schen Perspektive war das gewiss nicht das schlechteste Konzept, korrespondierte es doch mit der Überzeugung,

---

[128] Bowie 1971: Changes.

[129] „There is a happy land where only children live. They don't have the time to learn the ways Of you sir, Mr. Grownup", vgl. Bowie 2010 (1967): There Is a Happy Land.

[130] „In our madness / We burnt one hundred days. / Time takes time to pass. / And I still hold some ashes to me. (…) / In my madness / I see your face in mine / I keep a photograph / It burns my wall with time. / Time. / An occasional dream of mine." Bowie 1969: An occasional dream.

[131] „I need you flying, / and I'll show that dying Is living beyond reason, / sacred dimension of time / I perceive every sign, I can steal every mind." Bowie 1970: Saviour Machine.

[132] „Fill your heart with love today / Don't play the game of time / Things that happened in the past / Only happened in your mind / Only in your mind / Oh, forget your mind." Bowie 1971: Fill your heart.

dass „alle Tage an den Augen vorbeifließen, aber immer dieselben zu sein scheinen"[133], jedoch die verachteten (und im Kern glücklichen, s. o.) Kinder über die Energie verfügen, die Welt zu verändern. Auch wenn ihnen allmählich klar werden wird, was sie dabei insgesamt durchmachen (müssen), können sie weiterhin den faszinierten Blick konzentrieren auf das Besondere und Fremde, das sie erwartet, und in dieser optimismusaffinen Naivität können sie sich in ihrer Immunstellung[134] vergewissern gegenüber den Ressentiments jener unglücklich Veralterten, die wenig später endlich als *Somebodypeople-Nobodypeople* (s. o.) klassifiziert werden: Expressis verbis findet dieser Typus ja 1972 seine plastische Erwähnung in der Bowie'schen Variante des klassischen Gedankenexperiments, (a) was zu tun wäre, wenn Zeitmaß und Endpunkt des verfügbaren Lebens öffentlich ausgerufen werden könnte, und (b) wie sich Wahrnehmung und Würdigung des Daseins mit der Bekanntgabe der verbleibenden Weltzeit verändern müssten.[135] In der skandierten Akklamation „Five Years (thats all we've got)" verleiht der Künstler dem Faktum der welträumlich-raumzeitlichen Begrenztheit von Sein und Wahrnehmung ein sowohl exemplarisches als auch symbolisches Maß, und mit einer hochdramatischen Wort-und-Klang-Erzählung demonstriert er seine intensive Einlassung auf besagte Begrenztheit, präziser aber: auf seine Wahrnehmungen von Menschen, Geschichten, Ereignissen und Dingen unter den verschärften Bedingungen von Zeitlichkeit, Endlichkeit und Vergänglichkeit. Denn ganz offensichtlich war es genau die seelisch ergriffene, erlebnisbezogene (und vor allem eigene) Zeit gewesen, die ihm zu schaffen gemacht hat, die ihm zu denken aufgab und ihn geradezu existenziell nötigen konnte, ihr mit kreativen Mitteln interpretativ entgegenzutreten und sie artistisch aufzuarbeiten.

---

[133] „So the days float through my eyes / But still the days seem the same / And these children that you spit on / As they try to change their worlds / Are immune to your consultations / They're quite aware of what they're going through"; Bowie 1971: Changes.

[134] Bowie 1971: Changes.

[135] Eben Bowie 1972: Five Years.

Einige der von Bowie aufgeworfenen bzw. angerissenen Fragen waren natürlich in der langen Geschichte philosophischer Anstrengungen längst gestellt worden: Sollten Zeit und Raum (wie etwa bei Newton) als reale Behälter für Ereignisse definiert werden können, oder wäre eher Leibniz dahingehend zu folgen, dass Zeit und Raum nur spekulative Konstruktionen sind, um Beziehungen zwischen Ereignissen beschreiben zu können? Müsste Kants Einwand berücksichtigt werden, wonach Zeit wie auch Raum bestenfalls als reine Anschauungsformen des inneren Sinnes und Verstandes funktionieren? Und wie könnte man z. B. Heidegger mit seinen Studien zu Sein und Zeit aufgreifen, der Zeitlichkeit als die zutiefst das Menschsein prägende Wirklichkeit erklärt hat, um das Bewusstsein von Endlichkeit mit der Stimmung von Angst zu assoziieren und die Notwendigkeit von Entscheidungen als Merkmal menschlicher Existenz zu identifizieren?[136]

1973 – ein Jahr nach *Five Years* und jenem besonderen *Ziggy Stardust*-Album, das sich eben nicht nur als Space-Opera, sondern auch als Portfolio früher glamphilosophischer Impulse für einen Paradigmenwechsel[137], für eine kulturwissenschaftliche kategoriale Neubewertung von (un-)begrenztem Raum[138] oder gar für einen bevorstehenden *spatial turn*[139] betrachten ließe – greift Bowie sein Grundthema explizit an und verleiht seiner Einstellung auf ganz spezielle Weise Ausdruck. Für den Song *Time*[140] war die Zeit gekommen:

Time – He's waiting in the wings
  He speaks of senseless things
  His script is you and me, Boy
Time – He flexes like a whore
  Falls wanking to the floor
  His trick is you and me, Boy

---

[136] Vgl. Gloy 2006; Gloy 2008; Sieroka 2018.
[137] Ausführlich Döring/Thielmann 2008.
[138] Vgl. Dünne/Günzel 2006; Günzel 2017.
[139] Vgl. Bachmann-Medick 2014, S. 284 ff.
[140] Bowie 1973: Time.

Time – In Quaaludes and red wine
   Demanding Billy Dolls
   And other friends of mine
   Take your time

   The sniper in the brain
   Regurgitating drain
   Incestuous and vain
   And many other last names
   Well, I look at my watch it says 9:25 and I think
   "Oh God! I'm still alive."

   We should be on by now
   We should be on by now
   |: Li, li, li, li, li, li, li, li :|
   |: La, la, la, la, la, la, la, la, la :|

   You – Are not a victim
   You – Just scream with boredom!
   You – Are not evicting time...

Chimes – Goddamn, you're looking old
   You'll freeze and catch a cold
   'Cause you've left your coat behind
   Take your time

   Breaking up is hard But keeping dark is hateful
   I had so many dreams; I had so many breakthroughs
   But you, my love, were kind:
   But love has left you dreamless
   The door to dreams was closed
   Your park was real and greenless
   Perhaps you're smiling now, smiling through this darkness
   But all I have to give is guilt for dreaming

   |: We should be on by now :|
   |: Li, li, li, li, li, li, li, li :|
   |: La, la, la, la, la, la, la, la, la :|
   Yes, time!

Bowies *Time,* fürwahr eines seiner extravagantesten Stücke, hinterließ immer wieder einen eigentümlichen (ersten) Eindruck[141]; zumindest bei oberflächlicher Inspektion schien es vorwiegend auf Episoden einer Männerwelt zu rekurrieren und mit sexualisiertem Slangvokabular ein ganz besonderes Klientel anzusprechen oder zu provozieren – was ihm gleich mehrfach den Vorwurf eingebracht hat, bewusst mit einer *gay community* zu kokettieren, deren Teil er angeblich selber war: Zum einen habe der Künstler bis zum ersten Refrain einen „boy" adressiert, zu dem er offenbar in einem „you and me"-Beziehungsverhältnis steht, zum anderen sei mit den Bildern der *biegsamen Hure* und des *erschöpft zu Boden sinkenden Wichsers* die Sprachwelt einer bestimmten subkulturellen Szene betreten worden, zum dritten läge in dem Namen *Billy Dolls* doch mindestens eine Anspielung auf Genital- und Intimspielzeuge versteckt. Nicht ignorieren dürfe man außerdem den Tatbestand, dass Bowie von der *Zeit* in einer maskulinisierten Form („he") spreche, und fernerhin dürfe man sogar des Interpreten performatives Stöhnen in der zweiten Strophe, seine durchgängige Inszenierung schweren Atmens durchaus dem vorgeschlagenen Deutungsrahmen zuordnen.

Doch solche Mutmaßungen, die sich gewiss auch an Bowies öffentlichkeitswirksamen medialen Zeichenhandlungen in den frühen 1970er Jahren, an seiner bunten, extrovertierten Charakterperformance und einer überbordend-oszillierenden Inszenierungspraxis entzündet hatten, entbehren letzten Endes jeder echten Grundlage; aus distanzierten Perspektiven und auf der Basis einer seriös angelegten Diskurskultur ergeben sich alternative Lesarten, die deutlich schlüssiger sind, zudem die genannten Argumente vollständig entkräften können:

So hat bspw. der im Song von 1973 angesprochene *Billy Dolls* nicht im Geringsten etwas zu tun mit der gleichnamigen Spielzeugfigur, die erst gegen Ende der 1990er Jahre in den US-amerikanischen Art-Shops und auf Coming-Out-Parties populär wurde.[142] Schnell bieten sich bessere Erklärungen, etwa die, dass es sich um *Billy* Murcia

---

[141] O'Leary 2015, 264–267.
[142] Herrera 2014.

gehandelt haben muss, den 1972 während einer England-Tournee verstorbenen Schlagzeuger der von Bowie hochverehrten Rockband New York *Dolls*, und dessen Schicksal dem einiger Freunde aus der Musik- und Kunstszene glich, die wegen einer falschen Dosierung von *Rotwein und Quaaludes* (= Methaqualone[143]) vor ihrer eigentlichen Zeit (!) gegangen sind. Überzeugender noch ist m. E. – sowohl vor dem Hintergrund der aktuellen Bowie-Forschung als auch bezogen auf den Sinnfluss der Songerzählung selbst – die These, dass Bowie schlichtweg gängige britische (Billy = Amphetamine) und US-amerikanische (Dolls = Medizinkapseln[144]) Slangcodes aufgearbeitet hat; dies gäbe zumindest dem gesamten Vers den schlüssigsten Sinnzusammenhang, wiederzugeben etwa in der freien Übertragung: „… zugedröhnt mit Mandrax und Rotwein, lechzend nach Speedpillen und anderen guten Freunden …“.

Auch für den im Song mehrfach adressierten *boy* gibt es Interpretationsvorschläge jenseits der angesprochenen Verdächtigungslogik: Könnte hier nicht schlichtweg der *old boy* (dt.: alter Junge) angesprochen sein, der *chap, chum, crony* oder *pal* aus Kindheitstagen, eben ein Paladin, Kamerad und Kumpel, ein befreundeter Bandkollege, ein *best friend* vielleicht oder gar der immer wieder von Bowie thematisierte Lieblingsbruder? Es spricht doch einiges dafür. Jedoch, der *boy* aus „Time“ ist letzten Endes mehr als nur eine einzige, einzelne Reminiszenz, mehr als nur jener singuläre semifaktische Charakter, den Bowie konkret adressiert haben könnte: es ist eine die Resterinnerungen verdichtende Phantasie aus den genannten Grundfiguren, verkapselt in der stark verinnerlichten Abschattung des Bruders Terry, der längst im Gemüt konserviert worden war und bisweilen als unsichtbarer Gesprächspartner herausgefordert werden konnte. Immer wieder – man beachte auch die auffällige Charakterverwandtschaft des Bowie'schen

---

[143] Patel 1975.

[144] Jacqueline Susann hat in ihrem Bestseller „Valley of the Dolls“ von 1966 genau auf diesem Umstand angespielt. Die *Dolls* in ihrem Roman waren keineswegs Puppen, wie es der deutsche Titel („Das Tal der Puppen“) suggeriert, sondern Codes für das das rezeptpflichtige Opiat Dolantin, das von den Protagonistinnen konsumiert wurde; vgl. Susann 1966.

boy aus „Time" mit dem *always Buddy* aus „Drive in Saturday"[145] und dem Bowie'schen *Lad (insane)* aus „Aladdin Sane"[146] – tauchen in dem Figurenportfolio, das Bowie mit einer geradezu auffälligen Leidenschaft auf seinem Gesamtalbum *Aladdin Sane* präsentiert, jene Randsassen auf, die für eine Veranschaulichung seines Selbstverhältnisses, seines Menschenbildes, seiner Lebensideale in Frage kommen: auch dort, wo Bowie wertschätzende Bilder von unbeholfenen Trotteln[147], seltsam harten Kerls[148], gealterten Schauspielgrößen[149], larmoyanten Vamps[150] und hollywoodesken Hermaphroditen[151] implementiert, wo er diesen skizzierten Figuren geradezu höchste Huldigung entgegenträgt, arbeitet er sich an den Geschichten seiner Geschichte, an seinen Sehnsüchten und seinen Identitätsperspektiven ab. Und so funktioniert in „Time", wo das lyrische Ich im Vordergrund steht und sich selbstverständlich nicht über eine sexuell konnotierte Beziehung zu einem männlichen

---

[145] „...His name was always Buddy / And he'd shrug and ask to stay / She'd sigh like Twig the Wonder Kid / And turn her face away / She's uncertain if she likes him / But she knows she really loves him..."; Bowie 1973: Drive in Saturday.

[146] „... Who'll love Aladdin Sane / Battle cries and champagne just in time for sunrise / Who'll love Aladdin Sane..."; Bowie 1973: Aladdin Sane. Auf das Wortspiel Aladdin Sane / A lad insane (Aladin Sane als Eigenname vs. Ein verhuschter, verrückter Typ) ist hier bereits mehrfach hingewiesen worden.

[147] „He talks like a jerk but he could eat you with a fork and spoon. / Watch that man!", Bowie 1973: Watch that Man.

[148] „He looked a lot like Che Guevara / Drove a diesel van / Kept his gun in quiet seclusion / Such a humble man / The only survivor of the National People's Gang (...) / He laughed at accidental sirens / That broke the evening gloom (...) / Panic in Detroit / He'd left me an autograph / „Let me collect dust." / I wish someone would phone..."; Bowie 1973: Panic in Detroit.

[149] „I've come on a few years from my Hollywood Highs / The best of the last, the cleanest star they ever had / I'm stiff on my legend, the films that I made / Forget that I'm fifty 'cause you just got paid." (Bowie 1973: Cracked Actor); „Cold fire, you've got everything but cold fire / You will be my rest and peace child / I moved up to take a place near you / So tired, it's the sky that makes you feel tried / It's a trick to make you see wide / It can all but break your heart in pieces. / Staying back in your memory / Are the movies in the past / How you moved is all it takes / To sing a song of when I loved / The prettiest star." (Bowie 1973: The prettiest star).

[150] „She'll come, she'll go / She'll lay belief on you / Skin sweet with musky oil / The lady from another grinning soul (...) / And when the clothes are strewn / Don't be afraid of the room / Touch the fullness of her breast / Feel the love of her caress / She will be your living end."; Bowie 1973: Lady grinning soul.

[151] Vgl. die stilisierte Figur auf dem großformatigen Centerfold des Klappcovers von Bowie 1973: Aladdin Sane (LP).

Wesen *(boy)* definiert und artikuliert, die in alle Selbstbetrachtungen des Ich radikal eingebundene Figur des *boy* als Konzept einer ansprechbaren Alterität bei gleichzeitiger alternativer Identität. In dem Maße, in dem man sich diesen *boy* verständlich machen kann als eine Melange aus erinnertem Selbst in erinnerten Beziehungen zu erinnerten *Significant Others,*[152] als eine Verschmelzung von fiktivem soulmate und ersehntem alter ego, wird es vollends plausibel als die Bowie'sche Variation eine Lacan'schen Kunstfigur des sich spiegelnden Ich, mit der man sich in Selbstgesprächen verlieren kann.

Und die maskulinisierte Zeit? Nun, auch hier ist die plausible Erklärung tragfähiger als der effekthaschende Verdacht; zu betonen ist schlicht, dass der gutinformierte und philosophisch interessierte Bowie aller Wahrscheinlichkeit nach eine Figur der griechischen Mythologie, nämlich den *Chronos*[153] als (männlich gestaltete) Personifizierung der Zeit, vor Augen gehabt haben mag.[154] Dies ergibt einen schlüssigen Sinn insbesondere dann, wenn man ergänzend heranzieht, dass der vielseitig gebildete Künstler (nicht nur) bei „Time" mit Metaphern und Anspielungen zu wuchern verstanden hat:

Aufgegriffen hat er bspw. „Reelin' and rockin'", einen Song von Chuck Berry, B-Seite der Single „Sweet little Sixteen"[155]. Darin

---

[152] Umgangssprachlich wird dieser Begriff i. d. R. zur Bezeichnung für eine Person gebraucht, die sich in einer intimen Beziehung zu einer anderen Person befindet, wobei dieses Beziehungsverhältnis nicht durch Auskünfte über den familiären Status, die sexuelle Orientierung oder die Genderidentität ihrer Beteiligten näher präzisiert werden muss. In wissenschaftlichen Theorien und Diskursen wird unter dem Terminus des *significant other* eine Person diskutiert, die größeren Einfluss auf das individuelle Leben und Wohlbefinden einer anderen Person ausübt und sich auf das Selbstkonzept dieser Person nachhaltig (und idealerweise auch positiv) auswirkt. Erweitert wird dieser Definitionsrahmen bisweilen mit der Konkretion, dass ein *significant other* quasi als Sozialisierungsprägekraft, als pädagogisch relevanter Wegweiser, als Leit- und Orientierungsfigur funktioniert, man daher bereits in den frühen Entwicklungsphasen des Subjekts mit significant others rechnen müsse, die sich – womöglich nicht nur über reale Personen, sondern auch über gelebte Konzepte oder moralische Vorstellungsbündel – auf Wohlbefindlichkeit, Orientierungsfähigkeit und Selbstbild des Subjekts auswirken könne. Vgl. Woelfel 1968; Brinkmann 2013, 166 ff.

[153] Geisau 1964.

[154] Vgl. Stark 2015b.

[155] Berry 1958: Sweet little Sixteen. In den 1970er Jahren hat Berry diesen Song immer wieder bei Livekonzerten dargeboten. Gleichwohl war „Reelin' and Rockin'" niemals ein echter Hit, sondern bestenfalls ein Spezialtipp unter Musikfreunden.

erzählt eine männliche Figur, dass sie während eines Tanzabends in regelmäßigen Abständen zur Uhr blickt, allein um festzustellen, dass sie sich weiterhin unentwegt leidenschaftlich im Rock-n-Roll-Takt bewegt, bis die Veranstaltung im Morgengrauen endet: „(…) Well, I looked at my watch, it was 9:21 (…) Well, I looked at my watch, it was 9:32 (…) Well, I looked at my watch, it was 9:43 (…) 9:54 (…) 10:05 (…) 10:26 (…) 10:28 (…) 10:29 (…) We was reelin' and rockin', and rollin' 'til the break of dawn (…)"[156]. Es ist exakt diese Grundzeile, die von Bowie aufgegriffen wird, doch ihr einfacher Sinn wird nun mit einer schweren, geradezu metaphysischen Notiz in sein Gegenteil verkehrt. Der Tanz, er geht nicht weiter, der Blick zur Uhr wiederholt sich nicht, die Morgendämmerung steht aus, jedoch der Held der Geschichte weiß um seine Sterblichkeit und Endlichkeit. Seine Dankbarkeit indes bricht sich an den Herausforderungen des Alltags, und eine Zeit des Innehaltens, notwendig wohl, um die Erlebnisspuren zu sortieren und ein Integral gelungenen Lebens aus den Fäden des erfahrenen Daseins zu weben, wird vorerst nicht gewährt: „We should be on by now". Wieder ist es eine Art, metaphorisch zu reden, mit Standardphrasen aus dem alltäglichen Künstlerleben das weitaus komplexere Dasein an sich anschaulich zu machen; offenbar gelten für das große Ganze ähnliche Gesetze wie für die aktuellen Momente und Augenblicke: *Wir sollten dran bleiben und dabei sein, jetzt die Bühne entern und auf Sendung gehen,* wissen Bowie und sein inszeniertes lyrisches Ich, und beide machen sie ihre dramatischen Erfahrungen in und mit einer Zeit, die ganz leicht personifiziert werden konnte: Sie lauert, ist bedrohlich wie ein Beutejäger, ist – eben als Chronos und alleiniger Herrscher über die Zeiten und ihre Fließgeschwindigkeiten – so willkürlich wie jener Drehbuchautor, der das unermessliche Script mit sämtlichen raumzeitlichen Sequenzen geschrieben und zu verteidigen hat. Sie, die Zeit, prostituiert sich in ihrer Flexibilität, nicht allein, weil man am Ende für jedes zeitliche Vergnügen den hohen Preis der verstrichenen Zeit gezahlt hat, sondern auch, weil sie sich je nach Lust und Laune als gedehnte oder gestauchte Zeit präsentiert. Zweifellos ist sie sich in ihrer Unbarm-

---

[156]Vgl. Berry 1958: Sweet little Sixteen.

herzigkeit und Willkür auch selbst genug, befriedigt und befriedet sich daher bis zum letzten Erschöpfungsbodensturz an und mit sich selbst; ihrem Opfer bleibt am Ende nichts, wenn sich die Zeit von selbst verbraucht hat. Bowie bzw. die Songstimme, die seinen Gestimmtheiten und Anliegen mit drastischem Vokabular sinnlich Ausdruck verleiht, gibt der Zeit folgerichtig noch eine ganze Reihe weiterer Namen, vergleicht sie mit einem Scharfschützen im Gehirn und einem *kotzblubbernen Ausguss*[157], nennt sie inzestuös und eitel – und stürzt sich insgesamt in eine tosende Flut aus poetischen Fragmenten und sonderbar indifferenten Bildern. Größerenteils Erinnerungsfetzen scheinen es zu sein, Spurenelemente eines erlebten Lebens (voll einfältiger Ratschläge unsensibler Menschen), Momente, in denen sich jene Erfahrungen, die mit der Grausamkeit einer vergänglichen und flexiblen Zeit gemacht werden, mischen mit den Erlebnissen, die sich im Angesicht von Zeit und Vergänglichkeit türmen. Gleichwohl, gegen die Eiseskälte der Endlichkeit und gegen die Gefahr emotionaler Gefrierbrände, die mit der Zeit am Herzen entstehen können, hilft nur in den seltensten Fällen ein Mantel, und während das feinfühlende Subjekt als Beuteopfer der Zeit unter dem Druck ihrer eigenen Wahrnehmung zusammenzubrechen droht, bleiben zahllose Gestalten seltsam teilnahmslos; bestenfalls verstehen sie, vor Langeweile mitzukreischen, Zeit zu vertreiben oder totzuschlagen.

Die Einsicht in diesen Tatbestand ist es nun auch, die einen Perspektivenwechsel erzwingt. *Sich zu trennen ist schwer, aber im Dunkeln zu bleiben ist hässlich,* erklärt die Singstimme in *Time* – und adressiert längst nicht mehr die Zeit an sich, wohl aber einen ganz bestimmten Menschen. Es ist diejenige Person, die es fast wert gewesen wäre, ein Charakter, an dessen Seite sich beinahe die lohnenswerte Möglichkeit abgezeichnet hätte, von gemeinsam verwobenen Träumen umhüllt die große existenzielle Reise durch Raumzeiten und Zeiträume anzutreten. Doch offenbar hat es an einigen Stellen gefehlt, oberfläch-

---

[157] Bowies Wortspiele – hier nun: *regurgitating drain* – lassen sich de facto nicht linear übersetzen, sondern nur über den Umweg einer sinnbildlichen Nachempfindung sprachlich wiedergeben. Aber das ist ja in der vorliegenden Studie schon mehrfach angemerkt worden.

liche Nettigkeit hatte *die Tür zu den Träumen verschlossen, real und traumlos war der Erlebnispark* des Lebens geblieben.

„Breaking up is hard (…), I had so many dreams, I had so many breakthroughs (…) Perhaps you're smiling now (…) through this darkness (…) all I have to give is guilt for dreaming." – Bowies Ode auf die Zeit lässt sich gerade zum Ende hin verstehen als eine künstlerische Vergegenwärtigung und Bewältigung einschneidender Trennungen, seien sie herbeigeführt oder hingenommen worden. Von der sagenumwobenen Auflösung der *Spiders from Mars* im Hammersmith Odeon durch *Ziggy Stardust* (s. o.) über die krankheitsbedingten Trennungen der Brüder Terry Burns und David Jones (s. o.) bis hin zu der schmerzhaften Beendigung der intensiven Liebesbeziehung zu Hermione Farthingale: es sind solche fremd- und selbstinszenierten Momente gewesen, die sich auf die Wahrnehmung einer unumkehrbaren Zeit mit seltsam ungenauen Fließtempi, vor allem aber auf die Einsicht in die Totalität von Vergänglichkeit und Endlichkeit ausgewirkt und so die Entwicklung des starken Motivs einer sich im Zeitfluss gemein verbergenden düsteren (Schicksals-)Macht begünstigt haben. Ob und inwiefern sich eine kreative, phantasievoll-traumspinnende Person dann im Modus ihres Träumens völlig verlässlich von den unbarmherzigen Gesetzen zu separieren vermag, die dominant in jedem Zeitkontinuum zu gelten scheinen, bleibt offen, Bowie aber scheint mit dieser Option prinzipiell zu kalkulieren: als eingestandene Teilschuld formatiert er sein Bekenntnis, hin und wieder optimistisch-waghalsig (gegen die Zeit an-) geträumt zu haben, wo andere sich längst mit ihrer Traumlosigkeit arrangieren wollten. So gesehen ist es geradezu konsequent, auch in *Time* wieder mit dem bewährten kompositorischen Basismodul: *Trällerefrain-Tonmalerei* zu arbeiten und die monolalisch angelegten Reihen |: Li, li, li, li, li, li, li, li:| und |: La, la, la, la, la, la, la, la, la:| exponiert zu zementieren: Als aufständische Frohgesänge zeitängstlich Verrückter (s. o.) und als kühne Schicksalsmelodien traumflexibler Trotzoptimisten schlängeln sie sich durch die Zeit, bis ein letztes gesungenes „Time" den Song endgültig beschließt (und den Bogen zu der alte Pointe aus Bowies *Occasional Dream* von 1969 – bzw. zu der verlorenen Zeit mit Hermione Farthingale – schlägt)[158].

Zweifellos ist Bowies „Time" überladen: zahlreiche Motive, Zitate, Anspielungen, Sinndeutungssplitter, Erinnerungsspuren und auto-referentielle Fragmente gehen ineinander über und formieren sich zu jenem opulenten Kunstwerk, dessen Kreateur gelegentlich ver-dächtigt wurde, mit falschem Pathos *l'art pour l'art* betrieben und um der eigenen schrillen Inszenierung willen ein geschmackloses Set an Neurosen abgemischt zu haben. Doch obschon die Bühnenfigur Bowie solche Unterstellungen scheinbar gern aufgegriffen, alle Kritik mit Koketterie auf eine falsche Fährte gelockt und als pantomimisch ver-sierter Artist weiteres exaltiertes Belastungsmaterial generiert hat – wie etwa auf jenen großen Tourneen, da er *Time* mit überkreuzten Beinen hinter einer enormen Schattenhand (1974) oder mit pompösen (acryl-) gläsernen Engelsflügeln auf dem Rücken (1987) performierte[159] –, treffen die entsprechenden Vorwürfe nicht den Punkt. Trotz aller Show-effekte und Effekthaschereien nämlich war *Time* für Bowie geblieben, was er zu schaffen beabsichtigt hatte: ein seriöser Pop-Chanson mit einer existenziellen Thematik, wenngleich arg an der Grenze zu einem campy Manifest seiner neuen Perspektiven auf (die) Zeit.

Es ist ein nachhaltiges Manifest, und Bowie macht fortan davon Gebrauch, sei es, dass er daraus zitiert, sei es, dass er Pointen modi-fiziert, es zunehmend vermeidet, überkandidelte Sprachbild-Feuerwerke zu zünden. Hatte er mit *Time* seine entscheidenden Basiserfahrungen überwiegend buntschillernd metaphorisch veranschaulicht, so schien es bald, als wolle er die derb bild- und tonkünstlerisch heraus-geschleuderten Stimmungen und Grundeinstellungen differenzierter und dezenter aufarbeiten, sie alltagstauglicher und gefälliger artikulieren – und damit letzten Endes auf einer neuen Komplexi-tätsstufe besprechen, wie sich Welt, Leben und menschliches Dasein vor dem Erlebnishorizont einer als rennend, fließend oder kriechend

---

[158] „Time takes time to pass (...) / In my madness / I see your face in mine (...) / Time. / An occasional dream of mine." Bowie 1969: An occasional dream.

[159] Vgl. O'Leary 2015, 266 f.

wahrgenommenen Zeit begreifen lässt. Mehr als zehn Jahre nach dem opulenten *Time*-Chanson befasst sich Bowie in dem Titel „Time will crawl"[160] erneut dicht mit seiner Kardinalfrage; wieder will er wissen, was gegen Endlichkeit und Vergänglichkeit überhaupt in Stellung gebracht werden kann, was Bestand hat angesichts zerronnener und verlorener Zeit, was am Ende steht, wenn nicht einmal eine Spur von Zeit mehr geblieben ist. Bowies singendes Ego verkündet bestürzende Impressionen, bringt sie zu einem erschütternden Fazit[161] und liefert ein ernüchterndes Resümee im Refrain:

> „Time will crawl
> 'Til our mouths run dry
> Time will crawl
> 'Til our feet grow small

---

[160] Bowie 1987: Time Will Crawl.

[161] Besagtes Fazit besteht im Grunde aus erzählten Miniaturen, aus Beobachtungen und Erinnerungen des lyrischen Ich, z. B.: „Ich kenne einen Regierungsmann. / Er war so blind wie der Mond (und er…). / Er sah die Sonne in der Nacht. / Er nahm einen Top-Gun-Piloten (und er …). / Er ließ ihn durch ein Loch fliegen / Bis er ganz alt wurde (und er…). / Er kam nie wieder runter. / Er flog einfach, bis er platzte." (Übertragung durch den Verf., Originaltext: „I know a government man / He was as blind as the moon, and he – / He saw the sun in the night / He took a top-gun pilot and he – / He made him fly through a hole / 'Til he grew real old, and he – / And he never came down. / He just flew till he burst."; vgl. Bowie 1987: Time will crawl.). In dieser melancholischen Miniatur voller Illusionslosigkeit greift Bowie einmal mehr – das auto-referentielle Element ist ja unverkennbar – auf das Bild vom (Sternen-)Flieger zurück, der die Erde verließ und nie wieder zurückkehrte. Doch während *Major Tom* aus *Space Oddity* eindeutig dem Astronauten Dave Bowman aus Stanley Kubricks Film *2001: A Space Oddyssee* (von 1968) nachempfunden war, wird der fern von der Erde aufgeplatzte Bruchpilot *aus Time will Crawl* quasi als eine der scheiternden (Helden-)Figuren aus Tony Scotts *Top Gun* (von 1986) installiert.

Auch in den weiteren Songtextverlauf speist Bowie Sinnmotive und Bilder aus zeit-genössischen Kinofilmen ein. An Jimmy Murakamis Film „When the Wind blows" von 1986 – einer Erzählung über die letzten Tage eines Ehepaars nach dem erfolgten atomaren Erstschlag – war Bowie mit dem Titelsong beteiligt gewesen; in der zweiten Strophe von *Time will crawl* operiert er – die Reaktorkatastrophe von Tschernobyl hatte sich kurz zuvor ereignet – mit vergleichbar drastischen Visionen einer postnuklearen Welt: „Ich sah einen schwarzen, tief-dunklen Fluss / Voll weißäugiger Fische / Und einen ertrinkenden Mann / Ohne irgendwelche Augen. / Ich spürte eine warme Brise / die Metall und Stahl zum Schmelzen brachte / Ich bekam eine schlimme Migräne / Sie dauerte drei lange Jahre / und von den Pillen, die ich nahm / ver-schwanden meine Finger." (Übertragung durch den Verf.; Originaltext: „I saw a black, black stream / Full of white eyed fish / And a drowning man / With no eyes at all / I felt a warm, warm breeze / That melted metal and steel / I got a bad migraine / That lasted three long years / And the pills that I took / Made my fingers disappear."; vgl. Bowie 1987: Time will crawl.).

Time will crawl
'Til our tails fall off
Time will crawl
'Til the twenty-first century lose
(…)
Time will crawl
And our heads bowed down
Time will crawl
And our eyes fall out
Time will crawl
And the streets run red
Time will crawl
'Til the twenty-first century lose (…)"[162]

Die Zeit, sie wird krabbeln dahin (und daher). Als einer zäh-schleichenden, myriapodisch kriechenden Macht[163] begegnet man ihr nun; sie hat – vor allem hinsichtlich ihrer Bewegungs- und Handlungspräferenzen – nicht sonderlich viel gemeinsam mit jener seiner-zeit besungenen dramaturgischen Kraft, die wie ein Beutejäger in den Flügelfluren lauert, allerlei Nonsense präsentiert, mit Tricksterqualitäten aufwartet, dem Lebenssinn Streiche spielt und Striche durch die Rechnung macht, weil sie eine ganz eigene Schicksalsagenda in ihrem Script fixiert sieht. Dreizehn Jahre nach den vergleichsweise harmlosen Appellen von *Time,* nämlich: möglichst unbedarft auf die (Lebens-) Bühne zu gehen (We should be on by now) und sich schlicht und wacker die Zeit zu nehmen, die man braucht (Take your time), wird die Illusionslosigkeit zur neuen Gefährtin der Zeitwahrnehmung: *Erbarmungslos dahinschleichen wird die Zeit, bis uns der Mund aus-trocknet, unsere Füße winzig geworden sind, unsere Köpfe nach unten*

---

[162] Aus: Bowie 1987: Time Will Crawl.

[163] Einen ähnlich gruseligen Sinnbilderbogen hatte übrigens 1974 Peter Gabriel – Bowie und Gabriel kannten sich und schätzten gegenseitig ihre Arbeiten sehr – als Sänger und Texter des Genesis-Albums „The Lamb lies down on Broadway" geschlagen, als er Figuren wie den Carpet Crawler, die Lamia oder die Slippermen so unheimlich und bedrohlich durch die Erzählung schleichen ließ; vgl. Genesis 1974: The Lamb lies down on Broadway. Zu den Berührungs-punkten von Gabriel und Bowie vgl. Easlea 2014, S. 66, 113, 251, 297 u. ö.

hängen und die Augen herausfallen, doch gleichgültig wird sie weiter-
krabbeln, die Zeit, bis das einundzwanzigste Jahrhundert vergeht und sich
die Straßen rot färben!

Bowie hatte zweifellos eine düstere Vision entworfen und eine
denkbar pessimistische Perspektive auf die Zeit angelegt; gänzlich
zusammenhanglos dürfte er diese Ansichten nicht herausgebracht
haben. Zum einen lag die Reaktorkatastrophe von Tschernobyl gerade
einmal Monate zurück, zum anderen war schon Jahre zuvor mit „Ashes
to Ashes" intensiv auf die Nebenwirkungen sensibler Zeitwahrnehmung
aufmerksam gemacht worden, auf die Last der ständigen Wiederholung des letztendlich Nutzlosen („Time and again i tell myself…")
und auf das Problem der langweiligen, zeitraubenden Routinen („Oh
no, not again"), außerdem wurde hier das Phänomen fokussiert, dass
mit fortlaufender Zeit die Dinge ganz anders ausschauen, daher mit
zeitlichem Abstand entsprechend neu zu bewerten sind (was eben
anhand der *Persona et Causa: Major Tom* besonders gut veranschaulicht werden konnte). Die zentrale Thematik des besagten Songstücks
indes erschloss sich wesentlich über jene starke Phrase, die Bowie
sowohl im Titel als auch im Refrain seiner zweiten Major Tom-Arbeit
(s. o.) prominent positioniert hatte: eine Reminiszenz an jene pastorale
(Bestattungs-)Formel „earth to earth, ashes to ashes, dust to dust",
deren popkulturelle Valenz sich auch abseits aller sakrosankten Ver-
wendungskontexte nachweisen lässt. Als respektvolle Verbeugung vor
der zeitlichen Begrenztheit und Vergänglichkeit alles Leibhaftigen
und Materiellen kommt sie grundsätzlich zum Einsatz, nun aber wird
sie in Anspruch genommen und zitiert von einem Künstler, dem
einiges daran gelegen schien, die brutale Ernsthaftigkeit von radikaler
Endlichkeit niemals zu verschweigen, ihr aber wenigstens mit einer
beschwingten, komischen Verrücktheit entgegenzutreten: Nicht von
ungefähr wird die alltagskulturell etablierte Redewendung „ashes to
ashes" unter Bowies Zugriff mit dem hinzugefügten zweiten Halbvers
„funk to funky" zu einer Art realitätskonterkarierender Lebensdeutungs-
empfehlung umfunktioniert, deren Sinn mit der Verständlichkeit des
eingebrachten Wortspiels kommt und geht. *Funk to funky* ist nämlich
durchaus mehrsinnig und vieldeutig, greift auf das breite Bedeutungsspektrum der Vokabeln *funk* [1] urspr. afroamerikanischer Slang für

Rauch, faul-erdiger, schlechter Geruch; 2) Musikstil] und *funky* [= erregt, flippig, witzig, abgefahren, schräg, heiter, komisch] zu – und steht letztendlich für sonderbare Übergangspassagen, für Steigerungs- und Ausstiegsmöglichkeiten. Und so torpediert Bowie auf kühne Weise die – in der rituellen Formel mit Hilfe der symbolischen Bilder von abgetöteten Materialien *(earth, ashes, dust)* veranschaulichte – Zeiterfahrung von Endlichkeit und Vergänglichkeit mit einem Ergänzungsstatement, das den Ausweg vom Fäulnisgeruch zu schräger Komik aufzeigen und das Dasein zwischen dem Rauch der Aschen und einem Zustand erregter Heiterkeit neu justieren will: die bunte Lebensphilosophie und der verrückte (s. o.) Pragmatismus des *funk to funky* – das hat wenigsten in Ansätzen zu funktionieren als Komplementär zu einer graudüster-makabren Existenz in einem realen *ashes-to-ashes/time-will-crawl*-Kosmos voller Mortalität und Morbidität!

Insofern widersprechen sie sich letzten Endes nicht wirklich, die Sinnmomente von *Ashes to Ashes* und *Time will Crawl*, sondern stehen in einer klaren werkgeschichtlichen Linie und einem sachlichen Zusammenhang; gerade in ihrer Summe machen sie ersichtlich, welche starken und extrem anmutenden Perspektiven Bowie eingenommen und wie sich seine (teils divergierenden) Anschauungen ergeben haben, auch, inwieweit der Künstler die dialektische Spannungsbeziehung besagter Sinnmomente auf sich hat beruhen und, Gleichgewicht suchend, auf sich hat wirken lassen: Gegen die Bürde der plagenden Vorstellung, vielleicht nur (noch) eine arg begrenzte Lebens- und Weltzeit zur Verfügung zu haben, stellt er die (Ge-) wichtigkeit der Posse – und zementiert darin die (Wunsch-)Option, mit dem Spiel des Lebens ernst zu machen und gleichzeitig den Ernst des Lebens zu umspielen, sprich: die Unvermeidbarkeit und den Druck des Endlichen verspielt-spielerisch zu ertragen und alles Zeitliche mit stegreifkomödiantischen und liebevollen[164] Momenten zu durchkreuzen.

---

[164] In diese Richtung geht auch eine Passage aus *Under Pressure:* „Insanity laughs / under pressure we're cracking. / Can't we give ourselves one more chance / Why can't we give love that one more Chance / Why can't we give love (…)"; vgl. Queen / Bowie 1981: Under Pressure.

1997 stellt Bowie unter dem Titel *Battle for Britain (The Letter)* eine vergleichsweise starke Arbeit vor, in der er (bzw. das implementierte lyrische Ich) auf eigene Zeitwahrnehmungen rekurriert und sich an einer Abmischung subjektiver Zeit- und persönlicher Selbstauslegung versucht:

„My, my, the time do fly	when it's in another *pair of hands*
And a loser I will be	for I've never been a *winner in my life*
I got used to stressing pain,	I used the sucker pills to pity for the self
Oh, it's the animal in me	but I'd rather be a beggar man on the shelf

Don't be so forlorn, it's just the payoff / It's the rain before the storm.
On a better day, I'll take you by the hand / And I'll walk you through the doors.
Don't be so forlorn, it's just the payoff / It's the rain before the storm.
Don't you let my letter get you down. / Don't you, don't you, don't you

My, my, but time do fly	when it's in another *pair of pants.*
And illusion I will be,	for I've never been a *sinner la di da*
	(…)"165

Es dürfte ersichtlich werden: (1) Ungeachtet dessen, wie Bowie Zeit bzw. Zeitwahrnehmung in den betreffenden Songs konkret skizziert – und sinnbildlich etwa als unheilvoll kriechend, als dekadent

---

165 Bowie 1997: Battle for Britain (The Letter). Die folgende Übertragung in das Deutsche soll die hier vertretene Einschätzung visualisieren, dass der Künstler seine seriösen Ansichten und Deutungen immer wieder bewusst durch spaßige Einwürfe konterkariert, um die angesprochene Dialektik aufrechtzuhalten:
Meine Güte, die Zeit vergeht wie im Flug --- wenn sie jemand anders in den Händen hat.
Ein (Zeit-)Verlierer werd' ich sein --- war ja noch nie ein Gewinner in meinem Leben.
Ich habe mich an den Belastungsschmerz gewöhnt --- und die Lutsch(er)pastillen für das Selbstmitleid genommen.
Oh, es ist das Tier in mir --- aber lieber wär' ich ein ausrangierter Bettler.
Sei nicht so verloren, lohnt sich kaum, ist der Regen vor dem Sturm. An einem besseren Tag werde ich dich an die Hand nehmen, werde dich durch die Türen führen. (…) Lass Dich von meinem Brief nicht runterziehen, bloß nicht.
Meine Güte, aber die Zeit vergeht echt wie im Flug, --- wenn sie in einer anderen Hose steckt.
Und ein Trugbild werd' ich sein, --- denn ich war niemals ein Sünder --- la di da. (…) [Übertragung durch d. Verf.]

schleichend, als Scharfschütze im Hirn, als Hure, als unverfügbar rasend oder als in willkürlichen Bahnen fliegend veranschaulicht –, geht es doch prinzipiell in all diesen Arbeiten mehr oder weniger intensiv (a) um die Realisierung einer allgemeinen Unsicherheit, bedingt durch die Fragilität alles zeitlichen Daseins, (b) um die Vergegenwärtigung des Beunruhigenden, das mit allen Momenten gegeben wird, die quasi „mit der Zeit" kommen oder gehen, (c) um die Auseinandersetzung mit der Unverfügbarkeit von Leben(szeit) an sich und (d) um existenziell relevante Bewältigungsstrategien und möglichst kreative Lebensführungsoptionen in Anbetracht der Unübersichtlichkeit von Gegenwart und Zukunft. (2) Dem künstlerisch umrissenen, gleichwohl kritischen Gesamtumstand lässt sich auf einer ersten Ebene mit einem humoristischen, skurilen Gegenangriff bzw. mit allerlei absurden Wortspielchen und humorigen Sprachmalereien begegnen, die zwar in der Sache nichts austragen, atmosphärisch gesehen aber den Acteur bei Mut und Laune halten: Bowie übertrifft sich geradezu, wenn er das *pair of hands* aus Verszeile 1 bei der späteren Wiederholung des Verses gegen das ähnlich klingende *pair of pants* ausgetauscht, den *winner* aus Verszeile 2 gegen den *sinner* ausgewechselt, aus dem *loser* eine *illusion* werden lässt und das *in my life* schlicht durch ein *la di da* ersetzt. (3) Dieser mitunter recht kryptischen Erstprophylaxe werden auf einer zweiten Ebene lebenspraktische Warnungen („Sei nicht so verloren, lass Dich nicht runterziehen!"), verheißungsvolle Zusagen („Ich nehme Dich bei der Hand, geh durch die Türen") und existenzielle Deutungsintegrale („Ist erst der Anfang!") hinzugefügt. (4) Bowie scheint insgesamt für eine Legierung aus reflexiven, hermeneutischen, humoresken und pragmatischen Zugriffs- und Kommentierungsweisen zu plädieren, die sich je an die situativen Gegebenheiten angepasst zu profilieren hat. De facto verschränken sich dabei bei großzügig gehandhabter Nuancierung

- das fast schon (existenz-)analytisch reflektierte Eingeständnis einer immer in Ansätzen verunsichert bleibenden Daseinsweise,
- das aus psychoanalytischer Perspektive gut ersichtliche Verhalten der Veralberung als Abweisung des Ernsthaften,

- das lebensweisheitlich-pragmatische Verfahren der vereinfachten Verarbeitung des Unverständlichen mit Hilfe so genannter „Alltags-lehren und -ratschläge" sowie
- das unausgesprochene Grundwagnis des Sprungs in das Ungewisse, und zwar mit Hilfe ganz weniger wichtiger Vertrauenspersonen (Ich-Du) und einiger verrückter Phantasien.

Das ist natürlich alles andere als einfach; für Bowie scheinen mit dem Zerrinnen der Zeit, ganz gleich nun, in welchem Tempo es geschieht und in welcher Intensität und emotionalen Einfärbung solches wahr- und aufgenommen wird, weitaus mehr Einbußen und Rückschläge als Genussmomente einherzugehen. Gewiss, mit der Zeit begegnen sich Menschen, sie gehen Verhältnisse und Beziehungen ein, sie erleben und teilen Geschichten wie auch Abenteuer, sie bereichern sich wechselseitig im Austausch ihrer Deutungen von Widerfahrnissen, Geschehnissen und Erlebnissen, und mit der Zeit mag bisweilen auch ein Zugewinn an Wohlstand, Weisheit, Erfahrung, Routine etc. erwartet werden. Doch letzten Endes läuft es stets darauf hinaus, dass Dinge, Erinnerungen und Beziehungen an Wert und Bedeutung verlieren, dass das Einzig-artige seine Einmaligkeit im Mahlstrom der Alltäglichkeiten, Routinen und Wiederholungen verliert, dass Menschen sich verabschieden und trennen müssen – und dass sich mit der Zeit das Leben selbst verlieren, zumindest jedoch verschleißen wird: In *Life on Mars* (s. u.) etwa erzählt Bowie von dem jungen maushaarigen Mädchen, das von seinen Eltern wegen einer unbedeutenden Liebesgeschichte, einer „god awful small affair" vor die Tür gesetzt wird und sich träumend in einem Kino ver-liert, um dort zu realisieren, dass sie nicht nur die langweilige Freak-show auf der Leinwand schon mehrfach gesehen, sondern auch eine ganze Reihe sonderbarer Sequenzen aus dem Film ihres Lebens und ihrer Geschichte als spannungs- und sinnlos erfasst (und womöglich in ihrer unerträglichen Bedeutungslosigkeit mitverantwortet) hat[166],

---

[166] „It's a god-awful small affair / To the girl with the mousy hair / But her mummy is yelling „No!" / And her daddy has told her to go / But her friend is nowhere to be seen / Now she walks through her sunken dream / To the seat with the clearest view / And she's hooked to the silver screen / But the film is a saddening bore / For she's lived it ten times or more / She could spit in

und auch die von Bowie zunächst noch auf dem Sockel einer stolzen, jugendlichen Generation platzierten und gehuldigten „Pretty Things"[167] werden letztendlich, wenn der finale Randpunkt erreicht und die andere Seite in Sichtweise ist, mitsamt aller wichtigen und unwichtigen Fragen zur Hölle fahren (müssen): *The Pretty Things Are Going to Hell*[168].

> What to do? / What to say?
> What to wear on a sunny day?
> Who the phone? / Who to fight?
> Who to dance with on a sunday night?
> I'm reaching the very edge you know
> Reaching the very edge
> I'm going to the other side this time
> Reaching the very edge
>
> You're still breathing but you don't know why
> Life's a bit and sometimes you die
> You're still breathing but you just can't tell
> Don't hold your breath / But the pretty things are going to hell

---

the eyes of fools / As they ask her to focus on / Sailors fighting in the dance hall / Oh, man, look at those cavemen go / It's the freakiest show / Take a look at the lawman / Beating up the wrong guy / Oh, man, wonder if he'll ever know / He's in the best selling show / Is there life on Mars? / It's on America's tortured brow / That Mickey Mouse has grown up a cow / Now the workers have struck for fame / 'Cause Lennon's on sale again / See the mice in their million hordes / From Ibiza to the Norfolk Broads / Rule Britannia is out of bounds / To my mother, my dog, and clowns. / But the film is a saddening bore / Because I wrote it ten times or more / It's about to be writ again / As I ask you to focus on / Sailors (...)"; Bowie 1971: Life on Mars. Interessant ist, dass in der Wiederholung des Refrains der erlebte Film der Protagonistin („she's lived it") quasi ein Drehbuch wird, zu dem sich ein lyrisches Ich des Songs bekennt („I wrote it ten times or more…").

[167] Ursprünglich trat unter dem Namen „The Pretty Things" Mitte der 1960er Jahre eine Musikband in Erscheinung, die zu den härtesten und provokantesten Rockformationen gerechnet wurde; vgl. Lakey 2002. Bowie bekannte sich ausdrücklich als Fan und nahm mehrfach selbst Titel der Pretty Things in sein Repertoire auf; die Songs *Rosalyn* und *Don't bring me down* fanden z. B. den Weg auf das Album Bowie 1973: Pinups. Freilich fand die feste Wortverbindung *Pretty Things* bei Bowie eine mehrfache Verwendung, so einerseits als Idiom für rebellische Jugendliche, die im Begriff sind, ihre Eltern in den Wahnsinn zu treiben („Oh, you Pretty Things / Don't you know you're driving your Mamas and Papas insane?" vgl. Bowie 1971: Oh! You pretty things), andererseits als Metapher für alles vordergründig Angenehme, das aufgrund seiner rein dinglichen Beschaffenheit nur wenig echten Bedeutungswert haben kann.

[168] Bowie 1999: The pretty Things are going to hell.

I am a drug, I am a dragon
I am the best jazz you ever seen
I am the dragon, I am the sky
I am the blood at the corner of your eye
I found the secrets I found gold
I find you out before you grow old
I find you out before you grow old

What is eternal? What is damned?
What is clay and what is sand?
Who to diss? Who to trust?
Who to listen to? Who to suss?
I'm reaching the very edge you know
Reaching the very edge
I'm going to the other side this time
Reaching the very edge
You're still breathing but you don't know why
Life's a bit and sometimes you die
You're still breathing but you just can't tell
Don't hold your breath / But the pretty things are going to hell

I am the dragon, I am the drug (…)

|: The pretty things are going to hell
They wore it out but they wore it well :|

You're still breathing but you don't know why
You're still breathing but you just can't tell
Don't hold your breath
But the pretty things are going to hell

Wieder ist es also die Zeit bzw. die in der Endlichkeitsvergegen-
wärtigung verkapselte Zeitwahrnehmung, die auf eine – alle Letztinstanzlichkeit entweder akzeptierende oder aber optimistisch
transzendierende – Sinndeutung drängt und en passent mit einem
konsequenten Handstreich sämtliche bis dato als hübsch, niedlich oder
gar schön verobjektivierten Momente aufgrund ihrer binnenweltlichen
Materialität hinsichtlich ihrer metaphysischen Zwecklosigkeit und

Bedeutungslosigkeit entlarvt. Sobald sich der Katalog mit den Fragen nach den letzten Dingen öffnen muss, verlieren alle vorletzten Dinge ohne echte Gefühlsleben ihren Wert – wohingegen sich offenbar eine realistische Chance für jene wahrhaft und gefühlvoll Liebenden auftut, in der einsamen Menge der Einsamen und Vereinsamten ihre Zeit zu nutzen und die Grenzen ihrer Zeit mutig zu fokussieren. Bowie zumindest scheint diese Option stark machen zu wollen. Bisweilen kryptisch wohl, jedoch hinreichend verständlich veranschaulicht er seine diesbezüglichen Einsichten in *New Angels of Promise*, jenem Titel, der auf dem Album *Hours*[169] unmittelbar auf die besungene *Höllenfahrt der hübschen Sachen* folgt; dort heißt es:

Neue Engel der Verheißung. Wir verzweifeln, wir sind die toten Träume, nehmen die Schuld auf uns. Trag' uns ans Ende der Zeit. Nimm uns mit an den Rand der Zeit. Wir sind die berühmten Liebenden; ich bin blind, sie sieht als mein Auge für mich. Ihr argwöhnischen Geister habt unsere Ankunft nicht erfühlt und gespürt. In dieser vereinsamten Menge ist es immer an der Zeit (…) Zerfallt nicht, fallt nicht auseinander. Wir sind die Stummen. Nimm uns mit an den Rand der Zeit (…) Wir lauschen dem Sturm. (…) In dieser einsamen Menge / ist es immer an der Zeit. Es ist immer Zeit. Es ist immer so weit.[170]

Indes, diese existenzielle Option der gefühlvoll Liebenden, nämlich: sich gemeinsam – als Sturmlauschende in vereinsamten Menschenmengen und Zeiträumen oder als Taumelnde in einer den Zeiträndern gefährlich sich nähernden Raumzeit – zu bewähren und in dieser Innigkeit das Leben letztlich zu meistern, kann eben auch überschlagen, kippen, scheitern und enden in einem jener riskant-intensiven Tänze auf den Klippen der Zeit, die hochdramatisch begonnen, dann aber in sinnentleerten Wiederholungsschleifen abgenutzt werden: „I

---

[169] Bowie 1999: Hours.

[170] „We despair / We are the dead dreams / We take the blame / Take us to the edge of time / Take us to the edge of time / We are the fabulous lovers / I'm a blind man and she's my eyes. / Suspicious minds / You didn't feel us coming / In this lonely crowd / It's always time. (…) / Don't fall apart now / We are the silent ones / Take us to the edge of time (…) / We listen to the storm. (…) / In this lonely crowd / It's always time / It's always time (…)"; Bowie 1999: New Angels of Promise. (Deutscher Text durch d. Verf.)

danced with you too long" resümiert die Singstimme in Bowies ebenfalls auf dem 1999er Hours-Album platziertem Song *Something in the
Air* und fasst unter Verwendung der Tanz-Metapher (s. o.) sinnbildlich
zusammen, was am Ende so manch einer Liebesbeziehung, die vielver-
sprechend, phantasievoll und traumgesättigt begann, gerade noch gesagt
(bzw. verschwiegen) werden kann.

Your coat and hat are gone[171]
I really can't look at your little empty shelf
A ragged teddy bear
It feels like we never had a chance
Don't look me in the eye
We lay in each others arms
But the room is just an empty space
I guess we lived it out, something in the air
We smiled too fast then can't think of a thing to say

Lived with the best times
Left with the worst
I've danced with you too long
Nothing left to say
Let's take what we can
I know you hold your head up high
We've raced for the last time
A place of no return

And there's something in the air
Something in my eye
I've danced with you too long
Something in the air
Something in my eye

Abracadoo – I lose you
We can't avoid the clash, the big mistake

---

[171] Bei seinen Live-Performances gab Bowie diesem Vers eine neue Bedeutung, und zwar dahingehend, dass er ihn sang wie „You're cold and had a gun"; vgl. O'Leary 2018, 463.

Now we're going to pay and pay
The sentence of our lives
Can't believe I'm asking you to go
We used what we could to get the things we want
But we lost each other on the way
I guess you know I never wanted
Anyone more than you

Lived all our best times
Left with the worst
I've danced with you too long
Say what you will
But there's something in the air
Raced for the last time
Well I know you hold your head up high
There's nothing we have to say, there's nothing in my eyes

But there's something in the air
Something in my eye
I've danced with you too long
There's something I have to say
There's something in the air
Something in my eye
I've danced with you too long[172]

„Ich habe mit Dir zu lange getanzt, ich habe mit Dir zu lange gelebt…"
– *Something in the Air* gehört zweifellos zu den raren Arbeiten, in
denen sich Bowie unverhohlen unmissverständlich zu Wort meldet und
geradezu eindeutig positioniert. Einen direkten Anhaltspunkt[173] bzw.
einen zeitnah-unmittelbaren Impuls für diesen Song sucht man gleichwohl vergebens; es gab nur wenige Zeiträume, in denen sich Bowie

---

[172] Bowie 1999: Something in the Air.
[173] Zumindest zu zwei Lebenspartnerinnen äußert sich Bowie intensiv und ausführlich, so
etwa zu seiner ersten Ehefrau Angela Barnett: "I married her (…) because she was one of the
few women (…) that I was capable of living with for more than a week. We never suffocated
each other at all. We always bounced around. No. I don't think we fell in love. I've never been

derart zufrieden und befreit auflebend gezeigt hat wie in den Monaten der Abfassung besagter Lyrics: Seit 1992 lebte er in glücklicher Ehebeziehung mit Iman Abdulmajid in New York, 1999 durften sich die Eheleute bereits auf die Geburt ihres gemeinsamen Kindes freuen; seit der zweiten Hälfte dieses Jahrzehnts wurde Bowie, nachdem er zwischen 1996 und 1998 seine erste Songarbeit online veröffentlicht und als Download zur Verfügung gestellt, über die Anleihe *Bowie-Bonds* auf einen Schlag 55 Mio. US$ verdient und – lange vor Youtube, Napster, iTunes oder MySpace – mit einer eigenen Website und dem *Bowienet* seine Zukunftsperspektive einer fortschrittlichen Öffentlichkeit präsentiert hatte, als visionärer Online-Pionier gefeiert. Kurzum, es gab also weder einen zeitgeschichtlich-biografischen Grund noch einen direkten Anlass, sich künstlerisch mit einer aufgebrauchten Beziehung von zwei desillusionierten, chancenlosen Charakteren zu befassen, die ihren Beziehungsraum zu einer verbrannten Fläche, ihre Beziehungszeit zu einer verlorenen Weile und ihre Beziehungsgegenüber zu einer leeren Hülse haben werden lassen. Jedoch, in Bowies Gedankenwelt schien dieses Bild hartnäckig zu schwelen, und im Hinblick auf einige seiner bisherigen (Liebes-)Partnerschaften dürfte man ihm durchaus die erfahrungsgesättigte Grundeinsicht unterstellen, dass *eine Beziehungsgeschichte in ihren besseren Phasen bzw. in den besseren und besten Anfangszeiten intensiv ausgelebt, dann aber gleichgültig verlebt, und zum Ende hin, also quasi in den letzten und schlimmsten Tagen, brutal ausgestritten oder desillusioniert ausgeschwiegen wird, bis nichts anders bleibt als das Verlassen und Vergessen.*

Die in *Something in the Air* besungene Schreckensvorstellung, dereinst für wenige falsche Entscheidungen, womöglich auch nur für

---

in love, thank God. Love is a disease that breeds jealousy, anxiety and brute anger. Everything but love. It's a bit like Christianity. That never happened to me and Angie. She's a remarkably pleasant girl to keep coming back to and, for me, always will be. I mean, there's nobody … I'm very demanding sometimes. Not physically, but mentally. I'm very intense about anything I do. I scare away most people that I've lived with."; zit. nach Crowe 1976. Dass Bowie vor seiner Eheschließung mit Angela durchaus schon einer Frau in Liebe verfallen war, erfährt man erst verspätet, aber dafür verhältnismäßig detailgesättigt: „Her name was Hermione Farthingale (…)"; vgl. schon Anm. 434.

einen einzigen größeren Lebensfehler („big mistake") schlechthin ewige Strafurteile empfangen („Sentence of our lives") oder unendlich (ab-)zahlen („pay and pay") zu müssen, scheint also nicht gänzlich der Einbildungskraft des Künstlers entsprungen zu sein. Dennoch war sie eben im Moment ihrer Präsentation das genaue Gegenteil von Bowies aktueller Befindlichkeit; der Künstler inszeniert sie als jene Art von angstbelasteter Befürchtung, die unbedingt auf Vermeidung abzielen sollte – und en passant das aktuelle Beziehungsgefüge als den bestmöglichen Lebenszustand herauszustellen vermochte: „Ich denke, du weißt, dass ich nie jemanden mehr begehrt und inniger gewollt habe als dich" – diese Erklärung war nicht nur eindimensional retrospektiv ausformuliert, sondern vielmehr projektiv postiert, weil sie inhaltlich und sachlich unbedingt Gültigkeit behalten sollte! Wer, so Bowie, sein Dasein meistern und seine Lebenszeit optimal auskosten, womöglich gar im Angesicht von Endlichkeit und Vergänglichkeit auf eine tragende Vorstellung von Lebenssinn zurückgreifen will, ist bestens beraten, seinen Lieblingsmenschen, sein Significant Other, sein Gegenstück und Gegenüber, sein Du zu finden, festzuhalten und niemals (fort-)gleiten zu lassen.

Und genau dieses ein- oder gegenseitige Entgleiten, auch alles, was es begünstigen könnte, war unbedingt zu vermeiden: Was in den *Bewlay Bothers* noch recht enigmatisch artikuliert worden war, sich aber im Kern auf Bruder Terry bzw. auf die krankhaft tragische Selbstverkapselung der ersten großen Beziehungs- und Vertrauensperson bezog („Ich könnte mich einfach fortgleitend davonmachen, nur grad für diesen Tag"[174]), und was in der Bowie'schen Neueinspielung des klassischen Beatles-Songs *Across the Universe* über die beziehungs- und sinnstiftende Qualität von Worten gesagt wurde, die da „fließend ausströmen wie ein endloser Regen in einen Pappbecher, die wie wild schlittern, während sie kreuz und quer durch das Universum davongleiten"[175], wird von Bowie in seinem geradezu kindlich-unschuldigen

---

[174] „I might just slip away. Just for the day", aus: Bowie 1971: The Bewlay Brothers.

[175] „Words are flowing out like endless rain into a paper cup. They slither wildly as they slip away across the universe", aus: Bowie 1975: Across the Universe.

Song *Slip away*[176] auf eine liebevolle Grundbotschaft herunter-
gebrochen, die, obschon vordergründig und explizit über die Figuren
einer US-amerikanischen Fernsehserie gespannt, ziemlich unmissverständlich an einen besonderen – und wenngleich namentlich nicht
identifizierten, so doch prinzipiellen – Lieblingsmenschen gerichtet
schien:

Oogie waits for just another day
Drags his bones to see the Yankees play
Bones Boy talks and flickers gray
Oh, they slip away
Once a time they nearly might have been
Bones and Oogie on a silver screen
No one knew what they could do
Except for me and you
They slip away
They slip away

Don't forget to keep your head warm
Twinkle twinkle Uncle Floyd
Watching all the world and war torn
How I wonder where you are (Oo-o)
Sailing over Coney Island
Twinkle twinkle Uncle Floyd
We were dumb but you were fun, boy
How I wonder where you are (Oo-o)

Oogie knew there's never ever time
Some of us will always stay behind
Down in space it's always 1982
The joke we always knew (Oo-oo)
What'sa matter with you
C'mon, let's go. Slip away (Oo-o)

---

[176] Bowie 2002: Slip away.

Don't forget to keep your head warm
Twinkle twinkle Uncle Floyd
Watching all the world and war torn
How I wonder where you are (Oo-o)
Sailing over Coney Island
Twinkle twinkle Uncle Floyd
We were dumb but you were fun, boy
How I wonder where you are (Oo-o)

Tatsächlich drängt sich bei *Slip away* zunächst der Eindruck auf, als wolle mit großer Geste an einen Meilenstein der Fernsehunterhaltung erinnert – und zugleich von diesen Erinnerungen und Zeiten Abschied genommen werden: Von 1974 bis 1998 war, zunächst exklusiv in in New York und New Jersey, ab 1982 in 17 US-amerikanischen Bundesstaaten, seit 1993 letzten Endes in Wiederholungen, die *Uncle Floyd Show* ausgestrahlt worden; als zentraler Charakter dieser Fernsehsendung für Kinder (und Erwachsene, die ihren besonderen Humor zu schätzen wussten) galt die Kunstfigur des Onkel Floyd, interpretiert von dem Fernseh-, Film- und Bühnendarsteller FLOYD VIVINO. Zu den Besonderheiten dieser Show, die auf Vivinos Charakterkomik, sein Klavierspiel- und Bauchrednertalent, zudem auf die Prominenz wechselnder Gäste und eine rege Publikumseinbindung setzte, gehörte insbesondere die markante Interaktion des *Uncle Floyd* mit seinen sprechenden Puppengefährten *Oogie (the clone)* und *Bones Boy (the sceleton)*. David Bowie hat sich wiederholt dazu bekannt, nach diesen Fernsehhelden der 70er Jahre süchtig gewesen zu sein und besagte TV-Show längere Zeit gemeinsam mit John Lennon und Iggy Pop vor dem Fernseher verfolgt zu haben.[177]

2002 freilich gehören diese Helden einer Vergangenheit an; längst haben sich Bones und Oogie auf dem Silverscreen des TV-Geräts grauflackernd aufgelöst, ihre Bedeutung ist ähnlich in Vergessenheit geraten wie jene typischen Momente, da sich Uncle Floyd mit keckem Augenzwinkern über die verrückte Welt hinwegsetzte. Die Sehnsuchts-

---

[177]Vgl. O'Leary 2018, 483.

frage nach ihrer aktuellen Befindlichkeit ist obsolet; allesamt sind sie hinfortgeglitten in die zwielichtige Dimension der Souvenirs und der Denkmäler, in die Atmosphäre der Wiederholungen und nachsinnlichen Anbetrachtungen einer Geschichte, die es so nicht mehr geben wird. Allerdings, es geht ja nicht wirklich nur um diese Figuren, vielmehr wohl um die Zeit, die von ihnen verkörpert wird, und gewiss auch um jene Menschen, die dazu beigetragen haben, dass diese Zeit zu einer ganz besonderen Zeit werden konnte. Bowie bringt es auf den Punkt: *Es gab eine Zeit, da hat es sie – Floyd, Bones, Oogie und all die anderen Figuren – beinah wirklich gegeben; keiner wusste, was sie anstellen und bewirken konnten, außer Dir und mir. Wir wussten es, und uns sind sie entglitten, genau wie wir uns entglitten sind,* heißt es sinngemäß nicht ohne Melancholie und Tiefsinn noch vor dem ersten Refrain, und zum einzigen Mal im ganzen Song wird hier gleich doppelt das titelgebende „Slip away" abgerufen. Mit Nachdruck bringt das Ich der Singstimme zum Ausdruck, dass es in jenen Tagen von Uncle Floyd & Co. einmal ein sehr besonderes „me and you" gegeben hat, eine hochexzeptionelle Beziehung, getragen von der innig-stillen Übereinstimmung tiefer Empfindungen. Und genau diesem Beziehungs-Du, diesem *Significant Other* von einst, wird nun eine existenzielle Empfehlung zu- und nachgerufen, die sich zwar vordergründig nur an ein alltagsnahes Verabschiedungsritual anlehnt, aber letzten Endes doch auf eine gewisse ernste Emotionalität verweist. Denn hinter dem altbekannten, gleichwohl eigensinnig zumutenden Ratschlag, bei der anstehenden Meisterung des verbleibenden Lebens die Vorzüge wettergerechter Kleidung, insbesondere einer entsprechenden Kopfbedeckung („Trage stets eine Mütze bei dir, für den Fall, dass es kalt wird. Halt Deinen Kopf, besonders die Ohren immer schön warm!") im Sinn zu behalten, steckt weitaus mehr als nur die übergriffige Fürsorge eines Zurückgelassenen. Subtil verhandelt wird hier jenes grundsätzliche Faktum, dass die Lebensläufe von Menschen, obschon sie sich für ein gemeinsames Leben in Beziehung entschieden haben, eben nicht zwingend parallel angeordnet sind, dass ihre Lebensspannen nicht von denselben Eckdaten gerahmt werden und ihre biologischen Lebenszeiten nicht gleichen Spannungskurven folgen müssen; am Horizont jeder Beziehung wetterleuchtet die Ahnung, dass es unwahrscheinlich, geradezu unmöglich sein wird, auf ewig beieinander zu bleiben, immer füreinander da zu sein und stets miteinander den Herausforderungen des Lebens zu trotzen. Bowies *Slip away* erzählt davon: wie angesichts eines bevorstehenden, sich jedoch zäh hinauszögernden Lebewohls auf dem Umweg der Erinnerung an sehr persönliche Gemeinsamkeiten beachtliche Emotionen ausgehandelt werden – und wie sehr die aufkommenden Gefühle der Beteiligten, exemplarisch veranschaulicht an der Figur des (singenden) Ich, zwischen Herzeleid, Trennungsweh und Verlustschmerz, Nostalgie, Dankbarkeit und Unsicherheit, Schwermut, Fürsorge, Angst und Liebe schwanken.

Einmal mehr ist es also jene Stimmung von ganz besonderer Eigensinnigkeit, der Bowie hier Ausdruck und Raum gibt, und wieder wird sein Bedürfnis erkennbar, bar jeder spektakulär-selbstgefälligen Attitüde mit artistischen Spracheinfällen und musikalischen Codes zu jonglieren und spielerisch-unaufdringlich zu zeigen, wie sich zarte Erinnerungsbilder, überraschende Gedächtnisspuren, bunte Momentaufnahmen, komplexe Empfindungsreize, mutige Lebensbetrachtungen und kühne Bedeutungszuschreibungen wechselwirkend überlagern können, bis sich aus allerlei sinnhaften und unsinnigen Fragmenten eine subjektiv-private Melange von persönlicher Tragweite ergibt. In gewisser Hinsicht ist es wohl Bowies gestaffeltes Großprojekt, nämlich intellektuell einzuholen und existenziell auszubalancieren, was es mit den Sinndeutungsqualitäten seiner intim-privaten Melange auf sich hat, und dabei zugleich auch vielfältige Ausdrucksmöglichkeiten und Präsentationsformen zu nutzen, um coram publico die Gültigkeit seiner Perspektiven zur Diskussion zu stellen, genauer noch: eine Art Anschlusskommunikation für sensible Menschen zu ermöglichen, die – ähnlich wie Bowie? – von der letztinstanzlichen Bedeutung jenes einzigartigen *Significant Other* überzeugt sind, das sich zwar als abstrakt-prinzipielle Denkfigur entwickeln, aber weitaus überzeugender in einer konkreten Persona verkörpern lässt. Denn nur das echte, lebhaft-leibhaftige Beziehungs-Du ist in der Lage, sich im Angesicht aller letzten Dinge als echter Lebenstrost und wahrer Lebenssinn zu bewähren. Diesbezüglich hat sich Bowie vor allem in seinen Arbeiten nach der Milleniumswende klar und optimistisch positioniert, hat das Sehnsuchtsbegehren und die mit dem Warten und Ausschauhalten einhergehenden Gemütsbewegungen fokussiert, hat gegen die Angst vor Verlust(en) das Vertrauen auf endgültige Begegnung und Erlösung gestellt – und vor allem der getrösteten Gelassenheit eines Menschen Ausdruck verliehen, der sich Zeit seines Lebens wartend *(I've Been Waiting for You*[178]*)* von seinem ultimativen *Significant Other* finden lassen wollte:

|: I've been looking, I've been looking :|

I've been looking / For a woman / To save my life
Not to beg or to borrow / a woman
with a feeling / of losing once or twice
Who knows how it could be / (be) tomorrow

I've been waiting for you / and you've been coming to me
For such a long time now
For such a long time now

A woman with a feeling of losing once or twice
Who knows how it could be (Be tomorrow)
I've been waiting for you / and you've been coming to me
|: For such a long time now :|

Aber wie leistungsfähig sollte dieses – von Bowie zunächst ja bloß aus Erinnerungsresten konfigurierte, dann als Kunstfigur stilisierte und als Erlösung erträumte, schlussendlich offenbar auch realiter konkret erlebte und in personam als Befreiung ausgedeutete – Gegenstück für ein Subjekt werden können, dem etwas widerfährt, was sich umständlich, aber treffend als *Heimsuchung* bezeichnen oder bildhaft-konkret als unvermeidbares *Walking the Dead*[179] veranschaulichen ließe? Mit

---

[178] Bowie 2002: I've Been Waiting For You.

[179] „Had to get the train / From Potsdamer Platz / You never knew that / That I could do that / Just walking the dead. / Sitting in the Dschungel / On Nürnberger Straße / A man lost in time / Near KaDeWe / Just walking the dead. / Where are we now? (…) / Twenty thousand people / Cross Bösebrücke / Fingers are crossed / Just in case / Walking the dead. / Where are we now? …"; vgl. Bowie 2016: Where are we now. Bowie schreitet in diesem Song Stätten ab, die

welcher Wirkmacht müssen sich (a) das Traumbild eines letztinstanzlich wirkmächtigen *Significant Other* und (b) das empirische *Du* bewähren können, wenn das *Ich* vor einer der größten Hürden steht, nämlich: vor der Auseinandersetzung mit Vergangenem, vor dem Waten durch verwelkte Erinnerungen, vor der gedanklichen Einlassung auf verstorbene, hinweggeglittene Momente (s. o.), verspürend das Bedürfnis, mit verlorenen Toten wieder ein Stück zu gehen, sie in einem Traum auszuführen, ihnen in einer Phantasie Weggeleit zu geben? Welchen finalen Stellenwert kann Bowie dem ultimativen *You* in jener lebensphilosophischen Projektpartitur einräumen, in der er sich mit dem Tod – und zwar mit seinem Tod! – selbst befassen will?

5.4.3 My death is more than just a sad song

Das vielbesprochene letzte Konzert auf der Tournee der *Spiders from Mars* ist nicht allein in die Musikgeschichte eingegangen, weil Bowie zum Ende des Spektakels die Band aufgelöst und der Kunstfigur des Ziggy Stardust ein Ende bereitet hat (s. o. 3.2), sondern auch mit Blick auf den Umstand, dass der Sänger schon frühzeitig eine merkwürdige Gestimmtheit hatte erkennen lassen – und erstmalig dazu verleitet wurde, seine Gäste zurechtzuweisen: Allem Anschein nach war das arg euphorisierte Publikum nicht imstande gewesen, feinfühlig genug auf den Stimmungsüberschlag des Künstlers einzugehen, als er etwa zur Hälfte der Showstrecke mit pathetischer Stimme und theatralischer Geste um andächtige Einkehr und besinnliches Schweigen für die nächstanstehende Performance werben wollte, und so geschah es, dass sich ein aufgebrachter Bowie letztlich dazu hinreißen ließ, sein Gitarrenintro zu unterbrechen und harsch zur Stille aufzufordern: „Sssshhhh --- Ssshhh. This is a --- this is called a quiet song. Ssshhh.

---

er während seiner sogen. Berliner Zeit intensiv frequentiert hat; es ist sozusagen eine Reise in die Vergangenheit und durch die Erinnerungen. Ihm geht es um eine (neue) Selbstverortung im Zeitstrom, in der Geschichte, im sozialen Raum (Wo bin ich?), aber auch um Selbstvergewisserung, und Lebensrückblick, um eine Reflexion weiterer Zielsetzungen und um erträumte Entwürfe.

This is something that we used to do a long long long long time ago. And we thought --- as it's the last show --- we'd like to do it tonight. (Pause.) Be quiet! (Pause.) Thank you."[180]

Die Zurechtweisung war erfolgreich. Vor einer drastisch reduzierten Geräuschkulisse konnte endlich jener melancholische Chanson *My Death* zum Vortrag gelangen, der zunächst für den Moment und die besonderen Umstände bedeutungstragend werden, sich aber auch in der Folgezeit geradehin als Verständnisschlüssel für größere Teile des Bowie'schen Œuvres bewähren sollte:

My death waits like an old roué
So confident I'll go his way
Whistle to him and the passing time
My death waits like a bible truth
At the funeral of my youth
Weep loud for that and the passing time
My death waits like a witch at night
As surely as our love is bright
Let's not think about the passing time

But what ever lies behind the door
There is nothing much to do
Angel or devil, I don't care
For in front of that door, there is you

My death waits like a beggar blind
Who sees the world through an unlit mind
Throw him a dime for the passing time

My death waits there between your thighs
Your cool fingers will close my eyes
Let's not think of that and the passing time
My death waits to allow my friends
A few good times before it ends
So let's drink to that and the passing time

---

[180] Vgl. Bowie 2003: Ziggy Stardust: The Motion Picture (re-release); ferner: Bowie 2016: Ziggy Stardust And The Spiders From Mars (The Motion Picture) DVD.

|: But what ever lies behind the door (…) :|

My death waits there among the leaves
In magicians' mysterious sleeves
Rabbits and dogs and the passing time
My death waits there among the flowers
Where the blackest shadow, blackest shadow cowers
Let's pick lilacs for the passing time
My death waits there in a double bed
Sails of oblivion at my head
So pull up the sheets against the passing time

But what ever lies behind the door
There is nothing much to do
Angel or devil, I don't care
For in front of that door, there is you…[181]

My Death gehört zu den hochseltenen Arbeiten, die nicht direkt aus Bowies Feder stammen, aber mit Langzeitwirkung in sein Repertoire aufgenommen und in bewegenden Variationen auf die Showbühnen gebracht worden sind. Mike Garson, der auf Jahrzehnte Bowies Pianist und Weggefährte gewesen, dabei Freund geblieben ist – und der mit seinem fulminanten Klavierspiel maßgeblichen Anteil daran hatte, dass sich der Künstler mit stimmüberschlagend-pathetischem Gesang geradewegs zu verausgaben, hingabevoll aufzuopfern und mit spiritueller Energie, einem divinatorisch Hochbegabten oder Besessenen gleich, jeden Auftritt zu einer spirituellen Performance zu überhöhen vermochte, sodass jede Liveeinspielung von My Death zum besonderen Höhepunkt des jeweiligen Konzerts gerechnet werden konnte –, hat mehrfach deutlich erklärt, wie Bowie sich diesen Song vollständig zu eigen gemacht, geradezu einverleibt hat.[182] *My Death,* in den frühen

---

[181] Vgl. Bowie, David. 2003 (1973): My Death; Bowie 2014 (1995): My Death Live rehearsals; Bowie, David. 1995: My Death (Live). Bowie, David. 2022. (1995). My Death Live at the Shakespeare Festival New York; Bowie, David. 1997. My Death Live (at the GQ Awards).

[182] „Yeah, that's true. It didn't matter if David wrote the song or not, quite often, because when he interpreted something he made it his own. He had that ability. (…) We had a lot of versions

1970er Jahren noch auf jeder Setlist der Bowie-Tourneekonzerte zu finden, dort quasi zwischen schillernden Acts als ruhigeres Kabinettstückchen einer exaltierten Künstlerpersönlichkeit implementiert, war spätestens in der zweiten Hälfte der 1990er Jahre endgültig in den übersichtlich gewordenen Spielplan mit Stücken für besondere Momente überführt, stets als tiefechte Herzensangelegenheit eines besonnenen Künstlers erklärt und je einer Wesensäußerung gleich vorgetragen worden: Identisch waren der Sänger und sein Song, der religiöse Mensch und sein Bekenntnis, Bowie und diese Basisartikulation seiner Verfasstheit. Seine Darbietung von *My Death,* das war die bestmögliche, wenn auch limitierte Art und Weise, überschaubare Seelenpartituren seiner selbst zu offenbaren, zu illuminieren oder zu artikulieren – und zwar im Einklang mit dem Vehikel eines Fremden.

De facto nämlich geht My Death zurück auf „La Mort"[183], einen französischen Titel von JACQUES BREL, und Bowie war auf Umwegen mit beiden vertraut gemacht worden: Mitte der 60er Jahre, so der Künstler selbst, habe er eine wechselhafte Beziehung mit einer Singer-Songwriterin gepflegt, die zuvor die Freundin des US-amerikanischen Sängers, Musikers und Komponisten SCOTT WALKER („The Walker Brothers") gewesen war. Zu seinem Leidwesen sei Walkers Musik Tag und Nacht in der Wohnung gespielt worden, freilich mit der Spätwirkung, dass Bowie nach der Trennung eine unerwartet große und bewundernde Liebe zu dessen Werk entwickeln sollte. Insbesondere ein frühes Soloalbum[184] mit Walkers Interpretationen einiger Jacques Brel-Stücke, die ERIC BLAU und MORT SHUMAN[185] kurz zuvor für eine englischsprachige Musicalrevue neu arrangiert hatten, habe ihn begeistert und 1968 zum interessierten Besuch der originellen Revue-

---

of MY DEATH that we did in concert, and I always really liked that one."; vgl. N.N. 2017 (c): Interview Mike Garson.

[183] Vgl. Various Artists 2016: david bowie's jukebox (LP).

[184] Walker 1967.

[185] Mort Shuman und Eric Blau hatten für ihre Musicalrevue *Jacques Brel Is Alive and Well and Living in Paris* eine Reihe von Brel-Chansons ins Englische übertragen und musikalisch neu gesetzt. Die Originalfassung hatte am 22. Januar 1968 im The Village Gate Premiere.

aufführung in London verleitet: hier nun sei dem Künstler endgültig der französische Chanson als eine populäre Liedform offenbart worden, die seiner Ansicht nach sehr ambitioniert auf JEAN PAUL SARTRE, JEAN COCTEAU, PAUL VERLAINE und CHARLES BAUDELAIRE zurückgreifen konnte, aber auch von einer breiteren populären Kultur angenommen wurde.[186] Noch 35 Jahre später führt Bowie die Einspielung *Jacques Brel is alive and well and living in Paris*[187] auf den ersten Rängen einer Favoritenliste mit den 25 empfehlenswertesten und einflussreichsten Alben[188] – obwohl er sich mit seiner Version von *My Death* nur eingeschränkt werktreu verhalten und am Original des belgischen Chansoniers orientiert hatte:

Bei Jacques Brel nämlich war das Lebensende einerseits generisch als „der Tod" *(La Mort)* abgehandelt und auf Distanz gehalten, andererseits aber auch mittels poetisch tiefgründiger und metaphorisch übersättigter Bedeutungsdeklinationen seiner Anonymität entrissen, dann wieder rhythmisch mit einfachen metrischen Akzenten simplifiziert und in gefälligen, beschwingten Marschtempi besungen worden. Brels Stück über den Tod war einfach aufgebaut, klar formatiert und redundant strukturiert; das Schema war klar: in drei Strophen aus je drei Dreizeilern wurden Todesbilder generiert, Erscheinungsweisen des Todes angesprochen und Umgangsweisen mit dem Tod thematisiert, jede Strophe mündete in einen vierzeiligen Refrain mit dem darin vorgetragenen Resümee, dass das zu Erwartende (oder eben nicht zu Erwartende!) in einem radikalen Widerspruch und einem unsinnigen

---

[186] Vgl. Bowie 2003: Confessions of a Vinyl Junkie, 298.

[187] Blau/Shuman 1968: Jacques Brel is alive and well and living in Paris.

[188] „In the mid-60s, I was having an on-again, off-again thing with a wonderful singer-songwriter who had previously been the girlfriend of Scott Walker. Much to my chagrin, Walker's music played in her apartment night and day. I sadly lost contact with her, but unexpectedly kept a fond and hugely admiring love for Walker's work. One of the writers he covered on an early album was Jacques Brel. That was enough to take me to the theater to catch the above-named production when it came to London in 1968. By the time the cast, led by the earthy translator and Brooklynite Mort Shuman, had gotten to the song that dealt with guys lining up for their syphilis shots ('Next'), I was completely won over. By way of Brel, I discovered French chanson a revelation. Here was a popular song form wherein poems by the likes of Sartre, Cocteau, Verlaine, and Baudelaire were known and embraced by the general populace. No flinching, please."; vgl. Bowie 2003: Confessions of a Vinyl Junkie, 298.

Verhältnis zu dem jetzigen Glück in Fluss und Fülle stehen bleiben muss: *Was hinter der Tür, die aus dem Leben herausführt, zu finden sein mag, wer oder was dort auch immer warten wird, es bedeutet nichts. Kein Engel, kein Dämon kann es aufnehmen mit dir, dem Leben selbst, und mit dir, jedem Menschen, der mir etwas bedeutet (hat). Somit zählt letzten Endes immer nur, was vor der Tür ist.* Brels Chanson *La Mort* kommt einem Toast auf das Dasein gleich, ist Ode auf ein Leben, das es zu genießen und zu feiern gilt:

La mort m'attend comme une vieille fille
Au rendez-vous de la faucille
Pour mieux cueillir le temps qui passe
La mort m'attend comme une princesse
À l'enterrement de ma jeunesse
Pour mieux pleurer le temps qui passe
La mort m'attend comme Carabosse
À l'incendie de nos noces
Pour mieux rire du temps qui passe

Mais qu'y a-t-il derrière la porte
Et qui m'attend déjà
Ange ou démon qu'importe
Au devant de la porte il y a toi

La mort attend sous l'oreiller
Que j'oublie de me réveiller
Pour mieux glacer le temps qui passe
La mort attend que mes amis
Me viennent voir en pleine nuit
Pour mieux se dire que le temps passe
La mort m'attend dans tes mains claires
Qui devront fermer mes paupières
Pour mieux quitter le temps qui passe

Mais qu'y a-t-il derrière la porte (…)

La mort m'attend aux dernières feuilles
De l'arbre qui fera mon cercueil

Pour mieux clouer le temps qui passe
La mort m'attend dans les lilas
Qu'un fossoyeur lancera sur moi
Pour mieux fleurir le temps qui passe
La mort m'attend dans un grand lit
Tendu aux toiles de l'oubli
Pour mieux fermer le temps qui passe

Mais qu'y a-t-il derrière la porte (…)[189]

Die Dreizeiler in Brels Strophen – sie folgen der übersichtlichen Logik eines eben dreiteiligen Schemas, wobei jeweils in Zeile 1 ein Gleichnis eröffnet, selbiges in Zeile 2 näher entfaltet und in Zeile 3 aufgelöst wird – arbeiten weitestgehend mit gegenständlichen Figuren (la vieille fille: altes Mädchen, „Jungfer"), bekannten Bildern (la princesse: Prinzessin) und alltagsnahen Situationsskizzen (mes amis me viennent voir en pleine nuit: nächtlicher Besuch der guten Freunde; les dernières feuilles: welkende Baumblätter). Zusätzlich jedoch überraschen sie auch mit Wendungen, deren Bedeutungshorizonte sich keineswegs unmittelbar vermessen oder einfach rekonstruieren lassen, auch wenn sie sich in Summe dem Sinntrend des Chansons unter-

---

[189] Vgl. Brel, Jacques 1959: La Mort. In die deutsche Sprache lässt sich der Text des Chansons etwa so übertragen: „Der Tod erwartet mich wie eine alte Jungfer. / Beim Rendezvous mit der Sichel. / Um die Zeit, die vergeht, besser zu pflücken. / Der Tod erwartet mich wie eine Prinzessin / bei der Beerdigung meiner Jugend / Um besser die Zeit zu betrauern, die vergeht. / Der Tod wartet auf mich wie Carabosse, die böse Buckelfee aus dem Märchen. / Auf das Feuer unserer Hochzeit! / Um besser über die Zeit zu lachen, die vergeht. / Doch was ist hinter der Tür / Und wer wartet dort auf mich? / Engel oder Dämon, was macht das schon? / Vor der Tür gibt es Dich. // Der Tod wartet unter dem Kopfkissen. / Damit ich vergesse aufzuwachen. / Um die Zeit, die vergeht, besser erstarren zu lassen. / Der Tod wartet darauf, dass meine Freunde / mich zu später Nacht aufsuchen / um mir auf bessere Art zu sagen, dass die Zeit vergeht. / Der Tod erwartet mich: in deinen hellen Händen / die meine Augenlider schließen müssen. / Damit ich die verrinnende Zeit besser hinter mir zu lassen vermag. /Doch was ist hinter der Tür (…) // Der Tod wartet auf mich bei den letzten Blättern / an dem Baum, der einmal meinen Sarg bilden wird. / Um besser die Zeit, die vergeht, festzunageln. / Der Tod wartet auf mich im Flieder / den ein Totengräber auf mich werfen wird. / Um die Zeit, die vergeht, besser zum Blühen zu bringen. / Der Tod erwartet mich in einem großen Bett. / Verspannt auf den Laken des Vergessens. / Um die Zeit, die vergeht, besser zu umschließen. / Doch was ist hinter der Tür (…)" [Übertragung d.d. Verf.].

stellen und strategische Antworten auf die große Frage nach der angemessenen Umgangsweise mit „le temps qui passe" aneinanderreihen. Und so verdichten sich letzten Endes sämtliche Sinnspuren der Brel'schen Dreizeiler zu einem Hoch auf die *Zeit, die da vergeht* – und konsequenterweise, wie den Zwischenresümmees der je dritten Zeile zu entnehmen ist, *besser gepflückt und erlebt, intensiver belacht und betrauert, mutiger aufgehalten, festgenagelt, eingefroren und beschlossen werden muss!*

Allem Anschein nach war es genau diese umständliche (typisch französische?) Komplexität, die wilde Abmischung aus populärpoetischen und existenzphilosophischen Fragmenten, die später von Bowie in der amüsierten Notiz kommentiert wurde, dass sich der Chanson wohl sinngemäß definieren ließe als *„eine ziemlich gängige Art von Liedern, in der so Gedichte wie von Sartre, Cocteau, Verlaine oder Baudelaire verarbeitet waren, die aber (trotzdem) von der breiten Bevölkerung sehr geschätzt und gemocht wurden. Nicht erschrecken. Echt wahr!"*[190] Auch Scott Walker schien sich während seiner Beschäftigung mit *La Mort* durchaus mit dem Umstand unnötiger Ambivalenz – nämlich: der Spannung zwischen sprachlichen Ungetümen und rhythmischmelodischer Simplizität sowie der überreizten Disharmonie zwischen einem hochseriösen Tod und einem wortspielerisch erschöpften Leben – befasst zu haben. Immerhin riskiert seine (eng an die Fassung der Musicalrevue von Shuman und Blau angelehnte) Interpretation eine Umformatierung vom Marsch zur Ballade bei gleichzeitiger Vereinfachung der Sprachspiele, die zudem noch in einer modifizierten Metrik zur Veranschaulichung kommen dürfen. Nun heißt es z. B., dass der Tod einer Pendeltür gleicht, ebenso einem geduldigen Mädchen, das weiß, was Sache ist, und dem man (ebenso wie der vorbeieilenden Zeit) gern nachpfeifen könne, fernerhin einem blinden Bettler, der wenig erleuchtet durch die Welt geht, und des Weiteren erfährt man, dass der Tod (auch) zwischen den Schenkeln warten kann und mit jedem fallenden Herbstblatt etwas näherkommt. Kurzum, Scott Walkers *My Death* ist auf gewisse Weise einfacher als Brels *La Mort*, zumindest

---

[190] Vgl. Anm. 558.

in vielen Passagen; indes, die Wertschätzung der großen Szenen des Lebens, der guten Zeit mit guten Freunden, der innigen, intimen Momente bleibt Walker nicht schuldig, ebenso wenig den Refrain:

My death is like
A swinging door
A patient girl who knows the score
Whistle for her
And the passing time
(…)

My death waits like
A beggar blind
Who sees the world with an unlit mind
Throw him a dime
For the passing time
My death waits
To allow my friends
A few good times before it ends
Let's drink to that
And the passing time

My death waits in
Your arms, your thighs
(…)
My death waits
Among the falling leaves
(…)
But whatever is behind the door
There is nothing much to do
Angel or devil I don't care
For in front of that door
There is you
(…)[191]

---

[191] Walker 1967: My Death.

Die Walker'sche Interpretation, so lässt sich festhalten, hatte die Brel'sche Urversion um einige Rhythmen, Parolen und mehrdeutig-undeutliche Neologismen[192] erleichtert und die auffällige Marschtaktierung ebenso eliminiert wie die tristen Sprachbilder; *La Mort* war als *My Death* privatisiert und – unter Einsatz reichlich melodramatischer Akzente in der neuen Vortragsweise – weitaus plakativer als eine vertonte Ballade mit hinreichend lyrischen, epischen und dramatischen Merkmalen erkennbar gemacht worden: Auch in der Coverversion bestand die Liederzählung aus Versen und Strophen mit einem Reimschema, einem Metrum, einem Rhythmus, fernerhin hatte sie durchaus einen Spannungsbogen: nicht allein, dass jede Strophe (als Problemstellung) auf ihren jeweiligen Chorus (als Problemlösung) zulief, sondern vor allem, dass der endgültig schließende Chorus in seiner letztmaligen Wiederholung wie ein großes Finale zu stehen kam, darin sich der singende Erzähler, gleichwohl er sich permanent mit existenziellen Konflikten konfrontiert fand, mit seiner integralen Perspektive durchaus erschlossen finden durfte. Ganz persönlich, ganz allein – denn immerhin ging es ja nicht um eine allgemeine Stellungnahme zu der Unvermeidbarkeit des Sterbens, sondern um eine je eigene Haltung zu dem je eigenen Tod. Diese geradezu intime Pointe hatte nicht Brel, sondern Walker in seiner – von Shuman und Blau stark geprägten – Version herausgestellt, und genau in dieser Zuspitzung war die Ballade auch von Bowie aufgegriffen worden.[193]

Aber sollte sich Bowie mit seiner Brel-Interpretation wirklich auf ganzer Linie ausschließlich an der Zwischenversion von Shuman, Blau und Walker orientiert – und sich womöglich damit zufriedengegeben haben, diese Variante einfach nur bowieesk zu rekapitulieren? Nun, eine eindeutige Antwort bleibt zwar gestundet, doch es verdichten sich die Anzeichen zu einer gegenteiligen Annahme. So bleibt festzuhalten, dass

---

[192] Vgl. Weiss 2003; 262 ff.; Poole 2004, 63 ff.

[193] Bowie war von Scott Walker derart fasziniert, dass er, als Walker ihm in einer Radiosendung fernmündlich zu seinem 50. Geburtstag gratulierte, hingerissen wurde zu dem spontanen Ausruf „I've just seen God in the window", ergänzt um den erläuternden Kommentar: „He got to me there I'm afraid. I think he's probably been my idol since I was a kid. That's very moving."; vgl. Wallace 1997.

Bowie bei *La Mort / My Death* – anders als bei allen weiteren Titeln, die er sich im Laufe seiner Karriere von anderen Künstlern geborgt hatte[194] – offenbar mit voller Absicht davon Abstand nahm, eine Kopie der Urfassung oder ein Cover der Zwischenversion als Stück in einem Studio einzuspielen bzw. als aufgezeichnete Produktion auf einen Tonträger prägen zu lassen. Bowies Variante von *My Death* war eben *sein* (persönlicher) Tod bzw. sein (öffentlicher und öffenlichkeitswirksamer) *Tod*, insofern ein nicht für die Konserve, sondern exklusiv für die Bühne vorgesehenes Ereignis, reserviert für eine situationsbezogene, unmittelbare Darbietung, und hatte darum unbedingt die private, intime, persönliche und authentische Aura zu bewahren: weil es wohl letzten Endes wirklich und notwendig nur um Alles oder Nichts gehen konnte, folgerichtig eben um Leben und Tod gehen musste, stand tatsächlich des Künstlers Verhältnis zu Endlichkeit, Vergänglichkeit und Mortalität in regelmäßigen Abständen an für eine aktualisierte Verhandlung und Verarbeitung. Anlässe, den (eigenen) Tod zu vergegenwärtigen, gab es im Leben diess Künstlers gewiss mehr als genug:

Im Sommer 1972 etwa war David Bowie während eines zweiwöchigen Zypern-Urlaubs mit Angela Bowie und den beiden Spiders-Musikern TREVOR BOLDER und WOODY WOODMANSEY in einen schweren Verkehrsunfall mit beinah tödlichem Ausgang verwickelt gewesen, und bei der späteren Rückreise war ihr Flugzeug von einem Blitz getroffen worden und in schwere Turbulenzen geraten; beiden Ereignissen hatte Bowie eine solche Zeichenqualität beigemessen, dass er für Jahre keine Flugreise mehr antreten wollte. Bereits einen Monat später war *My Death* erstmals in das Programm der anstehenden Livekonzerte aufgenommen worden[195]; fortan galt der Song über Jahre als fester Act in den Tourneespielplänen, wenngleich es sich bald abzeichnen sollte, dass es keinerlei echte Darbietungsroutinen, keinerlei Verbindlichkeiten oder Verlässlichkeiten hinsichtlich der näheren Darbietungsdetails geben sollte: Stets neu schien Bowie unter Einsatz aller verfügbaren Mittel und Kräfte den Horizont seiner melancholischen

---

[194] Vgl. etwa Bowie, David. 1973. Pinups. RCA.
[195] Vgl. Woodmansey 2017; 108–110, 151.

Ballade vermessen zu wollen, immer wieder vermittelte er den Eindruck, als würde er nahezu gedrängt, sein vollständiges pantomimisches und musikalisches Repertoire aufbieten, genötigt also, möglichst intensiv mit Timbre und Gestus, mit Kehlkopflauten, Hüftschwüngen, Kunstpausen und Wimpernschlägen um den Wahrheitsgehalt seines Vortrags performativ zu ringen, und als fühle er sich innerlich gezwungen, sich auf grotesk pietätvolle Weise mit seinem Publikum auf jenes ganz eigene, ganz persönliche Finale zu konzentrieren, das sich ihm als der seinige *mein Tod* entgegenstreckt.

Genau in diesem besonderen Performancemodus nun potenzierte und radikalisierte sich auch wieder, was in der der Walker'schen Vorlage reduziert und vereinfacht worden war, und zwar dahingehend, dass der ausdruckstarke Bowie wieder näher an den „Orkan namens Brel" heranrückte, dicht an jenen besonderen „Troubadour aus dem Norden", der sowohl im Vergleich zu anderen Chansonniers als auch zu seinem nachfolgenden Interpreten Walker mit äußerst üppigen szenischen Darbietungen aufgefallen war: der „emphatisch und ungestüm wie ein singendes Tier" für Aufmerksamkeit und Wirkung hatte sorgen können, der „grimassierte und fuchtelte, wenn er vors Publikum trat", singend „mit pathetischem Elan, mal frivol und salopp, mal larmoyant, oft verhalten, meist aggressiv und bisweilen auch mit sehr viel Geschmack fürs Makabre".[196] Ganz offensichtlich gab es sie, die Parallelen von Bowie und Brel, etwa, was beider Kompetenz und Bereitschaft anbelangt, allein über des Vortrags Intensität und Form, über Stimme und Bewegung, Körper und Gestik Verständnisbarrieren zu überwinden, einfühlungsvermögend eine Ebene der Emotionalität zu erreichen, auf der der Sinn in subtilen, ruhigen Tönen ausgehandelt werden kann.[197] Bowies Bedarf, ausgerechnet und immer wieder den Tod zu thematisieren, dürfte insofern weder einem Geschmack fürs Makabre zugeordnet noch mit einer einfachen Neigung zu Exaltiertheit und Larmoyanz begründet werden können. Höchst angestrengt zu verhandeln, was es mit seinem Tod auf sich hat, das war ihm viel

---

[196] Zu den Zitaten in diesem Absatz vgl. N.N. 1967: Orkan im Saal.
[197] Vgl. Poole, aaO. Xv–xvi.

zu wichtig, um bloß auf einem Plateau des Theatralischen zur lauten Inszenierung zu verkommen: „This is a --- this is called a quiet song. (…) Be quiet!"

Derart energisch und entschlossen hatte man Bowie bis dahin nicht erlebt, und auch in seiner weiteren, langen Erfolgsgeschichte wird man keine vergleichbaren szenischen Momente finden. Freilich war es nicht wirklich nur die rigoros-autoritäre Zurechtweisung seines unvorbereiteten Publikums, die den seltsamen Augenblick zu einem besonderen Augenblick stilisierte; vielmehr noch war es die Art und Weise, auf die der Künstler alsbald anschaulich zu machen verstand, wie sehr es ihm doch um die anstehende gemeinsame kleine Weile gehen wollte, um die tiefernste Interaktion mit dem Publikum, um ihre einvernehmliche Suchbewegung, geradezu um Zuspruch, Heil, Trost und Gewissheit. Die vielen Bilder des Todes – es waren spielerische, alberne, groteske, erotische, brutale, mystische und mythische Bilder seines persönlichen Todes – sie überschlugen sich, wie sich die Stimme des Sängers überschlug, doch die Flut dieser Bilder ergoss sich in einer einzigen Vision, die Trost zu garantieren schien: „But what ever lies behind the door / There is nothing much to do / Angel or devil, I don't care / For in front of that door, there is […] you", diese dem Chorus schon in den Brel'schen und Walker'schen Fassungen eingeschriebene Sinnpointe wurde von Bowie nicht in Gänze vorgetragen, sondern geriet, inszeniert genug, zu einem intimen Dialog zwischen dem Auditorium und einem Künstler, der das Ende seines Refrains mit einem gedehnten stillen Intervall zu verzögern verstand: *Was immer hinter der Tür liegt, zählt nicht. Denn direkt vor der Tür --- [Pause!] --- Du.* Drei- bis viermal gibt ihm *My Death* Gelegenheit, seinen Refrain auf diese Weise vorzutragen; drei- bis viermal darf des Sängers Stimme zum Prinzip verkünden, dass ein einzigartiges Wesen – eine Figur, höchstwahrscheinlich keiner anderen Sphäre, etwa einer jenseitigen Unterwelt oder einer überirdischen Lokalität, sondern geradewegs dem diesseitigen *Hier und Jetzt* zugehörig – dem Tod die Bedeutung und die Macht zu nehmen in der Lage ist. Das ganz Besondere allerdings daran ist, dass dieses Prinzip in einem aktuellen Konkretum erfahrbar werden kann, sprich: dass das unfassbar einzige Wesen auch im Auditorium des Tages zu finden sein mag. Dies war zumindest der Performance des Künstlers zu entnehmen,

der nicht nur mit dem verzögerten „Du" am Ende jedes Zwischen-
refrains apathisch-sehnsüchtig den Blick in die Ferne schweifen ließ und
dabei auf einen unbestimmten Punkt im Publikum zeigte, als gäbe es
dort, was ihm die Todesfurcht zu lindern vermag, sondern der seinen
allerletzten Refrain nicht beendete: „For in front of that door, there is
[...]", haucht der von einem einsamen, farbgetönten Scheinwerfer
ins rechte Licht Gesetzte und streckt mit dramatischer Geste seine
Hände in den abgedunkelten Raum, wo er unverzüglich von frenetisch
Zurufenden umworben wird. „Me! Me! Me!", heißt es aus zahlreichen
Kehlen, und er quittiert leise lächelnd mit einem bescheidenen „Thank
you."

Bowie wird auf diese Reaktionen seiner Gemeinde nicht unvor-
bereitet gewesen sein; es besteht durchaus Grund zu der Annahme,
dass eben auch mit beachtlicher Energie auf möglichst eindeutige
(und wohltuende) Offerten aus dem Publikum gezielt worden war. Als
schlechthin gesichert dürfte gelten, dass es zum Ende der jeweiligen
Darbietung(en) von *My Death* immer wieder mit einer gewissen
Intensität und Hysterie zu Angeboten und Wortmeldungen aller Art
gekommen ist, und mit gleicher Gewissheit steht dabei fest, dass nur
die Wenigsten der interaktiv erstrittenen Spontanzurufe als tiefernste
und ganzheitlich-existenzielle Zusage gelesen werden dürften: Das in
der Ballade verkapselte dreiteilige Versprechen, nämlich (1) sich persönlich an der irdischen Ausgangstür des Künstlers zu positionieren bzw.
sich dort im Ernstfall einzufinden und bereit zu halten, (2) Bowie den
Weg in das Reich der Toten entweder zu verstellen oder liebend und
liedpfeifend zu erleichtern, auch (3), ihm bereits im Diesseits Beistand
zu leisten, wenn finstere Endlichkeitsgedanken sich zu düsterer Ver-
gänglichkeitsmelancholie verdichten – dieses Versprechen wurde wohl
niemals wirklich abgegeben.

Als Grundmotiv hingegen hat Bowie es seitdem konserviert und
weiter traktiert – was auch dem Umstand entspricht, dass er in einer
ganzen Reihe späterer Arbeiten deutliche Verweise auf die schillernden
Sinnfindungs- und Angstbewältigungsstrategien seiner 1970er Jahre
platzieren und wesentliche Denkbilder aus *My Death* wieder und
weiter verwerten konnte: *Inzwischen ist mein Tod (my death) mehr als
nur ein trauriges Lied,* resümiert 2003 ein gereifter Künstler auf seinem

Album *Reality*[198] und umschreibt dort, inwiefern er einerseits von der plakativen Todeskoketterie seiner frühen Jahre Abstand genommen, andererseits jedoch dem Integral und Sinnkern all seiner existenziellen Anfragen – und dies nicht allein aufgrund fortgeschrittenen Lebensalters – etwas näher gekommen ist. In *Reality*, dem gleichlautenden Titelsong des genannten Albums, finden sich deutliche Worte:

> „Tragic youth was looking young and sexy (…)
> Bearing arms and flaunting all her mischief (…)
> I built a wall of sound to separate us
> And hid among the junk of wretched highs
> I sped from Planet X to Planet Alpha
> Struggling for reality
> Ha ha ha ha (…)
> Hey, now my sight is failing in this twilight
> Da da da da da da da da
> Now my death is more than just a sad song
> (…)
> I still don't remember how this happened
> I still don't get the wherefores and the whys
> I look for sense but I get next to nothing
> Hey boy welcome to reality (…)"[199].

Kaum noch missverstanden werden können sie, diese vorgetragenen Reminiszenzen an das frühere Bowie-Selbst, Anspielungen auf jenen jugendlich-attraktiven, gleichwohl tragischen Charakter, der einst seinen ganzen Unfug zur Schau trug, eine Mauer der Klänge errichtete, durch das Weltall raste und sich doch tiefernst nach Wirklichkeit sehnte; analog dazu bieten sich die mit aktuelleren Perspektiven aufgeladenen Skizzenstriche eines Menschen, der sich in einer vernebelten Welt mit zunehmendem Zwielicht um Sehbegabung und Einsichtsfähigkeit sorgt, durchaus für eine Verrechnung mit Spurenelementen aus späteren Phasen der Bowie'schen Vita an. Als Konsequenz und Entfaltung dieser

---

[198] Bowie 2003: Reality.
[199] Vgl. Bowie 2003: Reality (ST).

Deutung, die ja in den gezeigten Songzeilen autobiografische und konfessorische Züge geltend zu machen beabsichtigt, bleibt annehmend festzuhalten, dass sich Bowie hier über seinen gesungenen Text nachgerade zu offenbaren bzw. sich einige Persönlichkeitsanteile des Künstlers in dem lyrischen Ich aus *Reality* zu artikulieren suchen. Immerhin vermag es doch dieses lyrische *Alter Ego*, den Ernst seiner Lage in einer kleinen Litanei auf den Punkt zu bringen, indem es erklärt, weitestgehend ohne Antwort auf die Fragen nach dem Wozu und dem Warum zu sein, auch weithin vergeblich jenen Sinn zu suchen, der doch kaum zu finden ist: Die nüchterne Bestandsaufnahme eines Menschen, der notgedrungen auf dem Boden der Tatsachen zu landen, also in der Realität anzukommen hat, der geradezu ironisch im wirklichen Leben (welcome to reality) willkommen geheißen wird, eskaliert in einem (existenzphilosophisch) brutalen Befund: *my death is more than just a sad song,* mein Tod hat nicht nur immer und überall ge(-ka-)lauert, sondern war stur gegenwärtig, war omnipräsent als (Metapher für die) Quintessenz einer durchgängig verfehlten Lebenssinnsuche. Mit m*y death* war nicht einfach nur ein Momentum am eigenen Lebensende gemeint; *(my) death* bezog sich als Chiffre auch auf die drohende Uneigentlichkeit einer säumig gebliebenen Vita, stand mahnend für ein Lebensganzes voller Irrtümer und für eine existenzlose Existenz, die nicht zu sich selbst kommen und Seelenfrieden finden konnte.

Gemessen an einer solchen Krise der Lebensleere, die sich z. B. über Gefühle schlechthinniger Orientierungslosigkeit im raumzeitlichen Seins- und Sinngefüge, über Gemütsschwankungen zwischen Stolz, Lust, Scham und Schuldigkeit oder über Empfindungen von Überdrüssigkeit, Nutzlosigkeit und Bindungsangst zum Ausdruck bringen kann, ist der eigentliche Tod als Resultat und abschließender Inbegriff natürlicher bzw. biologischer Sterbevorgänge ein beinah belangloses Ereignis; doch weil diesem Ereignis der Schrecken der Unwiderruflichkeit und Endgültigkeit anhaftet, realisiert sich darin gleichsam finalinstanzlich der Umstand eines permanenten Ungenügens: Das Menschsein kommt, symbolisch veranschaulicht in den Figuren des Todes, nicht zu seiner Vollendung, der Mensch bleibt in seiner Unvollkommenheit verurteilt, das unverfügbare Leben zu riskieren und aufs Spiel zu setzen, zugleich auf ein Gelingen des Lebens zu hoffen.

5.4.4 As long as there's you

„My death waits like a witch at night, as surely as our love is bright.
Let's not think about the passing time." Das unvermeidbare, endgültige
Ereignis am Lebensende war von Bowie ganz offensichtlich nicht als
Besonderheit separiert und entsprechend isoliert meditiert, sondern mit
der Fülle aller vitalen Erlebnisdeutungen verknüpft und konsequent in
Reflexionen eingebunden worden, die auf rationales Endlichkeitswissen,
religioides Seligkeitsstreben, existenziellen Lebenshunger und ethisch-
ästhetische Verfehlungseinsichten Bezug nehmen und eine spezielle
Ewigkeitssehnsucht herausstellen konnten, die sich tief mit der Furcht
vor dem realen Tode zu vermengen vermag. Insbesondere seine späteren
Arbeiten lassen deutlich erkennen, in welch klare (symbolische)
Beziehung dieser reale Tod zu jedem vermeidbaren Absterben mitten
im Leben gestellt werden sollte – und inwiefern Bowie davon überzeugt war, dass sich die im gelungenen Dasein errungenen Siege über
alle tödlichen Nichtigkeiten auch auf jene wahrhaftig allerletzten
Momente auswirken werden: Wem es gelungen ist, den Tod als Integral
für Sinnlosigkeit, Traurigkeit, Schuldgefühle, Hilflosigkeit, Weltschmerz und Nichtigkeit im Leben mehrfach niederzuringen, braucht
auch den echten Tod im Sterben wohl kaum zu fürchten, zumal dessen
Begleitumstände ja weitestgehend geklärt sein könnten: *Du hast mir
versprochen, dass das Ende klar sein wird. Du wirst mich wohl wissen
lassen, wenn es so weit ist. Lass mich nur nicht wissen, wann genau du
die Tür öffnest,* betont fordernd die zentrale Figur aus „Bring me the
Disco-King" (s. o.), einem weiteren Titel auf dem *Reality*-Album, und
wie schon in *My Death* wird auch hier nun jenes *You* adressiert, das
maßgeblich an den letzten Dingen und Augenblicken Anteil zu haben
scheint:

„You promised me the ending would be clear
You'd let me know when the time was now
Don't let me know when you're opening the door"[200].

---

[200] Vgl. Bowie 2003, Disco King.

Zweifellos, es ist und bleibt ein ominöses, ungeklärtes Du, das unbedingt, wenn auch vorläufig, unter Ambiguitätsverdacht gestellt werden muss. Denn immerhin bieten sich eine Reihe von Lesarten an – wie etwa zum einen die Vermutung, dass hier das Leben selbst in personam angesprochen und dabei quasi wie eine mysteriöse Lebensmacht thematisiert werden will. Und tatsächlich ergibt diese Deutung im Blick auf die aufgeführten Textzeilen ihren Sinn dahingehend, dass doch alles Vitale und Lebendige die Lebenden im Vollzug ihrer Existenz darüber aufklärt, auch, dass sich die Spur des Lebens im Tod verliert und alle Vitalität letztlich in der finalen Mortalität verschlungen bleibt. So gesehen verspricht das Leben nichts anderes als den Tod, und so gesehen münden auch des Subjekts intensive Meditationen aller Lebensaugenblicke und Lebensstrecken in der Ansicht, dass die Sterblichkeit sich früher oder später ankündigen und dann, zumindest im Optimalfall, einvernehmlich mit der höchsten Weisheit einstellen dürfte („Knowledge comes with deaths release", s. o.), dass also das Ende seine Schatten vorauswerfen wird – auch wenn sich das eigentliche Momentum, da die Zeit wohl still steht (und es zur Öffnung der Tür kommt), in der Regel jeder Berechenbarkeit entzieht.

In einer radikaleren Version macht diese Deutung Gebrauch von der Option, noch stärker das Religioide (s. o.) herauszustellen, indem sie davon ausgeht, dass Bowie nicht nur die zeichengebende und lesbare Dynamis des Lebens vorübergehend poetisch figuriert und lieddichterisch in personam adressiert, sondern quasi einer drastischen Hypostase unterzogen und als teilansprechbare Figur der Transzendenz installiert hat. Ganz auszuschließen ist das wahrhaftig nicht; eine Lesart, die hinter Bowies „You" dessen Sehnsuchtsglauben an eine alternative Entität oder ein bizarr-besonderes Superwesen, an ein kosmisches Projekt oder eine spektakuläre Verkörperung letzter Antworten, an einen mysteriösen Charakter oder einfach eine Gottheit fixiert sieht, lässt sich zumindest mit dem Umstand synchronisieren, dass Bowie in allen Schaffensphasen mit entsprechenden Bildern und Begriffen gearbeitet hat: sei es unter Zuhilfenahme eines traditionellen bzw. konventionell-religiösen Vokabulars, sei es in den Songerzählungen über den Starman, den Disco King, den Superfreak, den Psychonauten, den Spaceboy oder den Supergod.

Mit deutlich weniger Aufwand freilich lässt sich eine dritte Lesart verhandeln, nämlich diejenige, die das ausgesprochene und angesprochene *You* innerhalb vorhandener Lebens- und Erfahrungswelten lokalisieren will. Dieser vereinfachten Logik folgend würde es sich bei besagtem *Du* schlicht um jene Charaktergestalt handeln, die als existenzielles Komplementär des lyrischen Ich zu gelten und zu wirken vermag: Das *Du* ist entweder diejenige Person, die sich bislang für das erzählende Ich des Songs als sein Significant Other bewährt hat – oder aber es ist diejenige Figur, die ebenjenes erzählende Ich aus all seinen Erfahrungen generiert und als Bild projiziert, destilliert aus Wünschen, konzentriert aus Sehnsüchten. So oder so, es bewährt sich auf ganz besondere Weise im Finale einer innerweltlichen Veranstaltung, und es scheint, als würde Bowie exakt diese Besonderheit nicht nur als Alleinstellungsmerkmal des Significant Other fokussieren, sondern mit größter Wertschätzung honorieren wollen. In drei Pointen kristallisiert sich heraus, wozu dieses Du imstande ist: Es vermag das Versprechen eines bereinigten Abschieds abzugeben, hat zudem die Kraft und den Mut, die Klarheit der letzten Zeit und des bevorstehenden Todes nicht mit geschmacklosen Nebelkerzen zu verschleiern – und ist zuletzt gar zum Äußersten bereit, nämlich dem Tod zur Hand zu gehen, ohne dabei die Hand des Sterbenden loszulassen. Genau von dieser (erhofften) bedingungslosen Zusage des Du erzählt Bowie, und er verschweigt dabei keineswegs den zu erwartenden Terror und Horror. Denn mit dem Zuspruch, der Zuneigung und der Hinwendung des significant other ist ja der Schrecken der Unwiderruflichkeit und Endgültigkeit des Todes nicht abgetan, nicht nivelliert, nicht irrelevant. Wohl aber ist das Schrecklichste von Allem, nämlich das Bewusstsein permanenten Ungenügens im Leben, einhergehend mit der Furcht, sich zwar zeitlebens zerrieben, aber doch im Angesicht der offenen Ewigkeit als unwürdig erwiesen zu haben, in den Momenten bedingungslosen Zuspruchs radikal konterkariert; gerade im Final und Zenit eines erzwungenermaßen unvollendet bleibenden Lebens wird der befürchteten Bedeutungslosigkeit des Ich eine liebevolle Absage erteilt: Es ist die bedingungslose Präsenz des Du, die alles ad absurdum zu führen – und das Ich zu retten vermag.

Genau hier nun zeichnet sich ab, dass es Überschneidungen bzw. Schnittmengen der Lesarten geben könnte. Nicht, was die Bestimmung jenes besonderen *Du* anbelangt, das sich nach wie vor als Dynamis und Dynamik des Lebens selbst beschreiben, als Modell und Konzept einer andersartigen, dem Seins- und Sinnganzen teil enthaltenen, teils entgegengesetzten Macht entwerfen und als realitätsverankertes oder Sehnsüchten entsprungenes (Menschen-)Wesen behaupten lässt. Wohl aber, was die Qualität des Religioiden anbelangt, die ja für alle drei Lesarten – allein schon aufgrund der Trostfunktion der verwerteten Vorstellungsbilder – reklamiert werden kann, und schließlich ebenso, was die Dimension des Theologoiden angeht: Das ambigue Vorstellungsgebinde, mit dem Bowie sich und seine Perspektiven auf Leben und Tod zum Ausdruck bringt, ist ja nichts Geringeres als der kunstvoll formatierte und künstlerisch reflektierte Kommentar zu der speziellen Wirklichkeit, wie er sie intensiv erlebt (hat) – und wie er in ihr leben und sterben will.

Eine Wirklichkeit in Zeit und Raum, eine Wirklichkeit voller Grenzen und Unwägbarkeiten, eine Wirklichkeit voller Wahn, Schuld und Traurigkeit, eine Wirklichkeit, die mit dem Tod endet, aber in dem *Du* zur Vollendung gelangt: zu seinen mit konzentrierten Schlüsselbegriffen artifiziell reflektierten und zugleich dramatisch gefeierten Lebenseinsichten hat sich Bowie – wenngleich mitunter trickreich verspielt, vereinzelt subtil, gelegentlich autoferenziell, zeitweilig in Variationen, so doch stets ernsthaft – konsequent bekannt. Folgerichtig hatte es, als der Künstler 2013 auf „The Next Day"[201] den (schon Jahre zuvor entwickelten) Song *Where are we now*[202] veröffentlichte, schon aufgrund der titelgebenden Leitfrage klar den Eindruck, als wolle nun eine Art Lebensresümee angeboten werden, und mehr noch: als habe sich Bowie mit seinem lebenslangen Dauerprozess einer (religioiden) Selbstverortung im Zeitstrom, in der Geschichte und im sozialen Raum auf jene finale Reflexions- und Findungsphase zubewegt, in der Retrospektiven, Zukunftsvisionen, Lebenspläne und Ziel-

---

[201] Bowie 2013: The Next Day.
[202] Bowie 2013: Where are we now.

setzungen hinreichend verrechnet worden waren – und es bestenfalls noch um letzte Synchronisierungen mit Restbeständen gehen könnte, etwa mit vereinzelten Motiven optimistischer Selbstvergewisserung und realistischer Zeiteinschätzung oder mit Fragmenten rationalen Endlichkeitsbewußtseins und phantasievoller Unvergänglichkeitsideen.

Jedoch, aus der ersten Auseinandersetzung mit *Where are we now?* ergab sich dieser Eindruck nicht (mehr). In den Lyrics nämlich war mit Straßennamen und Ortsangaben gearbeitet worden, deren Bedeutsamkeit und Bedeutung nur begrenzt offensichtlich wurde, so, wie eben auch ganz grundsätzlich nach dem Sinn und Hintersinn eines Songs gefragt werden musste, der auf die Basisfrage nach Standpunkten und Befindlichkeiten mit einer Litanei absurder Auskünfte reagierte: „Had to get the train / From Potsdamer Platz / You never knew that / That I could do that / Just walking the dead / Sitting in the Dschungel / On Nürnberger Straße / A man lost in time / Near KaDeWe / Just walking the dead / Twenty thousand people / Cross Bösebrücke / Fingers are crossed / Just in case (…)"[203], hieß es im Songtext. Ohne Zweifel war das ein Reigen von Erinnerungsfetzen aus Bowies Zeit in Berlin, und er konnte durchaus vorübergehend zu der Überlegung verleiten, ob hier bloß spaßeshalber eine Fährte aus Nonsensepartikeln gelegt – oder tatsächlich der Anspruch erhoben werden wollte, mit diesem Portfolio erinnerter Locations eine sachdienliche Auskunft über die tagesaktuellen Befindlichkeiten zu geben. Indes, eine angemessene Antwort, eine gebührende Deutung geht weit über diese schlichte Alternative hinaus; es bedarf allerdings einer größeren gedanklichen Ausholbewegung:

Die Erstveröffentlichung von *Where are we now* war auf den 8. Januar 2013 terminiert worden; am 66. Geburtstag von David Bowie erschien der Einzeltitel um 5:00 AM auf iTunes, zeitgleich machte der Künstler den Song als Video auf seiner offiziellen Website publik. Diese gedoppelte Maßnahme wurde v. a. als strategische Marketingaktion aufgefasst, bereitete sie doch das Publikum auf die Veröffentlichung des nächsten großen Albums vor: *The Next Day*, offiziell gelistet als Bowies

---

[203] Vgl. Bowie 2013: Where are we now.

24. große Studioeinspielung, ging am 8. März 2013 in den Verkauf und übertraf alle Erwartungen, die man an den Künstler gerichtet hatte. Offenbar war der Umstand, dass Bowie v. a. aus gesundheitlichen und familiären Gründen seit 2003 keinen neuen Titel mehr aufgelegt und seit 2006 keinen nennenswerten Bühnenauftritt absolviert hatte, Grund und Anlass genug gewesen, nun von dem POP-Chamäleon eine neue Häutung, eine neue Identität, eine neue Selbstüberbietung, zumindest jedoch eine gewisse Standortbestimmung mit Überraschungseffekten zu verlangen. Bereits das Cover von *The Next Day* kam diesem Bestreben insofern nach, als es nahezu identisch war mit der Plattenhülle von „Heroes", dem Kernstück der sogenannten Berlin-Trilogie[204], allerdings den Originaltitel dieses Albums durchgestrichen zeigte und das Titelfoto von Masayoshi Sukita – Bowie in einer seiner berühmtesten Posen – von einem weißen Quadrat großformatig überdeckt hatte. Dort aber, auf dieser farbbefreiten Fläche, fand sich jener aktualisierte Titel platziert, der wörtlich einen *Next Day* und sinngemäß das folgende Lebenskapitel, wenig missverständlich auch die adäquate Neukonzeptionierung des Ich einschließlich seiner anstehenden (Neu-)Verortung annoncierte. Zugleich war mit diesem Cover auch angedeutet worden, dass sich das Album durchaus konzeptionell auf eine vergegenwärtigte Vergangenheit, auf überlebte Szenen und zeitlose Momente, schließlich auf überschriebene Erinnerungsorte und ausradierte Einsichten jener Ära beziehen könnte, die für Bowie offenbar prägend gewesen ist. *Where are we now* macht genau mit dieser Andeutung ernst und erscheint als eine Art emotionaler Topographie, die geschichtsträchtige Berliner Orte und Adressen mit der Erlebnisgeschichte Bowies zwischen dem Potsdamer Platz, dem „Dschungel", dem „KaDeWe" und der Bösebrücke assoziiert.[205]

---

[204] Bowie hatte zwischen 1976 und 1978 in Berlin-Schöneberg gelebt; in diesem Zeitraum waren die drei Alben „Low", „Heroes" und „Lodger" entstanden, fernerhin zwei Produktionen mit Iggy Pop. Auch Bowies Beteiligung als Schauspieler in dem Film *Just a Gigolo* fällt in diese Ära.

[205] Alle genannten Locations spielen in Bowies Berliner Jahren und der folgenden Berliner Geschichte eine Rolle. Der Dschungel war eine Diskothek in unmittelbarer Nähe von Bowies Schöneberger Adresse in der Hauptstraße 155; der Potsdamer Platz war in den 1990er Jahren das wichtigste Sanierungsgebiet. Das zentrale Einkaufszentrum KaDeWe gilt als Inbegriff und Symbol westlichen Konsumverhaltens, die Bösebrücke war ein Grenzübergang an der Bornholmer Straße und eine der ersten Passagen nach dem 9. November 1989.

Die Covergestaltung, der Titel des Konzeptalbums und der Songtext der ausgekoppelten, vorveröffentlichten Single erhellen sich wechselseitig: „Wo sind wir jetzt", da „der nächste Tag" bevorsteht oder bereits begonnen hat? Die auf einer erhöhten Komplexitätsstufe angesiedelte Fragestellung, formatiert als Erkundung gegenwärtiger Befindlichkeit, war subtil vor dem Hintergrund einer besonderen zeitlichen und räumlichen Verunsicherung ausgebreitet worden, nämlich jener, die sich als typisch und symptomatisch für Bowies Berlin der 1970er Jahre erwiesen hat – weshalb ja auch genau dieses Berlin zu einer großen Metapher für ein bestimmtes Lebensgefühl zwischen Avantgarde und Tristesse werden und sich damit gegen weitere und alternative Sinnbildhaftigkeiten eines sich politisch und kulturell weiterentwickelnden Berlin behaupten konnte. Mag sein, dass in diesem Sachverhalt auch schon das ganz spezielle Schicksal jener Metropole verdeutlicht wird, die gelegentlich – wie eben auch das Cover von *The Next Day* – an ein Palimpsest[206], an ein in der Geschichte und von der Geschichte abgeschabtes und wiederbeschriebenes Pergament erinnert hat: Denn tatsächlich darf Berlin ja attestiert werden, dass es in den vergangenen hundert Jahren als Inbegriff für recht unterschiedliche, bisweilen gegensätzliche Seinsdeutungen und Lebensansichten in Anspruch genommen worden ist, zumal eine schier unübersichtliche Reihe verschiedenster sozialer, künstlerischer, wirtschaftlicher, nationaler (etc.) Projekte mit ihren realen und imaginären Hinterlassenschaften die Erfahrungen (in) der Stadt geprägt sowie deren unsichere Identität bestimmt haben.

Genau in dieser Hinsicht wäre nun geltend zu machen, dass Berlin für Bowie nicht nur als Stadt existent und eine zeitlich limitierte Heimat für Jahre gewesen ist. Vielmehr nämlich ist Berlin ein Prinzip, eine Allegorie seiner personalen Verfasstheit: Bowie war wie Berlin ein Palimpsest par excellence, immer wieder neu beschrieben in der Geschichte, immer wieder avantgardistisch im Wesen, immer wieder zur Häutung und Radierung bereit, immer wieder in schmerzhaften

---

[206] Als städtebauliche Metapher findet dieser Begriff gelegentlich Verwendung, wenn die Auslöschung und Wiederbeschriftung architektonischer Signifikanten thematisiert werden soll; vgl. Corboz 2001; Binder 2015.

Konfrontationen mit der Vergänglichkeit begriffen, immer wieder in optimistische Mutations- und Transformationsprozesse verwickelt. Die Identifikation des Künstlers mit der Stadt, sie entspricht einer Identifikation der Person mit einem Symbol, einer Metapher, einem metaphysisch aufgeladenen Ort, das ist das eine: Bowie und (sein Erlebnisbild von) Berlin waren verwandte Seelen. Das andere ist, dass dieses Berlin der 1970er Jahre nicht mehr existiert, dass die Theatralik, die Dramatik, das Pathos und das ambitioniert Artifizielle jener Zeiten dahin ist, und mit diesem vergangenen Bild von Berlin eben auch ein Teilbild der eigenen Geschichte. Jedoch, In Bowies aktuellen Bildern seiner verstrichenen Berliner Jahre konkretisieren sich eben all seine ewigen Lebensthemen, nämlich Zeitverlust und Vergänglichkeit, Wandel und Schwund, Spontanität und Tod. Im abschließenden Teil von *Where are we now?* – ebenjener Arbeit also, die mit raschen Bewegungen in ihren ersten Strophen erinnernden Abschied feiert, indem sie Teile einer erlebten Geschichte und Teile einer überschriebenen Identität nicht allein memoriert, sondern vielmehr *in memoriam* loslässt – wird ein Fazit präsentiert, das schon in plakativen Einwürfen am Ende jeder Strophe vorbereitet war: Mit einem ambiguen „Walking the dead!" hatte das lyrische Ich seine in die Jahre gekommenen Erinnerungsbilder und Erlebnisfragmente kommentiert, Verstorbene und dem Leben Abgestorbene zu Grabe getragen, die Toten und den Tod selbst ein Stück vor die Tür und weiter noch hinaus begleitet[207] – und mutig der drohenden Gefahr getrotzt, im Modus einer zwangsläufigen Wegbegleitung von Solchen, die der Nichtigkeit mitten im Leben schon hingestorben sind (s. o.), stückweise selbst abzusterben.

Where are we now? Mehrmals war diese bescheiden anmutende Orientierungsauskunft in Bowies Lieddichtung vorgetragen worden, und in der Intensität und Frequenz ihrer Wiederholungen hatte sich zeigen können, dass keineswegs allein auf simple topografische

---

[207] In der deutschen Sprache gibt es den Ausdruck „Gassi gehen." In der Regel wird er für den notdurftbegründeten Frischluftgang mit Hunden verwendet. Wenn nun aus „Walking the Dog" ein „Walking the dead" wird, möchte man versucht sein, hier zu übersetzen „Mit den Toten Gassi gehen".

Angaben abgezielt werden sollte, sondern vielmehr ein umfang-
reicher Katalog mit tiefgreifenden Erkundungs- und Besinnungsauf-
trägen aufgeschlagen worden war: Um die existenzielle Befindlichkeit
einst und jetzt musste es gehen, um ruhige Standpunkte in raumzeitlicher Unübersichtlichkeit, um eine sinnige Lebenseinstellung und
eine innere Stabilität angesichts alle finalen Momente, die der Tod mit
seinen Schatten verdunkeln könnte. „Walking the dead. / Where are we
now? / Where are we now? / The moment you know / You know / you
know", vermag der Song gleich zweimal zu betonen, aber soll das denn
bedeuten, dass man den Moment, in dem man um seine Befindlichkeit weiß, auch als ein Schlüsselmoment erkennt, und dass man in dem
Augenblick Bescheid weiß, da man erfährt, wo man steht, sich demnach
vergegenwärtigt, wer man ist? Bowies singendes Ich lässt diese Überlegung halboffen, scheint aber für sich eine Antwort gefunden zu haben,
die abschließend (teils autosuggestiv, teils hochüberzeugt) skandiert
werden darf. Wie schon in einigen Arbeiten zuvor finalisiert Bowie
seinen Song mit einer Art von Mantra:

„As long as there's sun
As long as there's sun
As long as there's rain
As long as there's rain
As long as there's fire
As long as there's fire
As long as there's me
As long as there's you."[208]

Die Quintessenz dieser skandierten Mantren wird deutlich: Solange
sich die Erde dreht, dreht man sich mit ihr; solange es Sonne, Regen
und Feuer gibt – und damit etwas, an dessen universaler Macht man
wahrnehmend teilhaben kann –, gibt es, was das Leben zum Leben
macht. Das Wichtigste freilich kommt mit jenem Schluss, der die

---

[208] Vgl. Bowie 2013: Where are we now.

unumstößliche Klarheit der eigenen Existenz hervorhebt und die Sehn-
suchtsgewissheit geltend macht, sich mit dieser eigenen Existenz in der
Existenz eines Gegenübers spiegeln zu können, sich also ineinander auf-
gehoben, geborgen und erlöst zu wissen. Womöglich ist das Begreifen
dieser komplexen Einheit mit dem *Soulmate* und dem *Significant Other,*
in der eben auch die Einheit mit dem Leben selbst und zuletzt die Einheit mit dem letzten Mysterium verkapselt bleibt, gleichbedeutend mit
„The moment you know": es entfaltet sich in konkreten Zeitstrecken,
an die das Ich oder das Du oder beide sich (gegenseitig) erinnern,
des Weiteren auch in jenen Sequenzen der Rückschau, da man die
besondere Bedeutung und folgenschwere Wirkmacht einer vergangenen
Episode oder einer einstmaligen Begegnung begreift, schließlich auch
in den Momenten, da die Präsenz des Ewigen in der Besonderheit des
Augenblicks – und zwar eines Augenblicks mit dem Du – erfahren wird.

    Bowie hat es sich mit der Entwicklung solcher religioiden Denkbilder
gewiss nicht leichtgemacht; verinnerlicht aber hat er sie gewiss, und zur
Darstellung gebracht immer wieder, wenngleich nicht in einer derart
expliziten, zugleich abstrahierenden Wortakrobatik auf der Grundlage
existenzphilosophisch imprägnierter Sprachspiele. Seine Sehnsuchts-
motive hat er nicht auf generalisierendes, wissenschaftsaffines Vokabular
reduziert, nicht auf komplexe Begriffe gebracht und in Denkschablonen
verallgemeinert, sondern kreativ, theatralisch, inspiriert und bunt
plakatiert – eine Fähigkeit, mit der er sich besonders in seiner so
genannten (und oftmals zu Unrecht kritisierten) POP-Phase der 1980er
Jahre bemerkbar machen sollte. Hier findet sich das besondere DU,
Soulmate und Significant Other, mit einer schlichten Lyrik verherrlicht: *Gerade wenn ich bereit bin, alles aufzugeben, wenn die besten Dinge
im Leben weg sind, schaue ich in deine Augen. Es gibt keinen Rauch ohne
Feuer. Du bist genau die, mit der ich zusammen sein will. Ohne dich –
Was würde ich tun? Und wenn ich soweit bin, Schluss zu machen, keine
weitere Chance ergreifen will, halte ich deine Hand,* dichtet Bowie etwa in
Without You[209], und in *Never let me Down* kommt es zu einer vergleich-

---

[209] „Just when I'm ready to throw in my hand / Just when the best things in life are gone / I look
into your eyes / There's no smoke without fire / You're exactly who I want to be with / Without
you / What would I do? / And when I'm willing to call it a day / Just when I won't take another
chance / I hold your hand. / There's no smoke without fire. / Woman, I love you / Without you /
What would I do?"; Bowie 1983: Without You. [Übers. d. d. Verf.].

baren Ansage, allerdings mit erhöhter Intensität, sinngemäß so: *Als ich an gar nichts glaubte, rief ich ihren Namen. Gefangen irgendwo in einem teuren Laden, an irgendeinem Ort. Ich rief ihren Namen. Als ich für meine Seele mehr Leben brauchte, rief ich deinen Namen. Als ich in Stücke fiel, vor Schmerzen schrie, da drehte mich deine sanfte Hand zu dir. Eine so echte Liebe überkam mich. Wenn dein ganzer Glaube versagt, rufe meinen Namen; wenn dir nichts mehr bleibt, rufe meinen Namen. Ich werde stark sein für alles, was es braucht, werde deinen Kopf halten und schützen, bis das Schlimmste vorbei ist.*[210]

Weitere Belege lassen sich mühelos heranziehen; Bowie-Songs, in denen das »Du« in den Vordergrund gestellt und verherrlicht, auf eine Weise geweiht und verehrt wird, die über die wechselseitige Hoch- und Wertschätzung von Menschen in einem Liebesbeziehungsgefüge hinausgeht, gibt es zuhauf; sie dürfen als Referenzen für die These herangezogen werden, dass Bowies »You« als Amalgam aus Significant Other, Soulmate und letztinstanzlicher (Über-)Idee konzipiert und mit einer geradezu sakrosankten Potenz aufgeladen ist: Nicht ohne Grund wird das sehnsüchtig erflehte Gegenüber, das – wie schon dargelegt[211] – in dem Titel *I've been waiting for You* exemplarisch fokussiert wird, zu einem Inbegriff ganzheitlicher Lebensrettung stilisiert; es wird erwartet als Erlösungsfigur:

„I've been looking for a woman
To save my life. Not to beg or to borrow
A woman with a feeling of losing once or twice

---

[210] „When I believed in nothing / I called her name / Trapped in a high-dollar joint / In some place / I called her name / And though my days were slipping by / And nights so cruel / I thought I'd die / She danced her little dance 'til it made me cry / She was shaking like this honey doing that / When I needed soul revival / I called your name / When I was falling to pieces / I screamed in pain / Your soothing hand that turned me round / A love so real / Swept over me / You danced a little dance 'til it made me cry / She was shaking like this honey doing that / Never let me down / She never let me down / Never let me down / She never let me down / When all your faith is failing, call my name / When you've got nothing coming, call my name / I'll be strong for all it takes / I'll cover your head / Until the bad stuff breaks / Dance my little dance 'til it makes you smile / Shaking like this honey doing that / Never let you down / I'll never let you down / I'll never let you down / I'll never let you down."; Bowie 1987: Never let me Down (ST). [Deutsche Übertragung bzw. Angleichung d. d. Verf.].
[211] Vgl. u. a. Anm. 548.

Who knows how it could be. Be tomorrow.
I've been waiting for you. And you've been coming to me
For such a long time now (...)"[212]

Es ist nicht abzustreiten, dass hier, ähnlich wie in vielen weiteren
Arbeiten, biografische Elemente Verarbeitung gefunden haben, und
gewiss bietet sich die naheliegende Vermutung an, dass Bowie sich bei
der Textabfassung eingehend mit seiner Beziehung zu Iman Abdulmajid
befasst hat – und in ihr eben auch seine Idee eines *You* gespiegelt fand,
das für alles steht, was sich dem Tod und dem Vergessenwerden ent-
gegenwerfen und in den Weg stellen lässt. Gleichwohl aber bleibt
in dieser artistischen Modellierung eines *You,* das die Hoffnung auf
Geborgenheit und Ewigkeit zu verkörpern vermag, mehr als nur eine
übersinnlich überladene Nachempfindung des geliebten Models zu
sehen, mehr als nur die von Situationen und Momentaufnahmen
begünstigte Denkgeburt des künstlerischen Geistes. Bowies eigent-
liches *You* war noch weitaus grundsätzlicher, prinzipieller, geradezu
metaphysisch überhöht; es war ein extrem starker Basischarakter, eine
prägende Sinnfigur, die sich in allen Schaffensphasen des David Bowie
aufweisen lässt, ein Grund- und Leitmotiv schlechthin, und vor allem:
ein Inbegriff dessen, was letzten Endes als das Religiode bei David
Bowie vermessen werden kann. Bowie nämlich hat sein *You* nicht nur
zu einem Konzept immanenter, werthaltig-intensiver Zwischenmensch-
lichkeit – Beziehung siegt über Entfremdung[213] – verdichtet, sondern
auch zu einem letztinstanzlichen Monument transzendiert und im
Zentrum theologoider Aktivitäten verankert.

---

[212] Aus Bowie 2002: I've Been Waiting For You.

[213] „Just remember, lovers never lose"; Bowie: 1971: Fill Your heart; „With you by my side it
should be fine"; Bowie 1974: Candidate; „I won't let the day pass withou her"; Bowie 1976:
Station to Station (ST); „Sometimes you get so lonely / Sometimes you get nowhere / I've lived
all over the world / I've left every place / Please be mine / Share my life / Stay with me / Be my
wife (...)"; Bowie 1976: Be my Wife; „Baby, I'll never let you go"; Bowie: 1977: Sons oft he
Silent Age; „I could take you to heaven / I could spin you to hell / But I'll take you to New York /
It's the place that I know well (...) / Shake it, shake it, baby / Shake it, shake it, ooh / 'Cause love
is the answer / Love's talking to me / I'd scream and I'd fight for you (...)"; Bowie 1983: Shake it.

Einen trefflichen Abschluss, ein triumphales Finale fanden diese theologoiden Aktivitäten in dem Musical *Lazarus*[214] und der Einspielung *No Plan*[215], den letzten von Bowie noch aktiv besorgten bzw. direkt verantworteten Werken. Es waren sehr bezeichnende, explizite Arbeiten gewesen, die Bowie exklusiv für die Endfassung seines Musicals[216] – es enthielt neben zahlreichen Hits eben auch neues Material – komponiert, alsdann aber auch zu einem Set letzter Songs zusammengestellt hatte; dieses Set war bereits 2015 aufgezeichnet, im Oktober 2016 vorübergehend als Datensatz für den digitalen Download verfügbar gemacht, aber erst 2017 an Bowies Todestag veröffentlicht worden. Der vierte und letzte Song der als CD und Vinylpressung aufgelegten EP mit dem Covertitel *No Plan* war *When I met You;* er schloß Bowies Œuvre mit einer bemerkenswerten Aussage von beachtlich theologoidem Gewicht.

You knew just everything
But nothing at all
Now the moon is dark
Feels like pain again
You could feel my breath
You opened my eyes
For I could not see
When I met you
When I met you (you're feeling again).
I could not speak (you're drowning in pain).

---

[214] Bowie / Walsh 2016: Lazarus. Die Erzählung in »Lazarus « knüpft an die Story von Thomas Jerome Newton an, dem »Mann, der vom Himmel fiel« in Nicolas Roegs gleichnamigem Film von 1976. Der Außerirdische Newton war auf der Suche nach Wasser für seinen Heimatplaneten auf der Erde gestrandet; seine Rückkehr scheiterte. In »Lazarus« lebt der Unsterbliche Newton als gewöhnlicher Erdenbewohner, gequält von den Dämonen seiner (Er-)Lebensgeschichten, sich nach Erlösung sehnend, bis eine junge Frau in sein Leben tritt und teilend-mitleidend seine Sensucht begreift, zu den Sternen zurückzukehren.

[215] Bowie 2017: No Plan (EP).

[216] Am 7. Dezember 2015 fand die Live-Premiere des Musicals *Lazarus* im New York Theatre Workshop statt. Der Besuch dieser Aufführung in Manhattan/NYC gilt als der letzte öffentliche Auftritt von David Bowie.

You opened my mouth (you're walking in mist).
You opened my heart (you're living again).
My spirit rose (she tore you down).
The marks and stains (happens all the same).
Could not exist (you were afraid).
When I met you
Now it's all the same (now it's all the same).
It's all the same (it's all the same).
The sun is gone (the sun is gone).
It's all the same (it's all the same).
But when I met you (but when I met you).
When I met you (when I met you).
When I met you (when I met you).
When I met you (when I met you).
When I met you
You were afraid (when I met you).
She stole your heart (when I met you).
You don't understand (when I met you).
Should be ashamed (when I met you).
You should have walked (I was the walking dead).
She tore you down (I was kicked in the head).
She tore you down
The edge had become
The center of my world
The seams of my life
The streams of daydream
Like the wounds of a friend
Not the kiss of a foe
The peck of a blackened eye
A lie for the crown
When I met you
I could not speak
How I met you
Then I met you
My spirit rose (you're feeling again).
My kind of truth (you're drowning in pain).

Could not exist (you are afraid).
When I met you
Now it's all the same (now it's all the same).
It's all the same (it's all the same).
The sun is gone (the sun is gone).
It's all the same (it's all the same).
But when I met you (but when I met you).
When I met you (when I met you).
When I met you (when I met you).
When I met you (when I met you).
When I met you (you were afraid).
When I met you (she stole your heart).
I was the walking dead (she tore you down).
I was kicked in the head (she tore you down).
It was such a time (when I met you).
It was such a time (when I met you).
I was crushed inside (when I met you).
I was torn inside
When I met you (when I met you).
When I met you (when I met you).
I was too insane (I was too insane).
Could not trust a thing (could not trust a thing).
I was off my head (I was off my head).
I was filled with truth (I was filled with truth).
It was not god's truth (it was not god's truth).
Before I met you (before I met you).[217]

Es war nicht die Wahrheit Gottes, bevor ich DICH traf. Wer immer sich
nun von dieser Aussage angesprochen gefühlt wissen und womöglich
als das legitime YOU identifizieren wollte, wem immer zugestanden
werden darf, hier impliziert und mitgemeint oder aus guten Gründen
berührt worden zu sein, vermag niemals hinreichend diskutiert und
geklärt zu werden; wohl aber werden Bowies nächste Angehörige –
konkret: seine Frau Iman Abdulmajid, sein Sohn Duncan Jones, seine

---

[217] Bowie 2017: When I met You.

Tochter Alexandria Zahra „Lexi" Jones – mit Recht ihren Anspruch als Erstadressierte reklamieren dürfen. Gleichwohl, es bleibt eine seltsam ambigue Schlussbotschaft, die hier ein Konvolut expressionistischer Miniaturen kommentiert und ein Portfolio kunstvoll pointierter Erzählungen von tiefernsten Begegnungen – Begegnungen nämlich mit dem eigenen Ich und dem entworfenen Selbst, Begegnungen mit dem konkreten Anderen und dem ganz Besonderen bzw. dem besonders anderen You – mit dem Resümee eines Geständnisses geläuterter Einsicht und befriedeter Selbsterkenntnis beschließt. Ist es am Ende gar denkbar, dass Bowie die Idee einer vollständigen Selbstbegegnung in der liebes- und sinnerfüllten Fremdbegegnung – bzw. das Gedankenspiel einer finalen Identität in genussvoll ausgekosteter Alterität angesichts angenommener und geliebter Diversität – derart energisch kultiviert und dabei so subtil zu einer theologoiden Reflexionsphantasie[218] erhoben hat, dass er mit der entscheidenden, existentiellen Pointe auch wieder sich selbst adressieren konnte?

Ja, denkbar ist es, gerade auch in Anbetracht des bislang gezeichneten großen Bildes von einem intensiven und sinnhungrigen, impulsiven und erlebnissehnsüchtigen, exzessiven und lebensbejahenden, artistischen und ideenreichen, reflexiven und gebildeten, ästhetischen und sinnlichen Menschen, dessen Ähnlichkeit mit Bowie – die suggestive Frage „Ain't that just like me?" war ja von ihm selbst im Kontext religioider Sehnsuchtsvorstellungen aufgeworfen und als theologoider Denkimpuls mit *Lazarus* hinterlassen worden – sich nicht abstreiten lässt.

Inwiefern die besagte Frage noch in weitere Richtungen weist, und wie die Sinndeutungsaktivitäten und -ergebnisse des Künstlers bzw. die Signaturen seines Schaffens von Kunst- und Denkbildern abschließend zu bewerten sind, wird im Anschluss an das folgende Interlude im

---

[218] Diese Phantasie lässt sich auf eine einfache Formel bringen: Wer sich von sich lösen und im Anderen bzw. im Du finden kann, und wer in sich gehen und dort auch (Platz für) den Anderen und das Andere bzw. das Du zu finden vermag, entdeckt den Sinn, für den die Vokabel Gott stehen kann. Vgl. Buber 2021.

letzten und abschließenden Kapitel gezeigt. Zunächst jedoch zu einer kurzen und fast unnötigen Auseinandersetzung mit einer weiteren suggestiven Frage, die für Bowie äußerst wichtig gewesen ist, sich aber nur schwer einem größeren Betrachtungsgang zuordnen lässt.

5.5   „Is there Life on Mars?" (Interlude)

David Bowies „Life on Mars?"[219], 1971 erstmals auf dem Album *Hunky Dory* platziert, 1973 spät als Single veröffentlicht, ist in vielerlei Hinsicht ungewöhnlich. Zum einen hat der Song als einer der wichtigsten *Hunky Dory*-Titel dazu beigetragen, dass die zunächst nur verhalten wahrgenommene und wertgeschätzte Vinylproduktion – weitreichende Popularität hatte Bowie ja erst mit seiner Glam-Phase bzw. der „Ziggy Stardust"-Ära erlangt – allmählich Kultstatus erlangen und in den Listen wichtigster Bowie-Studioaufnahmen geführt werden konnte[220]. Zum zweiten gehört *Life on Mars?* zu den ganz wenigen Stücken, die Bowie von Anfang an (also: seit ihrer Erstveröffentlichung) auf nahezu allen Tourneen in der jeweiligen Setlist mitgeführt und entweder kontinuierlich oder zumindest früher oder später als Zugabe dargeboten hat.[221] Zum dritten wird *Life on Mars?* immer wieder als Bowies größter bzw. vollständigster Song gefeiert und – noch vor dem legendären „*Heroes*"[222] (s. o.) – als das für Bowies Gesamtschaffen repräsentativste Kunstwerk gehuldigt.[223] Dabei ist es durchaus als Kuriosum zu werten, dass diese Hochschätzung bisweilen mit einer doppelten Fehleinschätzung einhergeht, nämlich zum einen mit einer Überbetonung des Bowie'schen Faibles für extraterrestrische Items, zum

---

[219] Bowie 1971: Life on Mars; näher schon Anm. 536.

[220] Vgl. N.N. 2017(b); auch: Poplist. Hunky Dory.

[221] Vgl. u. a.: Bowie 2008: Live Santa Monica '72; Bowie 2017: Live Nassau Coliseum '76; Bowie / Vaughan 1983: Space Oddity. F.M. Broadcast; Bowie 2018: Serious Moonlight (83 Live); Bowie 2021: Something in the Air (Live Paris 99); Bowie 2021. David Bowie at the Kit Kat Klub (Live New York 99); Bowie 2018: Glastonbury 2000; Bowie 2010: A Reality Tour (2003).

[222] Bowie 1977: Heroes.

[223] Vgl. Mayer Nissim 2916.

anderen mit einer Überbewertung der angeblich kryptischen Lyrics und ihrer enigmatischen Sinngehalte: Natürlich darf vorsichtig festgehalten werden, dass Bowies Tondichtungen rund um die Figuren des *Major Tom,* des *Starman* und des *Spaceboy* ebenso wie seine interessanten Aufarbeitungen des geliebten *Gemini Spaceship*[224] nachhaltig kulturelle Wirkmacht ausgeübt haben, *Life on Mars?* folgerichtig behutsam als ein Amalgam aus narrativem Präludium und thematischem Integral ausgelegt werden kann. Problematisch hingegen bleibt das Verfahren, eine eher spezielle Prestigewertung der besagten Arbeit mit der Unterstellung zu legitimieren, dass hier – und dies bleibt eben als vierte Besonderheit von *Life on Mars?* zu diskutieren – überwiegend opulente Sinnmotive aus nebulös-rätselhaften Denk-, Sprach- und Bildwelten verarbeitet worden sind, dass der Song also aufwartet mit „one of the strangest lyrics ever to have troubled the charts and a towering chorus" und sich dem musikalisch-ästhetischen Bewusstsein offenbart als „a cross between a Broadway musical and a Salvador Dali painting".[225] Bis zum gegenwärtigen Zeitpunkt halten sich entsprechend überkandidelte Lesarten und werden gefällig konserviert: wie etwa durch den britischen Musikjournalisten Neil Mc Cormick, der in seiner für den Daily Telegraph anfertigten Rangliste der 100 größten Songs aller Zeiten die Erstplatzierung von *Life on Mars?* mit der Erklärung begründet, dass man es hier mit einer *großartig-seltsamen Sciene-Fiction-Hymne zu tun habe, in der eine ergreifend-mitreißende, sehnsüchtige Melodie mit lebendigen, poetischen Bildern verwoben wird zu einem Kunstwerk, das völlig undurchdringlich, gleichzeitig jedoch mit einer persönlichen Bedeutung aufgeladen ist.*[226]

Ohne ausführliche Beweisverfahren anstrengen zu müssen, dürfte man der McCormick'schen Musterargumentation entgegnen, dass *Life*

---

[224] Vgl. Bowie 2002: I took a trip on a Gemini Spaceship.

[225] Vgl. N.N. (o. J.). Sold on Song Top 100 „Life on Mars".

[226] Nach N.N. 2012. Life on Mars? voted best David Bowie Song: „Gloriously strange sci-fi anthem. A stirring, yearning melody combines with vivid, poetic imagery to accomplish a trick very particular to the art of the song: to be at once completely impenetrable and yet resonant with personal meaning. You want to raise your voice and sing along, yet Bowie's abstract cut-up lyrics force you to invest the song with something of yourself just to make sense of the experience, and then carries you away to a place resonant with intense, individual emotion. The magic and mystery of music and lyrics. It is something to behold."

on Mars? nicht einmal im weiteren Sinne Kriterien beliefert, die sich für das Science-Fiction-Genre aufstellen lassen; abgesehen davon, dass in dem Song prominent die Frage platziert wird, ob mit Lebensformen auf dem nächstgelegenen Planeten des Sonnensystems zu rechnen ist, sind keine expliziten SciFi-Charakteristica – etwa technisch-theoretische Spekulationen über extraterrestrische Aktivitäten oder alienistisch geprägte Denkakrobatiken mit Blick auf futuristische Phänomene – auszumachen.[227]

Auch eine Einlassung auf die Daten und Fakten der Songentstehung gibt keinerlei Aufschluss über etwaige Beweggründe für eine Science-Fiction-Hymne. Schlicht festzuhalten bleibt diesbezüglich nämlich nur (erstens), dass Bowie sich 1968 mit einer englischsprachigen Version des Chansons "Comme d'habitude"[228] der Öffentlichkeit hatte präsentieren wollen, seine Fassung „Even a Fool learns how to love" von seinem damaligen Verleger freilich abgelehnt wurde, und (zweitens), dass Paul Anka die besagt abgelehnte Fassung aufgegriffen und nach dem Ankauf der Rechte am französischen Original modifiziert und zu dem Son „My Way" umgearbeitet habe, mit dem Frank Sinatra bald als erster Interpret Musikgeschichte schreiben durfte. Der mit diesem Prozess einhergehenden Enttäuschungserfahrung will sich Bowie, so die Fama[229], nun eben mit „Life on Mars?" gestellt haben – was durchaus mit den Umständen korrespondiert, dass in dieser Arbeit mit den gleichen Akkorden und Chordfolgen operiert und der somit auf Autoreferenzen gestützte (halb-)neue Titel in parodistischer Manier annonciert wurde: auf der Coverrückseite von *Hunky Dory* erklärt Bowies handschriftliche Ergänzungsnotiz in der Titellistung neben „Life on Mars?", was aus der Sicht des Künstlers für diesen Song wesentlich ist, nämlich: „inspired by Frankie".

Kurzum, *Life on Mars?* hat eine Vielzahl an Deutungen und Nachbesprechungen provoziert, hat Anlass gegeben zu Einschätzungen und

---

[227] Vgl. Vint 2021.

[228] François 1967: Comme d'habitude.

[229] Pushing ahead of the Dame. David Bowie, song by song: Life on Mars?; zugleich O'Leary 2014, 207–210.

Kommentaren, auch zu solchen, deren Gehalt mit Bowie in Interviews ausgehandelt werden musste. Die populär gewordene Devise von einer extrem geheimnisvollen Aura der besagten Lieddichtung ist quasi ein Produkt der speziellen Eigendynamik, die sich in der Gemengelage aus kommunikativen Aufarbeitungs- und klandestin-verschwörerischen Aufbereitungsprozessen entwickelt hatte; gleichwohl dürfte die Geltung dieser Devise – ebenso wie die der flankierenden Lesarten – mit jeder intensiveren Inspektion mehr und mehr obsolet werden. Zu einer völlig unprätentiösen Alternative gelangt, wer sich auf die geradezu narrationslogische Linearität der Lyrics einzulassen vermag und dem Strang der verwobenen Denkfäden mitsamt der eingeflochtenen Sprachbilder konsequent auf der Spur bleibt. Eine nicht jeden exakten Wortlaut kognitiv restaurierende, sondern vielmehr auf optimierte Rekonstruktionen des formulierten Sinngehalts bedachte (deutsche) Übertragung der (englischen) Dichtung könnte zur Verdeutlichung der These dienen, dass *Life on Mars?* einerseits schlicht eine Geschichte erzählt, andererseits aber auch ein aus Momentaufnahmen und Wahrnehmungsminiaturen gefügtes Sinnmosaik mit keineswegs mysteriöser Kernpointe zu einer phantasievollen künstlerischen Gesamtdarstellung gebracht worden ist. Nacherzählend übertragen ließe sich der Text etwa so:

Es ist nur eine unbedeutende Beziehungsminiatur, das, was man landläufig als Affäre disqualifiziert, insofern nichts, was der Rede wert gewesen wäre. Aber die Mutter des Mädchens mit den mausigen Haaren hatte fürchterlich rumgeschrieen, irgendetwas wie „Oh mein Gott, auf gar keinen Fall", und der Vater wusste wieder einmal keinen anderen Ausweg, als die Tochter vorübergehend vor die Tür zu setzen. Da stand sie nun, und zu allem Überfluss ließ auch noch der Typ auf sich warten, viel zu lange schon, nirgendwo zu sehen, kommt nicht von links, nicht von rechts, bis ihr klar wird, dass da gar nichts mehr geschieht, und sie mal wieder ins Kino gehen muss. Einmal mehr in die engen Sesselreihen gequetscht, einmal mehr auf die Leinwand gestarrt, bis es losgeht und man den üblichen Quatsch über sich ergehen lässt: Auf dem silbernen Bildschirm vor ihren Augen reihen sich bizarre Szenen auf, mit Jungs in Matrosenanzügen, die wild gestikulieren, als würden sie an einer alles entscheidenden Straßenschlacht beteiligt sein, während sie einfach nur herumtanzen, und dazwischen dann andere komische Figuren, könnten fast Höhlenmenschen sein, ein ganz ver-

rücktes Showprogramm, und es fehlt einem doch jeder Zusammenhang, jetzt taucht da dieser Gesetzeshüter auf, der nicht nur den Falschen erwischt hat, sondern ihn auch noch verprügelt. Weiß der eigentlich, in was für einer erfolgreichen, aber leider völlig miesen Show er steckt? Ach, irgendwie hat man das alles schon --- zehnmal gesehen. Oder selbst miterlebt.
   Gibt's eigentlich Leben auf dem Mars?
   Auf der gequälten Stirn Amerikas hat die Geschichte ihre Spuren hinterlassen. Mickimaus, Walt Disneys niedliche Comicfigur für Kinder, ist erwachsen geworden, ist Symbol eines Großkonzerns, eine Merchandise-Milchkuh im Prozess dauerhaften Gemolkenwerdens, und die Arbeiter, die für mehr Lohn und Gerechtigkeit streiken wollten, sind längst zu Spielfiguren in politischen Machtkämpfen verkommen. Lennon steht wieder in den Regalen der Plattenläden, immerhin. Ansonsten? Wären da nur noch diese Millionen gemeiner menschlicher Nagetiere, in Horden besetzen sie alles, ob es die Nationalparks der Norfolk Broads sind oder Ibiza. England selbst hat jede Bedeutung verloren, die Weltmacht von einst ist dahin. Also, ein Toast ... „auf meine Mutter, meinen Hund und all diese Clowns!"
   Ach der Film ist so öde, tragisch langweilig, hab das alles schon so oft miterlebt... (...).
   Gibt's eigentlich Leben auf dem Mars?[230]
Zweimal – wenn man den Songtitel hinzurechnet: dreimal – wird sie aufgeworfen, die Frage nach dem Leben auf dem Mars, und es hat aufgrund der Intensität ihrer Performance durchaus den Anschein, als sei sie nicht ohne Berechtigung gestellt worden. Jedoch ist es ja keine Frage, die mit der Songerzählung in direkter Verbindung steht, sich aus einem dort inszenierten Kontext ergibt und dessentwillen auf irgendeine instruktive Antwort abzielt; ebenso wenig scheint es, als stünde diese Frage überhaupt in irgendeinem erkennbaren Zusammenhang, der sich aus dem Song ergeben könnte, und als könnte eine Antwort unbedingt zur Sinnerhellung alles zuvor Dargelegten beitragen. Sie drängt sich also ganz und gar nicht auf; es gibt keinen Anlass, der es z. B. notwendig machen könnte, physikalische und astronomische Basisdaten zusammenzustellen und einem neugierig-wissensdurstigen Subjekt als

---

[230] Übertragung d.d. Verf.; vgl. Anm. 536.

Aufschluss gebende Faktenmenge verfügbar zu machen. Sie ist einfach nur da, diese Frage, und es bleibt offen, ob sie in die Songerzählung selbst bzw. einer dort ansässigen Persona gehört, ob sie aufgekommen ist in einem Bewusstsein, das anteilig bei resp. in einer Figur der Songerzählung verortet und verankert werden könnte – oder aber doch (und nur) der erzählenden Person gehört. Nur letzteres ergibt den eigentlichen und wirklichen Sinn: Der Interpret, der Künstler, der Autor, Bowie selbst nämlich ist das Subjekt, das hier die Frage stellt, und zwar nicht, weil es schlechterdings wissbegierig ist, sondern vielmehr verwirrt und entsetzt ob all der Trivialitäten, aus denen sich jede private und öffentliche Lebenssituation letzten Endes zusammenfügt. Der Autor der Erzählung macht sich zum Subjekt der Erzählung und wandert quasi als Augenzeuge durch beispielartig in Szene gesetzte Lebens-, Welt- und Geschichtsläufe, die ja auch in seiner reellen, als wirklich vergegenwärtigten (spät-)modernen Daseinssphäre ineinanderschlagen: seien es alle nichtigen familiären Situationen, für die die erste Strophe steht, sei es die Absurdität der tagesaktuellen politischen und gesellschaftlichen Großwetterlage, die in der zweiten Strophe als Reihung exemplarischer Sequenzen vorgeführt wird, sei es die Gegenwelt der sedierenden Narrative[231], die gleich in beiden Refrains zur Sprache kommt. Das auf der Leinwand Gezeigte ist wie das im Leben Erlebte eine unvollständige Halbwahrheit, und das Subjekt erfährt sich selbst letzten Endes als das in eine einzige Freakshow hineingeworfene Wesen. Ihm bleibt allein der absurde Trinkspruch, ein Toast auf die Mutter, den Hund und die verrückten Clowns dieser Welt(geschichte). Der Schmerz nun, der mit dieser Selbsterfahrung und Selbstbewusstmachung einhergeht, bricht sich sozusagen Bahn in der absurd anmutenden Frage nach dem Leben auf dem Mars, darinnen sich aber in Wirklichkeit das wahre Ansinnen verkapselt hat: Es ist es die Frage nach dem Leben selbst, die gestellt werden wollte, nach seiner Bedeutung und seiner Wertigkeit, entfaltet über die Auseinandersetzung mit dem Sein als Dasein und Sosein, mündend in der dauerhaften, lebenslänglichen Beschäftigung mit der

---

[231] Es ist nicht abwegig, bei den genannten „Sailors" auf der Kinoleinwand eine Anspielung auf populäre Filmhits zu sehen, in denen die handelnden Charaktere Matrosen waren, etwa: On the town: USA 1949, ein Movie-Musical mit Gene Kelly, Jules Nunshin und Frank Sinatra in den Hauptrollen, oder aber auch Follow the Fleet: USA 1936, mit Fred Astaire und Ginger Rogers.

(eigenen) Existenz zwischen Nichtigkeit und Besonderheit. Gibt es Leben auf dem Mars? Bowie wäre es egal gewesen; jegliche naturwissenschaftlich präzise Erläuterung hätte den Sinn und Zweck seines seltsam codierten sehnsüchtigen Klärungsbegehrens ebenso verfehlt wie jedwede alberne kosmo(un)logische Spekulation aus den Regalen der Fantastik. Das mag auch daran liegen, dass sich das heuristische Prinzip seiner artistischen Suchbewegungen niemals mit typisch wissensbasierten Frage-Antwort-Systemen erster Ordnung hat verrechnen lassen, sondern wie ein autopoietisches Selbstverhör im Modus der Dauerreflexivität funktionierte, das auf den Plateaus höherer (Un-)Sinnordnungen absurdistisch-komplexe Fragenketten generierte: Gibt es Leben auf dem Mars? Gibt es Leben auf der Erde? Hat dies Leben einen Sinn? Gibt es überhaupt einen »Sinn«? Und was ist eigentlich »Leben«?

Life on Mars? war von 1971–2016 auf Bowies Playlists und Tourneeprogrammen zu finden; über 45 Jahre lang stand *Life on Mars?* für sein dauerhaftes Bemühen und Begehren, einer großen Such- und Sehnsuchtsbewegung, einer sensiblen Selbst- und Weltbetrachtungsart und einer lebenshungrigen Sicht- und Erlebnisweise den angemessen einzigartigen Ausdruck zu verleihen. Insgesamt und (wie gezeigt, s. o.) in Summe betrachtet war das eine Arbeit gewesen, die lange vor *Space Oddity* und *Cygnet Committee* begonnen hatte und erst weit hinter *Blackstar* und *Lazarus* ihren Abschluss fand; in ihrem Seelenkern war sie, wie eingangs vermutet, sanft religioid als eine *Religion, bevor sie Religion ist und heißt,* und sie war in ihren Ausdrucksformen und -formaten ernsthaft theologoid, nämlich eine Art von *Theologie, bevor man sie Theologie nennen darf.* Zugleich und zur Not aber konnte alles so einfach wie möglich bleiben, oder eben, um letztmalig an Bowies Life on Mars?-Lyrics zu erinnern, simpel als „a god-awful small affair"[232] aufgefasst und begriffen werden. Das wiederum ist die hohe Kunst der POP-Kultur. Davon soll abschließend die Rede sein.

[232] Vgl. Bowie 1971: Life on Mars?

6

We can be us just for one day

Bowies POP und der transkonventionelle Umgang mit Gott, Religion und weiteren postmodern (vor-)letzten Dingen

Gott

ich glaube

du würdest eine Überdosis nehmen

wenn du wüsstest

was hier los ist.

„Lord I think you'd overdose if you knew what's going down"; vgl. Bowie 1974: Big Brother.

© Der/die Autor(en), exklusiv lizenziert an Springer Fachmedien Wiesbaden GmbH, ein Teil von Springer Nature 2023
F. T. Brinkmann, *Ashes to Ashes, Spaceboy?!*,
https://doi.org/10.1007/978-3-658-42614-9_6

6.1   Ain't that just like me?

Sieht mir das nicht ähnlich? Die von Bowie in *Lazarus* wiederholt und mit mehrdeutigem Hintersinn aufgeworfene, letztlich wohl v. a. als Memorandum hinterlassene Frage lässt sich zweifellos auf manch buntes Ereignis in seiner beruflichen Karriere beziehen, ebenso auf die eine oder andere triviale Begebenheit aus dem Privatleben („…hab mein Smartphone fallenlassen. Sieht mir wieder mal ähnlich…"[1]), schließlich dann auf jenen spekulierten Umstand, post mortem *free like that bluebird* zu sein (s. o. Kap. 3). *Ain't that just like me?* Auch im Blick auf Angelegenheiten und Vorkommnisse, die erst nach dem Ableben des Künstlers registriert werden konnten, hatte diese Betrachtungsaufgabe durchaus ihren Sinn; was sich in den Wochen nach Bowies Tod und über Jahre hinfort noch an den Jubiläen seiner Lebenseckdaten ereignen sollte, schien durchaus einer Agenda zu folgen: In kontrolliert regelmäßigen Abständen war es, sehr auffällig wohl an seinem fünften Todestag bzw. anlässlich seines 75. Geburtstags, zu einer Flut an Veröffentlichungen auf den Märkten für analoge und digitale Wort-, Ton- und Bildträger[2] gekommen, fernerhin zu einem beinah inflatorischen Vertrieb von Merchandiseartikeln, Reliquien und Devotionalien aller Art, insgesamt eben zu einer medialen Aufarbeitung seiner Geschichte(n) bzw. vereinzelter Episoden in Print-, TV- und Netzformaten. Kaum zu übersehen blieb, wie unter den jeweiligen Bedingungen von (journalistischer) Recherche, (narrativer) Konstruktion und (medialer) Produktion der Umfang historisch gesicherter bzw. verifizierter Daten als auch die Menge bislang ungeklärter und weithin deutungsoffener Überlieferungen zunehmen konnte.[3] Unverkennbar ging und geht mit der Aufarbeitung und Aufstockung seines Nachlasses eine Fort- und

---

[1] „Dropped my cell phone down below / Ain't that just like me?"; vgl. Bowie 2016: Lazarus.

[2] Verglichen damit ist es fast nur eine Randnotiz der Medien-, Musik- und Kulturgeschichte, dass Bowie zum Anfang der zweiten Dekade des 21. Jahrhunderts – kurz nach der Wiederentdeckung von Vinyl als einem Symbol für bewußten Musikgenuss, aber auch für neue Lebenseinstellungen wie *Retro, Vintage* oder *Heritage* – als der *meistverkaufte Schallplattenkünstler des 21. Jahrhunderts* registriert wird; vgl. Nick 2022.

[3] Zu einem solchen Eindruck kommt man z. B. bei der Lektüre von Div. 2022: David Bowie – Das Special.

Umschreibung seiner Geschichte(n) einher. Einverwoben in den Prozess der Verarbeitung allen Faktenmaterials bleibt die Aufbereitung jener Mythen, die sich hatten bilden und um die gut dokumentierte Vita des Künstlers ranken können, seit Bowie einst als David Jones die Bühnen von Kunst und Öffentlichkeit erklommen hatte. Durch Bowies Tod bzw. mit und nach seinem Tod sind die Pools der Fakten und Legenden um weitere Daten, Motive und Phantasien angereichert worden[4]; die über Jahre und Dekaden entworfenen, kontinuierlich weiterentwickelten Sagenkränze und bunt bebilderten (Kunst-)Narrationen konnten zudem in weiterführenden bzw. abschließenden Wartungsdurchgängen aufbereitet und verflochten werden.

Ain't that just like me? Des Künstlers mehrdeutiger Abschiedsslogan, der womöglich auf die (Un-)Ähnlichkeit von Kunstschaffendem, Kunstfigur und Kunstwerk aufmerksam machen oder die Gleichheit von Narrationen, Narrativen und Historien bzw. die Identität von Erzählung, Geschichte und Geschick hinterfragen wollte, scheint sich mancherorts in sein Gegenteil zu verkehren und als Imperativ zur Schaffung größtmöglicher Selbstähnlichkeit zu vereinfachen, der dann auf die Synchronisierung wahrscheinlicher und unwahrscheinlicher Bowie-Daten abzielt und die Widersprüchlichkeit einiger (unterschiedlich überlieferter) Bowie-Affären nicht als „Phänomene der Mehrdeutigkeit, der Unentscheidbarkeit und Vagheit"[5] akzeptiert, sondern dem oberflächlichen Interesse einer Ambiguitätszähmung unterstellt. Während also zum einen der Bedarf artikuliert wird, die Erinnerung an eine komplexe Persönlichkeit voller Begabungen, Ideen und Sehnsüchte, an einen rastlosen Charakter mit vielen Wesenszügen, abgründigen Episoden und reichlichen Facetten zu bewahren und, dem Künstler möglichst gerecht werdend, bewusst offen zu halten, wird zum anderen der Versuch unternommen, diese Komplexität zu reduzieren und mit Hilfe geschickter Vitakonstruktionen und hinreichend gefälliger Anekdoten in einen Cursus aus sinnkohärenten Geschichten zu überführen: Immerhin, wer auf qualifizierte Dokumente zurückgreift und von gesicherten Informationen Gebrauch macht, darf rasch und unkompliziert über Kenntnisse verfügen

---

[4] Vgl. etwa Jones 2018.
[5] Bauer 2018, 13 u. ö.

von einem, der es zweimal abgelehnt hat, sich von Queen Elisabeth II zum Ritter schlagen und in den Adelstand erheben zu lassen,[6]

von einem, der nie etwas Anderes werden wollte als Musiker, insbesondere Saxophonist, unter Umständen aber auch Dressmaker oder Kostümbildner, der aber letzten Endes doch eine Art Multimediakünstler wurde und sich exakt in dieser Rolle mit all seinen Neigungen und Begabungen verwirklicht hat,

von einem, der an den Auslagen eines Kostümverleihgeschäftes länger verweilte als es den meisten Angehörigen lieb war,[7] der außerdem mit seinem Halbbruder schon früh um die Häuser zog und in den einschlägigen Szeneclubs London verkehrte – und in Anbetracht dieser erfahrungsgesättigten, auf tiefernsten familiären Emotionen basierenden Vergnügungsreisen weder mit seinem eher mäßigen Schulabschluss noch mit den bestenfalls hinreichenden Leistungen seiner ersten Ausbildung sonderlich hadern musste[8], insofern

von einem, der seine Zukunft hinreichend optimistisch in den Sternen geschrieben hoffte, jedoch auch stets ehrgeizig genug und gewillt blieb, diese Zukunft in einer Mischung aus Selbstvertrauen und Risikobereitschaft, Verrücktheit und inszenierter Exaltiertheit, britischer Bescheidenheit und gebildeter Höflichkeit selbst zu gestalten, zuletzt

von einem, der auf all seinen Pfaden große Freundschaften, Bekanntschaften und Intimitäten zu pflegen (und zur Not auch zu verwerfen) vermochte, der sich von Idolen und Vorbildern hat inspirieren lassen, dabei selbst abwegige Ideen aufgreifen und zu mächtigen Impulsen eskalieren, gegebenenfalls aber auch zu gefälligeren *amuse gueules* umformatieren konnte.[9]

Das erste große Jahrzehnt des David Bowie – also etwa die Zeit zwischen 1968 und 1978 – kann exemplarisch der Veranschaulichung dienen, sofern sich die Beobachtung auf Bowies Beziehungen zu drei herausragenden Gestalten jener Ära konzentriert. So hat Bowie nie die *Raw*

---

[6] Vgl. Skai 2016.
[7] Vgl. Spitz 2016; 36 u. ö.
[8] Vgl. Spitz 2016; S. 56; 67 u. ö.
[9] Vgl. Spitz 2016, S. 205 f.

Power[10]des von ihm sehr verehrten Iggy Pop besessen, ebenso wenig den Hang zum *(Velvet) Underground,* wie ihn Lou Reed[11] repräsentierte, verspürt; dennoch hat er mit beiden Phänomenen, mit beiden Artisten kokettiert (und ihre wichtigsten Arbeiten als Freund und Betreuer produziert![12]), sich zwischen ihnen platziert und letzten Endes die jeweils gefälligere Pop-Fassung abgeliefert. Mit den Mustern dieser Avantgarde hatte das, was Bowie zu Papier, Gehör, Show und Vinyl bringen konnte, nur indirekt zu tun, seine Arbeiten jener Jahre waren vergleichsweise dezente Versionen all dessen, was aus den subversiven New Yorker Clubs an die Oberfläche drang: Die explizite Homosexualität und die mit Heroinkonsum versetzte S&M-Affinität, die drastischen Moves der Gay-Community etwa – im Vergleich dazu ist Bowies in den 1970er Jahren der Öffentlichkeit vorgetragene Annonce, „vermutlich schwul" zu sein, ebenso wie seine verhaltene Reaktion, als seine damalige Ehefrau Angela der Presse bekannt gab, ihn mit Mick Jagger „erwischt" zu haben, nichts weiter als die Light-Variante eines gebildeten und ausgebildeten Künstlers, improvisiert, aber auch reflektiert, geplant und durchdacht, bis ins Detail konzipiert und in allen Teilen perfektioniert. Andy Warhol schien das bereits antizipierend durchschaut zu haben, als er dem blassen, höflichen, bescheidenen Engländer im Frauenkleid, der eines Tages mit seinem Mens Dress vor ihm in seiner Factory aufgetaucht war, nur wenig euphorisch begegnete: „Ich mag Deine Schuhe!" soll der Sage nach das Einzige gewesen sein, was Warhol spontan zu Bowie eingefallen war, der ihm doch immerhin einen Song zugeeignet hatte. Von Bowies „Andy Warhol"[13] war der große POP-Artist nicht angetan;[14] insbesondere die Zeile „Andy Warhol looks a scream" (etwa: Andy Warhol sieht zum Schreien aus, oder: Andy Warhol guckt wie ein einziger Schrei.) hat ihn

---

[10] So auch der Titel des ersten prägenden Albums von Iggy Pop (Iggy and the Stooges 1973: Raw Power).

[11] Die experimentelle Band *The Velvet Underground* wurde bekannt durch ihre Musiker Lou Reed und John Cale, aber auch aufgrund der Förderung durch Andy Warhol; Warhol produzierte auch deren legendäres erstes Album (The Velvet Underground 1967: The Velvet Underground & Nico), das als eine der einflussreichsten Einspielungen der Musikgeschichte gilt.

[12] Reed 1972: Transformer; Pop 1977: The Idiot; Pop 1977: Lust for Life. 1973 hatte Bowie auch die Abmischung von Raw Power (Iggy and the Stooges. 1973). übernommen; Pop allerdings war mit dieser abgemilderten Version nie völlig zufrieden gewesen. 1997 erschien ein Remix des Albums.

[13] Bowie 1971: Andy Warhol.

[14] Vgl. Taysom 2021; O'Brien 2016; DeMain 2003; Wallace 1997.

aufgrund seiner großen Komplexe wegen seines Aussehens arg irritiert.[15] Bowie hingegen war zeitlebens ein Fan geblieben; 1996 verkörperte er Warhol gar in JULIAN SCHNABELs Biopic *Basquiat*.[16]

Insgesamt müsste der Bedarf an Arbeiten, die ihren Beitrag zu der Rekonstruktion einer Bowie-Vita – diesseits, jenseits oder abseits anekdotisch übersättigter Text- und Bildwelten – leisten (und womöglich auch auf die Glorifizierung einer einzigartigen Bowie-Figur abzielen) wollen, etwa, indem sie Spekulationen über Persönlichkeitsmuster und Charakterzüge anstrengen oder mit Skizzen von Tief-, Wende- und Höhepunkten eines buntwilden Lebens aufwarten, allmählich gedeckt sein. Längst sind ausreichend glaubhafte, auch unglaubliche Details offenbart, sattsam historische und psychotische Episoden identifiziert, hinlänglich spektakuläre Informationen wie spekulative Berechnungen bemüht; der Prozess jener speziellen Anschlusskommunikation, in der die Pointen seriöser Nachrufe gelegentlich mit ehrgeizig platzierten Journaille-Notizen zu ringen haben oder schillernde Fragmente öffentlich inszenierter Resterinnerungen mit aufgeregten Lippenbekenntnissen abgeglichen werden müssen, hat längst eine Pattstellung als Dauermodus vergegenwärtigt und verewigt. Dies freilich kommt nicht von ungefähr, sondern hängt ganz direkt an der Fülle und Diversität bzw. der Mehr- und Vieldeutigkeit aller verfügbaren und verwertbaren Materialien, schließlich eben auch an jenem »Chamäleon«-Phänomen, das David Bowie selbst geschaffen hat.

Folgerichtig bliebe auf die hintersinnig-mehrdeutige Vermächtnisfrage *Ain't that just like me?* im besten Fall mit einer bowieesken Stellungnahme zwischen Zurückhaltung und Exaltiertheit, Fragilität und Entschlossenheit, Bescheidenheit und Vermessenheit, Larmoyanz und Courage zu reagieren: „Irgendwie schon, oder?!", müsste die Antwort wohl lauten, und sie dürfte sich berufen und verlassen auf den weiten Sinnhorizont jenes kategorialen bzw. konzeptionellen Schlüsselvokabulars, das sich – gemeint sind u. a. die erhellenden Begriffe und Terms wie *Ambivalenz* und *Ambiguität, Cockney, Undeutlichkeit,*

---

[15] Vgl. Bockris 1991, S. 376 f.
[16] Basquiat 1996.

Bedeutungsverschiebung und *Doppeldeutigkeit, Palimpsest, Text-* bzw. *Sinnüberschreibung, Figurenüberzeichnung* sowie *Wortspiel, Sprachspiel* und *Rollenspiel* – bei den Charakterisierungen und Interpretationen Bowie'scher Arbeiten bewährt hat. Immerhin konnten nicht nur einige Besonderheiten im Œuvre einer Persona mit multiplen Identitäten und paradoxen Episoden, mit unendlichen Rollen und kurios uneindeutigen Botschaften sichergestellt werden, sondern auch jene Art existenzieller Prinzipialität, die sich, obschon je situativ modelliert und variiert, in ihrer Grundsätzlichkeit veranschaulichen lässt als eine *(sehnsuchtsgetriebene, hoffnungsvolle und von Trotzigkeit geprägte) Konstante angesichts augenscheinlicher Sinndeutungsohnmacht im Fadenkreuz von Undeutlichkeit, Uneindeutigkeit, Unverbindlichkeit und Ungewissheit.* Die lebensrelevante Pointe dieser Konstante: sie besteht schlichtweg darin, auf dem hingenommenen Fundament eines als unbeständig und unzuverlässig akzeptierten Daseins weiterhin mit überdreht-überraschenden Momenten einer Oszillation zwischen *Sense* und *No(n)-Sense* zu rechnen und das Wagnis einer intensiven Existenz einzugehen, die sich letzten Endes einfach die Option eines *Hyper-Sense* (bzw. eines Übersinnlichen) offenhält.[17]

So gesehen hat sich Bowie mit seinen Arbeiten – entsprechend auch mit den differenzierten theologoiden Produkten, die sich als Reflexe und Reaktionen auf religioid gestimmte Momente zurückführen lassen – für einen Zugriff jener zeit- und kulturdiagnostischen Denkapparate verfügbar gemacht, die, sofern sie den Terminus *Postmoderne* nicht

---

[17] Dieser prinzipielle Vorgang bzw. diese prinzipielle Ausübung des Verfahrens, bei dem eine allen Sinnen verfügbare Weltwirklichkeitsfülle zunächst wahrgenommen, beobachtet und registriert, sodann gedeutet und interpretiert, schließlich kunstvoll kommentiert und lebenspraktisch nachgestaltet wird, darf, sofern dies unter Zuhilfenahme einer Ergänzungskomponente geschieht, die nicht unmittelbar aus dem Beobachteten hervorgeht und dessen Bestandteil ist, sondern als Ergebnis von Deutungs- und Spekulationsprozessen zustande kommt, aber in den Weltwirklichkeitsdeutungsvorgang eingespeist wird, als eine unmittelbare religiöse Sinndeutungsarbeit bezeichnet werden, die auf ein höheres, bewusstes Reflexionsniveau gesteigert und als theologische Sinndeutungsarbeit fortgesetzt werden kann. Aus einer kulturtheoretischen Perspektive, die die nachhaltige Bindekraft, die mit den traditionellen Verwendungszusammenhängen der Begriffe religiös und theologisch gegeben ist, nicht ignorieren kann, empfiehlt sich eine terminologische Korrektur, sodass im besseren Sinne von einer unmittelbar religioiden sowie von einer mittelbar gesteigerten theologoiden Sinndeutungsarbeit zu reden ist.

als Epochenbegriff, sondern als Index für „Reflexionssteigerungen"[18] und „Kunstwollen"[19] verstehen, einer insofern *postmodernen* bzw. *postmodernistischen Popkultur* attestieren, dass sie, weil ihre prinzipielle Vieldeutigkeit einen osmotischen Ausgleich zwischen Ratio und Mystik, Immanenz und Transzendenz zu begünstigen und ihre Mehrsprachigkeit, ihre *code-switching skills* den Massengeschmack des Plebiszitären mit der ambitioniert Sophistication einer ästhetisierten Avantgarde auf einem Sonderlevel zu versöhnen vermag[20], die Diskontinuität und Diskrepanz der Geschmackskulturen durch Doppelkodierungen und inszenierte Ambiguität einerseits übersteigert, andererseits überwindet.[21] Freilich liegt es nicht allein an der Pluriformität von Sinn- und Unsinnskodierungen in Bowies Arbeiten, dass ihm der Titel eines Grandseigneurs besagter postmodernistischer Popkultur angetragen werden könnte, sondern ebenso an der Art und Weise, wie er sich mit gravierenden künstlerischen Statements positioniert bzw. mit beachtlichen Kommentaren zu den bis dato weitestgehend unkommentierten Sequenzen einer kaum identifizierten Gegenwartskultur in Stellung gebracht hat.

Bereits 1975 antizipiert Bowie in den Lyrics seines gemeinsam mit John Lennon und Carlos Alomar entwickelten Titels *Fame*[22] die besonderen (Begleit-)Umstände einer bevorstehenden Ära und plakatiert geradezu prophetisch die Nebeneffekte eines geistlos-hohlen Personenkults bzw. einer materialistisch-kapitalistischen Kultur, deren Protagonistinnen und Helden mit zunehmendem Ruhm auf paradoxe

---

[18] Sloterdijk 1989, 267.

[19] Eco 1994, 75.

[20] Vgl. Fiedler 1994, 67 f.

[21] Vgl. Jencks 1994, 85 f.

[22] Bowie 1975: Fame. Auch um diesen Song ranken sich Legenden und Erzählungen. Als gesichert gilt, dass Bowie einige unangenehme Erfahrungen mit dem eigenen Management bzw. der Vermarktungs- und Unterschlagungspraxis seines Agenten sowie den unvermeidlichen Rechtsstreitigkeiten – Mitte der 1970er Jahre kam es endlich zu dem fälligen Überwürfnis und einer Neujustierung – in Fame verarbeitet hat; er selbst erzählte gern die scherzhafte Anekdote, dass John Lennon im Refrain des Songs ursprünglich „Aim" gesungen, er selbst dann aus gutem Grund ein „F" vorangestellt habe; vgl. O'Leary 2015, 283 f.; ferner: Bowie 1978: *Fame Live* (Youtube).

Weise dem tragischen Schicksal zunehmender Bedeutungslosigkeit zum Opfer fallen: „Ruhm bringt dich dorthin, wo die Dinge hohl sind", notiert Bowie und befürchtet, dass die Stars und Sternchen der bevorstehenden Zeit nicht von Geist und Verstand bewegt, sondern von der Sucht nach der besonderen Hitze gleißenden Scheinwerferlichtes entflammt und in dieser Magie letztlich verzehrt werden, Realitätsbezüge verlieren und dem Wahn anheimfallen:

Fame, (fame) makes a man take things over
Fame, (fame) lets him loose, hard to swallow
Fame, (fame) puts you there where things are hollow
Fame (fame)
Fame, it's not your brain, it's just the flame
That burns your change to keep you in... sane (sane)
Fame (fame)
Fame, (fame) what you like is in the limo
Fame, (fame) what you get is no tomorrow
Fame, (fame) what you need you have to borrow
Fame (fame)
Fame, "Nein! It's mine!" is just his line
To bind your time, it drives you to... crime
Fame (fame)

Could it be the best, could it be?
Really be, really, babe?
Could it be, my babe, could it, babe?
Could it, babe? Could it, babe?
Is it any wonder I reject you first?
Fame, (fame) fame, fame, fame (fame)
Is it any wonder you are too cool to fool
Fame (fame)
Fame, bully for you, chilly for me
Got to get a rain check on... pain (pain)
(Fame)

|: Fame, fame, fame, fame, fame, fame, fame, fame :|
What's your name?

(Feeling so gay, feeling gay)[23]

Insbesondere die letzten Sequenzen von Fame versuchen sich daran, auf ein entscheidendes, womöglich gar auf das eigentliche Problem (und seine Lösung) aufmerksam zu machen, kulminieren sie doch letztlich in der Frage, wie es sich mit dem Subjekt und seiner Identität verhält, wenn sich die permanente Bühnen- und Öffentlichkeitsexistenz verselbständigt, wenn die Popularität der Person zu einer suggestiven Macht wird und das Wesen der Person dahingehend okkupiert, dass im Zenit des Ruhms und auf dem Olymp des Erfolgs die Frage nach der Originalität und Echtheit des Menschen offen bleibt. What's your Name? heißt es schrill-verzweifelt nach einem betäubend penetrant skandierten „Fame", und es ist nicht etwa die Fahndung nach dem Eigennamen des Ruhms, die hier anklingt, sondern die Erkundung nach dem Seelenkern des scheinbar selbstaufopferungswilligen Individuums. *Wie lautet Dein Name? Welchen Begriff hast Du von Dir?* Bowie selbst hat noch in den ersten Versionen von *Fame* mit einer allerletzten Songzeile geantwortet bzw. in einer leisen Zustandsbeschreibung – „Feeling so gay, feeling gay" – reagiert. Falsch läge man indes, wollte man das plakative Geständnis mit der gegenwärtig populären Verwendungslogik assoziieren und oberflächlich als Bekenntnis zu einer sexuellen Präferenz oder Orientierung begreifen: angelehnt an den Tatbestand, dass die Vokabel *gay* im Englischen bis weit ins 20. Jahrhundert der Bezeichnung eine Grundverfasstheit dient und das breite Bedeutungsspektrum von „fröhlich, charmant, keck, vergnügt, lebenslustig, etwas verrückt, munter, eigenwillig, sonderbar" abgreift, bleibt einfach damit zu rechnen, das hier – i.Ü. ja durchaus bowietypisch – ein schrullig-trotziger Kontrast formuliert und ein identitätsbewahrend fröhlicher, zumindest lebensbejahend-kämpferischer Standpunkt in verschwommener Kultur eingenommen werden wollte.[24]

---

[23] Bowie 1975: Fame.

[24] Ähnlich heisst es auch in der 1961 erschienen Verfilmung der *West Side Story:* „I feel pretty / Oh so pretty / I feel pretty and witty and gay / And I pity / Any girl who isn't me today / I feel charming / Oh so charming / It's alarming how charming I feel / And so pretty / That I hardly can believe I'm real."; vgl. West Side Story: USA 1961. Über Bowies Begeisterung für Musicals

Subtil fortgesetzt wurde dieser Gedanke in einer ganz anders angelegten Arbeit von Bowie, die nicht länger mit der Position des verunsicherten Subjekts in oberflächlichen Showkulturen befasst bleibt, sich stattdessen der sonderbaren Situation irritierter Subjekte in krisengrauen Subkulturen widmet und die dystopische Dimension einer Lebensweise zwischen politischen und weltanschaulichen Fronten aufgreift. In Berlin, der von Bowie von 1976–1978 erkorenen Lebensmitte, sucht sich der Künstler alternativ – mit Kokain, Tabak und Alkohol zwischen Schüssen und Mauern – zu platzieren, dort seine Lebenseinstellungen zu revidieren bzw. neu zu justieren, die starken Metaphern der Stadt aufzugreifen und Eindrücke von raumzeitlicher Endlichkeit und Begrenzung auf sich wirken zu lassen. Schon bald konnten sich diese, nunmehr in den alternativen Szenen einer besonderen Großstadt mit neuen Lesarten und Impressionen angereicherten Wahrnehmungen in einer impulsiven Stellungnahme entladen; es war eine Stellungnahme vor allem zu dem Sachverhalt, dass Menschen sich ihrer Begrenztheit bewusst werden (sollten). Berlin repräsentierte symbolisch, was es auch über die Grenzen dieser Stadt hinaus anzuerkennen galt, nämlich einen stets begrenzten Entfaltungsraum, eine weithin begrenzte Entfaltungszeit und ein grundsätzlich limitiertes Leben; das Eingeständnis und die Anerkennung dieser Grenzen war, auch wenn es mitunter leichter fallen wollte, diese Anerkennung zu verweigern und durch ein nachgereichtes Eingeständnis der Verweigerung zu trivialisieren, zu einem Dauerthema avanciert – und zwar nicht nur für Bowie selbst, sondern eben für eine avantgardistisch nuancierte POP-Kultur, die mehr war als nur ein Gebilde sphärischen Zeitgeistes. Umso freundlicher war letzten Endes doch der Bowie'sche Lösungsvorschlag, die Begrenztheit der besagten Entfaltungszeiträume zu akzeptieren, sie aber mit besonderen Menschen und einzigartigen Momenten in qualitativer Hinsicht aufzuwerten und schier auf Unendlichkeit hin zu überdehnen. Als Alternative zu der erlebnislosen Lebensweise eines Subjekts, das sein ohnehin

---

und Filme, u. a. auch für die West Side Story, ist wiederholt geschrieben worden; vgl. Glynn 2022.

schon arg begrenztes und vages Leben zu einer bedeutungs-, wirkungs-
und gesichtslosen Veranstaltung werden lässt, bietet sich doch wohl bei
angemessener Weltbetrachtung die eine oder andere Gelegenheit, um
sich mit dem passenden Gegenüber und den richtigen, weil ähnlich verrückten[25] (s. o.) Gefährtinnen und Gefährten die Zeit für Besonderes zu
nehmen, Zeit zu stehlen und für einen ganzen Tag, der ewig hält, Held
und Heldin, Königin und König – eben „*Heroes*" – zu sein:

I, I will be king
And you, you will be queen
Though nothing will drive them away
We can beat them just for one day
We can be heroes just for one day

And you, you can be mean
And I, I'll drink all the time
'Cause we're lovers, and that is a fact
Yes, we're lovers, and that is that
Though nothing will keep us together
We could steal time just for one day
We can be heroes forever and ever
What d'you say?

I, I wish you could swim
Like the dolphins, like dolphins can swim
Though nothing, nothing will keep us together
We can beat them forever and ever
Oh, we can be heroes just for one day

I, I will be king
And you, you will be queen
Though nothing will drive them away

---

[25] In diese Richtung geht Bowie mit dem Vers, der davon erzählt, was für ein gemeines Wesen
sein Gegenüber sein kann und er selbst dabei unentwegt trinkt. Nicht ohne Grund hat Bowie in
den 1990er und 200er Jahren seine Interpretation von „Heroes" immer mit den Zeilen begonnen
„You, you can be mean, and I, I'll drink all the time"; vgl. etwa Bowie 2004: A Reality Tour
(DVD).

We can be heroes, just for one day
We can be us just for one day
I, I can remember (I remember)
Standing by the wall (By the wall)
And the guns shot above our heads (Over our heads)
And we kissed as though nothing could fall (Nothing could fall)
And the shame was on the other side
Oh, we can beat them forever and ever
Then we could be heroes just for one day

We can be heroes
We can be heroes
We can be heroes just for one day
We can be heroes

We're nothing, and nothing will help us
Maybe we're lying, then you better not stay
But we could be safer just for one day
|: Oh-oh-oh-oh, oh-oh-oh-oh :|
Just for one day.[26]

Der Songtitel „Heroes" war von Bowie vorsätzlich in Quotemarks bzw. Anführungsstriche gesetzt worden. Ob er damit bezweckt hatte, dem Vorschlag von Susan Sontags „Notes on Camp"[27] Folge zu leisten, nämlich: den Status eines Objekts oder einer verobjektivierten Figur – hier eben der Hero(s) – kenntlich zu verändern und als Künstliches, gewollt Zeichenhaftes und ästhetisch Ausgestelltes zu markieren, weil es ja nicht wirklich den erforderlichen Status besitzt, folglich auch nicht das ganze und reine Sinnspektrum des Bezeichneten bedienen kann, bleibt offen.[28] Gleichsam sollte es in Erwägung gehalten bleiben, zumal ja festzuhalten ist, dass der Künstler wohl nicht den typischen Hero – etwa einen Volks-, Geschichts- oder gar Kriegshelden – als aktualisierte Variation eines gottgleichen Heros bzw. einer Basisfigur griechischer

---

[26] Bowie 1977: „Heroes" (ST).

[27] Vgl. Sontag 2003b, S. 327.

[28] Vgl. Baßler 2019.

Mythologien, auch keine Heroine (oder die ähnlich klingende Drogen-
substanz Heroin[29]) vor Augen gehabt hat, sondern vielmehr jenen
fast schon schlichten Typus, der sich gut mit dem Begriff des Alltags-
überwinders (oder Lebenskünstlers) fassen lässt: Kurzum, ein antiker
Mythos wird von Bowie ebenso wenig besungen wie ein ewiges Urbild
oder ein Erzählschema[30]; die Pointe seines (quasi präheroischen) Kunst-
charakters, zugleich eben das Grundmotiv von „Heroes", erschließt sich
in dem (einmal mehr bowieesk skandierten) Mantra, das gleichermaßen
dem Ich und dem Du gilt: *Wir können (nicht nur) »Helden« für einen
Tag sein, alle Widrigkeiten meistern und allen Widerständen trotzen),
sondern eben auch schlicht »Wir« sein, uns unserer Eigentlichkeit widmen
und zu uns selbst kommen.* Die Affinität dieser Botschaft zu Andy
Warhols berühmtem POP-Dictum, dass es in einer medial gestalteten
Zukunft für jeden Menschen möglich sein müsse, wenigstens für eine
Viertelstunde berühmt und bedeutsam zu sein[31], ist zwar kaum zu
übersehen[32], doch der Sinn dieser Warhol'schen Prognose wird klar
konterkariert. An die Stelle der letztinstanzlichen Bedeutsamkeit einer
auf schillernden Augenblicken beruhenden oberflächlichen Popularität setzt Bowie nun die Option einer mutig-lebendigen, trotzig-vitalen
Selbstbejahung in besonderen Beziehungen, eine Freiheit auf Zeit,
die insgesamt mündet in vorübergehender Heldenhaftigkeit (We can
be heroes) und Eigentlichkeit (We can be us!); seine ganze Kunst und
Sympathie gilt einem Charakter, der sich als würdig und fähig erweist,
sowohl mit hinreichendem Ernst als auch der nötigen Leichtfüßigkeit
an den zerklüfteten Abgründen, auf den spiegelglatten Oberflächen
und den trügerischen Untiefen einer POP-Kultur zu schweben, zu

---

[29] Diese Wegrichtung hatte Lou Reed eingeschlagen; vgl. Velvet Underground 1967: Heroin;
Reed 1982: The Heroine.

[30] Campbell 2011.

[31] „In the future, everyone will be world-famous for 15 min." Warhol prägt die Redewendung
1968 in Stockholm auf der *Warhol photo exhibition;* er greift sie mehrfach – teils direkt, teils
modifiziert – wieder auf; vgl. Kaplan/Bartlett 1992; 758:17.

[32] 1989 nimmt Bowie mit seiner Band Tin Machine in dem Song „I Can't Read" erneut Bezug
auf das Warhol-Dictum und fragt: „Andy, where's my 15 minutes?"; vgl. Tin Machine 1989: I
Cant' read.

schwimmen, zu tänzeln[33] – und eben die entscheidenden Herausforderungen zu meistern.

Jedoch, dieser bildhafte Sinnentwurf, dieses Konzept einer freiheitlich-lebenskünstlerischen, tänzelnden Daseinsmeisterung war von einer gewissen Fragilität, zumal das Wetterleuchten der modischen Diktate bereits begonnen und seinen symbolischen Ausdruck gefunden hatte in allerlei kurzlebigen, kurios konstruierten Modetänzen, die auf Kombinationen markierter Schrittfolgen, vorgeschriebener Körperverrenkungen und quasi angeordneter Geisteshaltungen beruhten: *„Es gibt einen brandneuen Tanz, aber ich weiß nicht, wie er heißt. Leute aus schlechten Elternhäusern tanzen ihn immer wieder. Er ist groß und fade"*[34], wird von Bowie notiert, und geradezu entrüstet kommentiert er seine Irritationen ob des Umstands, dass in Tateinheit mit sonderbar einfallslosen Tanzbewegungen *(„Dreh dich nach links, dreh dich nach rechts"*[35]*)* ein höchst seltsames Verständigungsverhalten an den Tag gelegt wird. Der Fall übler Nachrede scheint gegeben, denn *„da gibt's ein brandneues Gesprächsthema, aber es ist nicht ganz klar, dass sich Leute aus gutem Hause dieses Jahr darüber auslassen; es ist laut und geschmacklos und ich habe es außerdem schon gehört. Du schreist es, während du auf der Tanzfläche tanzt"*[36], wird dieses Prinzip unlauterer Kommunikation erläutert und den Symptomen einer neuen Zeit zugerechnet. Das bislang unaufgelöste – aber gerade ob dieser Unlösbarkeit vielen kulturellen Prozessen höchst zuträgliche – Spannungsverhältnis von Avantgarde und Mainstream, von Provokation, Nonsense, Innovation, Autonomie, Freiheit und Selbstreflexivität einerseits sowie Eindimensionalität, Bedürfnisbefriedung, Konformität, Gemütlichkeit, Zufriedenheit und plakativer

---

[33] Die bowietypische Metapher des Tänzelns (für eine ganz besondere Attitude zum Dasein, s. o.) wird hier nicht verwendet, wohl aber das Bild von einem Delphin, der sich im Wasser tummelt. Bowie hatte, seit er 1977 mit der Erzählung „Das Mädchen auf dem Delphin" von Alberto Denti di Pirajno (1956) in Berührung gekommen war, eine große Sympathie für das Wassersäugetier entwickelt und wiederholt auf die besondere Anmut und Grazie des Fisches und seiner Bewegungssprache hingewiesen, sich zudem einen Delphin auf die Wade tätowieren lassen; vgl. O'Connell 2020; S. 192 f.

[34] Vgl. Bowie 1980: Fashion.

[35] Vgl. Bowie 1980: Fashion.

[36] Vgl. Bowie 1980: Fashion.

Normativität andererseits gerät zunehmend in eine Schieflage, während die existentiellen (Über-)Lebensfragen des Subjekts auf dem Umweg über die ethischen und ästhetischen Lebensgestaltungsangelegenheiten des Bürgers in einen zähen Diskurs über jene Erlebnispräferenzen des Konsumenten einmünden[37], die von überraschend in Erscheinung tretenden „Goon Squads"[38] manipuliert werden. Womöglich hatte Bowie diese Vorgänge schon im Blick, als er quasi auf dem Scheitelpunkt einer unsichtbaren Zäsur zwischen den 1970er und den 1980er Jahren auf die sozialen Dramen im Fadenkreuz von versiegender Kommunikation, gescheiterter Artikulation und manipulierter Interaktion *(Hört mir zu – hört mir nicht zu – redet mit mir – redet nicht mit mir – tanz mit mir – tanz nicht mit mir. Piep piep.[39])* aufmerksam machte und die dereinst in *Fame* annoncierte Kritik an einer materialistisch-kapitalistischen Kultur (s. o.) jetzt unter Zuhilfenahme eines modernen Begriffs, eben der Modevokabel *Fashion,* aktualisierte:

> There's a brand new dance but I don't know its name
> That people from bad homes do again and again
> It's big and it's bland, full of tension and fear
> They do it over there but we don't do it here
> Fashion! Turn to the left
> Fashion! Turn to the right
> Ooh, fashion!
> We are the goon squad and we're coming to town
> Beep-beep. Beep-beep
> Listen to me – don't listen to me
> Talk to me – don't talk to me
> Dance with me – don't dance with me, no

---

[37] Hier geht es v. a. um jene Geschichtsepoche, die in Europa als eine Zeit drastischer gesellschaftlicher und kultureller Veränderungen erlebt und kultursoziologisch mit Hilfe starker Theoriemodelle als Risikogesellschaft bzw. Erlebnisgesellschaft qualifiziert werden konnte; vgl. Schulze 2005.

[38] Bowie 1980: Fashion. Der Begriff „Goon" deckt ein weites Feld an Bedeutungen ab, lässt sich je nach Kontext wiedergeben mit „Schläger", „Trottel" oder „Schafskopf". Historisch wurde mit dem Terminus ein Wachposten oder Aufseher in einem deutschen Kriegsgefangenenlager des 2. Weltkrieges bezeichnet. „Squad" entspricht in etwa der „Schwadron" bzw. dem „Geschwader".

[39] Vgl. Bowie 1980: Fashion.

Beep-beep

There's a brand new talk but it's not very clear
That people from good homes are talking this year
It's loud and tasteless and I've heard it before
You shout it while you're dancing on the dance floor. Ooh bop, fashion.
Fashion! Turn to the left
Fashion! Right
Fashion!
We are the goon squad and we're coming to town
Beep-beep. Beep-beep
Listen to me – don't listen to me
Talk to me – don't talk to me
Dance with me – don't dance with me, no
Beep-beep. Beep-beep

|: Oh, bop, do do do do do do do do
Fa-fa-fa-fa-fashion
Oh, bop, do do do do do do do do
Fa-fa-fa-fa-fashion
La-la la la la la la-la :| (4x)[40]

Bowies *Fashion* von 1980 war zweifellos, ganz ähnlich wie Jahre zuvor schon *Fame,* auch als Anfrage an die eigene Persönlichkeit und ihre besondere Kompetenz adressiert, sich trotz und jenseits individueller Dauerrollenspiele und aparter Figurenperformances als beständige, wesentliche Identität zu bewähren; indirekt zwar, jedoch hinreichend deutlich hatte der Künstler seine Verstrickung in die Mechanismen und Strukturen einer Unterhaltungsindustrie angesprochen und sich mit konsequent inkludierendem Plural der Aufseherschwadron („We are the Goon Squads…“) zugerechnet, die Trends setzen und den Zeitgeist prägen konnte. Es war also keineswegs die radikal distanzierte Position eines unbeteiligten, unschuldigen und neutralen Wächters, die Bowie eingenommen hatte, wohl aber vertrat er eben (noch) den Stand-

---

[40] Bowie 1980: Fashion.

punkt eines im Modus der permanenten Selbstreflexion befindlichen Gesellschafts- und Kulturkritikers, eines ästhetisch, ethisch und existenziell besorgten Intellektuellen, eines Künstlers der gemäßigten Avantgarde, der durchaus die Notwendigkeit sah, sich selbst und die eigene(n) Geschichte(n) der kritischen Masse zuzurechnen und angemessen aufzuarbeiten.

In dieser Hinsicht markierte das Album *Scary Monsters (and Super Creeps)*[41] von 1980 – der Titel war bezeichnend: es enthielt nicht nur mit *Fashion* eine dadaistische Distanzierung von (Mode-)Diktaten aller Art sowie mit *Ashes to Ashes* die Beisetzung von Major Tom samt aller synthetischen Weltraumträume (s. o.), sondern auch noch allerlei Schwanengesänge auf verblichene wilde Jugend[42], fernerhin die Erzählung von einer toxischen Beziehung mit einer psychotischen Paranoikerin[43], schließlich eine teils in martialischem Japanisch besungene Auseinandersetzung mit fernöstlichen Imperien und Imperialismen[44] – den Höhepunkt und das Ende einer Kunstschaffensphase, die von düsteren Grundstimmungen[45], introvertierten Klang- und Texteskapaden, atmosphärisch dichten Tongeweben[46], afrikanisch[47],

---

[41] Bowie 1980: Scary Monsters (and Super Creeps).

[42] Vgl. Bowie 1980: Teenage Wildlife; Bowie 1980: Because you're young.

[43] Bowie 190: Scary Monsters … (ST).

[44] „Shiruetto ya kage ga kakumei o miteiru / Mo tengoku no jiyuu no kaidan wa nai / Silhouettes and shadows / Watch the revolution / No more free steps to heaven! / It's no game. / Ore genjitsu kara shime dasare / Nani ga okkote irunoka wakara nai / Doko ni kyokun wa arunoka hitobito wa yubi o orareteiru / Konna dokusaisha ni iyashime rareru nowa kanashii / I am barred from the event / I really don't understand the situation! / And it's no game. / Documentaries on refugees / Couples 'gainst the target / You throw a rock against the road / And it breaks into pieces (…) So where's the moral / When people have their fingers broken? / To be insulted by these fascists / It's so degrading / And it's no game. / Shut up! (…)"; vgl. Bowie 1980: It's No Game (Pt. 1).

[45] Bowie 1977: Sense of Doubt; Bowie 1977: Moss Garden; Bowie 1977: Neukölln.

[46] Bowie 1977: Art Decade; Bowie 1977: Weeping Wall.

[47] Auf Bowies Album *Lodger* findet sich in dem Titel *African Night Flight* eine rätselhafte, offenbar eigenständig aus verschiedenen Kiswahili-Phrasen zusammengesetzte Passage zu einem Mantra erweitert: „Asante habari habari ha / Asante nabana nabana na / Asante habari habari ha / Asante nabana nabana na / Asante habari habari ha / Asante nabana nabana na / Asante habari habari ha / Asante nabana nabana na."; vgl. Bowie 1979: African Night Flight.

türkisch[48] und arabisch[49] und inspirierten Passagen, expressionistischen[50], absurden[51] und weitgehend dadaistischen[52] Sprachspielen sowie neo-realistisch-veristischen Motiven[53] geprägt war. Freilich hatte sich Bowies unmittelbar nach *Scary Monsters* vollzogene Abkehr von solcherlei experimentell-ambitionierten Arbeiten wetterleuchtend abzeichnen können. Wenngleich sich zeitgenössische Kommentare weitgehend vordergründig auf den offenbar bevorstehenden Richtungs- und Stil-wechsel – rasch waren die Arbeiten auf besagtem Album der New-Romantic-Bewegung zugeordnet, bisweilen auch als deren auslösendes

---

[48] Vgl. Bowie 1979: Yassassin.

[49] Bowie 1977: The Secret Life of Arabia.

[50] „Share bride failing star / Care-line, care-line / Care-line, care-line riding me / Shirley, Shirley, Shirley, own / Share bride failing star" war wohl die einzige Satzkette, die man von unterirdisch Lebenden erwarten durfte, folglich auch der einzige Text von Bowie 1976: Subterraneans.

[51] Lange Zeit war der Text von Bowies Warszawa Gegenstand intensiver Debatten; er lautete: „Sula vie dilejo / Sula vie milejo / Cheli venco deho / Cheli venco deho / Malio / Helibo seyoman / Cheli venco raero / Malio / Malio" (Bowie 1977: Warszawa) und war ein reines Kunstprodukt, ein Ergebnis von Experimenten und neusortierten Resterinnerungen; vgl. Gliński, Mikołaj. 2016.

[52] „Life stands still and stares. / The hinterland, the hinterland / We're going to sail to the hinter-land. / And it's far far, far far far, far far far away / Its a far far, far far far, fa da, da da da / 1, 2, 3, 4 / Oooooooh"; vgl. Bowie 1979: Red Sails.

[53] Bowies Song „DJ" (Bowie 1979: DJ) ist ein besonders markantes Beispiel für eine neo-realistisch-veristische Erzählung mit (unnötigen, sofern der Erzählung nicht dienlichen) kulturellen Querverweisen. Die Erzählung beginnt mit dem Bekenntnis eines lyrischen Ich, eines Charakters, der seine Arbeit verloren hat, an einer unheilbaren Krankheit leidet, dauerhaft zuhause ist – und von der Vorstellung zehrt, dass sein Mädchen irgendwo da draußen tanzt („I'm home, lost my job, and incurably I'll / You think this is easy, realism / I've got a girl out there, I suppose / I think she's dancing") und einem DJ-Guru folgt, dessen Besonderheit sich inner-halb der Grenzen seiner Tätigkeit erschließt („I am a D.J., I am what I play / Can't turn around no, can't turn around, no, oh no / I am a D.J., I am what I play / I got believers / Believing me, oh …"). Zu den Eigenarten des Songs gehört die Art und Weise, wie Bowie die Gefühls-welt des erzählenden Charakters („feel like Dan Dare lies down …") veranschaulicht, nämlich mittels einer kulturellen Anspielung, die derart ambitioniert ist, dass die Frage nach ihrer Reich-und Tragweite gestellt werden kann: *Dan Dare, Pilot of the Future* ist die Hauptfigur und der Titel einer britischen Comicserie von Frank Hampson, die von 1950 bis 1969 in der britischen Jungenzeitschrift *Eagle* erschien (Vgl. Wheeler 2021). In voll kolorierten Comicstrips wurde von Dan Dare, seinen loyalen Begleiter Digby und deren grünem Gegenspieler Mekon vom Planeten Venus erzählt. Was Bowie wirklich mit der Aussage bezwecken wollte, dass sich ein Charakter seines Songs DJ wie Dan Dare fühlt, wenn er am Boden liegt, könnte zwar großzügig erschlossen werden – aber wer kennt diesen Dan Dare, wem ist der Charakter geläufig? (Bei einer Antwort hilft womöglich Wright/Higgs 1990).

Initial ausgelegt worden[54] – konzentrieren wollten, sollte sich insbesondere aus verzögerten Perspektiven auf die geschilderten Umstände
in der Umschlagszeit zwischen den 1970er und den 1980er Jahren die
Einsicht verdichten, dass Bowie seine Aktivitäten keineswegs nur auf
weitere publikumswirksame Modernisierungen beschränkt, sich insofern auch kaum zwingend auf eine nächste kunstvoll inszenierte Metamorphose vorbereitet hatte. Vielmehr schien es doch, als sei er prinzipiell
mit der Denkaufgabe befasst gewesen, jene Kunstphase angemessen
abzuschließen, in der bewusst über weite Strecken und mit wechselnden
Akzenten auf sinnhafte Sprache, bedeutungstragende Zeichen, bewährte
Klangbilder, konventionelle Motive, plausible Erzählungen und etablierte
Formen bzw. Formate verzichtet worden war.[55]

Das Ergebnis dieser selbstgestellten (Denk- und Kunst-)Aufgabe
war überraschend, geradezu simpel (und ist vermutlich aufgrund dieser
Simplizität bis zum gegenwärtigen Zeitpunkt höchst anfällig für Missverständnisse und Vorwürfe, s. u.); denn als absolute Konsequenz der
letzten wohlreflektierten Strategie, auf Traditionen und Konventionen
zu Gunsten gemäßigt experimenteller Risiken zu verzichten, wurde eben
nicht länger die Steigerung des Risikos in Betracht gezogen: Es konnte
– quasi an einem von überkandidelten Posen geschaffenen (neuen)
Nullpunkt der Moderne[56] – nur noch eine vollständige, wenngleich
angetäuschte Verwerfung der Avantgarde, eine symbolische Ignoranz der
Kunst sowie eine plakative Verweigerung des Subtilen und Sublimen in
Frage kommen; Bowies ultima ratio markierte einerseits den Abstand
zu allen weiteren überambitionierten und experimentellen Optionen
einer Avantgarde, kam aber zugleich einer finalen avantgardistischen
Lösung höherer Ordnung gleich, einer unauffälligen Lösung des Under-
statements und der Sophistication. Die drohende Gefahr, sich sukzessiv
im Dickicht elitär versteigerter Kunstideologien zu verlieren, der Ver-
führung hyperintellektualisierter Avantgardekonzepte mit autoritären
Führungsansprüchen zu erliegen und letztlich alle Boden- und Bühnen-

---

[54] Vgl. Welch 1999, S. 136; Köhler 2022, S. 40; Rimmer 2003, S. 17 f.
[55] Vgl. Lehmann 2006.
[56] Vgl. Lehmann 2009.

haftung, jeden Kontakt zu Publikum und Klientel preiszugeben, wurde
von einem Künstler gemeistert, der nicht nur mit dem Mainstream
kokettierte, sondern ihn flugs als „Eroberer durchlebt"[57]:

1983 betritt Bowie die Showbühne in einem pastellgrünen Anzug,
die Haare hellblondiert und gewellt, den Teint gebräunt. Aus-
gezeichnete Musiker aus den Blues-, Funk- und DancePop-Sparten
wie etwa Stevie Ray Vaughan und Nile Rogers begleiten ihn bei seinem
Song Let's Dance[58] und auf dem gleichnamigen Album[59], schließlich
auch bei den sich anschließenden Tourneen, zu deren einzigartigen
Höhepunkten fortan jener besondere Augenblick gefeiert wird, da der
Künstler mit fröhlich-breitem Lachen den Tanz (*Let's Dance!*) eröffnet.

Ah, ah, ah, ah
|: (Let's dance) :|
(Let's dance) put on your red shoes and dance the blues
(Let's dance) to the song they're playing on the radio
(Let's sway) while colour lights up your face
(Let's sway) sway through the crowd to an empty space

If you say run, I'll run with you
And if you say hide, we'll hide
Because my love for you would break my heart in two
If you should fall, into my arms and tremble like a flower

|: (Let's dance) :|
(Let's dance) for fear your grace should fall
(Let's dance) for fear tonight is all
(Let's sway) you could look into my eyes
(Let's sway) under the moonlight, this serious moonlight

And if you say run, I'll run with you
And if you say hide, we'll hide
Because my love for you would break my heart in two

---

[57] Vgl. Geudin/Cachin 2013, S. 77.
[58] Bowie 1983: Let's Dance (ST).
[59] Bowie 1983: Let's Dance.

If you should fall, into my arms and tremble like a flower
|: (Let's dance) :|
(Let's dance) put on your red shoes and dance the blues
(Let's dance) to the song we're playing
(Let's sway)
(Let's sway) under the moonlight, this serious moonlight
(Let's dance)
|: (Let's...) :|
(Let's sway)
(Let's...)
Let's dance, let's dance, let's dance, let's dance, let's dance
(Let's dance)
|: Let's sway :|
Let's dance, let's dance, let's dance, let's dance, let's dance
|: (Let's dance) :|[60]

In *Let's Dance* kommt es einmal mehr zum Einsatz kennzeichnender Bowie-Stilelemente – wie der abschließenden Skandierung einer Zentralbotschaft – und typisch bowieesker Sinnmotive, freilich in leichter Gewandung und beschwingter (Postdisco-/Funkpop-) Formatierung: So erhielt ja die an das besondere Gegenüber gerichtete Einladung, gemeinsam in *red Shoes* den *Blues* zu *tanzen,* ihre besondere Note durch die subtile Verwendung farblicher Codes in Verbindung mit starken Metaphern[61] – und konnte folglich als Aufforderung gelesen werden, mit rotfeuriger Leidenschaft und rotleuchtender Liebe (veranschaulicht über das spezielle Schuhwerk an den Füßen) gegen die blaugrauen Trübsinnsstimmungen anzutreten (bzw. anzutanzen). Auch

---

[60] Bowie 1983: Let's Dance (ST).

[61] Der *Shoe* gehört neben *Dance* – zur Bedeutung der Tanzmetapher bei Bowie s. o. – zu häufig verwendeten Vokabeln; insbesondere wenn es darum geht, einen momentanen Standpunkt oder eine grundsätzliche Lebenseinstellung zu verdeutlichen, kommt dieses Bekleidungsstück sinnbildhaft zum Einsatz, etwa: „I bless you madly sadly as i tie my shoes" (Cygnet Committee, aaO.), „Leave my shoes and door unlocked / I might just slip away" (The Bewlay Brothers, aaO.), „All the little rose-kissed foxy girls (Shoes, shoes, little white shoes) Where have all the flowers gone" (Bowie 1995: We prick you), „I could wear your new blue shoes / I should wear your old red dress / And walk to the crossroads" (Bowie 2013: If you can see me), „Take your passport and shoes (I'm not a popstar)" (Bowie 2016: Blackstar [ST]), „With skull designs upon my shoes / I can't give everything" (I can't give everything away, aaO.).

den weiteren Empfehlungen konnte durchaus Folge geleistet werden,
etwa: sich mit farbbunt-aufgeheitertem Gesicht durch die Menge zu
schunkeln, sich auf die Run-and-Hide-Moves des geliebten *You* (s. o.)
einzulassen und in der Vorahnung bevorstehender Endlichkeit und Vergänglichkeit ganz im Augen(an)blick des Anderen zu versinken, selig
schunkelnd und in Umarmungen verschlungen unter dem fahlen Licht
eines ernst leuchtenden Mondes.

Gewiss, zu einer solchen Deutung muss es nicht zwingend kommen,
und es ist anzunehmen, dass selbst unter den hochkonsumierenden
Bowiefans jener Ära nicht allzu häufig und intensiv darüber sinniert
wurde, dass *Let's Dance* mehr war als nur ein großartiger Funkpop-Titel
mit unvergleichbaren Chartplatzierungen[62] und einer recht speziellen
Videoumsetzung[63] – und dass Bowie mehr war als nur „eine populäre
Figur und ein kommerzielles Schwergewicht"[64], insofern völlig zu Recht
wie Michael Jackson, „Madonna, Prince und Bruce Springsteen (…)
zum illustren Kreis der größten Stars des Jahrzehnts"[65] gehören sollte.
Genau in diesem Umstand aber wurde ersichtlich, wohin die o. g. Entscheidung des Künstlers geführt hatte, sich quasi unter dem Radar der
(Kunst-)Avantgarde weiterzuentwickeln und auf einem neuen Plateau
postmoderner Kunst sesshaft zu werden: dort nämlich, wo die Wieder-
verwertung traditionellen Repertoires möglich und das Zitat legitim
ist, wo Retro-Movements erlaubt und unsichtbare Sophistication
erwünscht bleibt, wo Understatement hochglanzpoliert und die Mehrdeutigkeit zum Standard wird. Die poppigen, bunten Kunstwerke, die
Bowie auf diesem postmodernen Plateau zustande brachte, waren nicht
mit seinen diskret avantgardistischen Arbeiten zu vergleichen, über-
holten sie aber auf geradezu ironische Weise in ihrer Ambiguität – und

---

[62] Nach Fame erreichte nur noch Let's Dance eine transatlantische Nummer-eins-Platzierung in
den Charts; Vgl. O'Leary 2019, S. 182 f.

[63] Auf dem in Port Jackson (Australien) abgedrehten offiziellen Musikvideo wird im Wesentlichen
die Geschichte eines Aborigine-Paares erzählt, das sich angesichts westlicher Kulturimperialismen
zu behaupten hat; Bowie selbst fasste die unter der Regie von David Mallet entstandene filmische
Arbeit auf als schlüssige Stellungnahme gegen Rassismus. Vgl. Pegg 2016, S. 157 f.

[64] Geudin/Cachin 2013, S. 77.

[65] Geudin 2013, S. 48.

lösten mit einer kulturdynamischen Verzögerung das hehre Versprechen ein, das in den 1960er Jahren von den jungen Theoriearchitektinnen und Designern des POP abgegeben worden war: Leslie Fiedlers »Gap« zwischen Mainstream und Avantgarde war quasi unbemerkt geschlossen worden, der garstige Graben zwischen Hoch- und Trivialkultur hatte sich mittels gewaltiger Ladungen massentauglicher, vielseitig nutzbarer und mannigfach lesbarer POP-Bausteine überwinden lassen, und eine Schar erlebnishungriger Seelen durfte sich endlich ohne illusorische Ambitionen und vorgetäuschte Kunstbildungsansprüche an den (post-) modernisierten Klängen, Rhythmen, Bildern, Arrangements, Sinnfiguren und Erzählungen eines Künstlers erfrischen, der exakt jene Variante des Intellektualismus verkörperte, auf die Susan Sontag dereinst mit ihren „Anmerkungen zu »Camp«"[66] aufmerksam gemacht hatte.[67] Die dort notierte „Liebe zum Unnatürlichen, zum Trick und zur Übertreibung"[68], der zwischen den offensichtlichen Zeilen verborgene „Geheimcode"[69], eine nicht auf Begriffe zu bringende „Erlebnisweise"[70], die der Sphäre und der „Logik des Geschmacks"[71] zugehörig ist, „eine Betrachtung der Welt unter dem Gesichtspunkt des Stils" und einer „Liebe zum Übergeschnappten"[72], eine Existenz im „Geist der Extravaganz"[73] und der Leidenschaft[74]: all dies sind Charakteristika einer Grundhaltung, die den Horizont der fad-ernsten,

---

[66] Sontag 2003b.

[67] 1987 gibt Bowie in einem Interview (Vgl. Loder 2018, S. 57) preis: „Ja, ich mochte es, wie Sachen zusammenpassten, und ich wollte verstehen, wie das Ganze funktioniert. Aber ich glaube, dass ich mich immer schon zum Unfeinen hingezogen fühlte (…): Verfeinerter Geschmack interessierte mich nicht mehr, wenn er zu fein wurde. Ich hatte nichts gegen Eleganz und Stil, aber ich mochte es, wenn Sachen ein bisschen daneben waren".

[68] Sontag 2003b, 322.

[69] Sontag 2003b, 322.

[70] Sontag 2003b, 322.

[71] Sontag 2003b, 323.

[72] Sontag 2003b, 326.

[73] Sontag 2003b, 331.

[74] Sontag 2003b, 332.

nihilistischen Sixties-PopArt übersteigt[75] – und sich allmählich in jenen POP-Bewusstseinsstrom ergießt, der die Arbeiten des David Bowie durchflutet.

Als Bowie, der sich nach den drei kontrovers diskutierten, gleichwohl hochbedeutsamen[76] Alben *Let's Dance, Tonight*[77] und *Never let me down*[78] mit dem Bandprojekt *Tin Machine*[79] aus den 1980er Jahren verabschiedet, um nach diesem Zwischenspiel seine Solokarriere in neue Bahnen zu lenken, hatte zwar die plakative Offensichtlichkeit und als naiv propagierte Ästhetik seiner Pop-Etüden und Attitüden ihr Ende gefunden, jedoch keineswegs jene »campy« Grundhaltung, die als Quintessenz und Basisprinzip des (postmodernistischen) POP und seiner Agent:innen geltend gemacht werden kann. Im Gegenteil, es war exakt die von der Dynamis ästhetischer Erlebensweise und extravaganter Lebensweise signierte Einstellung, die eine klare Sicht auf Erhabenes und Verrücktes möglich machte, von Bowie in reflexiven Schüben ausdifferenziert wurde und sich selbst in den neoavantgardistisch[80] und neoklassizistisch[81] imprägnierten Stilwerken seiner letzten Schaffensjahrzehnte weiterhin unverbissen als POP artikulieren konnte.

Und tatsächlich, eine ganze Reihe dieser POP-Artikulationen ließ erkennen, dass sowohl die Formatierungsmaschinerien und -mechanismen des Populären als auch die Kunstformate des POP mit inhaltlichen

---

[75] Vgl. Sontag 2003b, 340 f.

[76] Es gibt einige Kritiken, die dieser Einschätzung widersprechen, aber ihre Begründung nicht liefern können; so hält sich z. B. der Vorwurf, dass Bowies Kreativität in der zweiten Hälfte seiner intensiven Pop-Phase der 1980er Jahre zunehmend auf der Strecke geblieben ist (vgl. etwa Geudin/Cachin 2013, 77–78), im Wesentlichen an einer Feststellung der qualitativen Einbußen fest, die auf den Einsatz moderner, freilich künstlicher Produktionstools zurückgeführt werden können (und auch von Bowie mit Bedauern registriert worden sind). Dementgegen dürfte sich die Ansicht, dass viele Songs auf den drei Alben dieses Jahrzehnts eine ganz eigene Qualität besitzen, mehrheitlich über eine deutende Lektüre der jeweiligen Lyrics – auf einige konnte ja auch bislang schon (s. o.) Bezug genommen werden – bestätigen lassen.

[77] Bowie 1984: Tonight.

[78] Bowie 1987: Never let me down.

[79] Tin Machine 1989: Tin Machine; Tin Machine 1991: Tin Machine II.

[80] Bowie 1995: 1. Outside; Bowie 1997: Earthling; Bowie 1999: Hours.

[81] Bowie 2002: Heathen; Bowie 2003: Reality.

Bezugnahmen auf letztinstanzliche Sinndeutungsproblematiken und existenziell werdende Weltbetrachtungsszenarien verträglich bleiben und nahezu alle Arten von Deutungsbildern, Denkfiguren, Sinnerzählungen und Erklärungsgebinden zulassen, die als Stellungnahme zu Wirklichkeit, Lebendigkeit, Endlichkeit, Vergänglichkeit, Sinnhaftigkeit und Letztinstanzlichkeit in Frage kommen. In den vorangegangenen Kapiteln war bereits gezeigt worden, wie sich solcherlei – nunmehr als POP-Artikulationen identifizierte – Stellungnahmen (a) als theologoid anrechnen und (b) auf die religioide Qualität der zugrunde liegenden existenziellen Einstellungen und der ästhetischen Disposition – nunmehr eingeholt in die von Susan Sontag unübersetzbar als *sensibility* bezeichnete Erlebnisweise[82] – zurückführen lassen. Die Beweisführung zu der These, dass David Bowie als nichtkonventioneller POP-Theologe graduiert und sein Œuvre bei der Frage nach einer POP-Theologie des 21. Jahrhunderts berücksichtigt werden sollte, dürfte damit hinreichend abgeschlossen sein. Aber gibt es womöglich auch ein Credo, das die stärksten Pointen dieser POP-Theologie aufzuzeigen vermag?

6.2   Absolutely

Ich weiß, wenn es Zeit ist, ('raus) zu gehen, ich weiß, wenn man (zuhause) bleiben sollte. Dinge müssen getan werden. Es ist eine eigensinnige monologisch-meditative Miniatur, mit der Bowie seine 1983 erschienene Arbeit über *Modern Love* eröffnet, und er setzt sie fort mit einer assoziativen Bestandsaufnahme, die ihren Bezug auf *Five Years* nicht verleugnen will. Denn wieder greift sich das lyrische Ich einen Zeitungsjungen, und wieder zeigt sich, auch wenn die Annonce einer fünfjährigen Restzeit oder Schonfrist ausbleibt, dass sich die Dinge nie wirklich ändern. Dieses Ich, es steht einmal mehr im Wind, liegt einmal mehr im Regen, vermag kein Lebewohl zu winken, obschon es entschlossen ist, den Versuch zu wagen. Es mangelt an Spuren des Lebendigen, an Lebenszeichen, vorhanden bleibt allein die Kraft zu

---

[82] Vgl. hierzu die ausführlichen und erhellenden Darlegungen von Stahl 2022, S. 79–121.

bezaubern, denn die Macht der Illusionen und der Beschwörungen, sie ist noch zugegen. Macht es Sinn für dieses Ich, sich noch irgendwie oder irgendwem oder irgendeiner Sache hinzugeben? *Niemals,* vermeldet die singende Stimme, *Niemals werde ich mich hingeben. Weder der Liebe, noch beizeiten der Kirche, auch nicht Gott und nicht Mensch:*

I know when to go out.
Know when to stay in.
Get things done!

I catch the paper boy
But things don't really change
I'm standing in the wind
But I never wave bye-bye
But I try / I try
There's no sign of life
It's just the power to charm
I'm lying in the rain
But I never wave bye-bye
But I try / I try

Never going to fall for
(Modern love) Walks beside me
(Modern love) Walks on by
(Modern love) Gets me to the church on time
(Church on time) Terrifies me
(Church on time) Makes me party
(Church on time) Puts my trust in God and man
(God and man) No confessions
(God and man) No religion
(God and man) Don't believe in modern love

It's not really work
It's just the power to charm
Still standing in the wind
But I never wave bye bye
But I try / I try

Never going to fall for
|: (Modern love) Walks beside me
(Modern love) Walks on by
(Modern love) Gets me to the church on time
(Church on time) Terrifies me
(Church on time) Makes me party
(Church on time) Puts my trust in God and man
(God and man) No confessions
(God and man) No religion
(God and man) Don't believe in modern love :|

|: Modern love, modern love, modern love, modern love :|
Modern love, walks beside me (Modern love)
Modern love, walks on by (Modern love)
Modern love, walks beside me (Modern love)
Modern love, walks on by (Modern love)
Never gonna fall for
(Modern love, modern love, modern love, modern love)[83]

Ist *Modern Love* nun ein Schwanengesang auf den Optimismus, die
Religion, die Kultur, die Zivilisation, die Liebe und das Leben? In
gewisser Weise schon, aber eben nur wörtlich strenggenommen; auf den
Sinnkern hin gesehen scheint eher das Gegenteil der Fall zu sein: Denn
immerhin wird doch die Kohärenz eines Systems in Szene gesetzt, das
in seiner Vorläufigkeit auf die besseren der schlechtesten (Übergangs-)
Lösungen setzen will – und letzten Endes die Fülle aller ineinander
verstrickten Optionen trotz ihrer summarischen Unvollkommenheit
als alleinige Möglichkeit eines unfrei-nichterlösten, aber auf Hoffnung
angelegten Daseins feiern kann.[84] Bowies Vorschlag ist wieder als

---

[83] Bowie 1983: Modern Love.

[84] Es bleibt offen, ob dem belesenen und vielseitig interessierten Bowie die Betrachtungsgänge
von Leibniz geläufig gewesen sind, wonach die reale, vorfindliche Welt allein deswegen, weil
sie existiert, die *beste aller möglichen Welten* (Evers 2006; Kempe 2022) sein muss: Dass Leibniz
nicht den derzeitigen bzw. je aktuellen Zustand der Welt als bestmöglich ausloben, sondern die
vorhandene Welt aufgrund ihres Entwicklungspotentials als die beste aller möglichen Welten
begreifen wollte, darf dabei nicht übersehen werden. Bowie scheint sich nun an einer ähnlich
optimistischen Lesart zu versuchen und auf die Optionen einer (zukünftig möglichen) Welt von
Menschen, die in Hoffnung leben, aufmerksam zu machen.

Repeat-Mantra formatiert, quasi zur Skandierung empfohlen; er lautet sinngemäß:

Die moderne Liebe, das ist etwas, was an meiner Seite entlangläuft, an mir vorbei und weiterzieht, an mir vorübergeht und mich beizeiten zu einem Kirchenbesuch der Verzweiflung nötigt. Diese Kirche dann, sie schreckt mich auf, lässt mich zelebrieren und frohlocken, mein Vertrauen auf Gott und mein Glauben an die Menschen wiederfinden. Jedoch ich zweifle, ob die Eindeutigkeit einer auf Streit angelegten Konfession, das starre System einer institutionalisierten Religion und das einengende Regelwerk einer Religionsgemeinschaft die Zukunft sein kann. Gott und Mensch – sie glauben beide nicht an die moderne Liebe, lautet das Resümee, biegt sich allerdings wieder in den Anfang hinein und riskiert womöglich den zweiten Versuch und die neue Liebe. Denn auf den Versuch kommt es an. Allen Umständen zuwider, allen (Wetter-)Verhältnissen zum Trotze. Weil es vielleicht genau dieser Versuch ist, der endlich den Ausbruch aus dem Ewiggleichen bedeuten wird.

Mit Bowies Biografie ist dieses Mantra allemal kompatibel, mit seinem Bild einer verrückten, unerlösten Welt ebenso, schließlich auch mit seiner starken Idee füreinander bestimmter Charaktere, die in der neuen Einheit des *Ich+Du* jedes Schicksal mutig fokussieren können. Mehrfach widmet sich Bowie in seinen Arbeiten dieser Einheit des *Ich+Du*, mehrfach sucht er zu veranschaulichen, wie diese Einheit auf die Probe gestellt werden wird, sich aber als einzig wahre Chance bewähren kann, über alle Berge zu fliegen und den Mächten der Weltmeere lachend zu widerstehen, als wäre es ein Film. *Absolute Beginners,* eine der schönsten Oden auf diese Einheit absoluter Anfänger[85], darf daher als das angekündigte Credo mit den stärksten Pointen der Bowie'schen POP-Theologie den Abschluss dieser Untersuchungen markieren:

---

[85] Dass die Wendung *Absolute Beginners* in den späten 1990er Jahren zunehmend verwendet wurde, um im deutschsprachigen Raum Erwachsene ohne Beziehungserfahrung zu bezeichnen oder die Beziehungsunfähigkeit von Menschen zu thematisieren (Roedenbeck 2012; Sprenger 2014), steht in keinerlei Zusammenhang mit *Absolute Beginners (Dt.: Junge Helden),* der unter der Regie von Julien Temple entstandenen Romanverfilmung (Absolute Beginners: UK 1985), ebenso wenig mit der von David Bowie gelieferten Filmmusik und dem gleichnamigen Singletrack (Bowie 1986: Absolute Beginners).

|: Pam-pam-pam, pam-pam-pam :|
I've nothing much to offer
There's nothing much to take
I'm an absolute beginner
When I'm absolutely sane
As long as we're together
The rest can go to hell
I absolutely love you
But we're absolute beginners
With eyes completely open
But nervous all the same

If our love song
Could fly over mountains
Could laugh at the ocean
Just like the films
There's no reason
To feel all the hard times
To lay down the hard lines
It's absolutely true

|: Pam-pam-pam :|

Nothing much could happen
Nothing we can't shake
Oh, we're absolute beginners
With nothing much at stake
As long as you're still smiling
There's nothing more I need
I absolutely love you
But we're absolute beginners
But if my love is your love
We're certain to succeed

If our love song
Could fly over mountains
Sail over heartaches
Just like the films

If there's reason
To feel all the hard times
To lay down the hard lines
It's absolutely true.[86]

Der unvergleichliche Künstler David *nothing much to take, eyes completely open, nervous all the same* Bowie verstarb am 10. Januar 2016 in New York, umgeben von seiner geliebten Frau *I absolutely love you* Iman, ihrer gemeinsamen Tochter Alexandria „Lexi" *as long as you're still smiling* Zahra und seinem Sohn Duncan *as long as we're together* Jones. Einem 2004 verfassten Testament folgend wurde der Leichnam verbrannt und *the rest can go to hell* nach einem buddhistischen Ritual *just like the films* auf der indonesischen Insel Bali[87] zerstreut. *There's no reason to feel all the hard times. Nothing much could happen.*

Pam pam pam.

„Mittlerweile kann ich ganz gut leben mit meinen unbeantworteten Fragen nach dem Sinn des Lebens. Sie immer wieder zu stellen ist gut – die Antworten zu finden, falls es sie überhaupt gibt, ist weniger gut. Das ist wahrscheinlich der Weg in den Wahnsinn. Ein Stück dieses Weges liegt bereits hinter mir, und ich weiß heute, dass ich nicht mehr so schnell rennen muss. Zu Ihrer Beruhigung: Die Vorstellung, dass alles bis zum Ende unklar bleiben wird, ist eigentlich sehr, sehr schön."[88]

---

[86] Bowie 1986: Absolute Beginners.
[87] Woolf 2016.
[88] Dax 2018, S. 104–105.

Anlagen

Anlage I

Das nachfolgende Dokument ist die erste Transcriptfassung eines mehrstündigen Interviews, das Michael Streck 2002 mit David Bowie in New York geführt und aufgezeichnet hat. Streck, der seit 2001 als *Reporter At Large* für das deutsche Magazin „stern" arbeitet, war von 2001–2008 US-Korrespondent. In dieser Funktion hat er das (nach eigenen Angaben) geradezu *vertrauliche, offene* Gespräch mit einem *menschlich zugänglichen* Künstler geführt. Der Stern hat das Interview bislang nur in einer stark gekürzten Fassung veröffentlicht; Michael Streck hat dem Verfasser seine Originalaufzeichnungen freundlicherweise zur Verfügung gestellt. Sie sind nicht verändert worden.

Transkript rough: Michael Streck (Stern) / David Bowie, New York 2002 [?]

MS: Mister Bowie, Sie bringen mit „Reality" ihr 26. Album heraus. Sind zufrieden?

DB: Ja ich mag es. Ich bin ziemlich zufrieden.

© Der/die Herausgeber bzw. der/die Autor(en), exklusiv lizenziert an Springer Fachmedien Wiesbaden GmbH, ein Teil von Springer Nature 2023
F. Brinkmann, *Ashes to Ashes, Spaceboy?!*, https://doi.org/10.1007/978-3-658-42614-9

MS: Diesmal beschäftigen Sie sich sehr intensiv mit den 11. September und Terrorismus. Hatten Sie das vor?

DB: Das hatte ich eigentlich gar nicht vor. Es war gar nicht so sehr beabsichtigt. Tatsächlich hatte ich eigentlich vor, dass es mehr [beyond] sein sollte [spare cricket a wedding]. Dieses Album ist ist mehr zurück zu den Straßen New Yorks. Ich wollte den Puls von Downtown wiedergeben. Mein letztes Album „Heathen" hatte ich den Bergen geschrieben, dieses wieder in Stadt. Und die Umgebung, in der du schreibst, reflektiert die Stimmung. Mir ging es bei diesem Album auch darum, Stücke zu schreiben, die zu meiner Band passen, weil wir wieder auf die Bühne gehen, auf Tournee. Gute, starke Stücke, die ihre Stärken und Talente wiedergeben. Ich wollte positive Energie kreieren. Und außerdem sollte es eher positiv sein, weil ich wieder Vater bin. Wissen Sie, ich bin nicht unbedingt scharf darauf [relish the idea], dass meine Tochter irgendwann, wenn Sie vierzehn oder fünf zehn ist, zu mir sagt: „Dad, was du 2003 geschrieben hast, ist, dass die Welt in die Luft fliegt?"

MS: Und?

DB: Ich weiß, dass ich dazu neige, nihilistisch zu sein, wenn ich schreibe und dass düstere Launen in mir aufsteigen. Und ich musste mich darauf konzentrieren, dass ich nach vorne gucke. Aber es ist schon richtig, es stoppt nicht diesen Negativismus, der in mir gelegentlich hochsteigt, leider (lacht). Ich denke, dass das mit diesen Zeiten zusammenhängt. Das Album soll so etwas sein wie Schnappschüsse aus dieser speziellen Zeit in New York sein, durch die ich hier gegangen bin. Es sollte keine tieferen Wahrheiten liefern. Aber ich bin nicht überrascht, das einige glauben, es würde meine tiefsten [reserves] wiedergeben.

MS: In einem Song sagen Sie „What a dog" …

DB: Oh ja, [here we go]. Es richtig, wenn ich so durch die Texte gehe, stecken da in einigen Trauer, ein bisschen Geschäftigkeit aber auch Optimismus drin.

MS: Optimismus?

DB: Den Optmismus halte ich durch ein höheres Energielevel der Musik aufrecht. Das Schöne am Songschreiben ist, dass du mehrere Dinge auf einmal ausdrücken kannst. Die Kombination aus Text und Musik kann etwas völlig Anderes ausdrücken als die puren Textzeilen aussagen. Das ist grenzenlos. Ich wollte irgendwie sicherstellen, dass alle Songs wenigstens ein Funken Optimismus versprühen.

MS: Leben wir in so schlimmen Zeiten?

DB: Nein nicht. Ich genieße das Lebe gerade. Es geht mir einfach gut. Ich mag die Musik, ich genieße das, unsere Musik, die Band, einfach alles, was wir machen. Es ist nur so, dass die Zeiten insgesamt wenig Platz für Freude lassen. Der [juggernaut has taken over]. Du fühlst [squashed in a way].

MS: Was meinen Sie mit Juggernaut?

DB: Ich meine damit diesen falkengleichen Habitus in diesem Land. Das macht mir zu schaffen. Wenn ich amerikanischer Staatsbüger wäre, müsste ich die Demokraten wählen. Ich würde nicht nur. Ich MÜSSTE. Was mich umtreibt, ist diese – ich nenne das: Un-Neugier der Menschen in den USA. Ich glaube, vieles geht darauf zurück, dass die Leute sich so machtlos fühlen. Wen schert schon, was die in Washington treiben? Was willst du dagegen ausrichten? Was willst du tun gegen diese Regierung und ihre Verbindungen zur Wirtschaft – Amerika wird irgendwann von Großkonzernen regiert. Das ist bedrückend. Das beschäftigt mich sehr. Und keiner schreit auf.

MS: Sie sagten einmal, dass sie rosige Erwartungen an dieses Jahrhundert hatten.

DB: Nun ist es anders gekommen. Meine Arbeit ist eher impressionistisch. Ich bin nicht so gut in diesen, sagen wir, linearen Botschaften, ich bin nicht Bob Dylan. Ich habe nicht diesen Draht [of protesting in my mind]. Vielleicht deshalb, weil ich nicht an Rock als [changing force] glaube. Nicht mehr. Es hat viele verloren. Es ist eine Kunstform daraus entstanden. Wenn eine [art form] eine [commodity] wird, wird sie leicht zugänglich. Das erinnert mehr an Lifestyle. [It looses its arcane power]. Es ist wird wie Wasser oder Strom. Und die neue Generation. pflegt das auch.

MS: Und dann schreiben Sie: Ich verlor Gott in einer New Yorker Minute…

DB: Das ist eine Lebensfrage. Das ist eine der grunsätzlichen Fragen des Lebens. Sie wird mich bis and Ende meiner Tage verfolgen. Es ist sehr schwer für mich to [relinquish], den letzten [gasp], den letzten Atemzug des Planeten zu schönen. Ich muss gestehen: Wir leben in absolutem Chaos. Gott? Ich glaube an dich, ich glaube nicht an dich, ich glaube an dich, ich glaube nicht an dich, ich glaube an dich, ich glaube an dich – aber nicht viel. Durch sowas geht man. Und in Zeiten der absoluten, schlimmen Krise hoffst du ganz fest, dass es einen gibt. Ich hatte diesen Konflikt immer schon. Ein Elternteil war katholisch, der andere protestantisch. Wann immer das Thema auf die Kirche kam, war Streit. Dein Gott tut dies, und dein Gott tut das. Und ich stand in der Mitte und schaute zu wie bei einem Tennisspiel. Ich bin nie zu einer klaren Entscheidung gekommen. Aber es hat Konfusion in mir ausgelöst. Jedenfalls hat mich das natürlich beeinflusst. In meinen frühen Tagen bin ich herumgleaufen auf der Suche nach Sinn. Ich habe das Problem nie richtig für mich gelöst. Ich löse es jeden Tag neu. Auf täglicher Basis. Aber auf lange Sicht, verdüstert es meine Sicht. Und die lange Sicht ist sowieso nicht meine Stärke. Ich schaue nicht gern in die Zukunft. Ich sehe nicht gerne voraus.

MS: Aber jetzt haben Sie eine Tochter, Sie müssen an die Zukunft denken.

DB: Das stimmt. Und ich sehe tatsächlich die Zukunft durch ihre Augen. Sie reaktiviert Freude. Das ist in der großartig.

MS: Sie schauen zugleich ohne Reue zurück. In Ihrem Song „Never get old" kokettieren Sie sogar mit Ihrem Alter…

DB: Ja, und das hat großen Spaß gemacht. Es ist Ironie, es ist unglaublich amüsant, wenn ein Rocker von 60 Jahren… Ich dachte jedenfalls, dass diese Zeile einer in meinem Alter schreiben müsste – bevor irgendein anderer das tut.

MS: Ist es ein Seitenhieb auf die MTV-Generation, die mit alten Knackern nichts anfangen kann oder will?

DB: Oh nein. Wirklich nicht. Ich wollte damit nicht austeilen. Es ist ganz persönliches Stück. Ich wollte nicht richten. Das steht mir gar nicht zu. Oh nein, wirklich nicht. Ich habe mit der jungen Generation überhaupt kein Problem. Warum auch? Wir waren damals ähnlich.

MS: Wie waren Sie denn?

DB: Ich habe eine interessante Theorie darüber: Ich habe das Gefühl, dass meine Generation wirlich die erste war, die eine (…) abgerundete Ideologie besaß: Wir wussten, was für eine Art von Sex wir wollten, wir wussten, welche Drogen wir ausprobieren wollten, wir wussten die Politik, nach der wir strebten, wir wollten die Gesellschaft verändern. Wir hatten einen ganzen Strauß voller Ideen, die unserer Meinung nach Sinn ergaben in der Zeit damals. Niemand schien uns stoppen zu können. Wir waren eine komplett neue Generation. In dieser Zeit achteten wir streng darauf, uns von den Älteren abzusetzten. Ich glaube, dass wir für diesen Riss durch die Generationen verantwortlich waren – trau keinem über dreißig und so, diesen Nonsense (lacht). Wir glaubten daran. Was wir heute sind, ich meine diejenigen, die überlebt haben, ist eine Generation von immer noch unabhänigen, aggressiven, wütenden alten Männern. Aber der postive Aspekt daran ist, speziell im kulturellen und musikalischen Bereich ist, dass wir keinen großen Unterschied zwischen uns und der jüngeren Generation sehen.

MS: Das meinen Sie mit „Never get old"

DB: Ja, in gewisser Weise. Ich kann durch die Plattensammlung meines Sohnes gehen und finde Sachen, die mir gefallen. Und umgekehrt. Er guckt sich meine Sachen an und sagt: Wow, John Lennon, oder kann ich mir Hendrix ausleihen. Es ist ein [crossing over]. Wir überlappen uns, was es in den Generationen zuvor nie gab. Es gibt diesen Sinn nach Neugier. Was ich in diesem Land vermisse. Außerdem stelle ich immer wieder fest, was für einen immensen Arbeitsethos die Jungen habe, mehr als wir je hatten. Dieser Wunsch, eine Karriere aufzubauen, ist intensiv.

MS: Und die Nachteile?

DB: Die Schattenseite in der Entertainment-Industrie ist, dass sie nach Berühmtheit und Popularität gieren, [hook by hook]. Ich nenne sie die Kreuzfahrt-Unterhalter, die wir an der Spitze der Charts haben.

MS: Fehlen denen die Eier?

DB: Nein, da draußen sind jede Menge erstklassiger junger Künstler, die hart arbeiten und sich strecken und recken, um gehört zu werden. Und gehört zu werden wird immer schwerer. Der schnelle

Erfolg zählt. Umsatz, Umsatz, Umsatz. Nicht warten können. Wir brauchen den Erfolg jetzt. Das wird so nicht weitergehen. Die Musikindustrie wird sich zusammenbrechen. Sie wird in Stücke zerfallen. Ich bin davon überzeugt. Die Musikindustrie wird frei sein. Wir werden massive Veränderungen erleben. Man wird sich fragen müssen, für wen wir […] müssen, wie Musik betrachtet wird. Es erinnert mich ein bisschen an daran, wie die Kameras benutzt wurden im frühen 20. Jahrhundert. Als die [alchemists] waren die Fotografen [themselves] (…) Das ist heute mit den Computern ähnlich. Die Leute laden sich was runter, kreieren etwas neu, mixen es neu und verschicken es weiter. Der Song wird dann nur noch Rohbau sein. Es wird dieses antiquierte System des Vertriebs und Markting ablösen. Hundertprozentig.

MS: Und deshalb gehen Sie weiter auf Tournee.

DB: Absolut, das ist mein Punkt. Das bleibt einzigartig. Das ist der Grund, warum ich so viel Wert auf Bühne lege. Die Bühne ist die Dokumentation der Kunst. Es überrascht mich nicht, dass so viele von uns Älteren so gut live sind. Wir wissen, was wir tun, wenn wir auf die Bühne gehen, das ist auch Handwerk…
Ich will Ihnen ein Beispiel geben […] Neil Young, wie er ein experimentelles Lied […]. Madison Square Garden. Tausende von Leuten, die dasaßen und komplett neues Material hörten. Es war bizarr […]. Seine Zeilen waren bizarr. Und es endete mit krampfaftem Stars-and-Stripes-Schwingen. Er war Reagan-Mann. Er hatte Polizisten auf der Bühne […], die unter ihren Uniformen Stars-and-Stripes-T-Shirts trugen. Und ich dachte: Oh Gott, ich fürchte mich vor Neil Young. Ich verstand ihn einfach.

MS: Und wie halten Sie es bei Tourneen?

DB: [I am not longer oblivious to what my audience would like to hear.] Diese Tage sind vorbei. Ich versuche zu mischen. Ich versuche eine repräsentative Show zusammenzustellen. Du kannst es nicht jedem recht machen. Aber ich versuche, jede meiner Perioden zu streifen. Für mich macht es Spaß. Manchmal improvisieren wir. Manchmal ging das drei, dreieinhalb Sstunden wie bei der letzten Tournee.

MS: 26 Alben, wenig Schlaf pro Nacht, nun eine Welt-Tourneee vor der Nase. Wie laden Sie eigentlich Ihre Batterien wieder auf?

DB: Es ist hart, keine Frage. Ich glaube [I beat myself up with the work.] Ich habe eine [highly addictive personality]. Ich denke, dass ich eben viel Energie aus der Arbeit ziehe, es ist wie eine Sucht. Ich nahm Drogen, vor allem um zu arbeiten. Das war das Verrückte daran. Es war so, dass ich dachte: „Das ist tolles Stück. Ich will die ganze Nacht daran arbeiten." Also warf ich Drogen ein. Dann begann ich mit einem zweiten Stück und so weiter. Diese Zeiten sind natürlich vorbei. Ich brauche jetzt das Familienleben. Ich meine, ich stehe nach wie vor früh auf, so gegen sechs und checke Mails und telefoniere mit Europa. So gegen zehn geht's dann richtig los.

MS: Als Ihre Tochter geboren wurde, hieß es, Sie würden New York vielleicht verlassen.

DB: Ja, wir hatten diese Diskussion schon bevor sie gezeugt wurde. Es ging um London oder eben New York. Letztlich haben wir uns für New York entschieden. Hier gibt es jede Menge guter Schulen. Es ist aber nicht so, dass wir sagen, New York wird für immer unsere Heimat bleiben. [Changes can happen]. Wir schließen das nicht das aus. Momentan wollen wir aber hierbleiben. Schon wegen der vielen guten Schulen für die Kleine.

MS: Hat sich New York nicht sehr verändert und zwar exakt in Richtung Mainstream, den Sie immer so verabscheut haben.

DB: Unglücklicherweise muss ich Ihnen Recht geben. Diese [avantgarde-sensibilty] speziell hier unten in Downtown hat sich aufgelöst, [it evapurated]. Viele gehen nach Brooklyn. Es ist nie ganz vorüber. Einige Gegenden blühen, andere vergehen. Die Blütezeit ist sicher vorüber. Die Blütezeit der unabhängingen Denkens waren die die 70-er.

MS: Und im Alltag? Die Leute dürfen in den Bars nicht mehr rauchen, und wenn Sie tanzen, stürmen Polizisten die Lokale, die dafür keine Lizenz haben. Das kann Ihnen doch unmöglich gefallen…

DB: Ich bin so glücklich, dass ich inzwischen Nicht-Raucher bin (lacht). Aber im Ernst, natürlich ist das eine Beschneidung der Persönlichkeitsrechte. Ich denke, dass wir die Auswirkungen einer paranoiden Regierung zu spüren bekommen. Macnhmal fühle ich mich sogar einer Verschwörungstheorie hingezogen…

MS: Dann legen Sie mal los.

DB: Nein, nein, nein. das würde zu weit führen. Alles, was ich dazu sagen kann. Lesen Sie mal, was Wolfowitz und Cheney und Konsorten so vorhaben. Es ist alles zugänglich im Internet.

MS: Bekommen Sie Angst, wenn Sie daran denken?

DB: [Nasty old world. Rebuilding the Defense System.] Was mich umtreibt, ist diese – ich nenne das Un-Neugier der Leute in diesem Land. Ich denke [it must come back down to just a feeling that you are powerless.] Selbst wenn du über ihre Pläne Bescheid weißt – wen schert das? Was willst du schon ausrichten. Wenn ich mir beispielsweise die Situation der Schwarzen anschaue, die Weißen verhalten sich ihnen gegenüber immer noch wie Kolonialisten. Selbst heute noch. Ist es bedrückend. Diese Regierung und ihre Verbindungen zur Wirtschaft – dieses Land wird in den nächsten Jahren von Großkonzernen regiert.

MS: Und sie leben dennoch immer noch gerne hier?

DB: Ich lebe in New York, und diese Stadt ist ganz anders, sie repräsentiert nicht Amerika.

MS: Wird New York nicht zusehends amerikanischer?

DB: Was mich noch mehr stört, ist, dass viele Ecken in Europa immer amerikanischer werden. England ganz besonders. Was Mode betrifft, was Unterhaltung betrifft – bis hin zur Politik. Es ist ein Teil der großen Kolonisation, dieses merkwürdigen Virus. Aber New York. Ich merke das nicht so sehr. Ich muss allerdings dazu sagen, dass ich mich nur in Downtown aufhalte. Der Rest von Manhattan interessiert mich nicht richtig. Das einzige, was ich sehen kann speziell nach dem 11. September, ist mehr Zurückhaltung bei den Menschen, und Vorsicht spiegelt sich in den Augen wieder. Als würden sie darauf warten, dass es wieder passiert. Eine neue Reserviertheit. Wissen Sie früher sagten die Amerikaner ständig und zu allem „Das ist großartig". Heute sagen sie eher: „Das ist fast großartig". Und das ist ein ziemlicher Unterschied.

MS: Kritiker behaupten, auch Sie hätten sich verändert. Sie seien jetzt respektiert. Ist das für Sie ein Kompliment oder doch eher Tadel?

DB: Respektiert? Hm. Na ja, ich mache nichts Illegales. Wahrscheinlich ist meine Denkweise nicht mehr so radikal wie früher. Ich denke, ich habe die [physicality] meines Lebens geändert. Ich kann mich besser kontrollieren. Ich kann meine Psyche besser zügeln.

MS: Sie haben mal gesagt: „Ich habe das Gefühl, dass ich endlich die Person geworden bin, die ich immer sein sollte." Was für eine Person ist das?

DB: [It's more awareness of attitude?] Dieses Auflehnen gegen die Welt. Ich fühle mich angekommen. Ich habe keine große Veränderung an mir festgellt. Ich bin stabiler und vielleicht rationaler als früher.

MS: Mister Bowie, in Deutschland suchen die Menschen den Superstar, in den USA „the American Idol". Glauben Sie, dass der junge David Bowie es bis zum Finale geschafft hätte?

DB: Oh, wenn ich ein Teenager wäre, wäre ich immer noch ein Snob, ein Elitist. Ich würde nicht mal davon träumen, in so eine Show zu kommen. Das ist Mickey-Mouse-Club. Es erinnert mich an Kreuzfahrt-Musik. Am Ende eines langen Tages kommen die Stewards und Hostessen raus und müssen noch Kabarett machen. Nein, das ist nicht Rock`n Roll. Das ist schrecklich. Die machen irgendwas Anderes. Schrecklich.

Anlage II

Nachweis der Quellen aller Kapitelüberschriften.

Kapitel	Kapitelüberschrift (= Songverszeile)	Quelle
1	Looking for God in exciting new ways	Bowie 1993: Lucy can't dance
2	I'm trying hard to fit among your scheme of things	Bowie 1976: Word on a Wing

Kapitel	Kapitelüberschrift (= Songverszeile)	Quelle
2.1	Lord, I kneel and offer you	Bowie 1976: Word on a Wing
2.2	I still care for myself	Bowie 1976: Word on a Wing
2.3	I don't stand in my own light	Bowie 1976: Word on a Wing
2.4	My prayer flies like a word on a wing	Bowie 1976: Word on a Wing
3	I want to live	Bowie 1967: Cygnet Committee
3.1	Look up here. I'm in heaven	Bowie 2016: Lazarus
3.2	I've got Drama can't be stolen!	Bowie 2016: Lazarus
3.3	This way or no way	Bowie 2016: Lazarus
3.4	Just like that Bluebird	Bowie 2016: Lazarus
4	We are God is on top of it (…)	Bowie 1993: Pallas Athena
4.1	The Gospel according to	David Bowie 2010 (1967): The Gospel according to Tony Day
4.2	When God did take my Logic for a Ride	Bowie 1970: The Width of a Circle
4.3	We broke the ruptured structure built of age	Bowie 1967: Cygnet Committee
4.3.1	I shake and stare at the sun 'til my eyes burn	Bowie 1995: Voyeur of Utter Destruction [As Beauty]
4.3.2	It's all very puzzling	Bowie 1993: Sex and the Church
4.3.3	You've got to have a scheme. You've got to have a plan	Bowie 1995: No Control
5	I think about a world to come	Bowie 1971: Oh! You pretty Things
5.1	In the Quicksand of my thoughts	Bowie 1971: Quicksand
5.2	I put my faith in tomorrow	Bowie 2002: Afraid
5.3	It's not the end of the world	Bowie 1983: Ricochet
5.4	It's a moving world	Bowie 1979: Fantastic Voyage
5.4.1	It's the freakiest show	Bowie 1871: Life on Mars?
5.4.2	Never ever Time	Bowie 2002: Slip Away
5.4.3	My death is more than just a sad song	Bowie 2003: Reality
5.4.4	As long as there's you	Bowie 2013: Where are we now?
5.5	Is there Life on Mars? (Interlude)	Bowie 1971: Life on Mars?
6	We can be us just for one day	Bowie 1977: „Heroes"
6.1	Ain't that just like me?	Bowie 2016: Lazarus
6.2	Absolutely	Bowie 1987: Absolute Beginners

Literatur

Printmedien

Adhiyaman, Vedamurthy et al. 2007. The Lazarus phenomenon. *Journal of the Royal Society of Medicine* 100 (12): 552–57.

Adorno, Theodor W. 1967. Résumé über Kulturindustrie. In *Ohne Leitbild: Parva Aesthetica*, hrsg Adorno, Theodor W., 60–70. Frankfurt/M.: Suhrkamp.

Ahrens, Jörn. 2016. Populärkultur: Übertreibung und Verfemung. *In Pop goes my heart: Religions-und popkulturelle Gespräche im 21. Jahrhundert*, hrsg. Brinkmann, Frank Thomas, 75–97. Wiesbaden: SpringerVS.

Allred, Michael et al. 2020. *Bowie: Sternenstaub, Strahlenkanonen und Tagträume.* Ludwigsburg: CrossCult.

Althaus, Paul. 1972. *Die christliche Wahrheit. Lehrbuch der Dogmatik.* Gütersloh (Nachdruck): G. Mohn.

al-Rawashidah, Hamid und al-Jamzawi, Nahlah. 2019. Nietzsche's impact on Gibran Khalil Gibran's Literature. *Journal of Averroes University in Holland* no. 30: 42–58.

Ammon, Theodore G. 2016. *David Bowie and Philosophy: Rebel Rebel* (Popular Culture and Philosophy 103). Open Court.

© Der/die Herausgeber bzw. der/die Autor(en), exklusiv lizenziert an Springer Fachmedien Wiesbaden GmbH, ein Teil von Springer Nature 2023
F. Brinkmann, *Ashes to Ashes, Spaceboy?!*, https://doi.org/10.1007/978-3-658-42614-9

Appen, Ralf von. 2011. Nahaufnahme: David Bowies postmodernes Spiel mit Identitäten. In *Musikpsychologie* 21: 188–190. Göttingen: Hogrefe Verlag.

Aristoteles. 1998. *Nikomachische Ethik VI.* übers., komm. u. hrsg. Gadamer, Hans-Georg. Frankfurt/M.: Klostermann (hier: NE VI 2, 1139a–b).

Aristoteles. 2019. *Metaphysik.* Übers. von Bonitz, Hermann, bearb. v. Seidl, Horst (= Philosophische Schriften in sechs Bänden, Bd. 5). Hamburg 2019.

Atze, Stefan. 2008. *Ethik als Steigerungsform von Theologie? Systematische Rekonstruktion und Kritik eines Strukturprozesses im neuzeitlichen Protestantismus.* Berlin.

Auslander, Philip. 2006. *Performing Glam Rock: Gender and Theatricality in Popular Music.* Michigan: University of Michigan Press.

Axt-Piscalar, Christine. 2013. *Was ist Theologie? Klassische Entwürfe von Paulus bis zur Gegenwart.* Tübingen: Mohr-Siebeck.

Bachmann-Medick, Doris. 2014. Spatial Turn. In *Cultural Turns. Neuorientierungen in den Kulturwissenschaften* (5. Auflage mit neuem Nachwort), hrsg. Bachmann-Medick, Doris, 284–328. Reinbek b. Hamburg: Rowohlt.

Barth, Hans Martin. 2012. Dogmatik zwischen den Stühlen? Dogmatisches Denken zwischen Ökumene und interreligiösem Dialog. *Kerygma und Dogma* 58: 198–212.

Barth, Roderich. 2016. Religion, bevor sie Religion ist: Überlegungen zur Kulturhermeneutik der Moderne. In *Religion, Konfessionslosigkeit & Atheismus,* hrsg. Thörner, Katja und Thurner, Martin, 147–158. Freiburg i.B.

Baßler, Moritz. 2019. Camp: Susan Sontag *In Handbuch Literatur und Pop (Handbücher zur kulturwissenschaftlichen Philologie Bd. 9),* hrsg. Baßler, Moritz/Schumacher, Eckhard, 84–95. Berlin: De Gruyter

Bauer, Thomas. 2018. *Die Vereindeutigung der Welt. Über den Verlust an Mehrdeutigkeit und Vielfalt,* Ditzingen: Reclam (4. Aufl.).

Bayer, Oswald. 2005. „Jeder Mensch ist Theologe" – also auch Kinder? *ZPT* 57: 3–11.

Benedict, Ruth. 1931. *Tales of the Cochiti Indians.* Washington: Bureau of American Ethnology.

Berger, Cynthia et al. 2001. *The Bluebird Monitor's Guide: A Cornell bird library guide.* Harper Collins.

Berger, David. 2004. *Thomas von Aquins „Summa theologiae".* Darmstadt: WBG.

Berger, Peter L. und Luckmann, Thomas. 1987. *Die gesellschaftliche Konstruktion der Wirklichkeit. Eine Theorie der Wissenssoziologie* (Mit einer Einleitung zur deutschen Ausgabe von Helmuth Plessner; übersetzt von Monika Plessner). Frankfurt/M.: Fischer TB.

Binder, Julia. 2015. *Stadt als Palimpsest: Zur Wechselwirkung von Materialität und Gedächtnis.* Berlin: Neofelis.

Bockris, Victor. 1991. *Andy Warhol.* München: Heyne.

Boelderl, Artur R. 2004. Mythen- und Legendenbildung. In *Öffentlichkeitsarbeit für Nonprofit-Organisationen*, hrsg. Gemeinschaftswerk der Evangelischen Publizistik, 480–483. Wiesbaden: Gabler.

Bonhoeffer, Thomas. 1991. Die Wurzeln des Begriffs Theologie. *Archiv für Begriffsgeschichte* 34: 7–26.

Bowie, Angela und Carr, Patrick. 1993. *Einmal und immer wieder - Mein wildes Leben mit David Bowie.* München: Goldmann.

Bowie, David. 2003. Confessions of a Vinyl Junkie. In *Vanity Fair. The Music Issue* (November): 292–306, 298. New York: Condé Nast Publications

Brabant, Dominik. 2017. *Rodin-Lektüren. Deutungen und Debatten von der Moderne zur Postmoderne.* Köln: MAP.

Brinkmann, Frank Thomas. 2013. *Religionspädagogik. Ein Arbeitsbuch.* Stuttgart: Kohlhammer.

Brinkmann, Frank Thomas. 2016 (a). Ergreifende Herzensangelegenheiten und Sympathy for the Devil? Zur Dynamis einer Poptheologie des 21. Jahrhunderts. In *Pop goes my heart: Religions-und popkulturelle Gespräche im 21. Jahrhundert* (= pop.religion: lebensstil-kultur-theologie, Band 1), hrsg. Brinkmann, Frank Thomas, 185–203. Wiesbaden: Springer VS.

Brinkmann, Frank Thomas. 2016 (b). Es war einmal ein kleiner Junge, der hatte nichts mehr auf der ganzen Welt. Die Monomythos-Logik des Herrn Campbell als Schlüssel für religiöse Erzählungen. In *Selbsterlösung – Neomythen als Signatur des Zeitgeistes* (FS Linus Hauser), hrsg. Bäumer, Franz Josef et al., 129–144. Paderborn: Schöningh.

Brinkmann, Frank Thomas. 2019 (a). *Praktische Theologie. Ein Guide.* Tübingen: Narr (UTB).

Brinkmann, Frank Thomas. 2019 (b). Mit Jesus in den Zwischenräumen. Über das heimatliche Bleiberecht von Christinnen und Christen in outopos und eutopos. In *Heimatgedanken. Theologische und kulturwissenschaftliche Beiträge* (= pop.religion: lebensstil-kultur-theologie, Band 5), hrsg. Brinkmann, Frank Thomas u. Hammann, Johanna, 69–84. Wiesbaden: Springer-VS.

Brinkmann, Frank Thomas. 2019 (c). Spaß verstehen, Frauen verstehen, Religion verstehen? Miniaturen zu einer Hermeneutik nach Sigmund Freud. In *Vielfalt zeigen. Religion, Konfession und Kultur in Vermittlung* (FS F.J. Bäumer), hrsg. Kreutzer, Ansgar et al., 287–307. Ostfildern: Grünewald.

Brinkmann, Frank Thomas. 2022(a). Welcher Theo, welche Logik? Eine kulturwissenschaftliche Stimmenkomposition auf modernisierte Sinngebinde. In *Theologie(n) und Modernisierung*, hrsg. Cakir-Mattner, Naime et al., 285–300. Darmstadt: WBG.

Brinkmann, Frank Thomas. 2022(b). „der Singschwan nur fliegend singt…". In *Musik als Lebensmittel. Kulturwissenschaftlich-theologische Rationen für ein Jahr*, hrsg. Keuchen, Marion u. Janus, Richard, 34–40. Berlin/Münster: LIT.

Broackes, Victoria und Marsh, Geoffrey. 2013. *David Bowie Is.* Chicago: Museum of Contemporary Art, Exhibition Catalogues/Abrams & Chronicle Books Special Edition.

Brooker, Will. 2017. *Forever Stardust. David Bowie across the Universe.* London: Taurus.

Brooker, Will. 2019. *Why Bowie matters.* London: William Collins.

Buber, Martin. 2021. *Ich und Du.* (Mit einem Nachwort und Anmerkungen von Bernhard Lang.) Ditzingen: Reclam.

Buckley, David. 2004. *David Bowie: the complete guide to his music.* London: Omnibus.

Buckley, David. 2010 [1999]. *Strange Fascination. David Bowie: The Definitive Story.* London: Ebury Publishing.

Buczkowski, Paul. 2009. The First Precise English Translation of Madame D'Aulnoy's Fairy Tales. *Marvels & Tales* 23 no. 1: 59–78. Wayne State University Press.

Bühler, Pierre. 2008. Tertullian: the Teacher of the credo quia absurdum. In *Kierkegaard and the patristic and medieval traditions*, hrsg. Stewart, Jon, 131–142. Aldershot: Ashgate Publishing.

Burgess, Anthony. 1962. *A Clockwork Orange.* London: William Heinemann.

Calame, Claude. 2012. Die Homerischen Hymnen als poetische Opfergaben. Musikalische und rituelle Beziehungen zu den Göttern. In *Homer, gedeutet durch ein großes Lexikon. Akten des Hamburger Kolloquiums vom 6.–8. Oktober 2010 zum Abschluss des Lexikons des frühgriechischen Epos* (= Abhandlungen der Akademie der Wissenschaften zu Göttingen, Neue Folge 21) hrsg. Meier-Brügger, Michael, 1–25. Göttingen: De Gruyter.

Campbell, Joseph. 2011. *Der Heros in tausend Gestalten*. Frankfurt/M.: Insel.

Cann, Kevin. 2010. *Any Day Now – David Bowie: The London Years 1947–1974*. Croyden, Surrey: Adelita.

Capurro, Rafael. 1996. Dead man walking: Heideggers Analyse des Menschen als Grenzgänger des Todes. *der blaue reiter: Journal für Philosophie* 2 (4): 93–96. Stuttgart.

Caroll, Lewis. 1865. *Alice's Adventues in Wonderland*. Macmillan Publishers.

Carr, Roy und Murray, Charles S. 1981. *Bowie: An Illustrated Record*. Köln: Music Sales.

Charlesworth, Miles und Charlesworth, Chris. 1988. *David Bowie Black Book* (third edition). London: Omnibus Press.

Cinque, Toija et al (Hrsg.). 2015. *Enchanting David Bowie: Space/Time/Body/Memory*. London: Bloomsbury Academic.

Clarke, Arthur C. 1968. *2001: A Space Odyssey*.

Clarke, Arthur C. 1990. *2001: Odyssee im Weltraum*. München: Heyne.

Clerc, Benoît. 2021. *David Bowie: Alle Songs. Die Geschichten hinter den Tracks*. Bielefeld: Delius Klasing.

Corboz, André. 2001. *Le Territoire comme palimpseste et autres essais*, Besançon: Les éditions de l'Imprimeur.

Cossar, Neil (Hrsg.). 2017. *David Bowie – I Was There*. Penryn: Red Planet Publishing.

Critchley, Simon. 2014. *Bowie*. New York: OR-Books.

Cromelin, Richard. 1972. *David Bowie: 'The darling of the avant garde'*. Phonograph Record.

Currie, David (Hrsg.). 1985. *The Starzone Interviews*. London/New York/Sydney/Cologne: Omnibus.

Dante Alighieri. 2010. *La Commedia/Die Göttliche Komödie: I. Inferno/Hölle* (Neuübersetzung und Kommentar von Köhler, Hartmut). Stuttgart: Reclam.

Dante Alighieri. 2011. *La Commedia/Die Göttliche Komödie: II. Purgatorio/Läuterungsberg*. (Neuübersetzung und Kommentar von Köhler, Hartmut). Stuttgart: Reclam.

Dante Alighieri. 2012. *La Commedia/Die Göttliche Komödie: III. Paradiso/Paradies*. (Neuübersetzung und Kommentar von Köhler, Hartmut). Stuttgart: Reclam.

Darke, Tamsin. 2016. *David Bowie – Rare Records Price Guide – Volume One (Singles 1964–2016)*. fully updated February 2016 edition. CreateSpace Independent Publishing Platform.

Darke, Tamsin. 2017. *David Bowie – Rare Records Price Guide – Volume Two (Albums 1967–2017)*. fully updated January 2017 edition. CreateSpace Independent Publishing Platform.

Daum, Werner. 1985. *Ursemitische Religion*. Stuttgart: Kohlhammer.

Dax, Max. 2018 (1997/2002). Das ist das Größte überhaupt, dass man die Musik verändert hat. In *David Bowie Stardust Interviews. Ein Leben in Gesprächen*, hrsg. / zusammengestellt von Künne, Cornelia und Noßack, Juliane, 101–108. Zürich: Kampa.

DeCurtis, Anthony. 2005. *In Other Words: Artists Talk About Life and Work*. Milwaukee: H. Leonard.

Devereux, Eoin et al (Hrsg.). 2015. *David Bowie. Critical Perspectives*. Routledge.

DeMain, Bill. 2003. *The Sound and Vision of David Bowie*. Performing Songwriter Magazine Vol. 11, #72 (September/Oktober). Performing Songwriter Enterprises, LLC.

Dinzelbacher, Peter. 2005. Ekstase. In *Enzyklopädie Medizingeschichte*, hrsg. Gerabek, Werner et al., 341. Berlin/New York: De Gruyter.

Doggett, Peter. 2011. *The Man Who Sold The World: David Bowie and the 1970s*, London: Bodley Head.

Döring, Jörg und Thielmann Tristan (Hrsg.). 2008. *Spatial Turn. Das Raumparadigma in den Kultur- und Sozialwissenschaften*. Bielefeld: transcript.

Dünne, Jörg und Günzel, Stephan (Hrsg.). 2006. *Raumtheorie. Grundlagentexte aus Philosophie und Kulturwissenschaften*. Frankfurt/M: Suhrkamp.

Durfee, Harold A. 2003. The Death of Man. *Philosophy Today* 47 (2): 191–204.

Easlea, Daryl. 2014. *Das Leben und die Musik von Peter Gabriel. Die exklusive Biografie*. A-Höfen: Hannibal/Koch.

Ebeling, Gerhard. 1962f. Art. Theologie, I. Begriffsgeschichtlich. *RGG3* Bd. 6: 754–769.

Ebeling, Gerhard. 2012. *Studium der Theologie: Eine enzyklopädische Orientierung*. Tübingen: Mohr.

Eberle, Gottfried. 1989. Also sprach Zarathustra. Tondichtung frei nach Nietzsche op. 30. In *Lexikon Orchestermusik Romantik*, Band 3: S–Z. hrsg. Konold, Wulf, 902–905. Mainz: Piper/Schott.

Eco, Umberto. 1994. Postmodernismus. Ironie und Vergnügen. In *Wege aus der Moderne. Schlüsseltexte der Postmoderne-Diskussion*, hrsg. Welsch, Wolfgang, 75–78. Berlin: Akademie-Verlag.

Egan, Sean (Hrsg.). 2015. *Bowie on Bowie: Interviews and Encounters with David Bowie*. Chicago: Chicago Review Press.

Evans-Wentz, Walter Y. 2003. *Das tibetanische Totenbuch oder Die Nach-Tod-Erfahrung auf der Bardo-Stufe*. Düsseldorf: Artemis & Winkler.

Evers, Dirk. 2006. *Gott und mögliche Welten. Studien zur Logik theologischer Aussagen über das Mögliche*. Tübingen: Mohr Siebeck.

Fahrer, Sigrid. 2009. *Cut-up: Eine literarische Medienguerilla*. Würzburg: Königshausen & Neumann.

Fest, Joachim C. 1974. Einleitung. In *Heinrich Himmler. Geheimreden 1933 bis 1945 und andere Ansprachen*. Hrsg. Smith, Bradley und Peterson, Agnes. Berlin: Propyläen Verlag.

Fiedler, Leslie A. 1994. Überquert die Grenze, schließt den Graben! Über die Postmoderne In *Wege aus der Moderne. Schlüsseltexte der Postmoderne-Diskussion*, hrsg. Welsch, Wolfgang, 57–74. Berlin: Akademie-Verlag.

Foucault, Michel. 1971. *Die Ordnung der Dinge: Eine Archäologie der Humanwissenschaften*. Frankfurt/M.: Suhrkamp.

Frith, Simon. 1989. Only Dancing: David Bowie Flirts with the Issues. In *Zoot Suits and Second-Hand Dresses: An Anthology of Fashion and Music*, hrsg. McRobbie, Angela, 132–140. London: Macmillan.

Geer, Nadja. 2012. *Sophistication: Zwischen Denkstil und Pose*. Göttingen: V&R Unipress.

Geertz, Clifford. 2003 (a). Dichte Beschreibung. Bemerkungen zu einer deutenden Theorie von Kultur. In *Dichte Beschreibung: Beiträge zum Verstehen kultureller Systeme*, 7–43. Frankfurt: Suhrkamp.

Geertz, Clifford. 2003 (b). Religion als kulturelles System. In *Dichte Beschreibung: Beiträge zum Verstehen kultureller Systeme*. 44–95. Frankfurt: Suhrkamp.

Geisau, Hans von. 1964. Chronos. In *Der Kleine Pauly* Bd. 1, Sp.1166. Stuttgart.

Geudin, Christophe. 2013. Bowie Superstar, in *David Bowie: Die Rückkehr des Helden. Star Collector* 05: 48. Lausanne: Consart.

Geudin, Christophe und Cachin, Olivier. 2013. Diskografie und DVDs, in *David Bowie: Die Rückkehr des Helden. Star Collector* 05: 74–81. Lausanne: Consart.

Gibran, Khalil. 2005. Eine Träne und ein Lächeln (übersetzt von Ursula und Simon Yussuf Assaf). In *Sämtliche Werke Band 1*, 127–310. Düsseldorf: Patmos.

Gibran, Khalil. 2011. Der Narr (übersetzt von Ursula und Simon Yussuf Assaf). In *Sämtliche Werke Bd. 2*, 123–158. Düsseldorf: Patmos.

Gibran, Khalil. 2012. *Sämtliche Werke in 5 Bänden*. Übers. u. neu hrsg. von Assaf, Ursula und Assaf, Simon Yussuf. Düsseldorf: Patmos.

Gloy, Karen. 2006. *Zeit. Eine Morphologie*. Freiburg: Alber

Gloy, Karen. 2008. *Philosophiegeschichte der Zeit*. Paderborn: Fink.

Glynn, Stephen. 2022. *Hooked to the Silver Screen*. Leicester (UK): Palgrave Macmillan/Springer Nature Switzerland.

Graf, Friedrich Wilhelm. 2004. *Die Wiederkehr der Götter: Religion in der modernen Kultur*. Bonn.

Graf, Friedrich Wilhelm. 2005. Euro-Gott im starken Plural? Einige Fragestellungen für eine europäische Religionsgeschichte des 20. Jahrhunderts. *Journal of Modern European History* 3/2: 231-257.

Graf, Fritz und Ley, Anne. 1997. Athena. In *Der Neue Pauly Band 2*, 160–167. Stuttgart: Metzler.

Goer, Charisa et al. (Hrsg.). 2013. *Texte zur Theorie des Pop*. Stuttgart: Reclam.

Gönna, Gerd von der und Simon, Erika (Hrsg.). 2010. *Homerische Hymnen*. (Übertragung, Einführung und Erläuterungen v. Pfeiff, Karl Arno) 2. Aufl. Tübingen: Stauffenburg.

Goering, D. Timothy. 2017. „System der Käseplatte. Aufstieg und Fall der Dialektischen Theologie", *Journal for the History of Modern Theology/Zeitschrift für Neuere Theologiegeschichte* 24.1: 1–50.

Griffin, Roger. 2016. *David Bowie: The Golden Years*. London: Omnibus.

Günzel, Stephan. 2017. *Raum. Eine kulturwissenschaftliche Einführung*. Bielefeld: transcript.

Haerle, Wilfried. 2012. *Dogmatik*. Berlin/New York: De Gruyter (4. Aufl.).

Hagler, Tom. 2021. *We could be… Bowie and his Heroes*. London: Cassell.

Haussig, Hans Wilhelm (Hrsg.). 1965. *Götter und Mythen im Vorderen Orient*. *Wörterbuch der Mythologie I*. Stuttgart: Klett.

Haussig, Hans Wilhelm (Hrsg.). 1973. *Götter und Mythen im alten Europa*. *Wörterbuch der Mythologie II*. Stuttgart: Klett.

Hebdige, Dick. 1979. *Subculture: The meaning of style*. London/New York: Routledge.

Hecken, Thomas. 2010. Populäre Kultur, populäre Literatur und Literaturwissenschaft. Theorie als Begriffspolitik, *Journal of Literary Theory* 4(2): 217–234.

Hecken, Thomas. 2016. Pop – terminologische, definitorische Ansätze. In *Pop goes my heart: Religions-und popkulturelle Gespräche im 21. Jahrhundert*, hrsg. Brinkmann, Frank Thomas, 169–184. Wiesbaden: Springer VS.

Hecken, Thomas und Kleiner, Marcus S. (Hrsg.). 2017. *Handbuch Popkultur*. Stuttgart: Metzler.

Heidegger, Martin. 2006. *Sein und Zeit* (1927). Tübingen: Niemeyer.

Henri, Adrian/McGough, Roger/Patten, Brian. 1967. *The Mersey Sound* (= Penguin Modern Poets 10). Penguin Books.

Herrera, Brian Eugenio. 2014. *Billy's World, or Toying with Desire in the Gay 1990s*. New York (University): MIT Press.

Hesiod. 2014. *Theogonie*. Übers., erl. u. hrsg. von Schrott, Raoul. München: Carl Hanser.

Hesse, Maria und Ruiz, Fran. 2020. *Bowie. Ein illustriertes Leben*. München: Heyne.

Hewitt, Paolo, 2016. *Bowie: Retrospektive*. (third expanded edition) Hamburg: Edel.

Hirsch, Emanuel. 1951. *Hilfsbuch zum Studium der Dogmatik*, Berlin/Leipzig: De Gruyter.

Hirsch, Emanuel. 1985. *Die Umformung des christlichen Denkens in der Neuzeit: ein Lesebuch* (= Fotomechan. Nachdr. d. Ausg. Tuebingen: Mohr, 1938), Tübingen: Katzmann.

Höffe, Otfried. 2008. *Praktische Philosophie: Das Modell des Aristoteles*. München: Beck.

Hollaz, David. 1971. *Examen theologicum acroamaticum* (Reprogr. Nachdr. d. Ausg. Stargardiae Pomeranorum: J. N. Ernst, 1707), Darmstadt: WBG.

Howe, Elic. 1972. *The Magicians of the Golden Dawn: A Documentary History of a Magical Order 1887–1923*. London.

Huenemann, Lynn. 1978. *Songs and Dances of Native American*. Tsaile: Education House.

Hutchinson, John. 2014. *Bowie & Hutch*. Bridlington: Lodge Books.

Hutter, Manfred. 2016. *Die Weltreligionen*. München: Beck.

Jacke, Andreas. 2011. *David Bowie – Station to Station: Borderline-Motive eines Popstars*. Gießen: Psychosozial-Verlag.

Jaekel, Friederike. 2022. *Theologia poetica im 21. Jahrhundert: Die kriminalbelletristische Weltsicht des Heinrich Steinfest*. Wiesbaden: Springer VS.

Jarman, Marshall und Stöcklin, Reto. 2018. *David Bowie – World 7" Records Discography 1964–1981* (Special Edition Revised and Updated) Geneva: Marmot Publishing.

Jasper, Herbert Henri. 1995. A historical perspective. The rise and fall of prefrontal lobotomy. In *Advances in neurology* Bd. 66, S. 97–114

Jeffner, Anders. 1977. *Kriterien christlicher Glaubenslehre. Eine prinzipielle Untersuchung heutiger protestantischer Dogmatik im deutschen Sprachbereich.* Uppsala/Göttingen: Vandenhoeck & Ruprecht.

Jencks, Charles. 1994. Die Sprache der postmodernen Architektur. In *Wege aus der Moderne. Schlüsseltexte der Postmoderne-Diskussion*, hrsg. Welsch, Wolfgang, 85–99. Berlin: Akademie-Verlag.

Joest, Wilfried. 1996. *Dogmatik* (2 Bände). 4. Aufl. Göttingen: UTB.

Jones, Dylan. 2018. *David Bowie. Ein Leben.* Hamburg: Reinbek.

Juby, Kerry (Hrsg.). 1986. *David Bowie – In Other Words.* London/New York/Sidney: Omnibus Press.

Kaplan, Justin und Bartlett, John (Hrsg.). 1992. *Bartlett's Familiar Quotations*, 16. Ed., Boston/New York: Little, Brown & Co.

Keith, David A. und Mark A. Burgman. 2004. The Lazarus effect: can the dynamics of extinct species lists tell us anything about the status of biodiversity? *Biological Conservation* 117(1): 41–48.

Kelleter, Frank. 2016. *David Bowie: 100 Seiten.* Stuttgart: Reclam.

Kempe, Michael. 2022. *Die beste aller möglichen Welten. Gottfried Wilhelm Leibniz in seiner Zeit.* Frankfurt/M.: Fischer Verlag.

Kharrat, Souad. 2005. *Gibran le Prophète Nietzsche le Visionnaire.* Tryptique.

Kierkegaard, Sören [Richter, Liselotte] (Hrsg.). 2016. *Furcht und Zittern.* Hamburg: CEP Europäische Verlagsanstalt.

Köhler, Michael. 2022. David Bowie: Musik, Maskeraden, Modernisierung und Metamorphosen. Eine Bowie-Timeline der Jahre 1962 bis 2016 in 24 Kapiteln. *Classic Rock*. 12/2022: 38–41. Pullach: piranha-media.

Korsch, Dietrich. 2003. Dogmatik als Hermeneutik der Religion, *Marburger Jahrbuch Theologie* 15: 43–62.

Korsch, Dietrich. 2016. *Antwort auf Grundfragen christlichen Glaubens. Dogmatik als integrative Disziplin.* Tübingen: UTB.

Krech, Volkhard. 1998. *Georg Simmels Religionstheorie.* Tübingen: J.C.B. Mohr.

Kriewitz, Jörg. 1992. *Die Errichtung theologischer Hochschuleinrichtungen durch den Staat.* Tübingen: Mohr-Siebeck.

Kühnhold, Christa. 1975. *Der Begriff des Sprunges und der Weg des Sprachdenkens. Eine Einführung in Kierkegaard.* Berlin/New York: De Gruyter.

Künne, Cornelia und Noßack, Juliane. 2018. *David Bowie: Stardust Interviews. Ein Leben in Gesprächen.* Kampa.

Lakey, Alan. 2002. *The Pretty Things: Growing old disgracefully.* London: Firefly Publishing.

Laube, Martin. 2006. *Theologie und neuzeitliches Christentum. Studien zu Genese und Profil der Christentumstheorie Trutz Rendtorffs* (BHT 139). Tübingen.

Latzel, Thorsten. 2004. *Theologische Grundzüge des Heidelberger Katechismus. Eine fundamentaltheologische Untersuchung seines Ansatzes zur Glaubenskommunikation* (= Marburger theologische Studien 83). Marburg: Elwert.

Lehmann, Harry. 2006. Avantgarde heute. Ein Theoriemodell der ästhetischen Moderne. *Musik & Ästhetik* 10, Heft 38: 5–41. Stuttgart: Klett-Cotta.

Lehmann, Harry. 2009. Die Avantgarde als Nullpunkt der Moderne. In *Freiräume und Spannungsfelder. Reflexionen zur Musik heute,* hrsg. Demuth Marion und Hiekel, Jörn Peter, 13–22. Mainz: Schott.

Lehmann, Hartmut. 2007. *Transformationen der Religion in der Neuzeit. Beispiele aus der Geschichte des Protestantismus* (Veröffentlichungen des Max-Planck-Instituts für Geschichte, Band 230). Göttingen: Vandenhoeck.

Lehnert, Christian. 2015. *Windzüge.* Frankfurt: Suhrkamp.

Leigh, Wendy. 2016. *Bowie: The Biography.* New York: Gallery Books.

Le Normand-Romain, Antoinette. 2002. *Rodin. La Porte de l'Enfer.* Paris: éditions du musée Rodin.

Le Normand-Romain, Antoinette. 2013. *Rodin.* Paris: Citadelles & Mazenod.

Levine, Joshuah. 2011. *Operation Fortitude: The True Story of the Key Spy Operation of WWII That Saved D-Day.* London: HarperCollins UK.

Loder, Kurt. 2018 (1987). Die aufregendste Kunstform. In *David Bowie Stardust Interviews. Ein Leben in Gesprächen,* hrsg. / zusammengestellt von Künne, Cornelia und Noßack, Juliane, 57–83. Zürich: Kampa.

Luckmann, Thomas. 1991. *Die unsichtbare Religion.* Frankfurt/M.: Suhrkamp.

Lüscher, Kurt. 2012. Menschen als „homines ambivalentes". In *Ambivalenzerfahrungen,* hrsg. Korczak, Dieter, 11–32. Kröning: Asanger Verlag.

Maeterlinck, Maurice. 1984 (L'Oiseau bleu, 1908), *Der blaue Vogel. Märchenspiel in 6 Akten und 12 Bildern.* Sachon, Bad Wörishofen.

Marks, Craig und Tannenbaum, Rob. 2011. *I Want my MTV: The Uncensored Story of the Music Video Revolution.* New York: Dutton.

Markschies, Christoph. 2006. *Die Gnosis.* München: Beck.

Mayes, Sean. 2016. *Life on Tour with David Bowie: A Genius Remembered.* London: Music Press Books.

Mazzorin, Jacopo und Minniti, Claudia. 2006. Dog sacrifice in the ancient world: A ritual passage? In *Dogs and People in Social, Working, Economic or Symbolic Interaction*, hrsg. Snyder, Lynn M. und Moore, Elizabeth A., 62–66. Oxford: Oxbow Books.

McCarthy, Elizabeth. 2019. Telling lies: the Interviews of David Bowie. *Celebrity Studies* 10(1): 89–103.

McCartney, Paul. 2.21. *Lyrics. 1956 bis heute.* (Hrsg. mit einer Einleitung von Paul Muldoon). München: C. H. Beck.

Mendes, Ana Christina und Perrott, Lisa (Hrsg.). 2020. *David Bowie and Transmedia Stardom*, New York: Routledge.

Metzger, Rainer. 2012. *Swinging London: Kunst & Kultur in der Weltstadt der 60er Jahre.* dtv Verlagsgesellschaft.

Miles, Barry- 1999. *Many Years From Now.* Hamburg: Rowohlt.

Milman, Henry Hart. 1818. *Fazio, or, The Italian Wife: A Tragedy.* London: T.H. Lacy.

Molfenter, Arne. 2014. *Garbo, der Spion. Das Geheimnis des D-Day.* München: Piper.

Moxter, Michael. 1994. Neuzeitliche Umformungen der Theologie. Philosophische Aspekte in der neueren Schleiermacherliteratur. *Philosophische Rundschau* 41(2): 133–158. Tübingen: Mohr Siebeck.

Müller, Hans Martin. 1993. Das Evangelium und die Moderne. Zum Problem der Umformung des christlichen Denkens in der Neuzeit. *Zeitschrift für Theologie und Kirche* 90 (3): 284–298. Tübingen: Mohr/Siebeck.

Murray, Charles Shaar. 2015 (1972). David at the Dorchester. New Musical Express (UK) July 22nd and 29th 1972. In *Bowie on Bowie. Interviews and Encounters with David Bowie*, hrsg. Egan, Sean, 12–24. Chicago Review Press.

Nietzsche, Friedrich. 1980. *Jenseits von Gut und Böse, Zur Genealogie der Moral* (= Sämtliche Werke. Kritische Studienausgabe in 15 Bänden hrsg. Colli, Giorgio und Montinari, Mazzino. Band 5). München/New York: De Gruyter.

Nietzsche, Friedrich. 1883. *Also sprach Zarathustra.* [Bd. 1]. Chemnitz.

Nischik, Traude-Marie. 1984. „Himmlisches Leben in blauen Gewande…": Zum poetischen Rahmen der Farben- und Blumensprache in Novalis' Roman „ Heinrich von Ofterdingen ", Aurora. *Jahrbuch der Eichendorff-Gesellschaft* 44: 159–177.

Nüssel, Friederike. 2005. Art.: Zwei-Naturen-Lehre. *RGG4* Bd. 8: 1934–1936.

Oberdorfer, Bernd. 2012. Perspektivische Wahrheit: Überlegungen zur konfessionellen Bestimmtheit der Dogmatik, *Theologische Literaturzeitung* 137: 263–276.

O'Connell, John. 2020. *Bowies Bücher: Literatur, die sein Leben veränderte.* Köln: Kiepenheuer & Witsch.

O'Leary, Chris. 2015. *Rebel Rebel: All the Songs of David Bowie from '64 to '76.* Winchester: Zero Books.

O'Leary, Chris. 2019. *Ashes to Ashes. All the Songs of David Bowie 1976–2016* London: Repeater.

Parsons, Tony. 1993. The David Bowie Interview. *Arena magazine* 39: 60–83. [Link: https://welcomebackbowie.wordpress.com/articles/david-bowie-interview-in-arena-springsummer-1993/ (Zugriff 21.05.2021)]

Patel, Dahyabhai M. et al. 1975. Metaqualone. *Analytical Profiles of Drug Substances* Band 4, hrsg. Florey, Klaus, 245–267.

Pegg, Nicholas. 2016. *The Complete David Bowie (Revised and Updateded.).* London: Titan Books.

Peiler, Nils Daniel. 2018. *201 x 2001. Fragen und Antworten mit allem Wissenswerten zu Stanley Kubricks Odyssee im Weltraum.* Marburg: Schüren.

Pfleiderer, Georg. 2013. Personalisierte Medizin: Individualisierung durch Stratifizierung? Einige grundsätzlich ethische Überlegungen in theologischer Perspektive. In *Personalisierte Medizin: Hoffnung oder leeres Versprechen*, hrsg. Klusman, Isabel und Vayena, Effy, 179–188. Zürich: vdf Hochschulverlag.

Pitt, Kenneth. 1985. *Bowie: The Pitt Report.* London: Omnibus.

Plantinga, Richard J. et al. 2010. *An Introduction to Christian Theology.* Cambridge.

Pointner, Frank E. 1996. *Cockney Glottalling: A Study on the Phonetics of Contemporary London Speech.* Essen: Die Blaue Eule.

Polke, Christian. 2007. Dogmatik als Topik des Menschseins. Überlegungen zu einem anthropologisch orientierten Dogmatikverständnis. In *Theologie und Menschenbild. Beiträge zum interdisziplinären Gespräch* (FS Wilfried Härle), hrsg. Brun, Frank M. et al., 53–69. Leipzig.

Poole, Sara. 2004. *Brel and Chanson. A Critical Appreciation.* Lanham: University Press of America.

Raffelt, Albert. 2003. *Theologie studieren. Wissenschaftliches Arbeiten und Medienkunde.* Freiburg/Basel/Wien: Herder.

Rankin, Nicholas. 2008. *Churchill's Wizards: The British Genius for Deception 1914–1945.* London: Faber & Faber.

Rawlings, Terry. 2000. *Mod: A Very British Phenomenon.* London: Omnibus Press.

Rendtorff, Trutz. 1969. *Christentum außerhalb der Kirche. Konkretionen der Aufklärung* (Stundenbücher 89), Hamburg.

Rendtorff, Trutz. 1991. *Theologie in der Moderne. Über Religion im Prozeß der Aufklärung* (Troeltsch-Studien 5), Gütersloh.

Rentsch, Thomas. 1989. *Martin Heidegger – Das Sein und der Tod. Eine kritische Einführung*. München: Piper.

Rimmer, Dave. 2003. *The Look – New Romantics*. London: Omnibus Press.

Ringleben, Joachim. 2009. Dogmatik als historische Disziplin. *Zeitschrift für neuere Theologiegeschichte* 16: 155–180.

Ritschl, Dietrich und Hailer, Martin. 2010. *Grundkurs Christliche Theologie. Diesseits und jenseits der Worte*. Neukirchen-Vluyn (3. Aufl.).

Rock, Mick und Bowie, David. 2005. *Moonage Daydream: The Life and Times of Ziggy Stardust*. Berlin: Schwarzkopf & Schwarzkopf.

Roedenbeck, Maja. 2012. *Und wer küsst mich? Absolute Beginners – Wenn die Liebe auf sich warten lässt*. Berlin: Ch. Links Verlag.

Rook, Jean. 1976. *"Waiting for Bowie, and finding a genius who insists he's really a clown"*. Daily Express, 5th May '76. [Link: https://exploringdavidbowie.wordpress.com/2013/02/06/waiting-for-bowie-and-finding-a-genius-who-insists-hes-really-a-clown/ (Zugriff 20.01.2022)]

Rosenfeld, Hellmut. 1982. *Legende*. Stuttgart: Metzler.

Rüther, Tobias. 2017. Ein Heldenlied: David Bowie und Berlin, der ewige Mythos. *Rolling Stone* 276: 36–41. Berlin: Springer Mediahouse.

Sandford, Christopher. 1998 [1997]. *Bowie: Loving the Alien*. New York: Da Capo Press.

Sandford, Christopher. 2003. *David Bowie. Die Biografie*. Höfen: Hannibal.

Scheliha, Arnulf von. 1991. *Emanuel Hirsch als Dogmatiker. Zum Programm der „Christlichen Rechenschaft" im „Leitfaden zur Christlichen Lehre"*. Berlin/New York: De Gruyter.

Scheliha, Arnulf von. 2011. Die Reformation geht weiter. Zur Umformung des christlichen Denkens in der Neuzeit. *In Theologisch-ethische Essays*, hrsg. Scheliha, Arnulf von, 129–145. Osnabrück [Link: https://repositorium.ub.uni-osnabrueck.de/bitstream/urn:nbn:de:gbv:700-201105288111/2/Arnulf_von_Scheliha_Theologische_und_ethische_Essays.pdf (Zugriff: 31.06.2021)].

Schelsky, Helmut. 1965. Ist die Dauerreflexion institutionalisierbar? Zum Thema der modernen Religionssoziologie. In *Auf der Suche nach Wirklichkeit: Gesammelte Aufsätze*, hrsg. Schelsky, Helmut, 250–275. Düsseldorf/Köln.

Schulze, Gerhard. 2005. Die Erlebnisgesellschaft. Kultursoziologie der Gegenwart. (2. Aufl.) Frankfurt/M.: Campus.

Schwöbel, Christoph. 2005. Art. Theologie I/2. Philosophische Kritik mythologischer Theologie. *RGG4* Bd. 8: 255–257.

Shorter, Edward und Healy, David. 2007. *Shock Therapy: The History of Electroconvulsive Treatment in Mental Illness*. Rutgers University Press.

Sieroka, Norman. 2018. Philosophie der Zeit. Grundlagen und Perspektiven. München: C.H. Beck.

Simmel, Georg. 1995. Die Religion (1906/1912). In *Georg Simmel Gesamtausgabe Band 10*, hrsg. Behr, Michael et al., 39–118. 423–440. Frankfurt/M.

Skai, Hollow. 2016. *Ein Held – Über den Tag hinaus*. In Spitz, Marc. *David Bowie. Die Biografie*. Hamburg: Edel. S. 7–9.

Slapper, Clifford. 2018. *Bowie's Piano Man: The Life Of Mike Garson*. Backbeat Books.

Sloterdijk, Peter. 1989. *Eurotaoismus – Zur Kritik der politischen Kinetik*. Frankfurt/M.: Suhrkamp.

Sontag, Susan. 2003a. Gegen Interpretation (1964). In *Kunst und Antikunst: 24 literarische Analysen*, hrsg. Sontag, Susan, 11–22. München/Wien: Carl Hanser Verlag.

Sontag, Susan. 2003b. Anmerkungen zu »Camp« (1964). *In Kunst und Antikunst: 24 literarische Analysen*, hrsg. Sontag, Susan, 322–341. München/Wien: Carl Hanser Verlag.

Spitz, Marc. 2009. *Bowie: A Biography*. New York: Crown Publishers.

Spitz, Marc. 2016. *David Bowie. Die Biografie*. Hamburg: Edel.

Sprenger, Robin. 2014. *Männliche Absolute Beginner. Ein kommunikationswissenschaftlicher Ansatz zur Erklärung von Partnerlosigkeit*. Wiesbaden: Springer VS

Stahl, Mirjam. 2022. *„beängstigend und wunderbar zugleich". Erschütternde Ereignisse und die Religionsaffinität der Neuen Erlebnisweise*. Wiesbaden: SpringerVS.

Stark, Tanja. 2015a. ‚Crashing out with Sylvian': David Bowie, Carl Jung and the Unconscious. In *David Bowie. Critical Perspectives*, hrsg. Devereux, Eoin et al., 82–110. London: Routledge.

Stark, Tanja. 2015b. "Confronting Bowie's Mysterious Corpses". In *Enchanting David Bowie: Space/Time/Body/Memory*, hrs. Cinque, Toija et al., 61–78. New York: Bloomsbury.

Steck, Wolfgang. 2005. Alltagsdogmatik: Ein unvollendetes Projekt, *Pastoraltheologie* 94: 287–307.

Stimson, Michael. 2020. *David Bowie Unofficial Records Valuation Guide 2020.* St. Just Concepts.

Stokes, Donald und Stokes, Lillian. 1991. *The Bluebird Book: The Complete Guide to Attracting Bluebirds.* Boston: Little, Brown and Company.

Strohm, Christoph und Stievermann, Jan (Hrsg.). 2015. *Profil und Wirkung des Heidelberger Katechismus. Neue Forschungsbeiträge anlässlich des 450jährigen Jubiläums* (= Schriften des Vereins für Reformationsgeschichte; Bd. 215). Gütersloher Verlagshaus.

Sukita, Masayoshi. 2019. *David Bowie: Spektakuläre Photos einer Legende.* Bielefeld: Delius-Klasing.

Susann, Jacqueline. 1966. *Valley of the Dolls* (dt.: Das Tal der Puppen). Köln: Lingen Verlag.

Sutherland, Steve. 1993a. One day, son, this could be yours (w. David Bowie & Brett Andersson). *New Musical Express* 20. March 1993: 28–31.

Sutherland, Steve. 1993b. (David Bowie & Brett Andersson), Alias Smiths and Jones (w. David Bowie & Brett Andersson). *New Musical Express* 27. March 1993: 12–13.

Taylor, Derek. 1987. *It was twenty Years ago Today.* Bantam Press.

Tevis, Walter. 1986. *Der Mann, der vom Himmel fiel.* Frankfurt/M.: Ullstein.

Thomas, David. 2018 (1983). Musik für den Dschungel. In *David Bowie Stardust Interviews. Ein Leben in Gesprächen,* hrsg. / zusammengestellt von Künne, Cornelia und Noßack, Juliane, 31–55. Zürich: Kampa.

Thompson, Dave. 1987. *Moonage Daydream.* London: Plexus.

Thompson, Dave. 2006. *Hallo Spaceboy – The Rebirth of David Bowie.* Toronto: ECW Press.

Thompson, Elizabeth und Gutman, David (Hrsg.). 1993. *The David Bowie Companion.* London: Macmillan.

Tremlett, George. 1976. *The David Bowie Story.* (2nd edit.) London: Futura Publications.

Trynka, Paul. 2011. *David Bowie – Starman: The Definitive Biography.* New York City: Little, Brown and Company.

Vint, Sherryl. 2021. *Science Fiction* (MIT Press Essential Knowledge Series). Cambridge: MIT Press.

Vögele, Jörg. 2005. Lebenserwartung. In *Enzyklopädie Medizingeschichte,* hrsg. Werner E. Gerabek, Werner E. et al., 831 f. New York/Berlin: De Gruyter.

Waldrep, Shelton. 2016. *Future Nostalgia: Performing David Bowie.* London: Bloomsbury.

Weick, Thomas. 1991. *Die Rezeption des Werkes von Jacques Brel.* Frankfurt/M.: Lang.

Weiss, Michaela. 2003. *Das authentische Dreiminutenkunstwerk. Léo Ferré und Jacques Brel – Chanson zwischen Poesie und Engagement.* Heidelberg: Winter.

Welch, Chris. 1999. *We Could be Heroes: The Stories Behind Every David Bowie Song.* New York: Thunder's Mouth Press.

Welch, Chris. 2016. *David Bowie: Ein Leben in Bildern.* Bonn: Heel.

Welch, Patricia B. 2008. *Chinese Art: A Guide to Motifs and Visual Imagery.* Tokyo: Tuttle Publishing.

Wells, Dominic. 2015. „Boys Keep Swinging". An interview with David Bowie and Brian Eno, Time Out (London), 23.–30. August 1995. In *Bowie on Bowie: Interviews and Encounters with David Bowie*, hrsg. Egan, Sean, 249–261. Chicago: Chicago Review Press.

Welsch, Wolfgang (Hrsg). 1994. *Wege aus der Moderne. Schlüsseltexte der Postmoderne-Diskussion.* 2. durchges. Aufl., Berlin: Akademie Verlag.

Weyel, Birgit. 2008. Den Sinn ausdrücklich machen. Skizzen zum unabschließbaren Projekt der Alltagsdogmatik. In *Der verborgene Sinn. Religiöse Dimensionen des Alltags*, hrsg. Korsch, Dietrich und Charbonnier, Lars, 399–406. Göttingen.

White, Ethan D. 2019. "One Magical Movement from Kether to Malkuth": Occultism in the Work of David Bowie. *Correspondences* 7(2): 367–409 [Link: https://correspondencesjournal.com/18603-2 (Zugriff 16.06.2021)].

Woelfel, Joseph Donald. 1968. *Significant Others, Roles, and the Educational and Occupational Attainment Process. Results of a Preliminary Administration of the Wisconsin Significant Other Battery.* University of Wisconsin: Madison.

Woodmansey, Woody. 2017. *Spider from Mars. My Life with Bowie.* London: Pan-Books.

Wright, Norman und Higgs, Mike. 1990. *The Dan Dare Dossier: Celebrating the 40th Anniversary of Dan Dare, Pilot of the Future.* Hawk Books.

Wulf, Christoph. 2004. *Anthropologie. Geschichte, Kultur, Philosophie.* Reinbek: Rowohlt.

Zanetta, Tony und Edwards, Henry. 1986. *Stardust: The Life and Times of David Bowie.* London: Michael Joseph.

Wurm, Manuela. 2010. *Ziggy Stardust: Kunstfigur. Superstar. Musikermythos.* Diplomarbeit. Wien: Universität Wien/Philologisch-kulturwissenschaftliche Fakultät. [Link: https://utheses.univie.ac.at/detail/9178 (Zugriff: 13.03.2022)]

Zeller, Eduard. 1862. *Die Philosophie der Griechen in ihrer geschichtlichen Entwicklung dargestellt. Zweiter Theil, zweite Abteilung: Aristoteles und die alten Peripatetiker.* Tübingen: L.Fr. Fues.

Journal/Magazin

Div. 2013. David Bowie: Die Rückkehr des Helden. *Star Collector* 05. Lausanne: Conart.
Div. 2022. David Bowie – Das Special. *MINT. Magazin für Vinyl-Kultur.* 01/2022: 32–73. Dortmund: Dialog.
N.N. 2018. Der wahre David Bowie. *GQ/Gentlemen's Quarterly* 1/2018: 154–165. München: Condé Nast.
N.N. 1967. Orkan im Saal. In Der Spiegel 36/1967.
[Link: https://www.spiegel.de/kultur/orkan-im-saal-a-9af2a374-0002-0001-0000-000046265034?context=issue (Zugriff 28.10.2022)]

Manuskript

Streck, Michael. 2002. *David Bowie: Wir wütenden alten Männer.* Transcript der Interview-Bandaufnahme. (= Anlage I).

WWW-Quellen

Abbany, Zulfikar. 2016. *David Bowie: Futurist und Internet-Pionier.* https://www.dw.com/de/david-bowie-futurist-und-internet-pionier/a-18972887 (Zugriff 14.10.2021).
Alper, Arad. 2007. Taking it all the right way: Was David Bowie a Fascist? https://web.archive.org/web/20140407094759/http://www.cs.tau.ac.il/~alper/Bowie_and_fascism.htm (Zugriff 22.12.2021)
Beaumont, Mark. 2017. Pet Shop Boys: Exclusive interview with VO5 NME Awards 2017 Godlike Geniuses, *NME* 17/2/2017; https://www.nme.com/features/pet-shop-boys-exclusive-interview-vo5-nme-awards-2017-1976701 (Zugriff 24.6.2022)
Borschel-Dan, Amanda. 2016. *From 'Heil Hitler' to 'Shalom, Tel Aviv,' the many incarnations of David Bowie.* https://www.timesofisrael.com/from-heil-

hitler-to-shalom-tel-aviv-the-many-incarnations-of-david-bowie/   (Zugriff
22.12.2021)

Britton, Luke Morgan. 2016. *Kate Bush on David Bowie: 'He had everything.
Who else has left a mark like his?*, https://www.nme.com/news/music/david-
bowie-106-1193616 (Zugriff 23.05.2021)

Crowe, Cameron. 1976. David Bowie: Ground Control to Davy Jones. *Rolling
Stone* Februar 1976. https://www.rollingstone.com/music/music-news/
david-bowie-ground-control-to-davy-jones-77059/ (Zugriff 18.08.2021).

DeCurtis, Anthony. 2005. *'I'm Not Quite an Atheist, and It Worries Me': The
David-Bowie interview.* https://www.beliefnet.com/entertainment/2005/07/
im-not-quite-an-atheist-and-it-worries-me.aspx#DVadTWpIAICZumj7.99
(Zugriff 22.06.2021).

Dery, Mark. 2017. *"A Crash Course for the Ravers": Bowie Studies Comes of Age*
(zugl.: Interview mit Simon Critchley. Los Angeles Review of Books v. 16.
März 2017). https://lareviewofbooks.org/article/crash-course-ravers-bowie-
studies-comes-age/#_ednref1 (Zugriff 21.12.2021)

Ellis-Petersen, Hannah. 2017. *David Bowie did not know he was dying until
final few months.* https://www.theguardian.com/music/2017/jan/06/david-
bowie-didnt-know-he-was-dying-until-last-few-months-documentary-
reveals (Zugriff 26/6/2021)

Farber, Jim. 2002. *Boys keep swinging.* (Interview für die New York
Daily News v. 9. Juni 2002). http://www.bowiewonderworld.com/
press/00/020609boys.htm (Zugriff 22.12.2021)

Gliński, Mikołaj. 2016. *Did David Bowie Know Esperanto? The Invented
Language of Warszawa & the Eastern-European Story Behind It.* https://
culture.pl/en/article/did-david-bowie-know-esperanto-the-invented-
language-of-warszawa-the-eastern-european-story-behind   (Zugriff
21.02.2022)

Hiestand, Franz-Xaver SJ. 2016. *Die religiöse Seite von David Bowie.*
(Katholische Kirche im Kanton Zürich; Blogeintrag v. 16.1.2016). https://
www.zhkath.ch/kirche-aktuell/archiv-news-blog/blog/blog/die-religioese-
seite-von-david-bowie (Zugriff 18.10.2021)

Kedves, Jan. 2016. *Tod von David Bowie: Der Mann, der in den Himmel fiel.*
SZ 11. Januar. https://www.sueddeutsche.de/kultur/nachruf-david-bowie-
der-mann-der-in-den-himmel-fiel-1.2812926-2 (Zugriff 13.10.2021)

Konersmann, Paula. 2016. *David Bowie provozierte auch die Kirche: „Möge
Gottes Liebe mit dir sein".* (domradio.de v. 11. Januar 2016). https://www.

domradio.de/themen/kultur/2016-01-11/david-bowie-provozierte-auch-die-kirche (Zugriff 18.10.2021)

Kreye, Andrian. 2016. *Ground Control: Die Seite Drei zum Tode von David Bowie.* SZplus 11. Januar. https://www.sueddeutsche.de/kultur/zum-tode-von-david-bowie-ground-control-1.2813552?reduced=true (Zugriff 13.10.2021).

Marshall, Colin. 2019. *How David Bowie Used William S. Burroughs' Cut-Up Method to Write His Unforgettable Lyrics.* https://www.openculture.com/2019/05/how-david-bowie-used-william-s-burroughs-cut-up-method-to-write-his-unforgettable-lyrics.html (Zugriff: 23.04.2021)

Mayer Nissim. 2016. *David Bowie 1947–2016: „Life on Mars" is named Bowie's greatest ever song in reader poll.* Digital Spy (11. Januar 2016). https://www.digitalspy.com/music/a358804/david-bowie-1947-2016-life-on-mars-is-named-bowies-greatest-ever-song-in-reader-poll/ (Zugriff: 28.12.2022)

Moore, Sam. 2021. *Iman says her late husband David Bowie "is in our hearts and minds on a daily basis".* New Musical Express Januar. https://www.nme.com/news/music/iman-says-her-late-husband-david-bowie-is-in-our-hearts-and-minds-on-a-daily-basis-2849326 (Zugriff: 22.12.2021)

Nick. 2022. *David Bowie is best selling vinyl artist of the 21st Century.* David Bowie News (Januar). https://www.davidbowienews.com/2022/01/david-bowie-is-best-selling-vinyl-artist-of-the-21st-century/ (Zugriff: 11.12.2022)

O'Brien, Glenn. 2016. *Aufstieg eines „Heroes".* Das Model, das vom Himmel fiel. Monopol Magazin (15. Januar). https://www.monopol-magazin.de/david-bowies-aufstieg-zur-ikone-glenn-o-brien (Zugriff: 11.12.2022)

Penner, James. 2016. *David Bowie and the 1970s: Testing the Limits of the Gendered Body.* Los Angeles Review of Books (Jan 2nd). https://lareviewofbooks.org/article/david-bowie-and-the-1970s-testing-the-limits-of-the-gendered-body/ (Zugriff 18.10.2021)

Rutenberg, Jürgen von. 1997. *David Bowie: Ihr wollt Space? Ich gebe euch Space!* (Interview). Zeitmagazin 17. Januar. https://www.zeit.de/zeitmagazin/1997/04/david-bowie-earthling-interview (Zugriff 05.06.2021)

Rehm Rozanes, Stephan. 2022. *David Bowie: Das Geschäft mit der Unsterblichkeit.* MusikExpress 12/19. https://www.musikexpress.de/david-bowie-das-geschaeft-mit-der-unsterblichkeit-1461159/ (Zugriff 22.11.2022)

Schmidt, Dominik. 2019. *Hat David Bowie seinen „Tod inszeniert" und Sterbehilfe verlangt?* https://www.rollingstone.de/hat-david-bowie-seinen-tod-inszeniert-und-sterbehilfe-verlangt-1643039/ (Zugriff 23.10.2021).

Slater, Lydia. 2021. Nomad Spirit: Iman on Biden, Bowie and blazing a trail. *Harper's Bazaar* (2/2021). https://www.harpersbazaar.com/uk/fashion/fashion-news/a35118872/iman-interview/. (Zugriff: 22.12.2021)

Smith, Karl. 2014. *Tome On The Range. Random Ultra-Violence* (Simon Critchley on David- The Quietus v. 6. Oktober 2014). https://thequietus.com/articles/16414-david-bowie-simon-critchley-biography-extract (Zugriff 17.10.2021)

SPEX-Redaktion. 2016. *David Bowie – SPEX-Autorinnen und -Autoren erinnern sich.* SPEX Januar. https://spex.de/david-bowie-spex-autorinnen-und-autoren-erinnern-sich/ (Zugriff: 13.10.2021)

Streck, Michael. 2003. *David Bowie. Wir wütenden alten Männer.* https://www.stern.de/kultur/musik/david-bowie--wir-wuetenden-alten-maenner--3506936.html (Zugriff 05.06.2021)

Taysom, Joe. 2021. *Why Andy Warhol hated the David Bowie song about him.* Far Out Magazine (19. Mai). https://faroutmagazine.co.uk/andy-warhol-hated-david-bowie-song/ (Zugriff 11.12.2022)

Vogue (N.N.). 2020. *Modegeschichte: David Bowie – seine legendären Looks* (Vogue.de). https://www.vogue.de/gallery-1512652554795 (Zugriff: 16.06.2021)

Wallace, Grant. 1997. *ChangesNowBowie: Transcript – Radio 1* (January 8, 1997). BBC. Link: https://web.archive.org/web/20160902074027/http://www.teenagewildlife.com/Appearances/Radio/1997/0108/radio1-transcript.html (Zugriff 03.11.2022)

Wheeler, Ian. 2021. *"Dan Dare Remembered".* Down The Tubes. First Published 2007. https://downthetubes.net/british-comics-reference/british-comic-characters-and-strips-profiled/british-comic-characters-profiled-dan-dare/ (Zugriff 20.01.2023)

Woolf, Nicky. 2016. *David Bowie leaves estate of around $100m to his wife and children in will.* The Guardian (30. Januar). https://www.theguardian.com/music/2016/jan/29/david-bowie-will-details-millions-estate-wife-children-bali (Zugriff 27.01.2023)

Würtemberger, David. 2016. *Godfather of Popmusic: Wie David Bowie die Pop-kultur geprägt hat.* https://www.br.de/puls/musik/aktuell/david-bowie-180.html (Zugriff 07.07.2021)

N.N. 2012. *Life on Mars? voted best David Bowie Song. Daily Telegraph* (09 January). https://www.telegraph.co.uk/culture/music/music-news/9002149/Life-on-Mars-voted-best-David-Bowie-song.html (Zugriff 19.12.2022)

N.N. 2013. *David Bowie's Top 100 Must Read Books.* http://www.
bowiewonderworld.com/books/davidbowietop100books.htm   (Zugriff
16.06–2021)

N.N. 2017. *War David Bowies Song „Lazarus" doch keine Todesandeutung?*
https://www.dw.com/de/war-david-bowies-song-lazarus-doch-keine-todes-
andeutung/a-37046682 (Zugriff 14.04.2021)

N.N. 2017(b). *Bowie für Beginner – Seine wichtigsten Alben* (Focus-Online).
https://www.focus.de/kultur/musik/musik-bowie-fuer-beginner-seine-
wichtigsten-alben_id_6433322.html (Zugriff 08.08.2022)

N.N. 2017 (c). Interview: Mike Garson on Bowie Thursday 28 September
2017.   https://themouthmagazine.com/2017/09/28/garson-on-bowie/
(Zugriff 16.10.2022)

N.N. (o. J.). Sold on Song Top 100 „Life on Mars". In BBC/Radio2. https://
www.bbc.co.uk/radio2/soldonsong/songlibrary/lifeonmars.shtml   (Zugriff
19.12.2022)

Web-Lexika/Blogs/Soziale Formate

David Bowie Wiki. *Home.* https://david-bowie.fandom.com/wiki/David_
Bowie_Wiki (Zugriff 20.01.2022)

David Bowie Wiki. *The Soul Man.* https://david-bowie.fandom.com/wiki/The_
Soul_Man (Zugriff 20.01.2022)

David Bowie Wiki. *The Thin White Duke.* https://david-bowie.fandom.com/
wiki/The_Thin_White_Duke (Zugriff 20.01.2022)

David Bowie Wonderworld. *What does 'zane zane zane ouvre le chien' mean.*
https://www.tapatalk.com/groups/bowiewonderworld/what-does-zane-zane-
zane-ouvre-le-chien-mean-t17516.html (Zugriff 03.06.2022)

Poplist. *Die besten Alben und Songs aus den Bestenlisten deutscher Rock- und Pop-
musik-Zeitschriften.* https://www.poplist.de/ (Zugriff 24.11.2022)

Poplist. *Hunky Dory.* https://www.poplist.de/poplist.php?t=1684 (Zugriff:
08.08.2022)

Pushing ahead of the Dame. David Bowie, song by song. (*Home/Start*) https://
bowiesongs.wordpress.com/ (Zugriff 18. 10. 2021)

Pushing ahead of the Dame. David Bowie, song by song. *Tired of my Life.*
https://bowiesongs.wordpress.com/2010/01/29/tired-of-my-life/   (Zugriff
17.01.2022)

Pushing ahead of the Dame. David Bowie, song by song. *Pallas Athena.* https://bowiesongs.wordpress.com/2012/09/28/pallas-athena/ (Zugriff: 12.11.2021)

Pushing ahead of the Dame. David Bowie, song by song. *The Gospel according to Tony Day.* https://bowiesongs.wordpress.com/2009/09/30/the-gospel-according-to-tony-day/ (Zugriff 05.08.2021)

Pushing ahead of the Dame. David Bowie, song by song. *Unwashed and somewhat slightly dazed.* https://bowiesongs.wordpress.com/2009/12/09/unwashed-and-somewhat-slightly-dazed/ (Zugriff 29.03.2022).

Pushing ahead of the Dame. David Bowie, song by song. *Khalil-gibran.* https://bowiesongs.wordpress.com/tag/khalil-gibran/ (Zugriff 24.11.2022)

Pushing ahead of the Dame. David Bowie, song by song. *The Width of A Circle.* https://bowiesongs.wordpress.com/2010/01/03/the-width-of-a-circle/ (Zugriff 20.08.2021)

Pushing ahead of the Dame. David Bowie, song by song. *Life on Mars?* https://bowiesongs.wordpress.com/2010/03/23/life-on-mars/ (Zugriff 01.02.20213)

Ratcliff, Ben. 2016. *New York Times Popcast: Love, Death and David Bowie.* https://www.nytimes.com/2016/01/13/arts/music/popcast-love-death-and-david-bowie.html (Zugriff: 23.10.2021)

Visconti, Tony. 2016. *He always did what he wanted to do (…).* https://www.facebook.com/tony.visconti1/posts/10208522003550232. (Zugriff 24.11.2022)

Wikipedia. *(Art.:) Liste von Beinamen in der populären Musik.* https://de.wikipedia.org/wiki/Liste_von_Beinamen_in_der_populären_Musik (Zugriff 06.10.2021)

Varia

Bowie Official Store. https://store.davidbowie.com/store (Zugriff 20.01.2022)

Youtube

DeGeneres, Ellen. 2004. *David Bowie interviewed on the Ellen-Show.* https://www.davidbowienews.com/2014/02/ellen-show-2004/ (Zugriff: 03.06.2021); https://www.dailymotion.com/video/xmrf7h (Zugriff: 04.06.2021)

Bowie, David. 1978. *Fame Live 1978*. https://www.youtube.com/watch?v=NPX6JPHRmBA (Zugriff: 13.01.2023)

Alben/LPs (Longplay)

Blau, Eric/Shuman, Mort. 1968. *Jacques Brel is alive and well and living in Paris (Original Cast Recording)*. Columbia (CBS Masterworks).
Bowie, David. 1967. *David Bowie*. Deram.
Bowie, David. 1969. *Space Oddity*. Philips.
Bowie, David. 1970. *The Man who sold the World*. Mercury.
Bowie, David. 1971. *Hunky Dory*. RCA.
Bowie, David. 1972.*The Rise and Fall of Ziggy Stardust and the Spiders from Mars*. RCA.
Bowie, David. o. J. (1972) *Santa Monica '72*. Bootleg.
= Bowie, David. 1994. *Santa Monica '72. Bootleg*. Golden Years
= Bowie, David. 1995. *Santa Monica '72. Bootleg*. Griffin Music.
= Bowie, David. 2008. *Live Santa Monica '72*. EMI.
Bowie, David. 1973. *Aladin Sane*. RCA.
Bowie, David. 1973. *Pinups*. RCA.
Bowie, David. 1974. *Diamond Dogs*. RCA.
Bowie, David. 1974. *David Live*. RCA.
Bowie, David. 1975. *Young Americans*. RCA.
Bowie, David. 1976. *Station to Station*. RCA.
Bowie, David. 1977. *Low*. RCA.
Bowie, David. 1977. *„Heroes"*. RCA.
Bowie, David. 1978. *Stage*. RCA.
Bowie, David. 1979. *Lodger*. RCA.
Bowie, David. 1980. *Scary monsters (and super creeps)*. RCA.
Bowie, David. 1983. *Let's Dance*. EMI.
Bowie, David. 1983. *Ziggy Stardust: The Motion Picture (1973)*. RCA.
= Bowie, David. 2003. *Ziggy Stardust: The Motion Picture (1973)*. EMI (rerelease).
Bowie, David und Vaughan, Stevie Ray. 1983. *Space Oddity. F.M. Broadcast*. Laser Media.
Bowie, David. 1984. *Tonight*. EMI.
Bowie, David. 1987. *Never let me down*. EMI.
Bowie, David. 1993. *Black Tie White Noise*. Arista.
Bowie, David. 1993. *The Buddha of Suburbia*. Arista

= Bowie, David. 1995. *The Buddha of Suburbia* (Re-Release). Virgin.

Bowie, David. 1995. *1. Outside*. Arista.

Bowie, David. 1995. *Rarestonebowie*. Golden Years/Trident Music International (London).

Bowie, David. 1997. *Earthling*. Arista.

Bowie, David. 1999. *Hours*. Virgin.

Bowie, David. 2000. *Bowie at the Beeb: The Best of the BBC Radio-Sessions 68–72/BBC Radio Theatre, London, June 27, 2000*. EMI/Virgin.

Bowie, David. 2002. *Heathen*. Sony/Columbia.

Bowie, David. 2003. *Reality*. Sony/Columbia.

Bowie, David und Various Artists. 2003. *Club Bowie. Rare and unreleased 12" Mixes*. Virgin.

Bowie, David. 2009. *VH1 Storytellers (Live)*. EMI.

Bowie, David. 2010. *A Reality Tour (2003)*. Columbia.

Bowie, David. 2010. *Deram Anthology 1966–68*. Deram.

Bowie, David. 2010. *David Bowie (Deluxe Edition)*. Deram.

Bowie, David. 2013. *The Next Day*. Columbia.

Bowie, David. 2014. *Nothing has changed*. Columbia.

Bowie, David. 2014. *David Bowie – C'est La Vie (The Ultimate Rare Tracks 1964/2013)*. The Godfather Box (Unofficial Release).

Bowie, David. 2016. ★ *(Blackstar)*. Sony/Columbia.

Bowie, David und Walsh, Enda. 2016. Lazarus (Original Cast Recording). Columbia records.

Bowie, David. 2017. *Live Nassau Coliseum '76*. Parlophone.

Bowie, David. 2017. *Cracked Actor (Live Los Angeles '74)*. Parlophone.

Bowie, David. 2018. *Welcome to the Blackout (Live London '78)*. Parlophone.

Bowie, David. 2018. *A Serious Moonlight (Live '83)*. Parlophone.

Bowie, David. 2018. *Glastonbury 2000*. Parlophone.

Bowie, David. 2020. *I'm Only Dancing (The Soul Tour 74)*. Parlophone.

Bowie, David. 2020. *Ouvrez le Chien (Live Dallas 95)*. Parlophone.

Bowie, David. 2020. *No Trendy Réchauffé (Live Birmingham 95)*. Parlophone.

Bowie, David. 2021 (*1999*). Liveandwell.com. *Parlophone* (re-release).

Bowie, David. 2021. *Look at the Moon! (Live Phoenix Festival 97)*. Parlophone.

Bowie, David. 2021. *Something in the Air (Live Paris 99)*. Parlophone.

Bowie, David. 2021. *David Bowie at the Kit Kat Klub (Live New York 99)*. Parlophone.

Bowie, David. 2021 (1970 ff.). *The Width of a Circle*. Parlophone (re-release).

Bowie, David. 2022. *Moonage Daydream – Music from the Film*. Parlophone.

Brel, Jacques. 1959. *La valse à mille temps*. Philipps.

Donovan. 1966. *Sunshine Superman*. EMI/London.

Genesis. 1974. *The Lamb lies down on Broadway*. Charisma Records.

Henry Hall & his Orchestra. 1932. *The Teddy Bears Picnic*. o.A.

Iggy and the Stooges. 1973. *Raw Power*. Columbia.

Lennon, John. 1970. John Lennon/The Plastic Ono Band. Apple/EMI

Mott the Hoople. 1972. *All the Young Dudes*. Columbia.

Pop, Iggy. 1977. *The Idiot*. RCA.

Pop, Iggy. 1977. *Lust for Life*. RCA.

Pink Floyd. 1967. *The Piper at the Gates of Dawn*. EMI/London.

Reed, Lou. 1972. *Transformer*. RCA.

Reed, Lou. 1982. *The Blue Mask*. RCA.

The Beatles. 1965. *Rubber Soul*. EMI/London

The Beatles. 1967. *Sgt. Pepper's Lonely Hearts Club Band*. EMI/London.

The Velvet Underground. 1967. *The Velvet Underground & Nico*. Verve Records.

The Who. 1965. *My Generation*. Brunswick/London.

Tin Machine. 1989. *Tin Machine*. EMI.

Tin Machine. 1991. *Tin Machine II*. Victory Music.

Various Artists. 2016. *david bowie's jukebox. The songs that inspired the man*. Chrome Dreams.

Walker, Scott. 1967. *Scott*. Philips/UK.

EPs (Extended Play)

Bowie, David. 1970. *David Bowie: Tired Of My Life* (EP). rec. at Haddon Hall.

Bowie, David (w. Arcade Fire). 2005. *Live at Fashion Rocks* (EP). iTunes Music Store.

Bowie, David. 2010. *Pallas Athena* (EP). EMI.

Bowie, David. 2017. *No Plan* (EP). Sony/Columbia.

Bowie, David. 2022. *Briliant Adventure* (EP). Parlophone.

Singles (45')

Berry, Chuck. 1958. *Sweet litle Sixteen (B: Rockin' and reelin')*. Chess/Chicago.

Bowie, David w. The Lower Third. 1966. *Can't help thinking about me*. Pye.

Bowie, David. 1966. *Rubber Band (B: The London Boys)*. Deram.

Bowie, David. 1967. *The laughing Gnome (B: The Gospel According to Tony Day).* Deram.

Bowie, David. 1967. *Love You 'Til Tuesday (B: Did You Ever Have a Dream).* Deram.

Bowie, David. 1986. Absolute Beginners. Virgin.

Dave Dee, Dozy, Beaky, Mick & Tich. 1966. *Hold Tight!* Fontana/London.

Donovan. 1965. *Catch the Wind.* Pye/London.

François, Claude. 1967: *Comme D'habitude.* Philipps.

Queen & David Bowie. 1981. *Under Pressure.* EMI.

Small Faces. 1967. *Itchycoo Park.* Olympic/London.

The Kinks. 1967. *Sunny Afternoon.* Pye/London.

DVDs

Bowie, David. 2004. A Reality Tour. Columbia.

Bowie, David. 2006. Serious Moonlight (1983 concert video). EMI.

Bowie, David. 2007. Glass Spider (1987). EMI (re-released).

Bowie, David. 2009. VH-1 Storytellers (1999). EMI.

Bowie, David. 2016. David Bowie – Ziggy Stardust And The Spiders From Mars (The Motion Picture) [= Recorded live at the Hammersmith Odeon in London, July 3rd 1973. 30th Anniversary DVD Special Edition. New 2016 Reissue]. Parlophone.

TV/Movie

2001: A Space Odyssey. 1968. UK.

Absolute Beginners (Dt.: Junge Helden). 1985. UK.

A Clockwork Orange. 1971. UK.

Basquiat (R: Julian Schnabel). USA 1996.

David Bowie: Five Years. 2013. UK: BBC.

David Bowie: The last Five Years. 2017. UK: BBC.

David Bowie: Finding Fame. 2019. UK: BBC.

Follow the Fleet. 1936. USA.

On the town. 1949. USA: MGM.

The Blue Bird. 1940. USA: 20th Century Fox.

The Blue Bird. 1976. USA/USSR: 20th Century Fox/Lenfilm Studio.

The Wizard of Oz. 1939. USA: MGM.

Un Chien Andalou (Luis Buñuel/Salvador Dalí). 1928/29. Frankreich.
West Side Story. 1961. USA: United Artists.

Einzeltitelnachweis (Single Tracks)

The Beatles. 1965. Nowhere Man. Aus *Rubber Soul*. EMI.

The Beatles. 1967. The Fool on the Hill. Aus *The Magical Mystery Tour* (EP/ LP), EMI.

Bowie, David. 1969. Space Oddity. Aus *Space Oddity*. Philipps.

Bowie, David. 1969. Unwashed and Somewhat Slightly Dazed. Aus *Space Oddity*. Philipps.

Bowie, David. 1969. Letter to Hermione. Aus *Space Oddity*. Philipps.

Bowie, David. 1969. Cygnet Committee. Aus *Space Oddity*. Philipps.

Bowie, David. 1969. An Occasional Dream. Aus *Space Oddity*. Philipps.

Bowie, David. 1969. God Knows I'm Good. Aus *Space Oddity*. Philipps.

Bowie, David. 1969. Memory of a Free Festival. Aus *Space Oddity*. Philipps.

Bowie, David. 1970. The Width of a Circle. Aus *The Man Who Sold the World*. Mercury.

Bowie, David. 1970. All the Madmen. Aus *The Man Who Sold the World*. Mercury.

Bowie, David. 1970. Saviour Machine. Aus *The Man Who Sold the World*. Mercury.

Bowie, David. 1970. The Supermen. Aus *The Man Who Sold the World*. Mercury.

Bowie, David.1970. Tired of my life. Aus *Tired Of My Life* (EP). rec. at Haddon Hall.

Bowie, David. 1971. Changes. Aus *Hunky Dory*. RCA.

Bowie, David. 1971. Oh! You Pretty Things. Aus *Hunky Dory*. RCA.

Bowie, David. 1971. Life on Mars? Aus *Hunky Dory*. RCA.

Bowie, David. 1971. Fill Your heart. Aus *Hunky Dory*. RCA.

Bowie, David. 1971. Kooks. Aus *Hunky Dory*. RCA.

Bowie, David. 1971. Quicksand. Aus *Hunky Dory*. RCA.

Bowie, David. 1971. Andy Warhol. Aus *Hunky Dory*. RCA.

Bowie, David. 1971. The Bewlay Brothers. Aus *Hunky Dory*. RCA.

Bowie, David. 1972. Five Years. Aus *The Rise and Fall of Ziggy Stardust and the Spiders from Mars*. RCA.

Bowie, David. 1972. Soul Love. *Aus The Rise and Fall of Ziggy Stardust and the Spiders from Mars*. RCA.

Bowie, David. 1972. Starman. Aus *The Rise and Fall of Ziggy Stardust and the Spiders from Mars*. RCA.

Bowie, David. 1972. Ziggy Stardust. Aus *The Rise and Fall of Ziggy Stardust and the Spiders from Mars*. RCA.

Bowie, David. 1972. Rock 'n' Roll Suicide. Aus *The Rise and Fall of Ziggy Stardust and the Spiders from Mars*. RCA.

Bowie, David. 1973. Watch That Man. Aus *Aladdin Sane*. RCA.

Bowie, David. 1973. Aladdin Sane (1913–1938–197?). Aus *Aladdin Sane*. RCA.

Bowie, David. 1973. Drive-In Saturday. Aus *Aladdin Sane*. RCA.

Bowie, David. 1973. Panic In Detroit. Aus *Aladdin Sane*. RCA.

Bowie, David. 1973. Cracked Actor. Aus *Aladdin Sane*. RCA.

Bowie, David. 1973. Time. Aus *Aladdin Sane*. RCA.

Bowie, David. 1973. The Jean Genie. Aus *Aladdin Sane*. RCA.

Bowie, David. 1973. Lady Grinning Soul. Aus *Aladdin Sane*. RCA.

Bowie, David. 1974. Future Legend. Aus *Diamond Dogs*. RCA.

Bowie, David. 1974. Diamond Dogs. Aus *Diamond Dogs*. RCA.

Bowie, David. 1974. Sweet Thing – Candidate – Sweet Thing Reprise. Aus *Diamond Dogs*. RCA.

Bowie, David. 1974. Rebel Rebel. Aus *Diamond Dogs*. RCA.

Bowie, David. 1974. We Are The Dead. Aus *Diamond Dogs*. RCA.

Bowie, David. 1975. Young Americans. Aus *Young Americans*. RCA.

Bowie, David. 1975. Fame. Aus *Young Americans*. RCA.

Bowie, David. 1976. Station To Station. Aus *Station To Station*. RCA.

Bowie, David. 1976. Golden Years. Aus *Station To Station*. RCA.

Bowie, David. 1976. Word on a Wing. Aus *Station To Station*. RCA.

Bowie, David. 1976. TVC 15. Aus *Station To Station*. RCA.

Bowie, David. 1976. Stay. Aus *Station To Station*. RCA.

Bowie, David. 1976. Wild Is The Wind. Aus *Station To Station*. RCA.

Bowie, David. 1977. Speed Of Life. Aus *Low*. RCA.

Bowie, David. 1977. Breaking Glass. Aus *Low*. RCA.

Bowie, David. 1977. Sound And Vision. Aus *Low*. RCA.

Bowie, David. 1977. Always Crashing in the Same Car. Aus *Low*. RCA.

Bowie, David. 1977. Be My Wife. Aus *Low*. RCA.

Bowie, David. 1977. A New Career in a New Town. Aus *Low*. RCA.

Bowie, David. 1977. Warszawa. Aus *Low*. RCA.

Bowie, David. 1977. Art Decade. Aus Low. RCA.

Bowie, David. 1977. Weeping Wall. Aus *Low*. RCA.

Bowie, David. 1977. Subterraneans. Aus *Low.* RCA.
Bowie, David. 1977. Beauty and the Beast. Aus „*Heroes*". RCA.
Bowie, David. 1977. Sons of the silent Age. Aus „*Heroes*". RCA.
Bowie, David. 1977. „Heroes". Aus „*Heroes*". RCA.
Bowie, David. 1977. Sense Of Doubt. Aus „*Heroes*". RCA.
Bowie, David. 1977. Moss Garden. Aus „*Heroes*". RCA.
Bowie, David. 1977. Neuköln. Aus „*Heroes*". RCA.
Bowie, David. 1979. African Night Flight. Aus *Lodger.* RCA.
Bowie, David. 1979. Move On. Aus *Lodger.* RCA.
Bowie, David. 1979. DJ. Aus *Lodger.* RCA.
Bowie, David. 1979. Look Back in Anger. Aus *Lodger.* RCA.
Bowie, David. 1980. Scary Monsters (And Super Creeps). Aus *Scary Monsters (And Super Creeps).* RCA.
Bowie, David. 1980. It's no game (I+II). Aus *Scary Monsters (And Super Creeps).* RCA.
Bowie, David. 1980. Ashes to Ashes. Aus *Scary Monsters (And Super Creeps).* RCA.
Bowie, David. 1980. Teenage Wildlife. Aus *Scary Monsters (And Super Creeps).* RCA.
Bowie, David. 1980. Fashion. Aus *Scary Monsters (And Super Creeps).* RCA.
Bowie, David. 1980. Because You're Young. Aus *Scary Monsters (And Super Creeps).* RCA.
Bowie, David. 1983. Modern Love. Aus *Let's Dance.* EMI.
Bowie, David. 1983. Let's Dance. Aus *Let's Dance.* EMI.
Bowie, David. 1983. Shake it. Aus *Let's Dance.* EMI.
Bowie, David. 1983. Without You. Aus *Let's Dance.* EMI.
Bowie, David. 1983. Cat People (Putting Out Fire). Aus *Let's Dance.* EMI.
Bowie, David. 1984. Loving the Alien. Aus *Tonight.* EMI.
Bowie, David. 1984. Neighborhood Threat. Aus *Tonight.* EMI.
Bowie, David. 1984. Blue Jean. Aus *Tonight.* EMI.
Bowie, David. 1987. Time Will Crawl. Aus *Never Let Me Down.* EMI.
Bowie, David. 1987. Never Let Me Down. Aus *Never Let Me Down.* EMI.
Bowie, David. 1993. Jump They Say. Aus *Black Tie White Noise.* Arista.
Bowie, David. 1993. Pallas Athena. Aus *Black Tie White Noise.* Arista.
Bowie, David. 1993. The Wedding Song. Aus *Black Tie White Noise.* Arista.
Bowie, David. 1993. Jump They Say (Remix). Aus *Black Tie White Noise.* Arista.
Bowie, David. 1993. Lucy Can't Dance. Aus *Black Tie White Noise.* Arista.

Bowie, David. 1993. Buddha Of Suburbia. Aus *The Buddha Of Suburbia*. Arista.

Bowie, David. 1993. Sex And The Church. Aus *The Buddha Of Suburbia*. Arista.

Bowie, David. 1993. Strangers When We Meet. Aus *The Buddha Of Suburbia*. Arista.

Bowie, David. 1995. Outside. Aus *1. Outside*. Arista.

Bowie, David. 1995. A Small Plot of Land. Aus *1. Outside*. Arista.

Bowie, David. 1995. Hallo Spaceboy. Aus *1. Outside*. Arista.

Bowie, David. 1995. No Control. Aus *1. Outside*. Arista.

Bowie, David. 1995. The Voyeur of Utter Destruction (As Beauty). Aus *1. Outside*. Arista.

Bowie, David. 1995. I'm Deranged. Aus *1. Outside*. Arista.

Bowie, David. 1995. Strangers When We Meet. Aus *1. Outside*. Arista.

Bowie, David. 1995. My Death (Live), Aus *Rarestonebowie*. Golden Years/ Trident Music International (London).

Bowie, David. 1997. Dead Man Walking. Aus *Earthling*. Arista.

Bowie, David. 1997. I'm Afraid of Americans. Aus *Earthling*. Arista.

Bowie, David. 1997. Law (Earthlings on Fire). Aus *Earthling*. Arista.

Bowie, David. 1997. My Death Live (at the GQ Awards 1997). Link: https://www.youtube.com/watch?v=KuJ-1T0Gz1c (16.10.2022)

Bowie, David. 1999. Seven. Aus „*Hours…*". Virgin.

Bowie, David. 1999. The Pretty Things Are Going To Hell. Aus „*Hours…*". Virgin.

Bowie, David. 1999. New Angels of Promise. Aus „*Hours…*". Virgin.

Bowie, David. 2002. Slip Away. Aus *Heathen*. Sony/Columbia.

Bowie, David. 2002. Afraid. Aus *Heathen*. Sony/Columbia.

Bowie, David. 2002. I've Been Waiting For You. Aus *Heathen*. Sony/Columbia.

Bowie, David. 2002. I Took A Trip On A Gemini Spaceship. Aus *Heathen*. Sony/Columbia.

Bowie, David. 2002. 5:15 The Angels Have Gone. Aus *Heathen*. Sony/Columbia.

Bowie, David. 2002. Everyone Says ‚Hi'. Aus *Heathen*. Sony/Columbia.

Bowie, David. 2003 (1973). Ziggy Stardust. Aus *Ziggy Stardust: The Motion Picture (1973)*. EMI (re-release).

Bowie, David. 2003 (1973). My Death. Aus *Ziggy Stardust: The Motion Picture (1973)*. EMI (re-release).

Bowie, David. 2003 (1973). Farewell Speech. Aus *Ziggy Stardust: The Motion Picture (1973)*. EMI (re-release).

Bowie, David. 2003. Never Get Old. Aus *Reality*. Sony/Columbia.

Bowie, David. 2003. Looking For Water. Aus *Reality*. Sony/Columbia.

Bowie, David. 2003. Days. Aus *Reality*. Sony/Columbia.

Bowie, David. 2003. Reality. Aus *Reality*. Sony/Columbia.

Bowie, David. 2003. Bring Me The Disco King. Aus *Reality*. Sony/Columbia.

Bowie, David. 2010 (1993a). Pallas Athena/Don't Stop Praying Remix. *Aus Pallas Athena (EP)*, EMI.

Bowie, David. 2010 (1993b). Pallas Athena/Don't Stop Praying Remix No.2. *Aus Pallas Athena (EP)*, EMI.

Bowie, David. 2010 (1993c). Pallas Athena/Gone Midnight Mix. Aus *Pallas Athena (EP)*, EMI.

Bowie, David. 2010 (1967). There Is a Happy Land. Aus *The Deram-Anthology 1966–68*. Deram.

Bowie, David. 2010 (1967). We Are Hungry Men. Aus *The Deram-Anthology 1966–68*. Deram.

Bowie, David. 2010 (1967). Little Bombardier. Aus *The Deram-Anthology 1966–68*. Deram.

Bowie, David. 2010 (1967). Join the Gang. Aus *The Deram-Anthology 1966–68*. Deram.

Bowie, David. 2010 (1967). Please Mr. Gravedigger. Aus *The Deram-Anthology 1966–68*. Deram.

Bowie, David. 2010. The London Boys. Aus *The Deram-Anthology 1966–68*. Deram.

Bowie, David. 2010. The Gospel According to Tony Day. Aus *The Deram-Anthology 1966–68*. Deram.

Bowie, David. 2013. The Next Day. Aus *The Next Day*. Sony/Columbia.

Bowie, David. 2013. Love Is Lost. Aus *The Next Day*. Sony/Columbia.

Bowie, David. 2013. Where Are We Now? Aus *The Next Day*. Sony/Columbia.

Bowie, David. 2013. Dancing Out In Space. Aus *The Next Day*. Sony/Columbia.

Bowie, David. 2014 (1995). My Death Live rehearsals at Elstree Studios, Borehamwood (UK), November 1995. Aus *David Bowie – C'est La Vie (The Ultimate Rare Tracks 1964/2013)*. The Godfather Box (Unofficial Release).

Bowie, David. 2014 (1996). Hallo Spaceboy (Pet Shop Boys Remix). Aus *Nothing has changed*. Columbia.

Bowie, David. 2016. Lazarus. *Aus Blackstar*. Sony/Columbia.

Bowie, David. 2016. I Can't Give Everything Away. Aus *Blackstar*. Sony/Columbia.

Bowie, David. 2017. When I Met You. Aus *No Plan*. Sony/Columbia.

Bowie, David. 2021 (1999). Pallas Athena/live rec. at Paradiso Amsterdam. Aus *Liveandwell.com*, Parlophone (re-release).

Bowie, David. 2022. (1995). My Death Live at the Shakespeare Festival New York. 18th September 1995. Aus *Brilliant Adventure EP*. Parlophone.

Brel, Jacques. 1959. La Mort. Aus *La valse à mille temps*. Philipps.

Lennon, John. 1970. God. Aus *John Lennon/The Plastic Ono Band*. Apple/EMI

Mott the Hoople. 1972. All the Young Dudes. Aus *All the Young Dudes*. Columbia.

Presley, Elvis. 1991. Black Star. Aus *Collectors Gold*, BMG International. CD.

Reed, Lou. 1982. The Heroine. Aus *The Blue Mask*. RCA.

Tin Machine. 1989. Heaven's in Here. Aus *Tin Machine*. EMI.

Tin Machine. 1989. I Can't Read. Aus *Tin Machine*. EMI.

Tin Machine. 1989. Under The God. Aus *Tin Machine*. EMI.

Tin Machine. 1989. Bus Stop. Aus *Tin Machine*. EMI.

Tin Machine. 1989. Sacrifice Yourself. Aus *Tin Machine*. EMI.

The Velvet Underground. 1967. Heroin. Aus *The Velvet Underground & Nico*. Verve Records.

Walker, Scott.1967. My Death. Aus *Scott*. Philips/UK.

SPRINGER NATURE

GPSR Compliance

The European Union's (EU) General Product Safety Regulation (GPSR) is a set of rules that requires consumer products to be safe and our obligations to ensure this.

If you have any concerns about our products, you can contact us on ProductSafety@springernature.com

In case Publisher is established outside the EU, the EU authorized representative is:

Springer Nature Customer Service Center GmbH
Europaplatz 3
69115 Heidelberg, Germany

The manufacturer's authorised representative in the EU is Springer
Nature Customer Service Centre GmbH, Europaplatz 3, 69115 Heidelberg,
Germany. If you have any concerns regarding our products, please
contact ProductSafety@springernature.com

Printed and bound by CPI Group (UK) Ltd, Croydon, CR0 4YY

24/04/2026

02096315-0005